U0468667

国家社科基金项目（项目批准号：13CSS022 项目结项号：20191531）

伊朗伊斯兰共和国经济现代化研究

Research on Economic Modernization of Islamic Republic of Iran

韩建伟◎著

时事出版社
北京

图书在版编目（CIP）数据

伊朗伊斯兰共和国经济现代化研究／韩建伟著．—北京：时事出版社，2019.8
ISBN 978-7-5195-0309-3

Ⅰ.①伊…　Ⅱ.①韩…　Ⅲ.①经济现代化—研究—伊朗　Ⅳ.①F137.341

中国版本图书馆 CIP 数据核字（2019）第 113459 号

出 版 发 行：时事出版社
地　　　　址：北京市海淀区万寿寺甲 2 号
邮　　　　编：100081
发 行 热 线：(010) 88547590　88547591
读 者 服 务 部：(010) 88547595
传　　　　真：(010) 88547592
电 子 邮 箱：shishichubanshe@sina.com
网　　　　址：www.shishishe.com
印　　　　刷：北京旺都印务有限公司

开本：787×1092　1/16　印张：29　字数：410 千字
2019 年 8 月第 1 版　2019 年 8 月第 1 次印刷
定价：138.00 元

（如有印装质量问题，请与本社发行部联系调换）

序　言

伊朗在中东国家中十分独特。作为一个人口众多、文明悠久、盛产石油的地区大国，伊朗在20世纪经历了礼萨汗建国、"白色革命"和伊斯兰革命的风风雨雨，以及英苏通牒、美苏占领和两伊战争的硝烟战火。与其他中东国家相比，伊朗最为独特的是由宗教人士发动的伊斯兰革命建立了政教合一的伊斯兰政权。有西方学者指出，在20世纪的中东，只有伊朗经历了真正的群众性革命，比较而言埃及、伊拉克、利比亚的"革命"不过是一场政变。众所周知，在当代的第三世界国家中，有一些也同样经历了暴风骤雨式的革命和革命后意识形态激情的衰退与实用主义的兴起。对于伊朗，近年来有关其政治、宗教、意识形态和对外关系的研究不断深入，但涉及革命后伊朗经济的研究却门庭冷落。事实上，经济的改善和发展对于革命后备受孤立的伊朗具有极为重要的意义，而从学术角度看也是观察伊朗的伊斯兰政权从激进走向实用的关键橱窗之一。

伊朗是一个石油生产大国，同时由于历史的传承而拥有素质相对较高的人力资源和管理能力，这是巴列维王朝时期其现代化发展较为迅速的主要原因，也为伊斯兰共和国的经济发展奠定了基础。但是，伊朗伊斯兰共和国的经济存在诸多悖论和矛盾：传统的伊斯兰理念与现代经济的发展需求；主张社会公平的意识形态与少数社会组织对公共资源的垄断；有限的石油资源与庞大人口和"输出革命"的需要；等等。此外，影响伊朗经济发展的还有伊核危机引发的国际制裁等方面的因素。因此，伊朗伊斯兰共和国的经济发展在当代第三世界经济的研究中是一个相当独特的案例，其研究具有重要的理论意义，因而也具有较大的难度。

建伟的著作《伊朗伊斯兰共和国经济现代化研究》是该领域国内第一部系统性的研究成果。从书的结构上看，它首先对巴列维时期的经济现代化进行了简要评述，其后对伊斯兰革命后经济指导思想的流变进行了总结，从而为全面分析共和国时期的经济发展创造了良好的条件。就伊斯兰共和国时期而言，本书首先纵向划分了三个经济发展阶段，即经济困境局面的形成（1979—1989），主要分析了革命后国家在摸索经济发展方式、美国制裁和两伊战争的恶劣环境下的艰难起步；经济重建与改革（1989—2005），为两伊战争结束后"一五"到"三五"三个五年计划的实施和拉夫桑贾尼、哈塔米的改革时期；伊核危机以来的伊朗经济（2005—2017），为伊核危机引发的国际制裁背景下伊朗的内贾德政府和鲁哈尼政府的政策反复。其次，本书横向分析了伊朗伊斯兰共和国主要经济部门的发展，包括农业、能源、非石油制造业与采矿业、基础设施和服务业。最后，本书探讨了涉及伊朗经济的两个重要方面，即伊朗经济现代化进程的社会公正问题（涉及贫富差距、城乡差距、省际发展差距和女性经济地位的变化）和制约革命后伊朗经济发展的内外因素及前景展望。总之，本书以经济史的框架从纵向和横向对伊朗伊斯兰共和国的经济现代化进行了深入、系统、全面的研究，其中牵涉了有关伊朗经济发展的许多具体的社会、经济和政治问题，具有视野开阔、理论性强、资料丰富的特点，可以进一步深化我们对伊朗伊斯兰共和国的认识。

毋庸置疑，本书也难免存在个别问题，如制约革命后伊朗经济发展的内外因素只分析了伊朗政治对经济的影响、发展战略和政策和美国的制裁，显得意犹未尽。此外，作者缺乏对伊朗的实地调查感受也是一个不足。

在海湾和中东地区，伊朗扮演着一个重要的地缘政治和经济角色，加强伊朗研究是我们的当务之急，而本书弥补了一个有关伊朗经济研究的重要空白。在国际形势风云变幻和国内区域国别研究日益加强的今天，我们亟需更多类似的成果面世。

黄民兴

2019 年 7 月 12 日

目录
Contents

导 论 (1)
  一、研究缘起 (1)
  二、研究动态 (5)
  三、研究内容 (19)
  四、研究价值 (21)
  五、研究方法 (23)

第一章 巴列维王朝的经济现代化与伊斯兰革命 (24)

第一节 礼萨·汗时期经济现代化的酝酿 (25)
  一、巴列维王朝推动经济现代化的主观动力和客观条件 (25)
  二、礼萨·汗经济现代化改革的主要内容 (26)
  三、对礼萨·汗经济现代化改革的评价 (28)

第二节 巴列维时期经济现代化的成就与失误 (30)
  一、经济现代化的起步(1941—1963) (31)
  二、1963—1975 年间的经济发展政策 (33)
  三、1960—1975 年的经济高速发展 (36)
  四、巴列维时期经济现代化的失误与伊斯兰革命 (40)

本章小结 (45)

第二章 伊斯兰革命后伊朗经济指导思想的流变 (48)

第一节 伊斯兰革命后伊朗经济指导思想的主要来源 (48)

一、传统伊斯兰经济思想　　　　　　　　　　　　　　　　　　（48）
　　二、现实基础与外部理论来源　　　　　　　　　　　　　　　　（52）
　第二节　伊斯兰革命前夕主要的伊斯兰经济思想派别　　　　　　　（55）
　　一、激进主义派　　　　　　　　　　　　　　　　　　　　　　（56）
　　二、民粹—国家主义派　　　　　　　　　　　　　　　　　　　（58）
　　三、保守主义派　　　　　　　　　　　　　　　　　　　　　　（61）
　　四、以巴扎尔甘为代表的温和派　　　　　　　　　　　　　　　（62）
　　五、霍梅尼时期民粹派与保守派的论争　　　　　　　　　　　　（64）
　第三节　经济指导思想的具体化　　　　　　　　　　　　　　　　（67）
　　一、经济公正　　　　　　　　　　　　　　　　　　　　　　　（67）
　　二、经济独立　　　　　　　　　　　　　　　　　　　　　　　（69）
　　三、抵抗经济　　　　　　　　　　　　　　　　　　　　　　　（72）
　本章小结　　　　　　　　　　　　　　　　　　　　　　　　　　（75）

第三章　伊朗经济困境局面的形成(1979—1989)　　　　　　　　　　（77）
　第一节　国内外形势的恶化及对经济的影响　　　　　　　　　　　（77）
　　一、伊朗政局的动荡与教法学家治国体制特征　　　　　　　　　（77）
　　二、美国制裁和国际环境的恶化　　　　　　　　　　　　　　　（82）
　　三、两伊战争对伊朗经济的破坏　　　　　　　　　　　　　　　（84）
　　四、石油危机对经济的影响　　　　　　　　　　　　　　　　　（87）
　　五、第一个五年计划的流产　　　　　　　　　　　　　　　　　（91）
　第三节　伊斯兰革命后初期伊朗的主要经济政策　　　　　　　　　（92）
　　一、国有化运动　　　　　　　　　　　　　　　　　　　　　　（92）
　　二、银行伊斯兰化　　　　　　　　　　　　　　　　　　　　　（97）
　　三、多重汇率制度　　　　　　　　　　　　　　　　　　　　（100）
　　四、配给补贴政策　　　　　　　　　　　　　　　　　　　　（102）
　第四节　伊斯兰革命后初期伊朗经济困境的主要特点　　　　　　（105）
　　一、基本经济指标　　　　　　　　　　　　　　　　　　　　（105）
　　二、财政收支状况　　　　　　　　　　　　　　　　　　　　（109）

三、通货膨胀的成因、表现及影响 (112)
四、人口与就业问题 (116)
五、对外贸易的缩减和国际收支的困境 (119)
  本章小结 (124)

第四章　伊朗经济的重建与改革(1989—2005) (125)

第一节　经济重建与改革的背景 (125)
一、国内政局变动的契机及危机 (125)
二、对外关系的改善与挑战及对经济的影响 (129)
三、油价的有限上升 (131)

第二节　五年计划的制订和实施 (134)
一、第一个五年计划(1989—1994) (134)
二、第二个五年计划(1995—1999) (136)
三、第三个五年计划(2000—2005) (137)

第三节　拉夫桑贾尼时期主要经济改革政策 (140)
一、私有化改革 (140)
二、汇率制度改革 (142)
三、打开国门、吸引外资 (144)
四、价格机制及配给补贴制度的改革 (147)

第四节　哈塔米的"中间道路" (150)
一、继续推进统一汇率改革 (150)
二、加快私有化改革 (152)
三、扩大吸引外资力度 (153)
四、重新提高补贴 (154)
五、改善财政和税收系统 (156)

第五节　1989—2005年之间的宏观经济表现 (158)
一、基本经济指标 (159)
二、财政收支状况 (161)
三、恶性通货膨胀 (163)

四、人口与就业问题 (166)
　　五、进出口贸易和国际收支 (171)
　本章小结 (174)

第五章　伊核危机以来的伊朗经济(2005—2017) (176)

　第一节　伊朗政治转向及内贾德时期的内外政策 (176)
　　一、政治转向的背景 (177)
　　二、内贾德时期的内外政策及制裁的加深 (181)
　第二节　民粹主义的回归——内贾德的经济政策 (183)
　　一、内贾德的主要经济观点 (184)
　　二、内贾德时期的主要经济政策 (186)
　　三、伊斯兰革命卫队经济参与活动的增强 (191)
　第三节　内贾德时期不断恶化的经济 (195)
　　一、2005—2012年的基本经济指标 (197)
　　二、通货膨胀的再次恶化 (203)
　　三、就业问题尖锐化 (205)
　第四节　鲁哈尼政府的主要经济政策 (209)
　　一、鲁哈尼政府面临的内外形势及新政改革 (210)
　　二、鲁哈尼第一任期的主要经济政策 (214)
　第五节　鲁哈尼第一任期经济主要表现 (223)
　　一、基本经济指数在波动中整体利好 (223)
　　二、进出口贸易与国际收支改善 (227)
　　三、下行的通货膨胀与相对稳定的汇率 (230)
　　四、就业形势依然严峻 (233)
　第六节　特朗普执政之后伊朗的经济形势 (236)
　　一、2017年伊朗经济的主要特点 (237)
　　二、特朗普退出伊核协议对伊朗经济的影响 (240)
　本章小结 (242)

第六章 伊斯兰革命后伊朗各经济部门的发展 (244)

第一节 伊斯兰革命后伊朗的农业 (244)
一、伊朗地理环境与农业地位的变化 (244)
二、土地改革和农村管理机构的重组 (246)
三、农业政策导向 (254)
四、农业的发展及问题 (261)

第二节 能源产业 (272)
一、能源产业的演变和革命后的政策调整 (272)
二、80年代能源产业的衰退 (275)
三、两伊战争后能源部门的恢复及发展 (278)
四、遭受制裁以来的能源产业 (283)
五、能源产业发展面临的问题 (287)

第三节 非石油制造业与采矿业 (290)
一、非石油制造业 (290)
二、采矿业 (298)

第四节 基础设施的现代化 (301)
一、水利、电力部门的发展 (301)
二、交通、通讯部门的发展与问题 (304)

第五节 服务业的发展与局限性 (311)
一、公共服务业的发展 (312)
二、传统商业、旅游业的有限发展 (320)

第六节 伊斯兰革命后伊朗产业结构的基本特征 (324)
一、产业结构的"逆动"与回归 (324)
二、就业人口产业比重的变化 (326)
三、产业间的关联性较弱 (328)
四、产业结构的能源型特征 (329)

本章小结 (331)

第七章　伊朗经济现代化进程的社会公正问题　(333)

第一节　伊斯兰革命后伊朗贫富差距的变化　(333)
一、伊斯兰革命后伊朗社会阶层的重组　(334)
二、伊斯兰革命后伊朗贫富差距的量化分析　(340)
三、伊斯兰革命后伊朗的贫困问题及减贫努力　(346)

第二节　伊斯兰革命后伊朗城乡差距的变化　(351)
一、伊斯兰革命后初期城乡差异的缩小　(351)
二、两伊战争后城乡差异的相对变化　(354)

第三节　伊斯兰革命前后伊朗省际发展差距　(361)
一、伊斯兰革命后伊朗省际生产力布局的变化　(362)
二、省际不平衡的类型比较　(366)

第四节　伊斯兰革命后女性经济地位的变化　(371)
一、伊斯兰妇女观及革命前后伊朗妇女地位的变化　(373)
二、80年代伊朗的妇女就业　(377)
三、1986—1996年伊朗妇女就业的初步改善　(384)
四、90年代中后期以来伊朗妇女就业特点　(389)
五、伊朗妇女经济地位的提高与女权主义　(395)
六、伊朗妇女就业存在的主要问题　(398)

本章小结　(401)

第八章　制约伊斯兰革命后伊朗经济发展的内外因素及前景展望　(403)

第一节　伊斯兰革命后伊朗经济现代化受阻的内在根源　(404)
一、伊朗伊斯兰政府及其政策对经济的影响　(405)
二、伊朗经济发展战略与政策问题　(408)

第二节　制裁对伊朗经济的影响评估　(414)
一、美国对伊朗制裁的主要内容　(414)
二、伊核危机时期的制裁对伊朗经济的影响　(419)
三、制裁对伊朗经济的长期性影响评估　(423)

第三节　伊朗经济现代化的前景展望　　　　　　　　　（426）

结　语　　　　　　　　　　　　　　　　　　　　　　（429）

参考文献　　　　　　　　　　　　　　　　　　　　　（434）

致　谢　　　　　　　　　　　　　　　　　　　　　　（449）

导 论

一、研究缘起

为何要选取伊朗作为研究对象？为何要将时间范围限定在伊斯兰革命之后？为何要选取经济现代化内容进行研究？这是本书在开端需要阐明的问题。

（一）全面研究伊朗的必要性

二战之后，中东逐渐成为世界上最动荡不安的地区，被地缘政治学家视为"地缘政治的破碎地带"。大部分中东国家在二战后的现代化历程都十分艰辛。从民族格局来看，中东地区可分为阿拉伯主体民族与非阿拉伯裔民族，后者最主要的是波斯民族与突厥民族，建立的国家是伊朗与土耳其。从宗教格局来看，中东地区的主体信仰虽然是伊斯兰教，但是教派斗争十分尖锐，主要分成以沙特为首的逊尼派阵营和以伊朗为首的什叶派阵营。从国家和人口比例来看，什叶派阵营明显属于少数派。

伊朗作为什叶派阵营的首领，又以波斯民族为主体，与阿拉伯邻居长期不睦。不过在伊斯兰革命爆发之前，海湾及中东地区并没有鲜明的教派矛盾。巴列维王朝时期的伊朗完全依赖美国，也没有积极支持巴勒斯坦人民的解放运动，与以沙特为首的逊尼派之间的矛盾并不突出。但是伊斯兰革命完全改变了这一格局，使得以教派对立为特征的中东地缘政治格局逐渐凸显。

作为一个人口与资源大国，伊朗从历史上就在中东地区发挥着举足轻重的作用，对当今海湾及中东地区的秩序塑造发挥着不容忽视的影响力。自伊朗伊斯兰共和国诞生之后，美国及周围的阿拉伯国家都将其视为严重的安全威胁，甚至长期将其视为支持恐怖主义的国家。但伊朗伊斯兰共和国历经两伊战争、伊核危机、"阿拉伯之春"、美国制裁等重大危机事件而屹立不倒。这引起了学界对探讨这一政权稳定性与脆弱性的极大兴趣。本书试图从经济视角研究伊朗伊斯兰共和国的演变历史，为深入了解这一政权的内在危机及活力打开新的窗口。

（二）以伊斯兰革命为界进行研究符合伊朗现代历史的发展特点

以伊斯兰革命为界，伊朗分为前后两个截然不同的时期。伊斯兰革命之前是巴列维王朝统治时期。巴列维王朝的现代化模式是"全盘西化"，以世俗化及否定传统伊斯兰文化价值观为主要特征。而在伊斯兰革命之后，伊朗完全排斥东西方发展模式的影响，致力于本土化的国家治理之路。因此，治国理政的方式在革命前后完全不同，使得伊朗从经济基础到上层建筑的所有层面都呈现出巨大的断裂。伊斯兰革命后的历史发展进程表现出更多的独立性，也使得集中探讨这一时期的某一问题成为可能。

（三）对伊朗伊斯兰革命后经济现代化的研究是当前学界的薄弱环节

长期以来，学界对伊朗在伊斯兰革命后的经济问题不够重视，大多数学者倾向于从政治、安全及外交视角解读伊朗。这些研究成果虽然十分重要，但是容易忽视伊朗伊斯兰共和国能够生存至今的经济根源，也不容易把握该政权在过去40年里所发生的已经被人察觉但却无法深入理解的变化。对伊斯兰革命后经济问题的研究至少可以对解决以下几个问题提供帮助：

1. 从经济角度理解巴列维王朝覆灭的原因

巴列维王朝是伊朗经济现代化进程的关键时期。伊朗经济在巴列维时期取得了突飞猛进的发展，但是却没有令王朝的统治维持长久。王朝在经济现代化的高潮时期突然崩溃了。理解伊斯兰革命后的经济现代化进程是解读巴列维王朝覆灭的一把钥匙。伊朗在伊斯兰革命后的经济现代化并没有取得巴列维时期骄人的成绩，但是却让政权维持了下来。其中原因值得探寻。

2. 从经济现代化角度理解伊斯兰革命的历史地位

伊朗在伊斯兰革命之后到底有没有实际意义的发展？伊斯兰革命中断了巴列维的现代化进程，但是到底有没有导致伊朗现代化整体进程的终结？

从政治现代化角度来看，伊朗在伊斯兰革命后虽然建立了政教合一的神权政体，但是比巴列维王朝体现出一定的进步意义。巴列维王朝将权力高度集中在国王一人手中，是名副其实的君主专制统治；但是伊斯兰革命后，伊朗的政治体制却带有分权制衡的特征，带有更多的民主性与民众参与的特征。表面上的复古并不排斥本质上的与时俱进。

与政治现代化的进步相比，伊朗在伊斯兰革命后的经济治理领域乏善可陈，事实上在过去这么多年里积累了大量的问题。不论从经济发展的速度还是民众的获得感来说，伊朗伊斯兰革命后的经济现代化成绩都不够理想。但是，这仍然不能否定伊斯兰革命在经济现代化方面的进步意义。伊斯兰革命后对经济公正的诉求远远超越了巴列维时期，使得普通民众能够在一定程度上分享到经济发展的果实。但遗憾的是，伊朗伊斯兰政府一直不能有效地治理经济，始终无法完全摆脱经济危机状态，导致民众的实际受益十分有限。伊斯兰革命对伊朗经济现代化的主要影响体现在改变了伊朗经济建设的外部环境、改变了治理经济的指导思想及具体政策等方面。

3. 研究伊斯兰革命后伊朗的经济现代化有助于理解伊朗政治与社会变迁

伊朗伊斯兰革命后的经济现代化进程逐渐超越了革命的影响，其后期的务实理性转向与国家其他层面的变化密切联系在一起并相辅相成。因此，考察伊朗伊斯兰革命后经济现代化的转向，可对伊朗自20世纪90年代之后社会政治领域的相应变化有更深刻的了解，也会理解这一政教合一的政权的生命力所在。

（四）希望深化对以罗荣渠先生为代表的现代化理论的相关认识

本书是针对一个发展中国家的经济现代化进程的研究，属于罗荣渠先生狭义现代化的范畴。"现代化的根本动力是经济力，即现代工业生产力。"[①] 在罗荣渠先生那里，现代化有广义与狭义之分。"广义现代化是指自工业革命以来现代生产力导致生产方式的大变革，引起世界经济加速发展和社会适应性变化的大趋势。具体地说，就是以现代工业、科学和技术革命为推动力，实现传统的农业社会向现代工业社会的大转变，使工业主义渗透到经济、政治、文化、思想各个领域并引起社会组织与社会行为深刻变革的过程。狭义的现代化主要是指第三世界经济落后国家采取适合自己的高效率途径，通过有计划的经济技术改造和学习世界先进，带动广泛的社会改革，以迅速赶上先进工业国和适应世界环境的发展过程；也就是说，现代化进程的客观内容，是欠发达和不发达国家在现代国际体系的影响下，向现代工业社会转变、加速社会发展和缩小与发达国家差距的过程。"[②] 从现代化的类型上来说，伊朗巴列维时期的现代化属于外源现代化，具有"很不平稳，充满爆炸性剧烈动荡，暴力成为常见的手段"的特点。[③] 伊斯兰革命虽然终结了巴列维王朝的现代化进程，但是并没有终止伊朗国家的现代化进程。在经济上，伊朗在伊斯兰革命后进一步推进了工业化。在社会层面，伊斯兰革命后伊朗的城市化加速、教育进一步普及，社会服务化水平继续提高。"在社会方面，工农业结构变化必然引起城乡结构变化，即都市化的趋势。工业化使人类实用知识的积累速度和知识结构都发生了大变化。文盲的锐减，现代教育的普及，使高经济积累率转变为高文化积累率。"[④]

不过伊斯兰革命的确使得伊朗经济现代化的进程更加曲折和艰难，甚至在某些时期出现倒退、停滞。伊朗在伊斯兰革命后的经济现代化提供了一个在传统与现代、本土与西方化之间不断挣扎的个案。因此，本书希望

---

① 罗荣渠：《现代化新论——世界与中国的现代化进程》，北京：商务印书馆，2006年版，第153页。
② 罗荣渠：《现代化新论——世界与中国的现代化进程》，第102页。
③ 罗荣渠：《现代化新论——世界与中国的现代化进程》，第133页。
④ 罗荣渠：《现代化新论——世界与中国的现代化进程》，第159页。

通过对伊朗这段时期经济现代化的研究加深对罗荣渠先生现代化理论的某些认识与思考。

二、研究动态

作为一个历史悠久、发展道路曲折漫长、宗教和民族都极具特色的国家，伊朗一直备受国内外学者们的关注。具体到伊朗伊斯兰革命后的研究，既有历史学的纵向研究，也有基于热点问题的国际政治与外交关系的研究，体现出跨学科的综合研究特点。而在这些研究中，有关伊朗伊斯兰革命后的经济问题的研究只占较少的比例。

（一）国内研究动态

由于伊朗伊斯兰共和国的历史并不是很长，而国内学者更多地关注其政治、外交及宗教文化方面，对经济甚至社会领域的变化研究相对较少。不过近期出现了一批成果，涉及到伊朗的经济与社会发展问题。

1. 以现代或者伊斯兰革命后的伊朗历史为主题的专题研究。冀开运著的《伊朗现代化历程》[①] 将20世纪以来伊朗的政治、经济及社会层面的现代化进行了综合研究，其中对伊斯兰革命前后伊朗政府的经济政策、成就与失误分阶段进行了研究。蒋真著的《后霍梅尼时代伊朗政治发展研究》[②] 以霍梅尼去世后伊朗的政治发展为线索，综合分析了三任总统时期的经济改革与经济形势。张超著的《现代伊朗转型社会中的中产阶级研究（1925—2009）》[③] 从社会分层的角度出发，分析了20世纪以来伊朗中产阶级在剧烈的社会转型期中的构成变化及不同时期的政治经济形势对这一阶层的影响。

2. 有关伊朗伊斯兰革命后的专著，其中含有少量的研究经济内容。冀开运的博士论文《伊朗伊斯兰共和国研究》[④] 是代表性的成果；另外他的

---

① 冀开运：《伊朗现代化历程》，北京：人民出版社，2015年版。
② 蒋真：《后霍梅尼时代伊朗政治发展研究》，北京：人民出版社，2014年版。
③ 张超：《现代伊朗转型社会中的中产阶级研究（1925—2009）》，北京：中国社会科学出版社，2016年版。
④ 冀开运：《伊朗伊斯兰共和国研究》，博士论文，西北大学，2000年。

《二十世纪伊朗史：现代伊朗研究》①和《中东国家通史：伊朗卷》②也对革命后伊朗经济发展作了粗线条的勾勒。

3. 介绍性的著作。如张铁伟编著的《伊朗》③和刘慧著的《当代伊朗社会与文化》④便是从政治、经济、人文地理、风俗物产等各个方面对当前伊朗发展概况做了大体介绍，属普及型的一般读物，但也为研究提供了不少背景资料。

4. 对巴列维时期经济有所研究的论文。李仲海的博士论文《伊朗60—70年代经济发展研究》⑤属国内较早的关于现代伊朗经济史的专题研究。另外，相关的论文还有冀开运的《伊朗的"三下乡"活动与农村现代化》⑥，对巴列维时期伊朗农村的发展状况作了分析；而哈全安的《从白色革命到伊斯兰革命——伊朗现代化的历史轨迹》⑦对巴列维时期以白色革命为核心的经济现代化作了重点研究；车效梅、王泽壮的《城市化、城市边缘群体与伊斯兰革命》⑧从社会经济角度深入剖析了伊斯兰革命发生的根源，巴列维国王的现代化使得城市里出现大量边缘化群体，贫富分化悬殊及边缘群体与宗教人士的结盟导致了巴列维王朝的覆灭。

5. 研究限定在伊斯兰革命后的现代化，但内容不限于经济，而是包括政治、文化等各方面的论文。冀开运的《论伊朗伊斯兰化和现代化》⑨和《试论伊朗现代化过程的特点》⑩都是对伊斯兰革命后伊朗广泛意义上的现

---

① 冀开运：《二十世纪伊朗史：现代伊朗研究》，兰州：甘肃人民出版社，2002年版。
② 冀开运：《中东国家通史：伊朗卷》，北京：商务印书馆，2002年版。
③ 张铁伟编著：《伊朗》，北京：社会科学文献出版社，2005年版。
④ 刘慧：《当代伊朗社会与文化》，上海：上海外语教育出版社，2007年版。
⑤ 李仲海：《伊朗60—70年代经济发展研究》，博士论文，西北大学，1995年。
⑥ 冀开运：《伊朗的"三下乡"活动与农村现代化》，《商洛师范专科学校学报》，2001年第1期。
⑦ 哈全安：《从白色革命到伊斯兰革命——伊朗现代化的历史轨迹》，《历史研究》，2001年第6期。
⑧ 车效梅、王泽壮：《城市化、城市边缘群体与伊斯兰革命》，《历史研究》，2011年第5期。
⑨ 冀开运：《论伊朗伊斯兰化和现代化》，《西北大学学报（哲学社会科学版）》，2000年第1期。
⑩ 冀开运：《试论伊朗现代化过程的特点》，《西南师范大学学报（人文社会科学版）》，2002年第1期。

代化研究。

6. 对革命后伊朗具体经济问题的研究论文。其中不少是对该时期伊朗能源产业及政策的研究，代表性的如王凤《伊朗经济环境与对外经济能源合作》[1]、邓子渊等《伊朗新石油合同与回购合同差异及对经济效益的影响》[2]。其次是对经济政策的研究，代表性的如陆瑾《试析鲁哈尼"重振经济"的路径和制约——兼论哈梅内伊"抵抗型经济"政策》[3]，较系统地分析了鲁哈尼上任之初面临的经济形势及采取的主要措施，对哈梅内伊提出的"抵抗经济"进行了探讨，其他的还有李江《伊朗经济政策的演变》[4]和安维华《伊朗伊斯兰革命后的经济政策》[5]。还有对革命后伊朗妇女就业问题的研究，如杨珊珊的《简论伊斯兰革命以来伊朗妇女的就业状况》[6]和陈淑荣的《伊朗伊斯兰共和国初期的妇女观与妇女就业》[7]两篇论文。另外还有对伊朗产业结构变化的研究，代表性的如岳云华的《伊朗20世纪90年代产业结构问题与转型思路探讨》[8]《简论伊朗产业结构成长阶段特征》[9]《伊朗产业结构发展的问题、机制与启示》三篇论文，[10]其中提出的"产业结构逆动"观点十分具有借鉴意义。

除上述之外，刘天明著的《伊斯兰经济思想》，[11]是国内第一本系统研究伊斯兰经济思想发展史的成果。该书从伊斯兰教经典出发，系统评析了

---

[1] 王凤：《伊朗经济环境与对外经济能源合作》，《国际石油经济》，2004年第9期。
[2] 邓子渊等：《伊朗新石油合同与回购合同差异及对经济效益的影响》，《国际石油经济》，2017年第9期。
[3] 陆瑾：《试析鲁哈尼"重振经济"的路径和制约——兼论哈梅内伊"抵抗型经济"政策》，《西亚非洲》，2014年第6期。
[4] 李江：《伊朗经济政策的演变》，《亚非纵横》，2001年第4期。
[5] 安维华：《伊朗伊斯兰革命后的经济政策》，《世界经济》，1995年第2期。
[6] 杨珊珊：《简论伊斯兰革命以来伊朗妇女的就业状况》，《世界民族》，2007年第3期。
[7] 陈淑荣：《伊朗伊斯兰共和国初期的妇女观与妇女就业》，《石家庄学院学报》，2007年第2期。
[8] 岳云华：《伊朗20世纪90年代产业结构问题与转型思路探讨》，《世界地理研究》，2001年第3期。
[9] 岳云华：《简论伊朗产业结构成长阶段特征》，《世界地理研究》，2001年第1期。
[10] 岳云华：《伊朗产业结构发展的问题、机制与启示》，《绵阳师范高等专科学校学报》，2001年第1期。
[11] 刘天明：《伊斯兰经济思想》，银川：宁夏人民出版社，2000年版。

伊斯兰经济思想的精髓，并对现代伊朗伊斯兰经济思想的代表人物及观点作了分析。

总的来说，国内学者对伊斯兰革命后伊朗的经济问题已经作了一定的研究，并在某些具体问题上有深度的探讨，这为本书的写作奠定了良好的基础。但是国内还缺乏宏观视角和长时段的分析，从而影响了研究的深度，也在一定程度上影响了对伊朗伊斯兰共和国经济现代化成就与缺陷的客观准确评判。

（二）国际研究动态

从国际层面来讲，对伊朗伊斯兰共和国经济现代化的研究更加丰富。比较而言，对伊斯兰革命后前10年的经济研究以专著成果为主，期刊论文为辅，研究相对成熟；对1989年之后的伊朗经济研究以期刊论文为主，专著性成果较少；受时间所限，对伊朗在2000年之后的经济问题的研究相对较少。具体来说，国际层面的研究可分以下几类：

1. 对伊斯兰革命后不同时段经济现代化问题的综合研究

2000年之前出版的一些著作对伊斯兰革命之后到拉夫桑贾尼改革时期面临的许多经济问题进行了研究。如帕尔文·阿里扎德主编的《伊朗经济——一个伊斯兰国家的困境》[1] 分别从宏观和微观的视角探讨了伊斯兰革命后伊朗经济的基本特点，如宏观经济特征、国有化政策、人口问题、影响经济发展的非经济因素、妇女就业等问题。赛义德·拉赫内马和苏赫拉布·贝赫达德合编的《革命后的伊朗——一个伊斯兰政府的危机》[2] 研究了革命后的经济危机、工业政策、石油产业、基金会组织、社会保障政策、国家所有权的变迁等问题。另外，格兰特·法尔与哈罗德·R·科尔伯合著的《现代伊朗——比较社会学丛书之一》[3] 详尽地研究了现代伊朗

---

[1] Parvin Alizadeh, ed., *The Economy of Iran: Dilemmas of an Islamic State*, London; New York: I. B. Tauris, 2000.

[2] Saeed Rahnema and Sohrab Behdad, eds., *Iran after the Revolution: Crisis of an Islamic State*, London; New York: I. B. Tauris, 1995.

[3] Grant Farr and Harold R. Kerbo, *Modern Iran: a Volume in the Comparative Society's Series*, Boston, Mass.: McGraw-Hill, 1999.

社会的变迁，如社会环境、家庭婚姻、宗教文化、政治体系、经济状况、社会分层、性别歧视、人口与城市化等问题。

关于伊斯兰革命后前10年伊朗经济问题的研究成果较多。这一时期伊朗伊斯兰政权面临的严重经济危机引起了不少西方学者的关注。两伊战争结束后，伊朗官方公布的数据越来越详细，也为这种研究提供了可行性条件。至20世纪90年代中后期，一批以该时期伊朗经济为主题的研究成果相继问世。主要包括：霍尚·阿米拉赫马迪《革命与经济转型——伊朗经验》[①] 是较早的一部研究该时期伊朗经济危机的力作。此书借鉴沃勒斯坦的"世界体系"理论并进行了修正，认为伊斯兰革命本质上是一场中产阶级的革命。作者对伊斯兰革命从经济视角进行了重新评价，认为一场如此激进的、有广泛群众基础的革命，其经济成就却十分有限。贾汉吉尔·阿穆泽加尔著的《伊朗伊斯兰共和国的经济》[②] 主要以伊朗中央银行及其他官方机构公布的数据为基础，对伊斯兰革命后前10年伊朗经济危机的主要表现作了深入研究，包括革命后指导伊朗经济的意识形态理念、宏观经济发展趋向、经济政策及各产业部门发展状况等内容。另外，作者在书中肯定了巴列维王朝时期伊朗经济发展的成就，并对拉夫桑贾尼经济重建的最初几年，特别是第一个五年计划的实施情况进行了初步的分析。阿里·穆罕默迪主编的《伊朗遭遇全球化——问题与展望》[③] 研究了伊斯兰革命后的伊朗经济与全球化进程、金融业的发展、城乡日常生活的现代化、人力资源结构的变化、妇女在经济中地位的变化等内容，有助于从全球化及社会视角认识革命后伊朗经济发展中的一些问题。居鲁士·比纳和哈米德·赞盖内合编的《伊朗现代资本主义与伊斯兰意识形态》[④] 研究了伊斯兰意识形态对伊朗经济的影响问题，内容涵盖石油产业的发展、革命后的经济

[①] Hooshang Amirahmadi, *Revolution and Economic Transition: the Iranian Experience*, London; New York: Routledge, 1990.

[②] Jahangir Amuzegar, *Iran's Economy under the Islamic Republic*, London & New York: I. B. Tauris & Co Ltd., 1997.

[③] Ali Mohammadi, *Iran Encountering Globalization: Problems and Prospects*, London: Routledge Curzon, 2003.

[④] Cyrus Bina and Hamid Zangeneh, eds., *Modern Capitalism and Islamic Ideology in Iran*, New York: St. Martin's Press, 1992.

危机、伊斯兰银行的理论及实践、战后经济重建等问题。本书的基本观点是由伊斯兰革命导致的社会与经济的变化其实十分有限,伊朗伊斯兰共和国时期的经济与社会发展很大程度上是巴列维王朝的延续。由艾哈迈德·沙尔巴托格利亚著的《革命后伊朗的城市化和地区不平衡》[1] 对革命前后伊朗城市化进程进行了研究,依次从城乡不平衡、省际不平衡和城市间不平衡三方面对城市化的后果进行了剖析。通过对革命前后伊朗城市化进程的比较,作者认为革命后的城乡差距及区域差距要比革命前有所缩小。霍马·卡图赞《革命以来的伊朗政治经济:宏观历史分析》[2] 一文分析了两伊战争对工农业发展造成的有害影响,并分析了人口增长过快、食品短缺、进出口萎缩、通货膨胀及石油危机等问题。

其次是有关拉夫桑贾尼与哈塔米时期经济改革的研究。霍马·卡图赞和侯赛因·沙希迪合编的《21世纪的伊朗——政治、经济及冲突》[3] 研究了伊朗进入21世纪之后面临的政治与经济形势,对政治、国际关系及经济相关问题都有所涉及,如对如何经营石油资源及实现经济多样化、资本积累与金融市场的改革、人力资源问题、伊朗经济历史的基本特征都作了分析。另外研究经济改革的代表性论文有:霍尚·阿米拉赫马迪的《伊朗发展:评价与挑战》[4] 对第一个五年计划各项指标的完成情况作了详细分析,并与第二个五年计划进行了对比。M. R. 卡西米的《革命后的伊朗经济:对第一个五年计划的评价》[5]也对第一个五年计划的目标和实际效果进行了评价,尤其对该计划执行中宏观经济出现的一系列问题进行了分析,对计划的不切实际性给予了深刻的批判。

---

[1] Ahmad Sharbatoghlie, *Urbanization and Regional Disparities in Post-revolutionary Iran*, Boulder, Colo.: Westview Press, 1991.

[2] Homa Katouzian, "The Political Economy of Iran since the Revolution: a Macro-Historical Analysis", *Comparative Economic Studies*, Vol. 31, Issue 3, 1989, pp. 55 – 66.

[3] Homa Katouzian and Hossein Shahidi, eds., *Iran in the 21st Century: Politics, Economics and Conflict*, Abingdon, Oxon, England; New York: Routledge, 2008.

[4] Hooshang Amirahmadi, "Iran's Development: evaluation and challenges", *Third World Quarterly*, Vol. 17, No. 1, 1996, pp. 123 – 147.

[5] M. R. Ghasimi, "The Iranian Economy after the Revolution: An Economic Appraisal of the Five-Year Plan", *International Journal of Middle East Studies*, Vol. 24, No. 4, Nov. 1992, pp. 599 – 614.

再次，关于内贾德与鲁哈尼时期的经济政策和经济形势的研究。伊朗经济资深专家贾汗吉尔·阿穆泽加尔在《内贾德的遗产》①一文中，辛辣地指出了内贾德两届任期给伊朗经济和外交所带来的种种苦果。他从内贾德个人的价值观和管理理念入手，分析了内贾德近乎幼稚而执拗的管理经济方式造成了伊朗经济的严重混乱。那德尔·哈比比在《内贾德是如何改变伊朗经济》②的一文中主要论述了内贾德的经济政策，注意到内贾德民粹主义色彩的价值观对其经济政策的影响，对内贾德时期的私有化改革、补贴改革、货币及银行政策等问题进行了研究，并对内贾德时期伊斯兰革命卫队广泛参与经济活动的状况进行了探讨。

除此之外，关于巴列维时期经济现代化的著作数量众多，这里仅提两本与伊斯兰革命后经济现代化有关的著作。罗伯特·E·卢尼的《伊朗革命的经济根源》③从经济视角研究了巴列维王朝经济现代化与伊斯兰革命的关系；穆罕默德·贾韦德·阿米德的《伊朗的农业、贫穷与改革》④对巴列维时期伊朗农业的变化与农村社会的贫穷与不平等状况作了深入研究。这两本著作集中反映了伊斯兰革命发生的社会经济根源。

2. 关于伊斯兰革命后伊朗某一经济问题的专题研究

（1）关于伊朗革命后的宏观经济困境及原因的研究。帕尔文·阿里扎德的《伊朗困境：经济改革和"结构陷阱"》⑤一文对革命后伊朗的宏观经济困境及改革进展缓慢问题进行了研究，认为造成危机的主要原因是经济体制中的"结构性陷阱"。研究证明阻碍革命后伊朗经济发展的主要因素并非经济本身，政治因素起到了关键的作用。哈米德·赞加内的《伊朗社

---

① Jahangir Amuzegar, *Ahmadinejad's Legacy*, Middle East Policy, Vol. 20, No. 4, Winter 2013, pp. 125 – 129.

② Nader Habibi, "How Ahmadinejad Changed Iran's Economy", *The Journal of Developing Areas*, Vol. 49, No. 1, Winter 2015, pp. 305 – 312.

③ Robert E. Looney, *Economic Origins of the Iranian Revolution*, New York: Pergamon Press, 1982.

④ Mohammad Javad Amid, *Agriculture, Poverty, and Reform in Iran*, London; New York: Routledge, 1990.

⑤ Parvin Alizadeh, "Iran Quandary: Economic Reforms and the 'Structural Trap'", *The Brown Journal of World Affairs*, Volume 4, Issue 2, Winter/Spring 2003, pp. 267 – 281.

会经济趋势：成功与失败》①对1976—1998年之间伊朗宏观经济的主要表现进行了探讨，包括经济增长的趋势、人口就业问题、移民问题、非石油出口及伊朗在世界贸易中地位边缘化等问题，并分析了革命后伊朗奉行贸易保护主义政策的弊端。

（2）对所有制结构变化的研究。阿克巴·凯尔巴斯勒的《伊斯兰革命和伊朗经济管理》②一书对伊朗所有制结构的演变进行了长时段的分析。本书认为，革命后的伊朗形成了一种病态经济结构，对经济发展产生了很多负面影响。在巴列维时期，私有权得到了政府法律的保障，但是伊斯兰革命却使得财产权受到了严重的威胁，最终形成国家所有制独大的局面。虽然拉夫桑贾尼开始私有化改革，但是进展缓慢。比吉安·哈杰赫普尔的《伊朗国内政治改革与私有部门活动》③研究了革命后伊朗形成的复杂而模糊的所有制结构。私有化改革面临诸多困难同伊朗伊斯兰共和国的政治体制、法律障碍密切相关。作者还对哈塔米时期经济改革及第三个五年计划的内容进行了研究。文章强调了经济改革与政治民主化的密切关系。另外，由美国学者迈赫旦德·瓦勒贝格所著（尹全洲译）的《伊斯兰经济制度下的私有化改革——伊朗革命后的私营经济》（上下篇）分析了革命后初期伊朗政府的国有化政策及对私有经济的消极影响，并对拉夫桑贾尼时期的私有化改革成效提出了质疑。④

（3）对现代伊朗伊斯兰经济思想的研究。迈赫达德·瓦利贝吉的《革命后伊朗的伊斯兰经济及经济政策的形成》一文⑤分析了伊斯兰经济思想的不同派别对革命后伊朗经济政策的影响。文章认为由于各派在所有权和

---

① Hamid Zangeneh, "Socioeconomic Trends in Iran: Successes and Failures", *The Muslim World*, Volume 94, Issue 4, Oct. 2004, pp. 481 – 493.

② Akbar Karbassl, "Islamic Revolution and the Management of the Iranian Economy", *Social Research*, Vol. 67, No. 2, Summer 2000, pp. 621 – 640.

③ Bijian Khajehpour, "Domestic Political Reforms and Private Sector Activity in Iran", *Social Research*, Vol. 67, No. 2, Summer 2000, pp. 577 – 598.

④ ［美］迈赫旦德·瓦勒贝格，尹全洲译，《伊斯兰经济制度下的私有化改革——伊朗革命后的私营经济（上）》，《农村金融与市场经济》，2000年第1期；《伊斯兰经济制度下的私有化改革——伊朗革命后的私营经济（下）》，《农村金融与市场经济》，2000年第2期。

⑤ Mehrdad Valibeigi, "Islamic Economics and Economic Policy Formation in Post-Revolutionary Iran: A Critique", *Journal of Economic Issues*, Vol. 27, No. 3, September 1993, pp. 793 – 812.

国家在经济中的作用、对外贸易国有化、土地改革等问题上争论不留，从而延误了革命后伊朗相关经济政策的制定与实施。苏赫拉布·贝赫达德的《争论的乌托邦：革命伊朗的伊斯兰经济》①对现代伊朗不同流派的伊斯兰经济思想进行了系统剖析，其中对激进派、正统派、民粹—国家主义派、保守派及霍梅尼的经济思想进行了剖析。文章认为伊斯兰经济思想本质上是一个庞杂的思想体系，不论哪个流派都无法适应现实社会的需要，带有强烈的乌托邦色彩。这些缺陷导致革命后伊朗的经济指导思想产生了混乱。伊瓦雷拉·皮萨兰在《伊朗争取经济独立的斗争》②一书中对革命后到内贾德第一任期内伊朗追求经济独立的努力作了详细的研究，对伊朗寻求独立自主的经济思想的动机也进行了深入的剖析。本书充分展示了各派围绕实现经济独立的具体路径上的分歧与斗争。伊朗学者阿里·克沙瓦尔兹等的《抵抗经济：将制裁转化为机会》，③对哈梅内伊的"抵抗经济"政策进行了全面解读，高度评价了该政策对伊朗经济在面临核制裁的危机时期的重大指导意义。

（4）关于人口与就业问题的研究。法尔哈德·努马尼和苏赫拉布·贝赫达德合著的《伊朗的阶级与工作：与革命有关？》④以马克思主义的阶级分析法为研究方法，对革命前后伊朗的社会阶层变化作了对比性研究，分析了经济结构变化对劳动力分层的影响，认为伊朗革命后出现了社会阶层的重新固化，而经济危机与失业、城乡差距、性别歧视等问题并存。同样由二人合写的《工人、农民和不法商贩：革命后伊朗劳动分层研究》⑤一文对革命后20年之内伊朗劳动力的构成状况进行了研究，揭示了1976—

---

① Sohrab Behdad, "A Disputed Utopia: Islamic Economics in Revolutionary Iran", *Comparative Studies in Society and History*, Vol. 36, No. 4, Oct. 1994, pp. 775 - 813.

② Evaleila Pesaran, *Iran's Struggle for Economic Independence*, London and New York: Routledge, 2011.

③ Ali Keshavarzi, Sarvoldin Fathi, "Resistance Economy, Turning the Sanction to Opportunity", *International Journal of Management, Accounting and Economics*, Vol. 1, No. 1, August 2014.

④ Farhad Nomani and Sohrab Behdad, *Class and labor in Iran: Did the Revolution Matter?* Syracuse, N. Y.: Syracuse University Press, 2006.

⑤ Sohrab Behdad and Farhad Nomani, "Workers, Peasants, and Peddlers: A Study of Labor Stratification in the Post-Revolutionary Iran", *International Journal of Middle East Studies*, Vol. 34, No. 4, Nov. 2002, pp. 667 - 690.

1986年与1986—1996年之间经济结构的变化导致劳动力在不同行业之间的流动，反映了伊斯兰革命后长期经济危机（特别是革命后的前10年）给就业带来的消极影响。

（5）对基金会组织及伊斯兰革命卫队参与经济活动的研究。阿里·A·赛义迪的《准政府组织的责任：以伊朗基金会为例》[①] 研究了伊斯兰革命后建立的众多基金会组织的性质和影响。研究证明这些组织本质上是独立于政府的权力机构，成为伊朗政治民主化与经济自由化改革的障碍。赫萨姆·福鲁赞等著的《伊朗的军事力量与国家：革命卫队经济的崛起》[②] 对伊朗伊斯兰革命卫队的角色转换过程进行了详细的研究。文章认为伊斯兰革命卫队最初只是一个准军事组织，但是借助于经济重建和派系斗争开始参与经济活动。内贾德本人对伊斯兰革命卫队势力极力扶持，使得后者逐渐扩张至关键性的经济部门，到鲁哈尼时期已经形成尾大不掉之势。这些文章都认为伊朗现有体制下对基金会与伊斯兰革命卫队的改革无法推行。

（6）对农业问题的研究。阿斯加尔·斯奇拉齐的《伊斯兰发展政策——伊朗的农业问题》[③] 一书集中研究了伊斯兰革命前后伊朗农业的地位和政策的变化、农业管理机构的重组、土地改革、农业经营、城市化对农村社会的影响等问题，是研究二战后伊朗农业问题的代表性作品。另外，阿里·沙库里的《革命后的伊朗国家与农村发展》[④] 一书对革命后伊朗国家农业政策的变化、农业发展状况及农村社会的变迁进行了深入分析。卡维·萨尼的《革命后伊朗农村社会和农业发展：最初的20年》[⑤] 一文对革命后20年里农业在伊朗经济中地位的提升、农业政策变化及其影

[①] Ali A. Saeidi, "The Accountability of Para-governmental Organizations (*bonyads*): The Case of Iranian Foundations", *Iranian Studies*, Volume 37, Number 3, September 2004, pp. 479 - 498.

[②] Hesam Forozan and Afshin Shahi, "The Military and the State in Iran: The Economic Rise of the Revolutionary Guards", *Middle East Journal*, Vol. 1, Winter 2017, pp. 67 - 86.

[③] Asghar Schirazi, *Islamic Development Policy: the Agrarian Question in Iran*, Boulder: Lynne Rienner Publishers, 1993.

[④] Ali Shakooli, *The State and Rural Development in Post-revolutionary Iran*, Basingstoke, Hampshire; New York: Palgrave, 2001.

[⑤] Kaveh Ehsani, "Rural Society and Agricultural Development in Post-Revolution Iran: The First Two Decades", *Critique: Critical Middle Eastern Studies*, Vol. 15, No. 1, Fall 2006, pp. 79 - 96.

响、吉哈德的作用等问题进行了研究。

(7) 对妇女就业问题的研究。关于伊斯兰革命后伊朗妇女就业的问题，学界的分歧较大。如帕尔文·阿里扎德主编的《伊朗经济——一个伊斯兰国家的困境》及阿里·穆罕默迪主编的《伊朗遭遇全球化——问题和展望》都收录了有关妇女参与经济的论文。这些论文的基本观点是伊斯兰革命后，伊朗妇女的经济地位和就业比例都大幅度的降低。罗克萨娜·巴赫拉米塔什是研究伊朗妇女问题的著名学者，在她的《市场原教旨主义对宗教原教旨主义——伊朗妇女就业》[1] 一文中，认为虽然革命后的伊朗排斥妇女就业，但是政策在实际执行中却出现了相反的效果。社会经济发展的客观需要也为妇女就业提供了很多机会。到经济重建与改革时期，很多政策更有利于妇女就业的扩大。她与埃里克·霍格伦德合著的《当代伊朗的性别：推开界限》[2] 及与哈迪·萨利尼·伊斯法哈尼主编的《隐藏的就业：伊斯兰主义与伊朗妇女就业中的政治经济》[3] 两本论文集，用新的数据和资料挑战了革命后伊朗妇女就业率大幅度降低的传统观点，认为受诸多现实因素的影响，伊朗妇女的就业率要高得多，就业范围也广得多。在塔拉·波维主编的《21世纪伊朗的妇女、权力和政治》[4] 中也得出了相似的结论。尽管如此，学者们依然认为伊朗妇女的经济地位还没有实现真正的平等。而伊拉·罗斯塔米·保维伊的《商业协会和妇女非政府组织：伊朗多样化的公民社会组织》[5] 特别对90年以来妇女非政府组织的增多及在促进妇女就业方面的作用进行了研究。

(8) 对经济不平等问题的研究。贾瓦德·萨勒尼·伊斯法罕尼的《伊

---

[1] Roksana Bahramitash, "Market Fundamentalism versus Religious Fundamentalism: Women's Employment in Iran", *Critique: Critical Middle Eastern Studies*, Vol. 13, No. 1, Spring 2004, pp. 33 – 46.

[2] Roksana Bahramitash, Eric Hooglund, ed., *Gender in Contemporary Iran: Pushing the Boundaries*, New York: Routledge, 2001.

[3] Roksana Bahramitash, Hadi Salehi Esfahani, eds., *Veiled Employment: Islamism and the Political Economy of Women's Employment in Iran*, New York: Syracuse University Press, 2011.

[4] Tara Povey, Elaheh Rostami-Povey, eds., *Women, Power and Politics in 21st Century Iran*, Farnham; Burlington: Ashgate, 2012.

[5] Elaheh Rostami Povey, "Trade Unions and Women's NGOs: diverse civil society organizations in Iran", *Development in Practice*, Vol. 14, No, 1&2, Feb. 2004, pp. 260 – 264.

朗革命和分配：25年之后的贫穷与不平等》[1] 一文研究了革命后伊朗的贫困与贫富差距问题。该文运用大量数据和多种检测手段证明革命后的伊朗在消除贫困方面取得了较大的成就，但是在缩小贫富差距上的成效不大。埃斯凡迪亚尔·马阿苏米和瓦希德·马哈茂迪合写的论文《通过"增长"和"再分配"要素分解贫困变化》，[2] 运用独特的分解法，将从"伊朗统计中心"获得的家庭支出数据分解成"增长"和"再分配"两部分来考察伊朗的城乡贫困变化率，得出伊朗在减贫方面已经取得了明显成绩的结论。"伊朗统计中心"的学者F·巴盖里和M.S.阿瓦扎里在《1991—2010年伊朗贫困程度趋势》[3] 一文中运用SST指数对伊朗贫困程度及演变趋势进行了研究，认为90年代后伊朗贫困程度大幅度降低，而且农村贫困人口的减少速度要快于城市。凯文·哈里斯的《伊朗福利国家的系谱：伊朗伊斯兰共和国的"双重制度主义"和社会政策》[4] 探究了革命后伊朗福利机构的双重性质及其在解决社会贫困、提高福利方面的优点和缺陷。法尔哈德·努尔巴赫什的《伊朗的空间不平等、两极分化及其程度：新的经验依据》[5] 中运用聚合和分流的方法对伊朗各省的不平等状况进行了分析，认为革命后伊朗省际之间的经济水平的差距依然相当大。

（9）关于制裁对伊朗经济影响的研究。侯赛因·G·阿斯卡里在《美国经济制裁个案研究：中国、古巴和伊朗经验》[6] 一书对美国针对三个国

---

[1] Djavad Saleni-Isfahani, *Revolution and Redistribution in Iran: Poverty and Inequality 25 Years Later*, http://www.filebox.vt.edu/users/salehi/Iran_poverty_trend.pdf.

[2] Esfandiar Maasoumi & Vahid Mahmoudi, *Decomposition of Change in Poverty by Growth and Redistribution Components*, http://iraneconomy.csames.illinois.edu/full%20papers/Maasoumi%20-%20Decomposition%20of%20a%20Change%20in%20Poverty%20in%20Terms%20of%20Growth%20and%20Redistribution%20Factors%20in%20Iran.pdf.

[3] F. Bagheri & M. S. Avazalipour, "Trend of Poverty Intensity in Iran 1991-2010", http://www.arpapress.com/Volumes/Vol14Issue1/IJRRAS_14_1_11.pdf.

[4] Kevan Harris, "Lineages of the Iranian Welfare State: Dual Institutionalism and Social Policy in the Islamic Republic of Iran", *Social Policy & Administration*, Vol. 44, No. 6, December 2010, pp. 727-745.

[5] Farhad Noorbakhsh, "Spatial Inequality, Polarization and its Dimensions in Iran: New Empirical Evidence", *Oxford Development Studies*, Vol. 33, No. 3 & 4, September-December 2005, pp. 473-491.

[6] Hossein G. Askari, *Case Studies of U. S. Economic Sanctions: the Chinese, Cuba, and Iranian Experience*, Westport, Conn.: Praeger, 2003.

家的制裁作了基于历史经验的分析，对伊朗自伊斯兰革命至90年代后期的被制裁经历进行了详细的梳理。本书的主要观点是自伊斯兰革命以来美国对伊朗的制裁一直存在。制裁导致了美伊之间的经济联系微乎其微，并对伊朗经济发展和政权稳定都造成了一定的消极影响。罗伯特·K·费格等合编的《美国对伊朗制裁》一书，从美国制裁法案的角度，探讨了一系列主要制裁法案的出台和演变过程，尤其对核制裁以来美国、联合国和欧盟制裁的细节进行了比较，公布了一大批在制裁期间依然与伊朗存在经济往来的世界主要公司的名单。本书透露出对制裁实际效果的怀疑态度。

（10）对伊朗巴扎经济的研究。巴扎经济是伊朗主要的传统经济类型，是一个经济文化共同体。阿朗·凯沙瓦齐安《伊朗的巴扎与政府——德黑兰市场的政治》[①] 主要对革命前后巴扎商人的社会组织形式、经营方式、国家政策对巴扎经济的影响等问题进行了对比研究，颠覆了以往认为巴扎经济在革命后获得了发展的观点，认为在伊斯兰革命之前国家的政策更有利于巴扎经济的发展。

3. 国际货币基金组织的相关研究

世界货币基金组织对伊朗近20年的经济政策都有跟踪并作了不少研究，如对伊朗财政政策、汇率政策、补贴制度及其改革的成效和局限性，通货膨胀等问题给予了较多的关注及分析。[②] 世界货币基金组织还有专门的工作报告，定期对某一国别的经济问题进行专题研究。摩森·巴赫马尼-奥斯卡伊的《产油国的汇率波动与产量：以伊朗为例》，研究了伊朗汇率的大幅度波动与石油产量和收入之间的关系。[③] 欧亚·塞拉桑等人的《伊朗伊斯兰共和国货币需求和通货膨胀分析》研究了伊朗消费价格指数（CPI）的构成、通货膨胀的计量方法、通货膨胀的主要影响因素等。[④] 欧

---

① Arang Keshavarzian, *Bazaar and State in Iran: the Politics of the Tehran Marketplace*, Cambridge, UK; New York: Cambridge University Press, 2007.

② IMF, *Islamic Republic of Iran: Selected Issues*, 2002, 2007, 2011, 2014, 2015.

③ Mossen Bahmani-Oskooee and Magda Kandil, *Exchange Rate Fluctuations and Output in Oil-Producing Countries: The Case of Iran*, IMF Working Paper, 2007.

④ Oya Celasun and Mangal Goswami, *an Analysis of Money Demand and Inflation in the Islamic Republic of Iran*, IMF Working Paper, 2002.

亚·塞拉桑等人也研究过伊朗伊斯兰共和国汇率制度的问题。① 而多米尼克等人则对伊朗补贴制度的改革进行了研究，尤其对内贾德2010年补贴改革启动的背景、时间的确定、补偿原则、获益群体及补贴改革的挑战等进行了跟踪研究。②

4. 长时段及宏观背景研究

埃尔顿·L·丹尼尔的《伊朗通史》③ 对霍梅尼执政之后伊朗在经济领域的政策及表现也作了少量的研究。帕特里克·克劳森和迈克尔·鲁宾合著的《永恒的伊朗：持续与变迁》④ 对伊朗的历史作了长线研究，对伊斯兰革命后的历史时期也有所覆盖，并包含了部分经济社会资料。

另外，还有一些以文化和社会为题材的著作。拉明·贾汉贝格勒主编的《伊朗——传统与现代之间》⑤，以伊朗文化传统与现代性为主题，其中有关于妇女就业的内容。迈赫迪·塞马提主编的《伊朗媒体、文化与社会——与全球化和伊斯兰政权共存》⑥ 对伊斯兰革命后伊朗传统文化在全球化影响下的变化作了多角度的分析，同时也反映了不少当代经济问题。而某些以在伊朗的亲身经历为主题的作品包含了不少革命后伊朗经济与社会问题的感性、直观资料，尤其体现了普通民众对伊朗现状的不满反应。美国女记者伊莱恩·西奥利诺为她在伊朗20年的游历生涯所做的总结性著作《波斯映像——难以解读的伊朗面孔》，⑦ 以翔实的资料揭露了革命后伊朗多方面的社会状况，并触及到革命后的经济困境及民众的反应等问题。贝赫扎德·亚格迈安著的《伊朗社会变迁——对不满、反叛和争取权利新

---

① Oya Celasun, *Exchange Rate Regime Considerations in an Oil Economy: The Case of the Islamic Republic of Iran*, IMF Working Paper, 2003.
② Dominique Guillaume, Roman Zytek, and Mohammad Reza Farzin, *Iran-The Chronicles of the Subsidy Reform*, IMF Working Paper, 2011.
③ Elton L. Danniel, *The History of Iran*, Westport, CT: Greenwood Press, 2001.
④ Patrick Clawson and Michael Rubin, *Eternal Iran: Continuity and Chaos*, New York: Palgrave Macmillan Ltd., 2005.
⑤ Ramin Jahanbegloo, ed., *Iran—between Tradition and Modernity*, Lanham, Md.: Lexington Books, 2004.
⑥ Mehdi Semati, ed., *Media, Culture and Society in Iran: Living with Globalization and the Islamic State*, London; New York: Routledge, 2008.
⑦ Elaine Sciolino, *Persian Mirrors: the Elusive Face of Iran*, New York: Free Press, 2000.

运动的目击描述》》[①] 对伊朗革命后的社会经济问题提供了最直观的资料，如通货膨胀、贫穷、失业等问题。与以上作者的观点反向而行的是，伊利沙·马克利斯在《伊斯兰共和国：地区稳定的堡垒》[②] 一文则对伊朗政权能够保持稳定的原因进行了探讨。作者认为伊朗为地区稳定提供了一个重要的模版。伊朗政治上提倡多元权威，具有适应变化的能力，这一政治制度不会因为总统换人而发生不稳定。

三、研究内容

伊朗伊斯兰革命后的经济现代化进程涉及内容广泛。本书基本遵循时间轴主线，按照事件发生的先后顺序进行论述。从层次上，按照从宏观到中观再到经济社会领域的专题内容进行研究。

本书的第一章是对巴列维时期经济现代化及其与伊斯兰革命关系的研究。巴列维时期是伊朗从传统向现代转型的时期，也是以工业化为核心的经济现代化大推进发展的时期。礼萨·汗开启了伊朗现代化之路，尽管成效并不显著，但是使得伊朗国家本土第一次出现了现代工业因素，为二战后其子巴列维国王继续加速推进经济现代化奠定了基础。二战之后，特别是在20世纪六七十年代之后，受国内外良好环境及比较合理的经济政策的影响，伊朗经济进入了高速发展期。到革命前夕，伊朗已经是中等发达国家。但是，巴列维王朝的经济现代化孕育着极高的风险，最大的风险莫过于经济的高度不均衡发展导致社会贫富差距悬殊，普通民众逐渐对以王室为首的少数精英的穷奢极欲生活越来越不满。另外，巴列维王朝完全世俗化、西方化的发展模式令社会价值观发生断裂，遭到了失去特权的传统宗教人士的痛恨。在经济现代化中被边缘化的群体与宗教人士结成联盟，以疾风暴雨般的速度推翻了盛极一时的巴列维王朝。

---

① Behzad Yaghmaian, *Social Change in Iran: an Eyewitness Account of Dissent, Defiance, and New Movements for Rights*, Albany: State University of New York Press, 2002.
② Elisheva Machlis, "The Islamic Republic: A Bastion of Stability in the Region?" *Middle East Critique*, Vol. 25, No. 4, 2016.

第二章是对伊斯兰革命后伊朗经济指导思想的梳理。伊斯兰革命后，伊朗的政治体制、主流价值观、治国理念等都发生了翻天覆地的变化。这一变化体现在治理经济上就是从原先全盘西化、按照西方资本主义的模式发展经济转变成按照伊斯兰传统经济思想的原则治理经济。但是，受多重因素的影响，二战后伊朗出现的伊斯兰经济思想并不是一个统一的体系，而是多个派别共存。因对传统伊斯兰经济思想的接受程度不同，及受西方经济学与马克思主义理论的影响的差异，导致这些派别在一些具体经济问题上发生了很多分歧。但总的来说，伊朗在伊斯兰革命后形成了"经济公正"与"经济独立"的指导思想，前者主要来源于传统伊斯兰经济思想，后者是近百年来伊朗民族主义在经济上的体现。但是这两个指导思想具体到实践层面带有较大的模糊性。这两个指导思想伴随着伊斯兰革命后经济现代化的进程并有所革新，最高领袖哈梅内伊从长期遭受美国制裁的形势出发发展出了"抵抗经济"的思想。

第三章到第五章是对伊朗宏观经济的研究。根据经济发展的不同特征分成了三个阶段，分别是伊斯兰革命后最初的10年、拉夫桑贾尼与哈塔米的经济重建与改革时期、伊核危机爆发后的时期。伊斯兰革命后的最初10年里，受国内外不利因素的影响，伊朗政府无力治理经济，使得经济发展陷入了困境。长期困扰革命后伊朗的"低增长、高通胀、高失业率"的结构性问题逐渐显现。这一时期形成的经济政策大多带有危机管理的特征。两伊战争后，伊朗开始经济重建和改革。但不论是私有化改革、还是补贴汇率制度的改革，都反反复复，很不顺利。这些改革迄今也没有完成。这里既有伊斯兰革命传统价值观的约束，也有制度性因素的障碍，还有既得利益集团的反对及下层民众对改革的不满。伊朗经济的结构性病症，使得即使更换总统，也不能有效地推进经济的变革与发展。

第六章是关于伊朗各产业发展状况及产业结构的研究。本章分别对农业、能源产业、非石油制造业、基础设施及服务业在革命后的发展脉络进行了考察。农业一度是革命后发展最快的产业部门，跟当时伊朗注重发展农业，甚至试图把农业打造成自力更生的主导产业的发展导向有关。而能源产业在革命后遭受了很大的打击，作为与外部世界联系最密切的产业，能源产业经常沦为伊朗与大国博弈的牺牲品；但尽管如此，下游能源产业也获得了一定的发展。非石油制造业是伊朗最薄弱的一个产业，存在"先天不足、后天失调"的问题，非石油制造业发展不充分制约了伊朗多元化目标的实现，也影响了就业率的提高。尽管经济长期不景气，但是伊朗革命后的基础设施建设在政府的扶持下取得了明显的成就。革命后伊朗服务业的发展主要体现在公共服务业的扩张，而私人服务业的发展相对逊色许多。伊朗革命后的产业结构体现出资源型经济的基本特点，存在产业结构与就业比例不协调、产业之间的关联度较弱、非石油制造业发展相对不足等问题。

第七章是对伊朗经济现代化的社会公正视角的研究。本章分别对伊斯兰革命后伊朗的贫富差距、城乡差距、省际差距及性别在经济地位上的差距等问题进行了研究，发现革命后伊朗的经济不公正问题有所缓解，但是在社会不同阶层、地区发展及性别获取就业机会等方面依旧存在较大的不公正。

第八章是对伊朗伊斯兰革命后经济现代化屡受挫折的原因的解读。自伊斯兰革命之后形成的政治制度、经济发展模式及经济政策导向是导致经济现代化受挫的主要原因，而美国对伊朗长期的制裁则是阻碍伊朗经济良性发展的主要外部因素。

总的来说，本书基本遵循在伊斯兰革命中形成的及之后伊朗政府提出的两大经济目标，按照从理想向现实回归的思路对革命后伊朗的经济政策进行分析，试图超越纯粹经济学的研究范式，注重对非经济因素的考察，试图发现阻碍伊斯兰革命后伊朗经济发展的根本原因。

四、研究价值

研究伊斯兰革命后伊朗的经济问题，是认识伊朗伊斯兰共和国一系列突出的社会政治问题的钥匙，具有重要的学术和现实意义。

第一，在一定程度上弥补国内学术界在伊朗伊斯兰共和国研究方面的短板。有关伊朗伊斯兰共和国的历史，学者的研究大多集中在政治、外交、宗教、文化等方面。但是经济基础决定上层建筑。伊朗政府当前面临严重的信任危机，民众对政府的不满程度日益加深。造成这种局面的原因是多方面的，但是伊朗政府长期不能解决经济民生问题是一个非常重要的原因。未来伊朗政权的稳定也与经济发展是否顺利密切相关。因此有必要对伊斯兰革命后伊朗的经济问题进行系统的研究。

第二，有助于重新评价伊斯兰革命的地位和影响。伊斯兰革命已经过去了40年，但是当初革命领袖对民众的承诺在很大程度上并没有兑现，这尤其体现在经济实惠方面。有些国外学者甚至提出这样的疑问："为什么一场在现代世界历史上拥有广泛群众基础的、最激进的革命，经历了政治与文化上的剧烈变革，却对经济只有有限的积极影响？"事实证明，伊斯兰革命之后，伊朗经济的发展愈发艰难，甚至在某些方面还不如巴列维时期，普通人民没有多少获得感。当革命的口号从理想向现实回归之后，人们才发现问题与困难丛生。但是仍有不少学者忽视经济问题的严重性而对伊斯兰革命的评价过高。因此，本书试图通过对革命后伊朗经济问题的研究，对这场革命的影响进行更客观的评价。

第三，有利于重新理解巴列维王朝经济现代化的地位。巴列维王朝的覆灭留给了后人很多谜团，尤其是经济现代化如此成功的一个国家却发生了政权更迭。伊斯兰革命的爆发可以从经济民生视角得到更好的解读。而伊斯兰革命后的伊朗经济现代化成就并不高，但是政权能够维系到今天，证明在某些方面比巴列维时期有所进步。因此虽然不能对伊斯兰革命评价过高，但是也不能对这场革命轻易否定。

第四，为发展中国家的经济现代化道路提供参考。二战之后，广大亚非拉国家在独立后都面临经济现代化的考验。半个多世纪的发展证明，各国现代化的道路不是趋同的，而是多样的，但是不同国家的现代化经验教训又可以相互借鉴。伊朗是一个重要的发展中国家，而作为一个深受伊斯兰文化影响的历史悠久的国家，其最近百年来的现代化体现出在"西方化"和"本土化"之间的艰难选择与挣扎。伊斯兰革命后伊朗经济现代化的失误本质上体现了在"本土化"现代化中遇到的各种问题。其经验教训也向广大发展中国家表明：在经济全球化的今天，完全排斥外部联系，甚至闭关锁国的本土化道路是行不通的。要正确处理好维护国家主权与加强外部经济联系的关系，这是经济发展的重要前提，要把握好二者之间的"度"。另外，政治稳定与领导层的高度团结是保障经济发展的重要条件，二者相辅相成；而制定经济政策只有良好的愿望是远远不够的，必须注重论证的科学性及现实的可操作性。

第五，研究也适应了"一带一路"背景下中国同伊朗经贸关系迅速发展的现实需要。2000年之后，中国与伊朗的经贸关系获得了突飞猛进的发展。中国需要从伊朗进口能源，而中国也要开拓伊朗这个十分有潜力的市场。近年来，中国对伊朗的商品和劳务输出也不断增多。伊朗不仅关系到中国的能源安全，也是中国经济"走出去"的重要一站。这也使得进一步了解伊朗经济发展的历史与现状变得更加重要。本书在一定程度上回应了这一要求。

五、研究方法

1. 以权威机构公布的原始经济数据为基础，利用宏观经济学、产业经济学、经济社会学的理论与方法，力求准确分析这一时期伊朗的经济变迁史。

2. 采用以历史学为经，经济学、社会学、政治学等为纬的多学科交叉研究法，既重视考察伊朗经济现代化的历史演变，又注重从横向剖面进行论证。

3. 注重比较方法的运用，既在微观层面将历年经济数据进行动态比较，又分成几个时段进行比较。

第一章
巴列维王朝的经济现代化与伊斯兰革命

伊朗现代化的进程是从巴列维王朝开始的。巴列维王朝脱胎于恺加王朝，正式建立于 1925 年，终结于 1979 年的伊斯兰革命，占据了 20 世纪伊朗历史的大部分时间，因此在伊朗现代史上具有举足轻重的地位。巴列维王朝的建立标志着伊朗正式出现了第一个现代意义上的民族国家，为其政治、经济、社会及文化领域的现代化改革奠定了基础。巴列维王朝是伊朗从传统向现代转型的关键时期。

20 世纪上半期，受土耳其凯末尔革命及改革的影响，中东少数实现独立的国家开始走向现代化的道路，伊朗也是其中之一。与凯末尔改革类似，巴列维王朝的现代化也是以世俗化、西方化为主要特征的，体现在经济上就是工业化。在王朝建立伊始，伊朗的经济还是一个以农牧业为主体的国家，但在半个世纪之后，伊朗已经达到了中等发达国家的水平，建立了比较完善的现代化工业体系。巴列维王朝经济现代化的成就是不容否认的，但是却没有维持统治的长治久安，反而被宗教领袖霍梅尼领导的反国王运动推翻。

"现代化过程在启动之后，随着经济持续增长，在政治、社会、文化、教育、福利、居民健康与素质等各个方面都会发生适应性变化。""在这些变化中，政治现代化是一个最复杂的过程。历史表明，经济愈落后，现代化进程中的权力集中程度一般都更高，国家的支配与干预一般也更大。"[1]巴列维王朝的命运充分证明了现代化进程是一个国家在各个层面都要实现

---

[1] 罗荣渠：《现代化新论——世界与中国的现代化进程》，北京：商务印书馆，2006 年版，第 158 页。

进步的过程,仅仅经济领域发生了现代化而其他领域相对滞后不仅不能确保现代化进程的顺利推进,反而会导致社会动荡,甚至引发政权危机。

第一节 礼萨·汗时期经济现代化的酝酿

早在波斯恺加王朝(1779—1921)时期,伊朗经济已经零星地出现了现代化的因素。但是真正意义上的经济现代化是从巴列维王朝开始的。巴列维王朝历经礼萨·汗和其子穆罕默德·礼萨·巴列维两任国王时期。他们分别属于伊朗经济现代化的不同阶段,在具体政策上存在差别,但经济发展的总趋势是一致的。简单地说,建立现代化的工业是王朝经济的主要目标。

一、巴列维王朝推动经济现代化的主观动力和客观条件

与广大亚非拉地区的国家一样,伊朗从19世纪中期之后逐渐沦为英国和沙俄的半殖民地,民族危机日益加深。在经济层面上,伊朗被纳入资本主义经济体系,成为欧洲的商品输出市场和原材料供应地。民族危机和阶级矛盾的加深是伊朗20世纪初屡次发生革命的根本原因。恺加王朝后期积贫积弱,在1905年的立宪革命及一战后风起云涌的人民反抗斗争中岌岌可危,最终被一个出身哥萨克师的军官——礼萨·汗取代。礼萨·汗能够成为国王主要得到了英国的支持,但是他本人却带有强烈的民族主义倾向,希望通过改革让伊朗强大起来,能够彻底摆脱被英俄控制的局面。只有像西方国家那样在经济上实现工业化,才能保证这一目标的实现。这是礼萨·汗锐意改革的主观动因。

巴列维王朝建立后,礼萨·汗逐渐推行了一系列的政治与社会改革,为经济现代化的推行奠定了基础。礼萨·汗改革的主要内容有:第一,收回国家主权。废除领事裁判权,实行国家行政管理民族化,实施新的关税

法保护民族经济，拒绝偿还不合理的国际债务，收回恺加王朝给予外国的租让权。第二，加强中央集权，推进国家治理体制的现代化。改革国内行政区划，加强立法，镇压民族分裂主义，强迫游牧部落过定居生活。第三，世俗化改革。打击、限制伊斯兰教士的权力，大力提倡世俗教育，提高妇女地位。同时弘扬民族传统文化，力图构建新的民族认同。[1] 礼萨·汗的改革以从上到下的模式，甚至是以一种粗暴强迫的方式，推动了伊朗各个层面的现代化，为经济现代化的推行提供了保障。

但是，礼萨·汗的现代化改革也埋下了王朝覆灭的种子。礼萨·汗本人是靠着宗教人士的支持才能够成为国王的，但是在他推动现代化的过程中，却把伊斯兰教及宗教人士视为保守落后的事物，对他们的传统政治经济文化权力进行限制甚至剥夺；在社会领域的改革，尤其是解放妇女的改革，引发了社会不同阶层的矛盾与分裂。但无论如何，礼萨·汗的经济现代化是二战后伊朗大推进式的工业化进程的前奏。工业化的加速发展同时也推动了社会其他层面的现代化进程。

二、礼萨·汗经济现代化改革的主要内容

礼萨·汗推进经济现代化的方式与19世纪上半期埃及穆罕默德·阿里的改革有相似之处，即都是通过国家强制力的方式来实现既定的目标。这种类型被称为"赶超型发展战略国家"，本质上是一种"通过威权政治来加速经济增长和推行强制性的工业化战略"。[2] 这是在本国还不具备现代化的充分条件下的必然选择。礼萨·汗主要是从以下几个方面推进国家经济现代化的进程。

第一，由国家充当经济现代化的领军角色，制订相应的经济政策，致力于建立本国独立的工业体系。国家逐渐建立了对糖、茶、鸦片、烟草及许多其他商品的生产和买卖控制权，并创办了一批以轻工业为主的现代化工厂，涉及到纺织、制糖、水泥及其他一些制造业。为了保护本国工业的

---

[1] 冀开运：《伊朗现代化历程》，北京：人民出版社，2015年版，第48—52页。
[2] 罗荣渠：《现代化新论——世界与中国的现代化进程》，第211页。

发展，在提高进口关税的前提下，对国内工业采取优惠政策，如免除关税及其他一些税收。1941年，伊朗建立了第一家钢铁厂，工业重心开始向重工业转移。

第二，兴建与工业发展相配套的基础设施，如铁路、公路、桥梁等。礼萨·汗时期建成了贯穿伊朗全境的一条铁路线，将北部的沙赫港和南部的沙赫普尔港连接了起来，长1394千米。在礼萨·汗不算太长的统治时间里，投资铁路共计2.6亿美元，另有2.6亿美元投资到了工业领域。[①] 在当时伊朗十分落后的经济条件下，这一投资规模还是很可观的。

第三，开始限制外国人，尤其是英国人在伊朗的经济势力。礼萨·汗本人对外国势力十分痛恨。当时英国人在伊朗的投资范围十分广泛，尤其在石油开采领域，一直通过控制"英波石油公司"（1935年改为"英伊石油公司"）而获取超额利润。礼萨·汗时期取得了石油斗争的最初胜利，使伊朗分得更多的石油收益，为发展经济赢得了宝贵的财政支持。[②]

第四，建立了适应经济现代化需要的西方式的金融财政系统。1927年，成立了新的中央银行（Bank-e Melly）；1933年，成立了"农业和工业银行"，负责为工农业提供各种资金支持。礼萨·汗时期的银行完全按照西方资本主义国家的模式运营，打破了伊斯兰教禁止收取利息的传统。

第五，在地位稳固之后，礼萨·汗开始削弱宗教阶层乌勒玛的经济势力。在伊朗上千年的历史上，乌勒玛依靠政府和社会捐赠拥有大量的地产——瓦克夫，成为宗教阶层削弱中央集权的经济基础。礼萨·汗成立了专门的机构负责管理瓦克夫，但是乌勒玛依然享有对瓦克夫的实际所有权。[③] 礼萨·汗同时限制乌勒玛在司法、教育、慈善救济等领域的主导性地位。虽然他还没有从根本上触动乌勒玛的利益，这一做法却对他的儿子——后来的巴列维国王，产生了深刻的影响。

---

① Masoud Kamali, *Revolutionary Iran: Civil Society and State in the Modernization Process*, Aldershot; England; Brookfield, Vt.: Ashgate, 1998, p. 130.
② 彭树智主编：《二十世纪中东史》，北京：高等教育出版社，2001年版，第91页。
③ Fatemeh E. Moghadam, "State, Political Stability and Property Rights", in Saeed Rahnema and Sohrab Behdad, eds., *Iran after the Revolution: Crisis of an Islamic State*, London; New York: I. B. Tauris, 1995, p. 52.

另外，礼萨·汗还注重发展现代化的教育、卫生和医疗事业，力图提高国民素质。礼萨·汗时期，伊朗的学生人数大大增加，高等教育也获得了发展。1935年，成立了德黑兰大学，一些学院机构也纷纷成立。教育开始向富裕的中产阶级及官僚子女普及。① 这一时期的教育是世俗化的，完全模仿西方大学的教育模式。教育的发展为伊朗现代化提供了智力支持，但是也引起了社会的分裂，尤其是打破了乌勒玛阶层对教育的控制，传统势力与现代因素之间的矛盾在不断加深。

三、对礼萨·汗经济现代化改革的评价

经济现代化只是礼萨·汗改革内容的一部分。总的来说，礼萨·汗的改革虽然涉及面较广，但是成效不是特别显著。礼萨·汗改革的主要意义是其在伊朗现代化进程中的发动机角色。从礼萨·汗开始，伊朗从一个传统的以农牧业为主的，宗教色彩浓厚的社会开始向以西方为标准的、现代的工业社会转型。

礼萨·汗经济方面的现代化奠定了二战后伊朗现代化的基础，但就其本身来说，改革的成效是有限的，尤其与同时代的土耳其凯末尔改革相比，更显得黯然失色。由于礼萨·汗时代的伊朗并不具备进行现代化的充分条件，因此只能依靠国家强制性的命令方式推进改革，带有明显的粗放式特点。礼萨·汗经济现代化的主要局限性包括：工业具有零星散布的特点，地区发展十分不平衡，主要的现代化工业集中在德黑兰及周围的大中城市中，而偏远地区及广大农村依旧处在传统农牧业状态，几乎感受不到现代化的气息；基本以资金少、技术含量低而回收快的轻工业为主，而需要较大投资和较长周期的重工业发展还十分困难；由于大部分企业都是由国家投资创办的，自负盈亏的私人企业很少，经营管理普遍存在效率低下的缺陷。最后，礼萨·汗经济改革的着重点是发展工业，因而对农业的落后和农民的贫困缺乏关注。礼萨·汗本人属于地主阶级，不可能去触动农

---

① 冀开运：《伊朗现代化历程》，第52页。

村的地主土地所有制问题。

礼萨·汗经济现代化改革还带来了比较严重的社会后果——贫富差距的不断扩大。国王本人通过权力掌握了大片土地，成为大地主的代表；而伴随着现代工业的建立，出现了新兴的大资本家和大商人阶级；一些居住城市的"不在乡地主"投资工商业，也成为新兴商人和资本家的一员。与此形成鲜明对比的是，农民的处境并没有改善；伴随着工业的发展而出现的工人阶级处境悲惨；改革对传统宗教阶层乌勒玛与传统阶层巴扎商人的经济地位打击很大。贫富差距的扩大及其导致的权力分配日益失衡。现代化衍生出了越来越多的边缘群体，他们不仅在政治上处于无权状态，连基本的生活也无法保障。这一状况在巴列维国王时期更加严重。

虽然存在诸多缺陷，但是在当时伊朗极端落后的经济社会条件下，礼萨·汗经济现代化改革的进步性还是不容抹杀的。伊朗现代化的起点并不高，因此不能过于苛责。礼萨·汗本人更像一个旧式君主，并不具有管理现代经济的专业素养，其政府也缺乏一个研究经济问题的技术官僚队伍。伊朗当时的社会经济条件无法像西欧国家那样内在自发地孕育现代化因素，现代化所需的技术、劳动力、资本都相当匮乏。要想实现国家的强大，只有通过国家强制力才能实现。这是典型的"外源性现代化"发展路径。礼萨·汗的最大贡献在于将第一次世界大战后濒临崩溃的伊朗经济拯救了出来，并注入了现代工业的因素，开辟了建设现代伊朗的新时代，为巴列维时期经济的高速发展铺平了道路。

礼萨·汗致力于发展工业的努力还是有成效的。到1941年，即他统治的最后一年，水泥、纺织、食品、饮料和烟草工业已经能够供给国内消费的较大一部分。[1] 此时还出现了有利于农业现代化的因素。1929年出台的《民法》明确承认了土地所有权，这有利于保护生产者的积极性。另外，礼萨·汗开始强迫游牧民定居，客观上有利于发展农业生产。政局的稳定与经济的发展促进了农业的商品化趋势及资本主义因素的进一步发展。

礼萨·汗经济现代化的几个特征决定了巴列维国王时期甚至革命后经

---

[1] Masoud Kamali, *Revolutionary Iran: Civil Society and State in the Modernization Process*, Aldershot; England; Brookfield, Vt.: Ashgate, 1998, p. 130.

济发展的模式或方向：第一，国家在经济发展中的主导性作用。国家负责宏观经济的管理，有时也会直接介入经济活动之中。到巴列维国王时期，政府开始系统地制订经济发展规划。伊斯兰革命后，国家介入经济的功能进一步增强。第二，石油在经济发展中的作用越来越大。礼萨·汗时期开始重视利用石油收益发展经济。争取石油权益的斗争在巴列维国王时期得以继续下去，并取得了最后的胜利。随着争取到的石油权益越来越多，石油对经济的影响也越来越大，使伊朗经济"地租资源型"的特征越来越明显。第三，礼萨·汗倾斜式的发展战略对巴列维国王产生了很大的影响。实际上，整个巴列维王朝时期都奉行同样的原则：优先发展工业而忽视农业，优先发展德黑兰地区而忽视其他地区，优先扶持现代工业而排挤传统产业。该发展战略既是整个王朝经济迅速发展的致胜法宝，也是导致王朝灭亡的利刃。到伊斯兰革命之后，伊朗高层开始对这种模式进行反思及修正。第四，礼萨·汗在经济发展中秉持民族主义的立场，力图建设一个伟大、独立、富强的新伊朗，这对巴列维国王也有很深的影响，与伊斯兰革命之后经济发展的总原则也是内在一致的。因此，不论是巴列维王朝时期还是伊斯兰革命后的伊朗，民族主义一直都是这个国家经济现代化的重要价值取向。

第二节　巴列维时期经济现代化的成就与失误

1941年，由于亲德的外交政策，礼萨·汗在同盟国的压力下被迫逊位给他的长子——穆罕默德·礼萨·巴列维，礼萨·汗本人则被流放海外。伊朗历史从此进入了一个新的时期。巴列维国王将发展现代化的经济作为首要目标，因此这一时期是伊朗经济现代化的大推进时期，也是一个各种矛盾不断集聚以至于不可调和的时期。从经济发展角度来说，可以将巴列维国王的经济现代化以1963年为界分为前后两个阶段。前一阶段巴列维本人受制于国内各派政治势力，基本上是一个没有实权的国王，无法主导全国的经济工作。而到后一阶段，他完全掌握了最高统治权，开始大刀阔斧地进行经济改革。

一、经济现代化的起步（1941—1963）

以1953年的政变为界，又可以将该时期分成两个小的阶段。实际上，从40年代一直到50年代末，伊朗并没有明晰的经济发展计划。20世纪四五十年代，伊朗还不具备经济快速发展的必要条件，一个非常重要的原因是缺乏一个核心人物推动经济建设的进程。年轻的巴列维国王登位之初优柔寡断，还没有成长起来掌握大权。而这一时期伊朗国家的重心还在收回石油权益的斗争上。尽管在1949年伊朗制定了第一个七年发展计划（1949—1955），但是该计划基本上是一个基础设施建设的集合体，缺乏对整体经济的客观评价与可行性研究。[1] 受摩萨台石油国有化运动及石油收入锐减的影响，该计划的正常执行受到了严重的干扰。政局不稳定对经济发展造成了很不利的影响。虽然缺乏全面系统的数据，但是不少证据表明，这一时期的经济发展基本上是停滞的。

1953年，在美国的策划下，摩萨台政权被推翻，巴列维国王重新掌握了权力。但是在政变后的最初几年里，巴列维更像一位立宪君主。而在伊朗普通民众心目中，他是凭借美国的支持才掌握权力的，只不过是个傀儡。另一方面，高度集中的政治体制没有建立起来。国家权力在王室、地主、军队、宗教势力及新形成的城市阶层之间形成了不稳固的平衡。

1955年，伊朗开始实施第二个七年发展计划（1955—1962）。同第一个发展计划相似的是，该计划还是主要关注基础设施投资，同样是几个独立项目的集合体。如对农业的投资主要是修建几个大坝，而工业则集中于建设几个较大的纺织、制糖和水泥厂。[2] 这表明伊朗仍然缺乏比较科学的发展计划，显然这也与当时缺乏精确数据统计及不熟悉制订计划的方法

---

[1] Robert E. Looney, *Economic Origin of the Iranian Revolution*, New York; Oxford; Tonanto; Sydney: Pergamon Press Inc, 1982, p. 8.

[2] Robert E. Looney, *Economic Origin of the Iranian Revolution*, p. 10.

有关。

然而，在美国的支持下，巴列维国王的地位逐渐巩固了下来，伴随而来的是政局的相对稳定，这为经济的发展提供了相对有利的外部环境。这一时期中东地区的石油斗争取得了新的胜利，产油国开始同西方石油公司实行利润对半分成制。伊朗的财政收入因此大大增加，从而为经济发展注入了更充裕的资金。除此之外，政府开始大规模地进行基础设施建设。政府开支的增加也刺激了私人资本的不断扩张。政府开始实行自由贸易政策，放松了对进口资本设备的限制，并发放优惠贷款。这些政策的结果是进口有了飞速的增长。如工业设备和钢铁进口额从1954年的15800万美元增加到1960年的53300万美元。50年代末到60年代初，工业的年增长率达到了20%。[1] 建筑业也出现了繁荣景象。这是伊朗现代发展史上的第一个经济繁荣期。

但是，该时期的经济繁荣带有极大的脆弱性。首先，从消费品到中间产品再到资本品，国内几乎都不能制造，进口成为经济增长的主要驱动力。其次，政府财政收支严重失衡，赤字大量增加。主要原因是除了进口增加及投资工业外，巴列维开始热衷扩充军备，导致财政开支不断扩大。1955—1958年间，外国贷款已经达到全部投资的30%。再次，由经济过热引起国内总需求的不断上升，导致总供给严重不足，使得通货膨胀压力上升。第四，农业并没有从这场繁荣中得到好处，主要农作物的年增长率不到2%。[2]

从1960年开始，伊朗经济开始出现失衡。根据国际货币基金组织的建议，伊朗政府逐渐采取措施应对经济危机。主要措施包括控制私人投资、提高利率、限制进口、减少政府开支等，使得原本过热的经济突然冷却了下来，并演变成短暂的经济衰退。私有部门固定资本形成在1961和1962年分别下降7.7%和9.5%。不过经济衰退在各个部门的表现存在差异。传统农业和商业所受的打击最大，而新兴现代部门却没有受到太大的影响，

---

[1] Patrick Clawson and Michael Rubin, *Eternal Iran: Continuity and Chaos*, New York: Palgrave Macmillan Ltd., 2005, p. 71.

[2] Patrick Clawson and Michael Rubin, *Eternal Iran: Continuity and Chaos*, p. 71.

制造业和采矿业在这两年还分别增长了 8.4% 和 13.6%。①

二、1963—1975 年间的经济发展政策

1963 年，伊朗成立了经济部。这一部门的建立标志着伊朗进入了经济高速发展的新时期。这一时期出现了不少有利于经济发展的因素：第一，巴列维国王的地位日益巩固，逐渐成长为专制君主，而反对派的力量还比较弱小。这为伊朗经济营造了较长时间的政治稳定局面，同时为国王施展个人抱负、建设所谓的"伟大伊朗"提供了条件。第二，对外关系比较融洽，尤其是同美国的关系呈现出前所未有的亲密状态。美国将伊朗视为中东地区最稳固的堡垒，加大了对伊朗的扶持力度，具体到经济上包括提供经济顾问、制定计划与直接投资等。虽然这被很多人视为是国王投靠帝国主义的卖国行径，但是在短期内迅速地提升了伊朗政府制定科学合理的经济计划的水平，并引入了大量的资金。第三，石油斗争取得了重大的胜利。石油收入的迅速增加为经济发展提供了强大的资金支持。伊朗争取石油权益的斗争是同所有产油国的斗争紧密相连的。60 年代初，伊朗加入了欧佩克组织，和其他中东产油国一起同西方石油公司做斗争，并于 1973 年赢得了最后的胜利。在第四次中东战争之后，欧佩克以石油为武器大幅度提高了石油价格，终结了廉价原油时代。高油价的到来对包括伊朗在内的所有产油国的经济现代化产生了重大影响，这些国家纷纷进入了大推进式的高速发展阶段。第四，到该时期，伊朗已经积累了比较多的经济发展经验，而且政府开始拥有一个专门负责经济问题的技术官僚队伍，为制定成熟的经济政策提供了人力智力支持。伊朗逐渐形成了一套比较完善的经济发展政策，主要内容包括以下几个方面。

第一，继续坚持经济民族主义的立场。即使同西方、尤其是同美国的亲密关系，也没有阻碍巴列维国王收回石油权益斗争的决心。1973 年后，欧佩克内分裂成以沙特为首的"鸽派"和以伊朗为首的"鹰派"。沙特以

---

① Robert E. Looney, *Economic Origin of the Iranian Revolution*, pp. 17–18.

国内庞大的油气资源为依托主张稳定油价，伊朗则主张继续提高油价。虽然巴列维过度强调高油价的政策存在不切实际的一面，但却反映了他想充分利用石油资源加速本国经济现代化进程的迫切愿望。

第二，重新制定工业发展战略，实行"进口替代"。60年代初期的经济危机使巴列维国王认识到严重依赖进口的弊端，建立本国独立的现代工业体系至关重要。他开始改变原来的自由贸易政策，转而实行"进口替代"。进口替代的主要特征是限制进口，提高进口关税并采取进口限额制度，除此之外还设置了其他进口障碍，如对进口者征收商业利润税、管理税及港口税等。但是不同产品所受的限制是有差别的，如国家对消费品的进口限制较大，而对资本与技术密集型产业所需要的中间产品和资本货物的限制比较小。对伊朗来说，中间产品与资本品在很长一段时期内是无法自行生产的，但它们又是发展本国工业不可或缺的。另外，在限制进口的同时，国家加强了对本国工业的扶持力度，如对新建企业提供优惠贷款。政府还对某些特别重要的工业采取免税与补贴政策，后者可以从任何一年的利润中补偿曾经的经营亏损。①

第三，开放国门，重视引进外资与技术。进口替代与引进外资并不矛盾。不少发展中国家的经济现代化经验表明，完全依靠国内资源的"进口替代"只不过是一种空想，甚至是不可能实现的，而参与国际市场、引进外资与技术是实现经济现代化的重要保障。伊朗对外来投资提供了各种优惠政策，1955年通过的《吸引与保护外来投资法》规定进入伊朗任何经济部门的外来投资都免除五年税收，并保证五年所获利润自由出入。从60年代初到革命前夕，外资在伊朗的石油、金融、工业及农业等部门都有迅速增长的趋势。② 不过利用外资问题在巴列维时期逐渐变得复杂敏感。在美伊特殊关系的保护之下，大量美国资本涌入伊朗。但在很多民众看来，这是美国试图控制伊朗的手段。所以，利用外资虽然给伊朗带来了不少经济利益，却因在政治上依附于美国而导致政权的国内合法性受损，从而引起

---

① Robert E. Looney, *Economic Origin of the Iranian Revolution*, p. 30.
② A.Z. 阿拉巴德热：《伊朗：60—70年代经济部门结构的变化》，莫斯科，1977，第101页。转引自李忠海博士论文《伊朗60—70年代经济发展研究》，西北大学，1995年，第35页。

了民众的反感，成为王朝倾覆的重要因素。

第四，与礼萨·汗相比，巴列维国王更加注重人力资源的开发，强调发展教育、医疗和福利事业。从60年代开始，伊朗凭借迅速增加的石油收入，不仅实施八年义务免费教育，也开始实施免费的大学教育，并推广免费医疗保险制度。巴列维国王致力于妇女解放的运动。在他的政策影响下，越来越多的妇女走出家门，接受教育并参加工作，逐渐成为伊朗经济中的活跃因素。但需要指出的是，参加工作的妇女主要是来自城市中上层且受世俗化影响较深的群体，只占妇女人口的较少比例。尽管如此，从整体上看，到伊斯兰革命前夕，伊朗的国民素质有了很大的提高，为经济建设提供了较好的人力资源，成为经济发展的有力保证。[1]

除了以上经济发展战略外，对这一时期伊朗经济现代化影响最复杂的是巴列维国王发动的"白色革命"。"白色革命"发动的初衷主要是解决农民的土地问题，但实际上还有更深层的个人和政治原因。自礼萨·汗以来，地主阶层在政府中的政治势力明显上升，并成为威胁王权的主要力量。权力欲不断膨胀的巴列维国王越来越无法容忍这种局面，他企图借助土地改革削弱地主势力。国王的主要目的是通过土地改革，既削弱了地主阶级，又争取到农民的支持，并促进农村经济的发展，达到巩固自身地位的目的。

到60年代，随着现代化工业的飞速发展，农业落后的局面更加明显。到这一时期，地主依然是农村的主要土地占有者。1960年，大约2/3的农民拥有土地不到5公顷，生活在贫困或半贫困状态。[2] 巴列维国王认为，封建落后的租佃制是阻碍农业生产力解放的根本原因。发动"白色革命"的目的是为了避免农民起来发动革命（"红色革命"）；另一个目的是削弱宗教界的地产，顺便打击毛拉们的反政府运动（"黑色革命"，黑色指宗教人士穿的长袍）。另外，巴列维还受到美国肯尼迪政府的压力，后者敦促他尽快进行土地改革，以避免农民革命的发生。

1963年，巴列维宣布了"白色革命"的六点纲领：土地改革、森林国

---

[1] 彭树智主编：《二十世纪中东史》，第251页。

[2] Robert E. Looney, *Economic Origin of the Iranian Revolution*, p. 45.

有化、出售国有工厂的股份、给予妇女选举权、工人参加企业分红、成立扫盲大军；其中土地改革是核心内容。[①] 土地改革分为三个阶段，农民通过分期购买、租赁及与地主共享等方式获得土地。土改沉重打击了大土地所有制和地主阶层，并形成了以广泛的中小土地所有制为基础的、由小地主及个体农户组成的农村社会结构。而在土地改革的同时，政府还进行了农业合作社的实践，规定每一个获得土地的农民都要加入合作社。不过土地改革仍然无法达到巴列维要求快速发展农村经济的雄心。他认为分散落后的小农经济无法满足现代农业发展的需要，因而由国家投资建设大农场是十分必要的。这是1966年后白色革命第三阶段的主要内容。[②] 农场以资本主义方式经营，雇佣无地或少地的农民耕种。另外，政府还投资兴修水利工程、推广机械化、发放种子和化肥等，以促进农业的发展。土地改革的另一积极后果是部分失去土地的地主获得了政府大量的补偿，很多人转而投资于工商业，间接促进了城市工业化的进程。

"白色革命"是一个动态的发展过程。到1967年，伊朗政府又把6项内容列入"白色革命"范围：成立农村"卫生大军"；成立"开发大军"；成立"公正之家"；水源国有化；制订全国性城乡建设规划；行政权力下放、反对官僚主义等。1971年，伊朗政府宣布土地改革正式完成。但是1975年白色革命又增加了7项内容，这7项内容与农村的关系已经不大，更多的涉及城市化进程中的一系列问题。[③] 但后期的"白色革命"内容大多没有成功实施，因此最主要的成果还是土地改革。

三、1960—1975年的经济高速发展

经过十几年的努力，伊朗经济出现了高速发展的局面，在20世纪六七十年代的大部分时间内，各项经济指标几乎都达到了预定的目标（如投

---

① 王新中、冀开运著：《中东国家通史——伊朗卷》，北京：商务印书馆，2002年版，第316页。
② Robert E. Looney, *Economic Origin of the Iranian Revolution*, p. 48.
③ 王新中、冀开运著：《中东国家通史——伊朗卷》，第317页。

资、储蓄、消费、就业、人均收入等），创造了被不少人津津乐道的"经济奇迹"。

根据世界货币基金组织的数据，1960—1976年伊朗经济每年的实际增长率为9.8%。而在同期的中东北非地区，产油国的平均增长率是8.2%，非产油国为4.6%；伊朗的经济增长率仅次于利比亚（14.0%）与阿联酋（12.5%）。① 即使放在世界的范围内，当时伊朗经济的增长速度也是十分罕见的。

在这段时间内，国内总投资每年增长16%以上，到1977/1978年度② 已经达到GDP的33%。公共消费每年增长接近18%，而私人消费增长10%，人均收入年增长8%。所有经济部门都有所扩张，尽管程度有所差异。虽然农业的增长是最慢的，但是年平均增长率仍然达到了4.8%。对基础部门来说，这种增长速度仍然是比较高的。工业年均增长率为8.7%，服务业为13%。石油和天然气工业也有了长足的进步，年平均增长率为14.5%，而制造业每年增速达14%，仅次于南韩。③

虽然经济保持了较快的增长，但是通货膨胀率却一直维持在较低的水平上。1960—1967年间，伊朗年通货膨胀率仅2.5%；1968—1973年间为3.7%；即使在石油繁荣的70年代中期，即1974—1977年间，消费价格指数（CPI）④ 平均在15.5%左右。⑤ 这也低于革命后大多数时期的通胀水平。

经济快速增长与产业结构的明显变化密切联系在一起。从表1—1非石油GDP的构成看出，农业比重持续下降，而工业与服务业的比重不断上升。其中制造业比重只有微弱的提高，建筑业发展很快。显然基础设施建设成为拉动经济增长的重要动力之一。到伊斯兰革命前夕，服务业成为最

---

① IMF Country Report, *Islamic Republic of Iran: Selected Issues*, 2004, p. 10.
② 年度都按照伊朗新年（3月20日或21日）计算，截至到下一年的3月20日或21日。
③ Jahangir Amuzegar, *Iran's Economy under the Islamic Republic*, London & New York: I. B. Tauris & Co Ltd., 1997, p. 5.
④ 消费价格指数是度量一组代表性的消费品及服务项目价格水平随时间变动的相对数值，而按年度计算的数值通常是反映通货膨胀或者通货紧缩的主要指标。
⑤ Jahangir Amuzegar, *Iran's Economy under the Islamic Republic*, p. 6.

主要的非石油部门，公共服务的扩大是导致服务业发展的最主要因素。这也是国家适应现代化要求不断扩大政府职能的必然结果。各种迹象表明这一时期的伊朗经济正在经历向第二及第三产业结构转型升级的过渡时期。产业结构的变化引起劳动力在不同部门之间的流动增强，尤其是服务业对劳动力的吸纳能力明显提高。这里不仅仅指中高层次的国家雇员数量增多，从土地改革中释放出来的劳动力也大多在服务业中就业，只不过集中在底层服务业。

表1—1　1962/1963—1978/1979年度伊朗非石油GDP的构成变化　（%）

部门	1962/1963	1966/1967	1969/1970	1972/1973	1975/1976	1978/1979
农业、狩猎、林业和渔业	25.3	20.7	19.1	15.3	12	11
工业和采矿	13.2	14.9	17	17.1	17.5	20.4
采矿	0.36	0.4	0.4	0.49	0.5	0.5
制造业	7.6	8.2	9.2	9.3	9.1	9.0
电、天然气和水供应	0.08	0.02	0.3	0.4	0.5	0.4
建筑	5.16	6.28	7.1	6.91	7.4	10.5
服务业	62.8	66.5	67	71.9	77.5	75.2
贸易、餐饮及宾馆	28	23.6	19.5	22.3	19.8	18.2
交通、仓储和通讯	8.8	9.0	6.8	9.2	11.6	9.3
金融服务	1.8	2.4	3.5	4.7	8.6	8.3
不动产和职业服务	4.3	4.5	4.2	4.4	6.8	6.6
公共服务	17.6	24.3	30	28.5	28.1	30.6
社会、个人和家庭服务	2.3	2.7	3.0	2.8	2.6	2.2
减去：银行服务性收费	1.3	2.1	3.1	3.3	7.0	7.6
按基本价格的GDP（不包括石油）	100	100	100	100	100	100
石油部门与非石油部门产值比	62.9	70.8	84.4	84.8	53.6	32

注：按1997/1998年度不变价格，数据由笔者计算得出。

资料来源：Central Bank of Iran,"National Product at Constant Prices", http://www.cbi.ir/simplelist/5796.aspx.

石油部门的产值不断增加。表1—1显示，到1972/1973年度，石油部门与非石油部门的产值比达到84.8%。不过70年代中期以后，这一比值明显的下降。造成这种局面的主要原因是动荡的国内局势开始影响石油的正常生产与出口，从而导致石油产值的下降。

该时期伊朗经济总体上是繁荣的、扩张型的，充满了活力。而经济发展的另一个突出特点是国有部门与私有部门相得益彰、互相补充，都获得了很大的发展。在礼萨·汗时期，国家投资是推动经济现代化的主要动力。随着伊朗石油地租型经济的特征越来越明显，国有部门扮演更加重要的角色。巴列维国王同时鼓励私人投资，注重扩大私有经济的作用。"白色革命"的重要内容之一就是将国有企业出售给私人。另外，公共开支的不断扩大与良好的经济形势都促进了私人资本的活跃。在第三个发展计划（1962—1968）中，公共与私人投资比例分别是53%和47%；第四个发展计划（1968—1973）为39%和61%；第五个发展计划（1973—1977）为36%和64%。[1] 政府主要投资金属、化学、石化、造纸、机器与军工制造等资本技术密集型工业；而私人主要投向资金易回收的领域，尤其是轻工业。这种混合体制使得国家与私人经济的角色都得到了合理的发挥，而且私人投资的增长速度明显要快于国有部门。这一现象也适应了伊朗经济市场化、私有化的发展趋势，并有利于进一步提高经济效益。

20世纪六七十年代的城市化速度非常惊人，城市规模不断扩大，从农村向城市的移民迅猛增加。根据伊朗统计中心的数据，1956/57年度，伊朗城市人口595万，农村人口1300多万；到1976/77年度，城市人口上升到1585万，农村人口1599万。20年间，城市人口增加了将近3倍，而农村人口仅仅增加了不到1/10。[2] 到革命前夕，城市人口已经接近总人口的一半。但是，伊朗城市之间的发展是十分不平衡的，首都德黑兰的发展规模和速度要大大高于其他城市。

---

[1] Javad Amid and Amjad Hadjikhani, *Trade, Industrialization and the Film in Iran: the Impact of Government Policy on Business*, London; New York: I. B. Tauris, 2005, p. 26.

[2] Statistical Center of Iran, "Iran Statistical Yearbook 1388, Manpower", p. 109, https://www.amar.org.ir/english/Iran-Statistical-Yearbook/Statistical-Yearbook-2009-2010.

值得一提的是，虽然不少人认为巴扎经济在巴列维时期衰弱了，但是相关资料表明并非如此。巴列维政府将巴扎经济视为传统商业范畴，主张用现代化的商业取代巴扎经济。但实际上，巴列维的自由化经济政策不但没有破坏巴扎经济，还使其获得了继续发展的空间。在革命前的几十年间，巴扎经济仍然是充满活力的，并且能够控制国内外贸易的很大一部分。只不过新兴工商业的兴起，尤其是与王室密切联系的官商经济的迅速发展，使得巴扎经济失去了原先对贸易的垄断地位，是这种相对而不是绝对地位的下降引起了巴扎商人的不满。[1] 巴扎商人也是这一时期经济繁荣的受益者，但是相对于王室精英阶层有所削弱。在革命后的经济危机时期，巴扎经济的衰落更加明显。

在相对政治稳定的背景下，在一份充足但还不至于令人失去理智的石油收入的支持下，70年代中期之前政府的经济政策基本上是合理的：在一定程度上理顺了生产关系，解放了生产力，出现了经济快速发展的局面。不过，这一时期的经济发展带有发展中国家的普遍特征，即在经济改革与发展的初期具有高速度及粗放型的特点，很多深层次的矛盾没有得到妥善的处理。从理论层面讲，这些失误和矛盾应该在以后的发展进程中，由国家主动地调整政策逐渐克服解决。但是，等到巴列维国王意识到问题的严重性时，一切为时已晚。

四、巴列维时期经济现代化的失误与伊斯兰革命

到20世纪70年代中期，巴列维国王时期的经济现代化已经取得了很大的成功。第四次中东战争之后，伊朗的石油收入猛增，国王逐渐丧失了理智的头脑。他没有经过详细论证就修改了第五个发展计划，把原定的开支计划提高了一倍。这一盲目的举动给国家经济引入了灾难。迅速扩大的开支导致国内需求急速的上升，供给开始出现严重的不足，通货膨胀迅速上扬。而港口吞吐量低、交通运输业滞后及仓库容量不足等基础设施的

---

[1] Arang Keshavarzian, *Bazaar and State in Iran: the Politics of the Tehran Marketplace*, Cambridge, UK; New York: Cambridge University Press, 2007, pp. 53 – 58.

"瓶颈"又严重限制了进口供应的速度，导致大量货物堆滞在港口不能及时转运内地，造成了严重的浪费与损失。国王这一时期为了称雄海湾，还大肆扩充军备，加剧了政府的收支失衡。到1976年底，伊朗经济已经完全失去了平衡。而当国王想重新压缩开支，试图稳定经济的时候，反国王的运动已经形成燎原之势。

从表面上看，巴列维国王的经济现代化是因国王本人没有考虑到速度与稳定的关系而遭遇了重大挫折，最后还导致国王被赶下台的命运。实际上巴列维王朝覆灭的原因十分复杂，涉及到政治、经济、社会、文化等多方面的因素。但是，从经济现代化角度思考巴列维王朝的覆灭及伊斯兰革命的发生，仍然可以得到许多有价值的启示。从巴列维国王经济现代化的模式及伊斯兰革命的口号来看，巴列维国王经济现代化最大的问题是仅有发展，却没有公正。现代化的成果只为少数人享有，大多数人不能获得公平的发展机会，使得社会最后形成"不患贫而患不均"的状态。经济越发展，人民却越不满，王朝逐渐失去了合法性根基。

在巴列维国王时期，伊朗形成了高度的不平等发展格局，社会贫富差距出现了巨大的鸿沟。而这一状况的出现与巴列维王朝奉行的"经济发展第一，社会公平其次"的倾斜式发展战略存在紧密的关系。从理论渊源上说，倾斜式发展模式受到了"增长极"理论①的很大影响。巴列维王朝长期实施这种政策的结果是导致经济发展的极端不平衡。这种不平衡表现在不同经济部门之间、城乡之间、首都与其他地区之间及社会各阶层之间。

从经济部门来看，新兴的现代工业与商业部门发展迅速，逐渐排挤了传统的农业与商业经济，传统产业日益被边缘化。到伊斯兰革命前夕，农业在国民经济中的比重只有11%（表1—1），因此不能过高估计"白色革命"的影响。农业与农村并没有因"白色革命"快速地实现现代化，反而越来越衰落。巴列维一直认为，土地改革会是推动农业发展及农村社会变

---

① 这是由法国经济学家佩鲁（Francois Perroux）提出的理论，并得到不断完善。其主要观点是一国要实现平衡发展只是一种理想状态。经济增长一般是从一个或数个中心逐渐扩展到其他部门或地区。政府应该确定一些地区为增长极并给予重点支持，只有如此才能带动其他地区的经济发展。

革的最重要动力，但是他过高估计了土地在伊朗农业中的地位。在土改前的50年代，仅有40%的农业收入来源于土地耕种，而另外同等比例的收入来自畜牧业，其余的20%来自果树种植业和渔业。真正以土地为生的农民的实际比例不到一半。[①] 土地改革也并没有使全部农民受益，还有约1/3的农民没有分到任何土地，很多无地少地的农民迁入城市。即使得到土地的农民，处境也没有获得明显的改善。伊朗农业发展最大的障碍不是土地，而是水。长期以来，伊朗绝大多数地区的农业发展都要依赖地下灌溉系统——坎儿井。个体农民一般无力开发和维修成本高昂的坎儿井。在租佃制下，坎儿井通常是由地主开发并管理的，由同一地主的佃农共同使用。在土地改革之后，新分到土地的小农户利用水源成为一个突出的问题，因此被迫重新出卖土地或无法维持经营的农民不在少数。另外，政府组织的合作社与农商公司，迫使农民加入，农民到手的最后仅剩几张股票。不少农民感到失望，进入城市寻找生活机会，导致农村经济更加破败。

由于政府在如何发展城市化的问题上缺乏规划，把大量资源投向了超大城市，从而剥夺了农村获取投资的机会，进一步削弱了农村的地位。1972/1973年度，农村地区的死亡率（15.9‰）大大高于城市地区的死亡率（8‰）；农村婴儿死亡率（119‰）是城市地区的2倍（61‰）。农村人口平均寿命比城市要短10年。[②] 城市的生活水平明显要高于农村，不仅住房质量更好，而且教育资源、医疗条件、水电等基础设施服务也远远超过农村，居民收入和支出也都大大高于其他地区。农业产值与产量虽然有所提高，但是在整个国民产值中的比重越来越不重要。农业也越来越不能满足城乡生活的需要，从60年代中后期开始，一些主要的粮食作物每年都要大量进口以满足内需。[③] 城乡之间的差距越来越大。

政府投资也充分体现了不均衡发展的特点，伊朗工业发展银行约80%

---

① Patrick Clawson and Michael Rubin, *Eternal Iran: Continuity and Chaos*, p. 74.
② Ahmad Sharbatoghlie, *Urbanization and Regional Disparities in Post-revolutionary Iran*, p. 90.
③ 王新中、冀开运著：《中东国家通史·伊朗卷》，第315页。

第一章　巴列维王朝的经济现代化与伊斯兰革命
/ 043 /

的资本都投向了为数不多的500人以上的大企业。① 从区域来看，大部分投资都集中在德黑兰及其周围城市，大约吸引了全国60%的投资和70%的工业产值。该地区的经济发展程度明显高于其他地区。70年代，德黑兰每户平均支出高出库尔德斯坦地区的40%以上，而后者又高出东南部最落后的省份克尔曼省的2倍左右。② 1978—1979年，大约56%的高等教育学生和53%的教职人员都定居在德黑兰。全国48%的教师和牙医居住在德黑兰。③ 在地区发展高度不平衡的背景下，人口迅速向德黑兰地区集中。伊斯兰革命前夕，德黑兰省的人口最多，是第二大省库姆人口的18倍，而该省90%的人都居住在德黑兰市。④

　　从社会层面上讲，社会贫富差距悬殊。以国王为首的王室成员、经营新兴工商业的大资产阶级和技术官僚是经济发展的最大获益者；而普通民众，如农民、工人和小手工业者的生活境况并没有多少改善。尤其是在城市化进程中，大量从农村涌入城市的平民出现分化，大部分成为城市中的边缘群体，居住在恶劣的街区，从事小商贩、苦力等底层职业，得不到国家政策的扶持。这些人逐渐成为乌勒玛宣传争取的对象。⑤

　　这一时期伊朗的经济发展是以牺牲传统阶层的经济利益为代价的。巴列维王朝显然忽视了这些阶层在民众中广泛的号召力。礼萨·汗和巴列维国王有一个共同的特点：在他们登位之初地位还不稳固之时，都曾经寻求过宗教阶层的支持；但是等他们牢牢掌握了政权之后，却又对这一阶层进行削弱和打压，并将其视为王权和现代化的最大障碍。礼萨·汗已经挑战乌勒玛对瓦克夫地产的所有权，到巴列维"白色革命"时期，对瓦克夫开始进行公开的大规模剥夺，从而引起宗教阶层对土地改革的极端仇视。他们从正统沙里亚法出发，否定土地改革的合法性，成为他们反对国王的最

---

① Javad Amid and Amjad Hadjikhani, *Trade, Industrialization and the Film in Iran: the Impact of Government Policy on Business*, p. 26.
② Patrick Clawson and Michael Rubin, *Eternal Iran: Continuity and Chaos*, p. 77.
③ Ahmad Sharbatoghlie, *Urbanization and Regional Disparities in Post-revolutionary Iran*, p. 21.
④ Ahmad Sharbatoghlie, *Urbanization and Regional Disparities in Post-revolutionary Iran*, p. 146.
⑤ 车效梅、王泽壮：《城市化、城市边缘群体与伊斯兰革命》，《历史研究》，2011年第5期，第111—113页。

重要经济因素。

巴扎经济在此时逐渐丧失了对国内外贸易的垄断地位，商人们因此心怀不满。巴扎商人与宗教阶层逐渐结盟。两派结盟有深厚的经济社会背景。随着乌勒玛失去了瓦克夫的土地，来自社会各界的捐赠在他们收入中的比重上升。在伊斯兰教法中，这被称为"伊玛目份额"，一个虔诚的穆斯林应该将他收入的10%赠予乌勒玛用于宗教事业。事实是，这部分收入主要不是来自穷人，而是来源于富裕巴扎商人的捐赠。乌勒玛需要巴扎商人的经济支持，而后者也需要依靠前者的影响重新恢复其原先对贸易的垄断地位。宗教人士成为领导阶层并能够带领民众取得革命的成功，同巴扎商人的大力支持是分不开的。在被推翻一年后，巴列维国王曾回忆说："我想要一个现代国家。而反对巴扎商人是我在推进现代化过程中最典型的政治社会冒险。"[1]

因此，巴列维时期的经济现代化没有实现社会的均衡发展和全面富裕，而是走向了两极分化，社会不平等、不公正的矛盾急剧增加。这是导致伊斯兰革命发生的根本原因。除此之外，到伊斯兰革命前夕，伊朗经济形成了高度依赖石油的局面。巴列维时期的"进口替代"战略也逐渐陷入了困境。绝大多数的中间品和资本货物国内都无法制造，大约65%的比例仍然需要进口。[2] 长期的"进口替代"的最重要后果是使伊朗加深了对外国资本与技术（尤其是美国）的依赖，"进口替代"的目标不仅没有实现反而背道而驰。另外，伊朗的"进口替代"与其他国家还存在较大的差别。其他国家一般利用本国制造业出口创汇收入实现重新进口，但伊朗主要依靠石油外汇收入直接进口。换句话说，是石油美元替代了本应由非石油制造业承担的获取外汇的责任。这进一步降低了非石油制造业在国民经济中的重要性，绝大多数的非石油制造企业得不到政府的有力扶持。它们的发展基本局限在相对隔绝的国内市场中，没有能力进入国际市场。这是非石油制造业长期得不到充分发展的根本原因。

---

[1] Arang Keshavarzian, *Bazaar and State in Iran: the Politics of the Tehran Marketplace*, p. 1.

[2] Hooshang Amiral, *Revolution and Economic Transition: the Iranian Experience*, Albany: State University of New York Press, 1990, p. 18.

本章小结

到伊斯兰革命前夕，伊朗经济现代化取得了令人瞩目的成就。石油对伊朗的经济现代化发挥了越来越重要的作用，伊朗越来越具有伴随油价波动而波动的产油国经济的特征。但是与海湾其他产油国相比，伊朗对石油的依赖度相对较轻。作为文明古国的伊朗，农业和畜牧业都有悠久的发展历史，尤其是农业也受到了巴列维王朝的重视获得了一定的发展。另外，伊朗的经济结构并不单一，传统手工业和制造业都有一定的基础，某些工艺品，如地毯纺织、漆器工艺在海内外极负盛名。在巴列维时期，伊朗的这些传统工业虽然无法与现代工业相媲美，但是也获得了一定的发展。

对巴列维时期现代化的研究容易形成相反的意见。早期研究强调巴列维现代化的失误，肯定较少。但是随着时间的推移，人们越来越认识到巴列维现代化成功的一面，对巴列维国王的功绩也给予了更多的肯定。巴列维的经济现代化是伊朗现代化进程中浓墨重彩的一笔，其经验教训也有很重要的借鉴意义，其中有几个问题需要进一步思考。

第一，经济的发展与政治的民主可能不同步，尤其在"迟发展效应"国家。

早期经典现代化理论认为，现代化的诸多目标，如经济发展、社会公平、社会稳定、民主制度之间的关系是和谐一致的。但实际情况是，"在世界各国的现代化进程中，却常常看到民主缺失，跟高速经济发展相伴随的，不是民主制而是不同类型的威权主义甚至军人独裁政治。"[1] 巴列维王朝是典型的独裁政府。从这一观点出发，又出现认为独裁政府能够促进经济发展的极端观点。但究竟是专制政府还是民主政府更能推动经济的发展，必须要结合该国的具体情况来分析，不能一概而论。

---

[1] 董正华编著：《世界现代化进程十五讲》，北京：北京大学出版社，2009年版，第39页。

有的学者还提出了"发展型政府"的观点。这种政府的特征是国家可以不受任何社会力量的制约，能够从国家利益而不是从少数集团的利益出发，所以制定政策会更加趋于理性。①巴列维国王时期的政府就带有这种特征，由于其中央集权与专制达到了极高的程度，为其实施不受任何利益集团制约的政策奠定了基础。但是专制或独裁政府到底能在多长时间内及多大程度上促进经济的发展，又是一个值得探讨的问题。一般来说，专制政府能够促进经济发展是有局限性的。经济的发展必然伴随着民众对民主化不断扩大的要求，这就需要政府能够及时顺应民意做出变革。如果不能够及时做出调整，必然会导致政治危机。巴列维王朝覆灭的命运也诠释了这一点。所以，经济发展可以先行，但是相关政治改革必须跟上。这也是世界范围内民主化进程的必然趋势。

第二，没有处理好传统与现代的关系是巴列维经济现代化的重要教训。

经济上取得的突出成就不仅没有延长巴列维王朝的寿命，却导致了大部分国民群起反抗，因此必须反思巴列维国王经济现代化的方式是否符合伊朗的现实国情。从历史上看，伊朗一直没有建立起强大的中央集权，这同什叶派的教派特点、外部入侵都存在密切的关系。只有到巴列维王朝建立之后，伊朗的中央集权才得到不断的强化。削弱宗教阶层和地主势力具有历史的进步性，也是推动经济发展的重要保障。但是巴列维王朝显然大大低估了这些势力长期形成的盘根错节、根深蒂固的影响。简单粗暴的打压不仅没有完全消灭这些阶层，反而令他们从王朝的支持者变成了对抗者。与此相比，打压与怀柔并济的方式可能会更加灵活有效。如果巴列维国王能够尊重伊斯兰教传统，在剥夺宗教阶层及地主经济利益的同时在其他方面给予补偿，并尽可能将这些人中的精英吸引到统治阶层中来，那么王朝的统治可能会更加的稳定。这在本质上也是现代化过程中如何处理传统与现代关系的问题。

第三，不能把伊斯兰革命视为伊朗经济发展进程的终结者，因为在

---

① Parvin Alizadeh, ed., *The Economy of Iran: Dilemmas of an Islamic State*, London; New York: I. B Tauris Publishers, 2000, pp. 17-18.

1975年之前伊朗的经济现代化已经趋于停滞。

巴列维时期经济的高速发展得益于美国资本的支持和石油价格的上升，令伊朗短期内迅速积累了大量资本，因此增长模式主要是投资拉动的。从70年代初期开始，伊朗经济存在的许多问题开始暴露，特别是国家经济发展战略的失衡，令发展陷入了停滞。到伊斯兰革命发生之前的几年，伊朗经济现代化进程已经无法推进下去了。因此，如何在经济发展中避免经济过热、处理好发展与稳定的关系是许多国家在经济发展过程中需要不断面对的问题。

第四，现代化是一个全方位变革的过程，仅仅经济上的现代化无法保证政权的稳定。

虽然伊朗在经济现代化上取得了较大的成就，但是政治体制、社会结构、思想观念并没有跟上经济变革的步伐，导致社会出现断裂以至于伊斯兰革命的爆发。巴列维经济现代化被视为是受西方腐化堕落的生产方式影响的产物，因此不被大多数民众所认可。伊朗经济虽然有所发展，但是严重不平衡，普遍民众得到的经济现代化的红利与少数精英相比微乎其微。到巴列维王朝统治后期，王室的腐败已经达到惊人的程度，引发了民众普遍地对王朝和国王的仇恨。因此，经济增长与公平之间的关系应该得到更多的重视，这是巴列维王朝经济现代化留给后人的最深刻教训。

第二章
伊斯兰革命后伊朗经济指导思想的流变

在研究伊朗伊斯兰共和国的经济现代化之前，有必要对这一时期的经济指导思想进行系统的梳理，以便于更容易地理解这部40年的经济史。伊斯兰革命发生得十分突然，宗教领袖们没有充分地做好管理国家的准备。虽然霍梅尼早在60年代就形成了宗教学者治国的政治思想，却没有形成明晰的治理经济的理论框架，使得在伊斯兰革命成功之后，如何管理经济成为一个很大的难题。不过，虽然霍梅尼本人没有足够的治理经济的经验，其他一些学者却从不同角度探讨过如何使用伊斯兰传统思想管理经济的问题。这些学者的思想笼统地都属于伊斯兰经济的范畴，但因受西方及马克思主义等现代思想的影响不同，使得他们的思想呈现出多元化的特点。伊朗经济的指导思想在实践中也在不断的演变，而如何处理与外部的关系则一直伴随着革命后伊朗经济指导思想的演变过程。

第一节　伊斯兰革命后伊朗经济指导思想的主要来源

一、传统伊斯兰经济思想

与世界上大多数宗教不同的是，伊斯兰教带有两世兼重的特点，是入世性极强的宗教。它不仅仅是一种宗教信仰，也是广大穆斯林日常生活的最高指导准则，千百年来已经内化为穆斯林群体文化价值观认同的重要标准。伊斯兰教产生的重要背景之一就是为了顺应当时阿拉伯半岛社会经济发展的需要，尤其为商业活动提供相对稳定的社会环境。因而，在伊斯兰教的经典《古兰经》和圣训中有大量关于社会经济的内容，多以诫命的形式对人们进行规劝。这是伊斯兰经济思想产生的最初根源。也正因为伊斯兰经济思想主要来源于《古兰经》和圣训，所以无论是什叶派还是逊尼派，虽然存在尖锐的矛盾，但是在经济观念上却是相似的。

在漫长的历史中，传统伊斯兰经济思想逐渐发展成一套完善的思想体系，看似矛盾的观点却共存于一个体系之中，维持着微妙的平衡。这一特点也令伊斯兰经济思想体系带有脆弱性及理想化的一面。而运用到实践层面时，微妙的平衡经常被打破。

（一）二元统一的所有制观念

承认财产所有权是伊斯兰经济思想的基础。在经训中，有大量与所有制问题相关的内容。财产可以以捐赠、继承或契约等合法的方式转让给他人。对私有权的承认和维护适应了创教时期商业经济发展的需要，并逐渐成为伊斯兰经济的核心思想。但是，个人私有权并不是最高意义上的所有权，最终的所有权掌握在真主手中。伊斯兰教认为天地万物都是真主创造的，因而世间一切的财产都应该最后属于真主。《古兰经》中有大量相关的论述："他凭真理创造了天地，……他用精液创造了人，……他创造了牲畜，……他创造马、驴、骡，以供你们骑乘，以作你们的装饰。他还创造了你们不知道的东西（16：3—8）。"[①] 对什叶派来讲，他们既信仰真主还信仰伊玛目，因此伊玛目也是世间一切财富的所有者。真主及伊玛目所有权是永恒的、无条件的，而世俗世界的个人所有权则是暂时的、有条件的。这一所有制观念要求财产的获得必须通过合法正当的途径，如果攫取财产的方式是不合教法的或属于不道德行为，那么财产所有权应该被收回。另外，一旦获得财产，也必须按照伊斯兰教的规定合理地使用它，否则财产所有权也要被取消。可以看出，真主绝对的所有权和世人的相对所

---

① 《古兰经》，马坚译，中国社会科学出版社，1981年版。以下凡是引《古兰经》皆是从此中来，括号内代表的是章节号。

有权形成既对立又统一的关系。但真主是不能直接掌握和运用所有权的，所以在实践层面上，真主所有有的是通过宗教阶层掌管的用于宗教事业的财产来体现的，有的则体现为国家或公共所有的方式。在大多数情况下，这两种所有权同时存在，并行不悖。但是在某些极端的条件下，这种所有权观念会造成认识上的混乱。尤其是当真主所有被完全视为国家所有时，会导致国家所有和私人所有的范围混淆不清，从而对私人所有权的合法性构成威胁。

（二）相对均平的社会观

这是伊斯兰教经济思想中最矛盾的部分。"公正观"是伊斯兰教义中一个非常重要的概念。《古兰经》中也指出，公正是一种至高无上的美德，它是伊斯兰想要达到的基本目标之一。但是公正（Just）不代表绝对的平等（Equality）。有的时候，即使没有做到平均，依旧可以拥有公正。[1] 伊斯兰教反对社会贫富差距过分悬殊，主张社会不平等要限制在一定的范围内。伊斯兰教尤其提倡富人应该主动帮助穷人，这是履行宗教义务的重要体现。富人可以通过援赠、施舍等多种方式帮助穷人。但是，自愿性的互帮互助往往是不够的，所以国家要向富人征收天课——扎卡特（zakat）。这项收入的最初目的是用来救济身陷困境的人，后来逐渐成为伊斯兰国家税收体制中的不可或缺的部分。伊斯兰教所提倡的社会公平与正义并不是绝对意义上的平等。伊斯兰教承认由于人的先天禀赋、能力和后天机会等各方面的差异所导致的不平等，只不过不平等必须保持在可容忍的范围内。这种相对均平的社会观是小商品经济下寻求社会公正的理想的产物，但是在现实中实践起来却相当困难。从历史到今天，贫富差距与两极分化一直是伊斯兰国家的突出现象，跟世界其他地区没有差别。但是公平与正义的思想已经深入穆斯林内心深处，已经内化为伊斯兰价值观的一部分，成为广大穆斯林不懈的追求。

---

[1] 叶哈雅编译：《伊斯兰的公正观》，伊斯兰之光网站，http：//www.norislam.com/e15/e/action/ShowInfo.php? classid=22&id=6580.

(三) 经济活动的伦理化

"道德伦理被看作是伊斯兰教的精神本质，或者伊斯兰教本身就是一种道德、道德准则。在伊斯兰教的整体宗教思想体系之中，离不开赏善罚恶这个基本的道德主题。"① 在伊斯兰教诞生之时，商业活动客观上需要一套规范人们行为的准则。《古兰经》对称量不公的人是这样说的："伤哉！称量不公的人们。……难道他们不信自己将复活在一个重大的日子吗？在那日，人们将为全世界的主而起立。……在那日，他们必受阻拦，不得觐见他们的主。然后，他们必堕入烈火之中（83：1—16）。"虽然伊斯兰教在一定程度上也承认自私、野心是从事经济活动必须具备的品质，物质利益的刺激也是必要的，但是又认为对物质利益的追求必须采取正确的方式，如行贿等贪婪的行为都应该受到谴责。在任何情况下，人们都应该诚实守信、辛勤劳动、公平买卖，不应该采用欺诈性的手段获取财富，否则必然遭到真主的惩罚。高利贷盘剥被明确定性为不道德行为，受到严厉禁止，后来发展成伊斯兰教完全禁止利息的传统，对穆斯林世界的银行制度产生了深远的影响。取代收取利息的是各种契约式的合作关系，如农业中的分成租佃制，商业中的共同投资利润分成制等。这些被认为是合乎道德要求的经济活动。

(四) 适中消费理念

伊斯兰教并不提倡完全禁欲的消费方式，承认对舒适、美好生活的追求合乎人性需要，但是却强烈地反对铺张浪费、穷奢极欲。《古兰经》严厉禁止富人攀比的现象："竞赛富庶，已使你们疏忽，直到你们去游坟地。真的，你们将来就知道了。……你们必看见火狱（102：1—6）。"每个人都应当节制自己对物质生活的欲望，只有简朴的生活才符合道德的要求。另外，伊斯兰教存在很多消费禁忌，如食物有可食与不可食之分，饮酒是绝对被禁止的，一些奢侈品也是被限制生产的。虽然在伊斯兰帝国时代，统治阶级上层逐渐放弃了俭朴的消费理念，奢华之风泛滥，但是这些精神

---

① 刘天明：《伊斯兰经济思想》，银川：宁夏人民出版社，2001年版，第67页。

遗产却没有被遗忘，在适当的时候又会被重新提倡。

综上所述，传统伊斯兰经济思想本质上体现的是一种道德伦理观，是在生产力不发达的状况下适应小商品经济发展的产物。但伊斯兰经济思想作为穆斯林精神信仰的一部分，不论何时何地都对伊斯兰世界有普遍的适用性。而伊斯兰世界的传统是，每当社会处于危机之时，习惯从伊斯兰正统思想中找寻解救良方。这是现代伊朗伊斯兰经济思想重新兴起的根本原因。

但是，伊斯兰经济思想的内在矛盾性和与实践的脱节常常令践行者无法实现理想中的目标。一方面承认并维护私有权，认可社会的贫富差距；另一方面又认为人人都有享受真主赐予财产的权利，贫富分化不应该过分悬殊，提出富裕者的财产中有贫者的权利，穷人可以分享富人财产。实际上很难在两者之间保持平衡。虽然在历史上，伊斯兰国家采取缴纳天课、分散遗产、提倡施舍、反对囤积财富和禁止高利贷等方式避免财富过度集中在少数人手中，但是这些措施无法从根本上解决社会稀缺资源的合理分配，只不过是封建帝国缓和社会矛盾的有限手段。而进入现代社会之后，仅仅采用中世纪遗留下来的方式促进社会财富的再分配就变得更加不合时宜，也无助于认识现代工业社会及信息社会中经济发展的一般规律。

二、现实基础与外部理论来源

从20世纪50年代开始，伊朗伊斯兰知识分子就提出了发展伊斯兰经济的主张。从现实来看，是建立在对巴列维王朝经济现代化的批判之上的；而在理论层面上，除了主要从传统伊斯兰经济思想中汲取营养外，马克思主义经济学也是其思想的重要来源。而不同派别对现代西方经济学的批判接受程度也不同。

（一）对巴列维经济现代化的批判

在伊朗伊斯兰知识分子眼中，虽然巴列维王朝使伊朗获得了经济的高速增长，但是却带来了非常严重的问题。

第一，巴列维完全采用西方的发展模式，忽视了本民族利益，导致本国经济对国际资本主义体系产生了严重的依赖，尤其严重依附于美国经济体系。巴列维王朝忽视农业发展，使得大量基本食品及农产品需要进口才能满足内需，而王室上层精英为了满足穷奢极欲的消费青睐进口西方商品。巴列维王朝过分依赖开采石油资源，却不重视非石油制造业的发展。国际石油市场的不稳定性严重影响了国内经济的健康与稳定。

第二，巴列维经济现代化是以社会公正为代价的，导致了不同部门、不同地区之间经济发展的巨大差异。德黑兰地区的经济现代化程度远远高于其他地区，广大乡村越来越被边缘化；社会贫富差距急剧扩大，社会资源被一小撮王室成员所掌控，却忽视了对下层民众的救助。石油财富没有得到合理的利用。国王用石油美元扩充军备或者满足个人私欲，而普通民众却没有得到多少好处。

第三，经济的发展导致了社会风气的腐化与堕落。消费主义理念和重视物质的刺激造成社会物欲横流，产生了大量不道德行为。很多原先为伊斯兰教所禁止消费的产品越来越多地出现在伊朗市场上。特别是禁酒令解除之后，酒精类产品在国内市场上的增多带来了十分恶劣的社会影响。由于政府鼓励非生产性投资，令国内投机活动增加。另外，妇女解放运动，尤其是允许妇女外出参加工作，使社会的核心单位——家庭的地位受到严重冲击。妇女的形象一落千丈，引发了尖锐的社会矛盾与传统观念的冲突。

在伊朗伊斯兰学者看来，"巴列维国王的经济遗产被视为一个严重依赖石油和西方技术，社会阶层、地区和部门之间发展不平衡，并且由于迅速的工业化、现代化和与世界经济的一体化而导致传统文化丧失，只为一小部分富人和上层阶级生产并进口消费品的经济。"[①] 巴列维经济现代化产生这么多问题的根本原因是完全否定了伊斯兰经济思想造成的。

（二）对现代西方经济学和马克思主义的批判吸收

在对巴列维经济现代化进行批判的同时，伊朗伊斯兰知识分子也对指

---

① Jahangir Amuzegar, *Iran's Economy under the Islamic Republic*, p. 16.

导巴列维经济现代化的思想——现代西方经济学进行批判。他们认为，现代西方经济学是为当今不合理的世界经济秩序作辩护的，主要目的是维护世界经济不平等的分工现状。西方经济学的根本出发点——"经济人"的观点是错误的。它将人攫取物质利益的动机看成是经济增长的发动机，而不考虑社会后果。另外，西方经济学往往是一系列逻辑推理或者纯粹的数学演绎，结论经常充满谬误。西方国家中普遍存在的经济萧条、失业、剥削、歧视、浪费和系统失灵等问题，都是西方经济学所不能解决的痼疾。西方经济学所倡导的自由市场经济模式，鼓励无限制的竞争，势必会造成严重的贫富分化。最后，西方经济学运用利息手段刺激经济增长，以无限制的个人消费来促进经济发展，最终会陷入恶性循环与灾难之中。但在具体实践中，尤其在两伊战争后，伊朗在治理经济的过程中面临一系列的问题，不得不运用西方经济学的汇率制度、治理通货膨胀的方法治理经济，并按照西方国家的行政体系建立了本国的预算制度、财政制度等。

除了对西方经济学的批评，伊朗伊斯兰知识分子对马克思主义的经济学理论也进行了批判。从世界观来说，马克思主义的无神论同伊斯兰教的真主信仰观存在根本性的冲突。马克思主义认为世界是物质的，对精神具有决定性作用。对伊斯兰教来说，这种世界观是无法接受的。而马克思主义认为解决社会各种问题的根本途径是消灭私有制，建立一个完全公有的大同社会。在1979年之前，马克思主义理论在社会主义国家的实践还主要是以苏联为代表的高度集中的计划经济模式。这一模式与伊斯兰教维护私有制、允许市场经济发展的思想是相矛盾的。

所以伊斯兰学者认为，"只有伊斯兰能够兼顾人类生活的精神和世俗两方面，而所有其他的社会体系仅仅限于社会经济领域。"[①] 他们的核心观点是政府不能一味地追求经济增长速度而忽视其他方面的建设，尤其是应该将发展经济与道德建设联系起来。

虽然对马克思主义进行了批判，但是伊朗学者在不自觉中又吸收了马克思主义的不少元素。马克思主义主张社会公正，消灭贫穷、消除两极分

---

① Ali Rahnema & Farhad Nomani, *The Secular Miracle-Religion, Politics and Economic Policy in Iran*, London; New Jersey: Zed Books, 1990, p. 134.

化的观点同伊斯兰教强烈的社会关怀价值取向有内在的一致性；而马克思主义主张集体所有及国有所有的观念也同伊斯兰教"真主所有"和互帮互助的合作理念有异曲同工之处；马克思关于人类社会发展最后阶段——共产主义社会的理想，同什叶派伊斯兰隐遁伊玛目重现人间、实现大同社会的理想也有类似之处。另外，马克思主义是坚决地反对帝国主义和殖民主义的，这也符合伊斯兰革命爆发的基本动因。[1] 伊朗的革命领袖们总体上对马克思主义并不抵触。实际上，马克思主义对二战后中东地区伊斯兰国家的经济实践产生了重大影响，因此产生了阿拉伯社会主义与伊斯兰社会主义的发展模式。在埃及等国家，阿拉伯社会主义得到了大规模的应用。在伊朗，以阿里·沙里亚蒂为代表的激进派和民粹—国家主义派都受到了马克思主义的强烈影响。

综上所述，伊斯兰革命后伊朗经济的指导思想是在批判现实尤其是巴列维经济现代化的基础上兴起的。它主要从传统伊斯兰思想中寻求解决伊朗当下危机的良方，但也不可避免地受到现代经济学思想的影响。但它远非一个和谐的整体，内部充满了分歧与矛盾。

第二节　伊斯兰革命前夕主要的伊斯兰经济思想派别

导致现代伊朗伊斯兰经济思想产生众多流派的原因是多方面的。首先，伊斯兰教的经典——《古兰经》对很多问题的阐述存在模糊性，是学者们产生不同理解的根源。其次，除了《古兰经》外，先知穆罕默德的言论即圣训，也是广大穆斯林遵从的主要依据。但后人在对先知言论的整理中出现了多个版本，在对圣训的解释上存在不少分歧。而对什叶派来说，历代伊玛目及现世世界里的高级宗教学者——阿亚图拉的言论，也可成为民众"效法的源泉"。这更容易导致不同意见的产生。再次，伊斯兰教的

---

[1] Evaleila Pesaran, *Iran's Struggle for Economic Independence-Reform and counter-reform in the post-revolutionary era*, London and New York: Routledge, 2011, p. 31.

传统是允许宗教学者根据自己的推理与决断能力对经典中的隐晦教义作出判断，从而大大加强了主观因素的分量，容易导致思想的多元化。第四，受外来思想影响的程度不同，这尤其体现在对马克思主义的吸收上。如有的学者对马克思主义持完全排斥的态度，有的却对其中的某些思想同伊斯兰教义进行融合，更有甚者认为马克思主义本来就源自伊斯兰教。众多因素导致了在现代伊朗伊斯兰经济思想体系中出现了不少派别。根据这些派别的激进与保守的程度，大致可将其分成四类：激进主义派、民粹—国家主义派、保守主义派（又可称为"自由派"）和温和派（或"资产阶级民主派"）。除此之外，霍梅尼本人也对经济问题有一些论述及思考。

一、激进主义派

所谓的激进主义派主要指的是以阿里·沙里亚蒂（Ali Shariati, 1933—1977）为代表的派别。在思想根源上，阿里·沙里亚蒂是最接近马克思主义的人。他是现代伊朗思想发展史上一个传奇式的人物。他本人并不是"穆智提哈德"，他对伊斯兰的解释完全建立在其父亲的教导和本人后来的自学经历。而作为一个社会和政治思想家，经济并不是他特别关注的问题。但是从他的政治与社会思想中，可以零星地看到其带有强烈激进色彩的经济观点。

阿里·沙里亚蒂是一个坚定的爱国者，他对伊斯兰文化怀有强烈的情感。但他同时也热衷于西方现代思想，尤其是早年留学法国的经历使他接触到了大量不同的思想流派，对他后来充满民主、公正、自由的激进社会观点产生了重大影响。[①] 而强烈要求社会公正的价值取向使他在不自觉中接受了马克思主义的很多观点。他将伊斯兰思想同马克思主义融合起来，并融入了现代西方的一些价值观念。他的世界观是有神论的，其最终理想是建立一个"一神论的无产阶级社会"。

他强烈谴责殖民主义和帝国主义对伊朗的侵略，认为这是自近代以来

[①] 王泽壮：《阿里·沙里亚蒂思想研究》，银川：宁夏人民出版社，2013年版，第9—24页。

伊朗贫穷落后的根源；资本主义的剥削和私有制是导致经济不公正和社会不平等的根本原因。他强烈要求废除私有制，实现公有制。他还建议在收入和消费领域实现分配的绝对平等，认为这是消灭社会经济不公正的根本途径。

他承认阶级斗争，并将社会区分成压迫者和被压迫者，而两个阶级的斗争是历史发展的基本动力。很明显这是从马克思主义理论借鉴过来的思想，他却从阿里那儿找到了为自己辩护的证据："伊玛目阿里的伊斯兰教反映了一个建立在阶级斗争基础上的社会的观点，代表了伊斯兰正确的社会观。"① 另外，他还从哈毕勒被戛毕勒所杀的宗教故事中论证其社会经济形态史观，② 他认为"哈毕勒代表了牧业经济，处于私有制产生前的原始共产主义阶段；而戛毕勒代表了农业体系和个人垄断的所有制阶段。"③ 哈毕勒被戛毕勒所杀被认为是阶级斗争的开始。他将原始共产主义和最后的发展规律的思想阶段归入"哈毕勒时期"，而将奴隶制、封建制和资本主义制度视为"戛毕勒时期"。等到社会发展的最后时期，就进入所谓的真正一神信仰的没有压迫和剥削的大同社会。

他虽然接受了马克思主义阶级斗争的观点，但是反对马克思主义物质决定精神的观点，认为马克思仅仅强调从经济因素来研究人类社会的发展规律的思想是不完善的。人类的精神与自由意志应该受到应有的重视。另外，资本主义社会也存在很多弊端，所以他提出在吸收资本主义和社会主义合理成分的基础上，建设真正的伊斯兰社会。这就是他"中间道路"的主张，与当时伊斯兰世界风靡一时的"第三条道路"的理论有异曲同工之处。

阿里·沙里亚蒂的经济思想充满了对人类正义与社会公正理想的诉求，并将其推向了极致。他的思想在青年学生和激进知识分子中产生了强烈的影响，是促动伊斯兰革命发生的重要精神力量，其中接受他的思想影

---

① Ali Rahnema & Farhad Nomani, "Competing Shi'i Subsystems in Contemporary Iran", in Saeed Rahnema and Sohrab Behdad, eds., *Iran after the Revolution: Crisis of an Islamic State*, London; New York: I. B. Tauris, 1995, p. 75.

② 哈毕勒和戛毕勒分别是阿丹（亚当）的第一个和第二个儿子。

③ Sohrab Behdad, "A Disputed Utopia: Islamic Economics in Revolutionary Iran", *Comparative Studies in Society and History*, Vol. 36, No. 4, Oct. 1994, p. 778.

响最大的是"人民圣战组织"（Mojahedin）。该组织要求取消私有制和市场经济的观点都来自于他的思想。但是，他却受到正统伊斯兰学者的排斥和抵制。特别是其反对私有制的观点同伊斯兰教坚决维护私有权的观念发生了冲突，因此被正统伊斯兰势力视为异端。阿亚图拉穆尔塔扎·穆塔哈里（Murtaza Mutahhari）将其称之为"不是伊斯兰，而是马克思主义、共产主义、历史唯物主义和存在主义的。"① 所以，在伊斯兰革命后的很长一段时间里，阿里·沙里亚蒂的名字和著作都被禁止提起。

但是，他的通过一场社会革命来消灭私有制的思想对伊斯兰革命的影响是深刻的。虽然在伊斯兰革命后阿里·沙利亚蒂因信仰问题遭受了批判，但他的思想也在潜移默化地影响着伊斯兰革命后伊朗的经济模式，尤其体现在国家对经济干预的增强和对私人资本的敌视态度上。不过，阿里·沙里亚蒂毕竟不是一个真正意义上的经济学者。他没有对社会经济的深层和微观领域的问题作进一步的分析，也没有提出具体的经济政策。相比之下，民粹—国家主义派在现实实践中具有更大的影响力。

二、民粹—国家主义派②

民粹—国家主义派是伊斯兰革命后初期对伊朗经济政策影响最大的派别，其中最主要的代表人物是两位阿亚图拉，即穆罕默德·巴基尔·萨德尔（Muhammad Baqir Sadr）和马哈茂德·塔勒卡尼（Mahmood Taleqani）。这是一个人数众多而又思想庞杂的派别，不仅仅限于这两个人，如持比较保守观点的穆尔塔扎·穆塔哈里，而哈比布拉·佩伊曼（Habibollah Peyman）的思想比较激进（已经接近于阿里·沙里亚蒂）。但是他们思想的共同之处是都强调社会公正，同时又承认财产所有权；在一定程度上也认同自由市场机制，但是又都认为应该加强国家对经济的介入，确保社会公正的实现。但是，在具体问题上他们各有侧重点，观点也存在明显的差别。

---

① Ali Rahnema & Farhad Nomani, "Competing Shi 'i Subsystems in Contemporary Iran", p. 78.
② 这里所说的民粹—国家主义派只是按照他们的经济观点来分类的，并不考虑其政治主张，如有的主张建立民主政治，而有的主张由教法学家统治的政教合一的体制。

第二章 伊斯兰革命后伊朗经济指导思想的流变

巴基尔·萨德尔于1961年出版了《我们的经济》一书,开始系统地阐述他的经济思想。而塔勒卡尼的主要思想体现在他的经济理论著作《伊斯兰和所有权》中。两个人的思想在很多方面都是一致的,代表了该派的主要观点。

第一,承认私人所有权的合法性。萨德尔十分重视所有制问题,认为这是"各派经济观点的基本问题"。他的所有制观念属于伊斯兰经济所有制观范畴。他在承认私有制的基础上进一步指出造成资本主义剥削体系的根源不是私有制,而是物质中心主义。[1] 第二,认为国家对经济的干预是实现社会公正的有力保障。萨德尔认为即使在伊斯兰经济下,也难免会有不道德的行为,这就需要国家的干涉和介入。他提出伊斯兰经济应该有三个原则:混合所有制、有限的经济自由和社会公正。塔勒卡尼十分重视"社会平衡"原则,因而更加强调国家的作用。他认为私有制应该限制在不伤害公共福利的范围之内,因为所有资源在本质上都归公共所有,公共利益和福利总是高于私人利益;而伊斯兰政府应该拥有处理私有财产的权力,只有如此才能建立公正的社会。[2] 但是两人又同时反对国家的过度干预,认为干预程度应该控制在一定的范围内。第三,强烈的反资本倾向,认为资本主义经济的很多特点都不适合伊斯兰社会。两人都坚决反对雇佣劳动,认为每个人都应该自己劳动并获得与其劳动相称的报酬。他们反对资本主义经济下的利息制度,为伊斯兰世界的利润和租金制度辩护。实际上,他们理想中的伊斯兰社会经济模式是一个主要由小农、小商人和小手工业者组成的社会,同时由一个强大的国家介入经济,保证市场规则和伊斯兰经济秩序的正常运行,进而维持一个有较小贫富差距的社会及民众可以接受的生活水平。[3] 他们都承认一定程度和范围内的社会不平等。

萨德尔和塔勒卡尼虽然对私有制和国家干预进行了论证,但是都没有明确界定私有经济和国有经济的具体范围。这实际上是伊斯兰经济思想所

---

[1] Ali Rahnema & Farhad Nomani, *The Secular Miracle-Religion, Politics and Economic Policy in Iran*, p. 137.

[2] Ali Rahnema & Farhad Nomani, *The Secular Miracle-Religion, Politics and Economic Policy in Iran*, p. 156.

[3] Sohrab Behdad, "A Disputed Utopia: Islamic Economics in Revolutionary Iran", p. 790.

有派别的共同特点，也是导致伊斯兰革命后经济政策混淆不清的重要根源。

除以上两人外，穆塔哈里也是这一派的重要代表人物。尽管他一直被视为正统伊斯兰教义的捍卫者，但是其晚年思想的变化，尤其是经济观点的变化却使他成为民粹—国家主义的卫士。穆塔哈里是德黑兰大学的神学教授，也是霍梅尼生前的学生和好友。他主要是在同阿里·沙里亚蒂的思想斗争中阐述本人观点的，目的是希望那些被沙里亚蒂引入"异端"的青年学生和知识分子重新回到伊斯兰正确的道路上来。

首先，他对沙里亚蒂的历史观进行了批判，认为后者是唯物主义的。①在他看来，历史发展应该是"信仰者对非信仰者"的胜利，精神决定物质。其次，他承认私有制，但是也认为私有制必须限制在社会承受的范围内。他同时反对任何财产的获得都来源于剥削的观点。再次，他认为社会的相对不平等是合理的，并提出了"积极平等"的思想。每个人所拥有的原初条件不同导致不平等是一种合理的现象，但是通过"互相雇佣"，可以将社会限制在较少不平等的范围内，而"相互雇佣"主要是通过国家的干涉才能实现。② 但是，他的相对均平的观念为国家的干涉打开了大门，也反映了他思想中的矛盾之处。一方面，他认为伊斯兰经济应该主要依靠个人劳动，反对国家主义，因为国家干涉会造成只维护特定阶层利益的问题；但另一方面他也认识到在资本主义时代，机器的使用促进了规模经济的形成，使得集体分工与协作成为必需，那么公共服务就变得十分必要。认识到这一点，使他最终接受了集体所有制，并提倡国家的干预。所以当他的主要经济思想在1983年被整理成《伊斯兰经济基本纲要综述》出版时，曾经在巴扎商人中间引起了骚动和不满，并很快被政府列为禁书。虽然霍梅尼多次公开赞扬穆塔哈里是伊斯兰革命的精神支柱，但后来却将其视为修正主义的代理人。

与穆塔哈里相比，佩伊曼的观点显然充满了激进色彩。他通过一系列

---

① 尽管沙利亚蒂并没有完全接受马克思主义的唯物观，但伊斯兰学者认为他就是马克思主义者。

② Sohrab Behdad, "A Disputed Utopia: Islamic Economics in Revolutionary Iran", p. 783.

逻辑推理证明真主是世间一切财富的最终所有者。既然一切都归真主，那么每个人都有权利使用这些财产。他的这些思想最后发展成"人民所有权"的主张：个人只能拥有能够保证基本生存需要的财产，其他的都应该归公共所有。在现代技术使大规模生产成为可能的情况下，国家应该积极地参与生产活动。① 他同时反对资本积累和雇佣劳动，也反对剥削。

该派高举社会公正的旗帜，反映了人们对巴列维时期社会贫富差距过于悬殊的强烈不满，顺应了革命爆发时的激进氛围，因而能够深得民心大获发展。但实际上其中很多观点已经背离了伊斯兰教的原义，特别是对国家干涉的强调受到正统伊斯兰学者的抵制。该派逐渐承认当今时代已同穆罕默德创教时期的社会状况发生了很大的变化，现实中的很多问题在经典中是找不到现成答案的，因而可以根据实际情况做出判断。这同保守派相比是一大进步。但是，在具体问题认识上的模糊性成为该派最大的弱点。在革命后的两伊战争及民粹主义的影响下，该派思想变得愈发激进。

三、保守主义派

保守主义派又可称为自由派（Laissez Faire），是指完全根据伊斯兰经典的本义来阐述经济思想的派别。该派主张使社会完全恢复到《古兰经》中所描绘的创教之初的状态中去。在革命之前，这一派别主要以库姆神学院的宗教学者为代表；在革命之后，又主要以"宪法监护委员会"为阵地。由库姆神学院的教授主编的《伊斯兰经济导读》是该派经济思想的集中体现。主要内容包括：首先，坚决维护私有制的合法性。伊斯兰经济的最终目的是实现福利的最大化，而前提是需要保证每个人的基本权利，其中财产所有权是最重要的。"私人所有权根源于人的本性。伊斯兰教就是根据人类的本性确立这种所有权的。"② 其次，严格限制国家对经济干预的范围。他们也承认国家是最大的经济实体，国家主要的经济职能是管理税

---

① Sohrab Behdad, "A Disputed Utopia: Islamic Economics in Revolutionary Iran", p. 792.
② Ali Rahnema & Farhad Nomani, *The Secular Miracle-Religion, Politics and Economic Policy in Iran*, p. 138.

收,如保证"扎卡特"的合理使用。另外打击投机倒把、规范正常的经济秩序、消灭经济不道德行为也是国家的重要工作。但是,他们反对国家过多地介入经济,国家无权没收人民的财产,也不能控制商品的买卖,因为这些都是归生产者本人享有的权利。再次,与强调经济公正相比,他们更重视经济的增长。他们并不反对雇佣劳动,认为只要工人拿到与其劳动相称的报酬就不算是剥削。他们对私人所有权的规模也没有限制。不论是个体劳动还是雇佣劳动,只要不是高利贷、欺骗、偷盗、生产禁忌食物、垄断、囤积居奇等不法行为,就都是合理的。第四,认为应该凭借以个人利益为基础的市场关系来组织经济。虽然他们也谴责资本主义的市场经济体制,但是却利用市场经济的基本要素来规划伊斯兰经济的理想蓝图。① 第五,他们重视商业发展及商人的利益。这同他们与巴扎商人的传统联盟有着密切的关系,也是伊斯兰教重商观念的集中体现。另外,该派认为不应过分限制奢侈品的生产和使用,这并不违背伊斯兰教法,因为伊斯兰教反对过度消费的理念同享受合法劳动获得的财富之间是不矛盾的。

保守派维护私有制、主张自由经济、重视市场机制的观点同现代资本主义体系的很多理念十分相似。它反映了传统伊斯兰经济思想中蕴含着开放性、现代性及人性化的元素,并体现了兼顾公平与效率的原则。不过该派不愿意承认社会的变化,本质上是一种静止的社会发展观,其过分强调经典教义而不考虑现实的缺陷使其在很大程度上不能适应革命后伊朗经济发展的需要,有明显教条主义的弊端。但是该派以正统自居,最初获得了最高领袖霍梅尼的认同,以保守派宗教人士及"宪法监护委员会"为核心形成了一个坚强的堡垒,能够与民粹—国家主义派相抗衡。

四、以巴扎尔甘为代表的温和派

在伊斯兰革命后,伊朗并非没有继续发展资本主义经济的尝试。这主要指的是以巴扎尔甘为首的临时政府在短暂的执政时期里试图实施的一些

---

① Sohrab Behdad, "A Disputed Utopia: Islamic Economics in Revolutionary Iran", p. 799.

第二章　伊斯兰革命后伊朗经济指导思想的流变

政策。但由于临时政府很快倒台，使得巴扎尔甘的经济思想失去了实施的可能。严格地说，巴扎尔甘的经济主张不属于伊斯兰经济思想的范畴，但是在执政过程中，他对在现代伊斯兰社会中的经济发展问题，尤其对所有制及市场与国家的作用等问题都有所阐述。与阿里·沙里亚蒂一样，他本人也不是宗教人士。虽然深受西方民主政治的影响，他对伊斯兰教同样怀有强烈的情感。他本人认为伊斯兰教应该是一个宽容的宗教，与自由主义与政治民主化都是相容的，因而将容忍视为伊斯兰教的核心，并将其看作一个没有歧视的宗教。"在真主眼中，最值得赞赏的行为是为他所创造的人服务。"[①]

巴扎尔甘的经济思想也是温和的。他主张国有和私有经济共存的混合所有制模式，私人财产权和契约关系应该受到尊重及保护；由市场价格机制来协调供求关系；只要资本和财富的积累是通过合法的方式，那么回报应该属于资本所有者。另外，在伊斯兰国家中，穷苦人的利益应该得到保障，普遍的收入不平等和两极分化的状况应受到谴责。他针对革命后一些不法商人的投机行为，指责政府不应该是某些阶层利益的代理人，应该维护整个民族国家的利益，具体到实践层面就是捍卫消费者的利益，打击投机倒把分子。他还认为应该维护农民的利益不被地主侵犯。

在国家对经济的干预问题上，他认为国家应该负责私人不能应付的问题，如提供各种公共服务及福利，但是也不能过度扩大对经济的控制。他认为经济公正是伊斯兰经济的重要目标，但是在隐遁伊玛目出现之前，公平和正义是很难实现的。

巴扎尔干希望用伊斯兰教的公正思想改造资本主义经济中的不合理因素，试图调和现代工业经济与伊斯兰经济模式，反对激烈的社会变革与动荡，代表了温和资产阶级的利益。但是在革命后初期激进情绪笼罩下的伊朗，其经济思想缺乏实施的条件。随着临时政府的迅速倒台，巴扎尔甘的经济思想也湮没在历史洪流中被人遗忘。

[①] Ali Rahnema & Farhad Nomani, "Competing Shi'i Subsystems in Contemporary Iran", p. 83.

五、霍梅尼时期民粹派与保守派的论争

虽然伊斯兰革命前后曾经出现了形形色色的思想流派，但是民粹—国家主义派（下面简称"民粹派"）与保守派是其中最重要的两个派别。在革命激进情绪的影响下，民粹派不自觉地接受了阿里·沙利亚蒂激派派的一些主张，所以有时也将民粹派笼统地称为激进派，这是相对于保守派和较温和的派别作出的区分。虽然现代伊朗伊斯兰经济思想是一个庞杂的体系，但仍然存在一些共同特点：第一，都强烈谴责西方经济侵略和伊朗经济对资本主义体系的严重依赖，认为经济独立是实现民族振兴的基本前提。第二，除了阿里·沙里亚蒂对私有制持反对态度外，其余的派别都承认私有制的合法性。第三，所有派别都认可国家在经济中的重要作用，即使保守派也认为国家应该对经济进行一定程度的干预。第四，所有派别都带有不同程度的乌托邦色彩。虽然在伊斯兰经济模式的构建上存在差异，但是各派无一不认为，只要按照他们设计的理想模式治理经济，所有的不合理现象，如贫穷、两极分化、欺诈、偷盗等不合理现象及不道德行为都会自动的消除，但是他们都没有深入探讨通往这条理想之路的具体路径。

伊斯兰革命胜利后，不同派别依附于不同的利益集团，围绕着相关的经济与社会问题针锋相对，很快陷入了无休止的争论中。伊斯兰革命后初期的议会主要由激进派和民粹派控制，而在霍梅尼的授权下又成立了"宪法监护委员会"，为宗教保守派把持。[1] 这两个机构成为不同派别社会经济问题斗争的主要阵地。两个机构在土地改革法案、对外贸易国有化法案、第一个经济发展计划及劳资关系等领域展开了激烈辩论。有的法案达成了妥协，有的则在争论中被一再拖延，最后不了了之。

霍梅尼本人没有形成明晰的经济思想。经济并不是霍梅尼关注的重要

---

[1] 监护委员会成立于1980年7月17日。该委员会由12名成员组成，其中6名是由最高领袖直接任命的宗教专家，而其他6名是由最高司法委员会提名并经议会审议通过的法学家，任期都是6年。监护委员会拥有审查议会通过的一切决议和提案的权力。议案只有经过该委员会的批准才能生效，如果后者认为议案与伊斯兰教义或宪法存在矛盾，则有权将其送还议会进行修改或者否决。

第二章　伊斯兰革命后伊朗经济指导思想的流变

问题。在他看来，宗教精神才是革命的本质。但他是将伊斯兰经济原则贯彻到实践中去的人，所以其思想倾向对伊朗经济现代化进程至关重要。霍梅尼的经济观存在矛盾的一面，而且对经济问题的看法在伊斯兰革命前后存在很大的差别。在伊斯兰革命之前，同库姆神学院的教授一样，他是保守派的一员。但是在伊斯兰革命之后，受激进思潮及平民要求分配更多财富等因素的影响，政策的执行上却倾向于民粹派。他承认资本却反对大财产所有制，接受市场关系却反对资本主义。[1]他虽然认为私有制是合法的，但是又认为没收资本家的财产的做法是正确的，因为他们所拥有的财富已经超过了伊斯兰教法规定的合理范围。这就同保守派的观点发生了矛盾。霍梅尼认为伊斯兰宗教学者的重要使命就是推翻压迫者的统治，打破他们的财富垄断并建立独立的国民经济体系。其核心观点是"社会公正"和"经济独立"。伊斯兰经济就是帮助穷苦人，建立福利国家。[2]事实是，霍梅尼一再陷入保守派和民粹派之间的斗争中去，并成为争端的裁决者。霍梅尼凭借其威信能够保持各派力量的平衡。另外，在某些经济问题的处理上也体现了他务实的一面。

如雇佣劳动是否合法的问题。保守派认为雇佣劳动是合法的，而民粹派坚决反对。霍梅尼解决了这个问题：只要在雇主和雇员签订契约的前提下，雇员按照契约规定获得了与他劳动相符的报酬，雇佣劳动就是合法的。

另外关于城市土地所有权的问题。让每个人都分配到廉价的住房曾是革命中最受民众欢迎的口号之一。革命后，为了解决城市居民的住房问题，并遏制日益猖獗的土地投机，1981年议会通过一项法令，要求将城市无主和废弃的土地收归国有。该法令还明确限制了城市个人拥有土地的最高限额。[3]但是监护委员会援引《古兰经》中"人们应对自己的财产拥有控制权"的语句坚决反对。在争执不下的情况下，议会求助于霍梅尼，霍

---

[1] Sohrab Behdad, "A Disputed Utopia: Islamic Economics in Revolutionary Iran", p. 806.
[2] Sohrab Behdad, "A Disputed Utopia: Islamic Economics in Revolutionary Iran", p. 805.
[3] Ali A. Kiafar, "Urban Land Policies in Post-Revolutionary Iran", in Cyrus Bina and Hamid Zangeneh, eds., *Modern Capitalism and Islamic Ideology*, New York: St. Martin's Press, 1992, p. 236.

梅尼援引"第二法则"通过了这项法令。由于"第二法则"通过的法令只是临时性的，有效期只有5年，政府必须对被占土地的原主人进行补偿。[①]

还有关于对外贸易国有化的争论。伊朗伊斯兰共和国宪法第44条规定，对外贸易应该属于国家所有。1980年3月一项"对外贸易国有化"法令在议会获得通过，但马上遭到监护委员会的否决，后者认为它不符合伊斯兰教法，会导致"国家变成最大的雇主，而违反了那些从事贸易和其他活动的人的宗教权利。"[②]宪法监护委员会主要是维护巴扎商人的利益。在霍梅尼的调解下双方达成妥协，私人部门可以进行对外贸易，但是只能使用自己出口创汇收入进口所需物资。在石油是最主要的外汇来源的情况下，这就将私有部门的对外贸易活动置于相当不利的境地。1984年，国家对私人参与对外贸易必要性有了更理性的认识，建立了混合外贸体制。国家负责进口关键性物资而私人可以进口非关键物资。[③]到80年代末，国家完全控制外贸的弊端进一步暴露，政府对私人进口也不再进行过多限制。到此时争端才得以解决。

现代伊朗伊斯兰经济思想并不是严密的科学体系，本质上属于社会伦理学的范畴，跟现代经济学有着天壤之别。虽然有这么多的派别，各派争论的焦点却几乎都集中在所有制和国家介入的程度及细节上，各派也都没有对经济发展可能遇到的问题作科学的研究。就保守派来说，"尽管库姆神学院的教授十分清楚他们所坚持的市场运作观点，但他们未对在市场机制基础上的伊斯兰道德和法律限制的微观和宏观影响作出分析。"[④]比如说，在一个禁止利息的社会中，资本投资的成本和风险势必会增加，那么伊斯兰经济是如何规避或者减少这种状况带来的不利影响？在缺乏利息刺激和仅仅收取少量宗教税的前提下，会不会造成国家宏观经济调控能力的

---

① Mehrdad Valibeigi, "Islamic Economics and Economic Policy Formation in Post-Revolutionary Iran: A Critique", *Journal of Economic Issues*, Vol. 27, No. 3, September 1993, p. 806.

② Mehrdad Valibeigi, "Islamic Economics and Economic Policy Formation in Post-Revolutionary Iran: A Critique", p. 801.

③ Mehrdad Valibeigi, "Islamic Economics and Economic Policy Formation in Post-Revolutionary Iran: A Critique", p. 802.

④ Ali Rahnema & Farhad Nomani, *The Secular Miracle-Religion, Politics and Economic Policy in Iran*, p. 151.

下降？在缺乏稳定的宏观经济环境下，伊斯兰政府又应该采取什么样的政策？这些基本的理论与现实问题都没有成为伊斯兰学者们关心的重点。由于缺乏现代经济学的知识储备及必要的实践，宗教学者们很快发现他们的理论无法解决现代工业社会的复杂问题。

第三节 经济指导思想的具体化

伊斯兰经济思想是指导伊斯兰革命后伊朗经济建设的主要思想来源，除此之外，经济民族主义也是伊斯兰革命后伊朗经济现代化的主要诉求。简单地说，就是一方面要建立以伊斯兰原则为基础的"公正的经济"，另一方面要实现经济的独立自主，不依赖外部经济体系。

一、经济公正

"经济公正"原则既是伊斯兰经济思想的具体体现，也是对巴列维时期片面追求经济发展速度、不考虑社会公平与协调发展模式的全盘否定。该原则在伊朗伊斯兰共和国宪法中得到了全面的肯定。宪法第3条第9款规定：消灭歧视，在物质方面和道义方面为全体人民创造尽可能的公正。第12款规定：根据伊斯兰原则来建立公正、合理的经济，以创造幸福、消除贫困，消灭在食品、住宅、就业、卫生和普及保险等方面的被剥夺状况。[①] 事实证明，革命后的伊朗对经济公正的追求远远超越了对经济发展速度的重视，在革命后初期体现得尤为突出。

经济公正的本质是要建立一个人人享有公平的生存与发展机会的社会。它深刻地反映了伊斯兰革命中蕴含的民粹主义精神，具有时代的进步性。霍梅尼一直宣称伊斯兰革命是"穷苦人的革命"，革命后的政权是

---

① *The Constitution of the Islamic Republic of Iran*, Tehran: Islamic Propagation Organization, 1980, pp. 19–20.

"穷苦人的政权"。这意味着伊斯兰政权是为穷苦人谋利益的，同巴列维王朝有着本质的不同。建立公正的经济迎合了普通民众要求改善自身处境的迫切愿望及建立一个公正社会的终极理想，因此成为伊斯兰政权立国纲领的重要组成部分，也是政权合法性的重要精神基础。

伊斯兰革命之后，伊朗成为当代中东政治伊斯兰运动的中心，也被不少人视为激进主义国家甚至是恐怖主义国家。但是，应该从更宽阔的视角理解这场席卷中东的运动。伊斯兰激进主义总体上指的是一场正本清源、返朴归真、净化信仰、消除腐败的运动，是针对当下中东国家现代化进程中出现的诸多弊端的回应，不能简单地将其理解为极端主义甚至恐怖主义。[1] 伊朗的伊斯兰革命就是因巴列维现代化过程中出现的国王专制、政府腐败、社会不公正增加、贫富分化加剧、文化堕落等问题而引发的一场由教士领导的拥有广泛群众基础的运动。所以，伊斯兰革命表面上体现为复古主义，却带有进步、民主、公正的诉求。

但是，到底以何种方式实现经济的公正，宗教领袖们显然把这个问题简单化了。按照伊斯兰教的传统，似乎只有通过富人帮穷人的方式才能实现经济公正。伊朗在伊斯兰政权建立后很快陷入了旷日持久的战争状态。伊朗政府几乎是不自觉地采用了民粹—国家主义派的方法，尽最大可能地运用国家的权力分配资源，既要保证基本民生，又要保证战争所需。在这一思想指导下，建立了大量以救济为职能的基金会组织。但是，伊朗很快陷入追求经济发展与致力于经济公正之间的矛盾之中。在伊斯兰革命后的很长时间里，伊朗经济陷入危机无法自拔，导致国民整体生活水平普遍下降。在没有经济发展的前提下强调经济公正可能会导致两种结果：一种是普遍的贫困；一种是少数人会利用旨在保证经济公正的国家再分配体制的漏洞投机钻营，成为既得利益集团，从而令社会不公正的现象更加严重。经济公正的原则在两伊战争结束后逐渐被忽视，经济发展重新受到了重视。但是经济公正原则并没有被完全放弃，特别在内贾德执政时期重新重视构建公正的经济。迄今为止，伊朗依然保留了许多反映经济公正原则的

---

[1] 吴云贵：《伊斯兰原教旨主义、宗教极端主义与国际恐怖主义辨析》，载《国外社会科学》，2002年第1期，第15、16页。

经济制度或政策，并起着社会安全阀的作用。

二、经济独立

同主要源于传统伊斯兰思想的"经济公正"原则相比，"经济独立"原则则是伊朗对自恺加王朝以来沦为半殖民地社会的屈辱历史的反思的结果。伊斯兰革命爆发的重要原因之一就是在巴列维王朝过度依附于美国，内政外交被美国控制的背景下民族主义兴起的结果。伊斯兰革命之后，国家精英们逐渐用一种怀疑的眼光看待全球经济，警告任何西方的资本都是有附加条件的。① 宗教领袖们认为，建立完全独立于西方发达国家的经济体系，是摆脱帝国主义和殖民主义控制的基础。宪法第3条第5款规定：全面抵制殖民主义和防止外国的影响。第43条第8款规定：防止外国经济对伊朗经济的统治。第81条规定：严禁授予外国人在商业、工业、农业、服务业及采矿业开设公司及机构的权利。第82条规定，禁止雇佣外国专家，除非在必要的情况下并获得议会的同意。②

虽然宪法是国家的根本大法，但这些条款却带有一些模糊性。特别是对宪法第81条经过了激烈的讨论，主要存在三种不同的理解：第一种观点认为外国公司在伊朗注册是被完全禁止的，除非有特殊的条件；第二种观点认为只要公司的股份没有超过一定的比例，没有被授予特许权，外国公司就是可以存在的；第三种观点集中在对"特许权"的概念界定上，认为只要不是真正的"特许权"，其他形式的与外国公司的协议是可以存在的。③ 对于宪法第82条的内容，当时一些议员并不赞同完全不使用外国专家的做法，认为在购买进口机器或设备的时候可能会需要外国专家的帮

---

① Evaleila Pesaran, *Iran's Struggle for Economic Independence-Reform and Counter-Reform in the Post-revolutionary Era*, p. 37.

② *The Constitution of the Islamic Republic of Iran*, Tehran: Islamic Propagation Organization, 1980, p. 19, p. 32, p. 42.

③ Evaleila Pesaran, *Iran's Struggle for Economic Independence-Reform and counter-reform in the post-revolutionary era*, p. 49.

助。① 这些争论体现了尽管在伊斯兰革命后初期伊朗对外资引入及外国人参与伊朗经济事务非常谨慎，但是在具体操作层面缺乏共识，没有充分顾及到现实的复杂性。

在排斥引进外资的同时，伊朗政府认为实现经济独立的根本途径是减少石油出口，同时鼓励发展各种非石油产业。最应该受到重视的是农业，其次是促进各类制造业的发展，逐渐摆脱对进口的过度依赖。因此，伊朗伊斯兰政府追求经济独立的基本战略还是"进口替代"，同巴列维时期没有本质的区别。但两者的不同之处是巴列维将替代的重点放在工业上，而伊斯兰革命后却转向了农业。另外，巴列维主张通过尽可能增加石油收入的方法来促进国内工业的发展，建立独立的国民经济体系，完成"进口替代"；而伊朗伊斯兰政权却本着石油收入理性化的原则，重点发展其他产业，力图短时间内实现真正意义上的自给自足。同巴列维时期相比，伊斯兰政权的指导思想存在明显的空想性。而从本质上说，这是伊朗伊斯兰政府没有认识到"进口替代"的一般规律所致。

自二战以后，许多新独立的国家纷纷走上了经济现代化的道路，但是结果却出现了很大的差异，其中重要的原因之一是各国选择的经济发展战略不同——"进口替代"与"出口导向"。"进口替代"，也称内向型经济发展战略，是指通过建立本国的制造业和其他工业，替代现有的制成品进口，从而带动经济增长，实现国家工业化的经济运行模式。它要求运用贸易保护政策来纠正殖民地时期形成的不平等的国际经济秩序，按照国内需求模式建立更加多样化的产业结构，以实现更大程度上的自给自足。而"出口导向"，也称外向型经济发展战略，是指在发展本国制造业的同时，加入国际分工、参与国际竞争、以国际市场实现再生产循环，靠出口升级，即以制成品出口替代原料出口来带动经济增长的经济运行模式。② 对这两种战略的选择导致了不同国家经济现代化成功或失败的命运。"进口

---

① Evaleila Pesaran: Towards an Anti-Western Stance: The Economic Discourse of Iran's 1979 Revolution, *Iranian Studies*, Vol. 41, No. 5, Dec. 2008, p. 716.
② 邱崇明：《发展中国家（地区）通货膨胀比较研究》，北京：中国发展出版社，1998年版，第90页。

替代"在上世纪五六十年代曾经风靡一时，基本上所有的发展中国家在发展初期都采用了这一战略。但是从 70 年代开始，一些国家迅速转向了"出口导向"，如中国台湾、韩国、新加坡及香港，即亚洲四小龙。但是大部分国家都没有及时地实现这一转型。成功转型后的国家或地区经济迅速实现了腾飞，而未实现转型的国家的经济先后不同程度地陷入了困境。对于中东地区来说，一些原先以"进口替代"为主的国家也开始转型，如埃及、叙利亚等国，它们逐渐面向国际市场，引进外资并促进出口。

事实证明，在完成"进口替代"的初级阶段后，必须向"出口导向"转变，否则会有陷入经济停滞或倒退的风险。这是由"进口替代"本身的缺陷所决定的。"进口替代"通常分为初级和高级两个阶段。初级阶段的"进口替代"比较容易实现，主要是指非耐用消费品的替代；但高级阶段的"进口替代"比较困难，主要指的是实现耐用消费品和高级工业品的替代。但是要完成高级阶段的替代，必须首先加深对国际中间品和资本货物进口的依赖。实际上，很多国家难以完成这个阶段的替代，巴列维后期的现代化也正好处在这个阶段上。不少国家正是意识到这一点才迅速做出了调整，与其被动的依赖，不如主动地参与国际市场。"出口导向"实际上是"进口替代"发展的必然选择。按照这个规律，伊斯兰革命后的伊朗应该加快向"出口导向"的转变，才能完成产业的转型升级，保持经济的继续发展。

但是恰恰相反，伊斯兰革命后的伊朗陷入了进口替代的泥淖，对经济发展造成了严重的危害：首先，无视伊朗经济发展模式的特点。依靠石油出口同时依靠进口中间品和资本货物，已经成为伊朗经济赖以发展的两个不可或缺的因素。伊朗要实现经济独立，前提要解决进口减少后的中间品与资本货物的来源问题，否则"经济独立"无从谈起。伊朗伊斯兰政府把发展非石油制造业和进口中间品及资本货物的关系颠倒了。政府有意地减少石油出口，认为只有这样才能减少对石油的依赖，刺激非石油制造业的发展，却割断了非石油制造业的生命线。其次，依靠农业实现经济独立的做法是不切实际的。在当时不少伊朗领导人看来，同其他经济部门相比，农业是受外部经济联系影响最小的部门，因此应该担负实现经济独立的重任。农业的确曾经是任何一个国家的主要经济部门，但它只适合于生产力低下的时期。在现代化开始之后，工商业等部门迅速崛起，取代农业成为经济发展的引擎，也是由产业结构升级的规律决定的。农业已经无法成为现代经济的主导产业。尽管80年代伊朗农业取得了明显发展，但是仍然不能达到自给自足的目标，粮食和基本食品仍需大量进口。而且农业也不能向制造业部门提供全部的原材料。再次，"进口替代"不利于打造能够立足国际市场的品牌，容易导致贸易保护主义。除了几个传统优势项目之外，新兴产业发展滞后，伊朗经济在日新月异的世界发展浪潮中逐渐落后了。

"经济公正"和"经济独立"的原则从思想角度值得肯定，但是在具体实施层面具有较大的模糊性，伊斯兰革命后初期所采取的方式大多也不可行。在两伊战争之后，伊朗重新回归世界舞台。尽管面临国内保守派的质疑与阻挠，伊朗开始重新欢迎外资，经济也表现出更多的外向性特征，但是伊朗经济更多地受累于伊朗的地区雄心及因此招来美国的制裁。在伊核危机爆发之后，伊朗高层更加强调建设独立经济的重要性、紧迫性，逐渐形成了"抵抗经济"的指导思想。这是伊斯兰革命以来伊朗经济指导思想的进一步发展。

三、抵抗经济

"抵抗经济"是由最高领袖哈梅内伊在面临美国制裁时提出的经济思想，得到了时任总统内贾德的强烈认同。这一思想也是当前指导伊朗经济的指导性纲领。

2002年伊核问题爆发，伊朗面临国际社会越来越大的压力。美国对伊朗步步紧逼，不仅没有迫使伊朗屈服，反而助长了国内保守强硬派对抗的决心。但是，伊朗经济在重压之下遭遇了严重的危机。自两伊战争后，伊朗经济逐步开放，在一定程度上放弃了"经济独立"的原则。这也使得最高领袖哈梅内伊产生了高度的忧虑。他认为建设独立自主的经济是抵制美国制裁的制胜法宝。

2010年9月，最高领袖哈梅内伊正式提出了"抵抗经济"（Resistance Economy）的主张，随后明确阐明了它的内涵："抵抗经济就是在压力、制裁和敌人面前保证国家繁荣的经济。"[①] 2011年后，伊朗面临前所未有的严厉制裁，哈梅内伊又多次提出加快建设"抵抗经济"的主张，并将其内容进一步丰富完善。具体来说，"抵抗经济"被视为一场由政府主导的全民参与的运动，目的是在面临西方严重制裁的危机下，伊朗应该改革现有经济体制中的弊端，激发经济的活力，建设伊斯兰特色的经济体系。在"抵抗经济"之下，关键要做好以下几方面的工作：第一，鉴于伊朗经济高度依赖单一产品，尤其是原油出口的特点，"抵抗经济"的目的就是要减少对石油的依赖。第二，伊朗主要的经济所有制结构是国有企业和公司为代表的国有经济。这些公司大多生产率低下，缺乏创新，腐败率高。因此，"抵抗经济"是要建立以人民为基础的经济。第三，民族工业在生产战略性物资方面还缺乏自给自足，因此支持民族产业的发展是"抵抗经济"的重要目标。第四，当前银行、货币和外汇系统存在较多问题，要改革货币——财政结构，消除地下银行，建立以伊斯兰原则为基础的银行体系。第五，当前在批发零售行业对物资分配缺乏有效的监督，政府应该加强信息监管的基础工作。第六，加强对消费模式的引导，减少浪费，增加投资，促进生产。[②]

此外，在2014年公布的"抵抗经济"的24条纲领中，还将一些具体的经济政策也补充了进来，如创造就业，提高中低收入群体生活水平；提高科技水平；促进各省市经济平衡发展；推进补贴改革；进口来源多元化；保障食品和药品供给的安全；鼓励节约型消费；完善金融消费；促进商品出口的多元化，增加外汇；加快自由区和工业区发展，从国外吸引更多外资；扩大与地区国家尤其是周边国家经济往来；进一步增强能源产业的韧性；进一步加强油气资源的开采和勘探工作；完善石油产业链，增加

---

① Ali Keshavarzi, Sarvoldin Fathi, "Resistance Economy, Turning the Sanction to Opportunity", *International Journal of Management, Accounting and Economics*, Vol. 1, No. 1, August 2014, p. 94.

② Ali Keshavarzi, Sarvoldin Fathi, "Resistance Economy, Turning the Sanction to Opportunity", pp. 98 – 99.

石油产品的附加值；取消不合理收费，缩小政府规模；增加税收在政府财政收入中的比重；将更多的油气出口纳入国家发展基金；打击金融、外汇、商业领域的腐败，建设透明经济；扩大生产，增加就业；鼓励各界展开对"抵抗经济"的讨论；政府要加强在经济中的指导作用；优化分配体系，建立透明价格体系；将所有本地产品纳入标准质量体系。①

"抵抗经济"经历了从一个宏大口号落实到具体经济政策的过程。这是伊朗高层（主要是宗教保守派）在面临外部压力的情况下采取的应对措施，是一项带有全局性、长期性的经济发展战略。具体来说，"抵抗经济"具有以下几个特点。

第一，"抵抗经济"本质上反映了国家试图通过建设独立的、自给自足的经济体系来对抗大国制裁和压迫的愿望。从抵制美国制裁的角度出发，这一指导思想具有重要的现实意义，也集中反映了以哈梅内伊为代表的革命元老和宗教保守派的经济观。"抵抗经济"在加强国内动员、集中国民意志方面发挥了一定的作用，但是也带有某种程度的空想性和执行层面的模糊性。在经济全球化的今天，伊朗作为一个产油大国，与外部世界存在密不可分的联系。因此，经济上的自力更生短期内很难实现。

第二，"抵抗经济"中提到的不少改革政策在伊朗已经推进多年，但是由于种种原因进展不大，所以其中创造性的内容并不多，也反映出伊朗经济改革难以推进的尴尬局面。"抵抗经济"中提到的增加就业、补贴改革、增加外汇、经济多元化、限制消费、惩治腐败等问题困扰伊朗多年，解决这些问题不仅仅是一项经济政策的问题，还牵涉到不同利益集团的博弈及国家的发展方向等重大问题。受各种利益集团的阻挠，经济改革往往浅尝辄止。因此，要想实现"抵抗经济"里面的目标，除非配套必要的政治改革措施，否则难以实现。

第三，"抵抗经济"也反映了伊朗高层顺应时代变化的一面，具有一定的灵活性和务实性。"抵抗经济"对外来投资并不反对，特别强调要利用其他国家先进的科技成果，加强与周边国家的往来。同时，"抵抗经济"

---

① 中国驻伊朗伊斯兰共和国经商参赞处网站："伊朗建设'抵抗经济'的要点"，http://ir.mofcom.gov.cn/article/ztdy/201406/20140600644541.shtml.

第二章 伊斯兰革命后伊朗经济指导思想的流变
/ 075 /

高度关注分配领域的公正性,这既是伊斯兰革命之后一以贯之的经济指导思想,也是未来伊朗经济坚持的基本原则,是值得肯定的。

在特朗普政府宣布退出伊核协议后,最高领袖哈梅内伊呼吁全国支持国产,建设抵抗型经济,[1] 并主张以更多的力度打击腐败活动。[2] 从源头上讲,"抵抗经济"延续了伊斯兰革命以来经济领域的意识形态化理念,在未来较长的一段时期,仍将是伊朗经济的主要指导思想。

本章小结

伊斯兰革命后伊朗的经济指导思想是建立在充分尊重传统伊斯兰文化价值观的基础之上的,反思伊朗近代以来被殖民被侵略的历史,形成了旨在发展独立自主的国民经济体系,同时满足民众对公正社会诉求的经济发展思想。但是,这种经济指导思想使得伊朗在经济现代化的过程中不断面临本土化与西方化、传统与现代之间的矛盾。

众多知识分子试图从传统伊斯兰文化中找寻伊朗经济现代化正确道路的尝试是值得肯定的。它体现了传统伊斯兰文化坚强的生命力。他们为革命后的伊朗勾画了一幅理想蓝图:在这个伊斯兰国家中,人们在伊斯兰教伦理道德范畴内从事经济活动,剥削和压迫便会消除,一个公正的社会就会建立起来。该思想体系中的很多元素对当代世界的经济发展不乏借鉴意义,特别是它对现代经济的一些弊端的批判反映了对当代世界与社会发展的深切关怀。

但是,现代伊朗伊斯兰经济思想体系带有明显的缺陷,主要体现在以下几个方面:首先,与传统伊斯兰经济思想相比,现代伊朗伊斯兰经济思

---

[1] 中国驻伊朗经商参赞处:"伊朗最高精神领袖呼吁支持国产",http://ir.mofcom.gov.cn/article/jmxw/201804/20180402729634.shtml.

[2] 中国驻伊朗经商参赞处:"领袖哈梅内伊谈伊朗经济和对美政策",http://ir.mofcom.gov.cn/article/jmxw/201808/20180802776034.shtml.

想已经发生了很大的变异。尤其是不同学者在对现实世界变化的认识存在很多差异，对其他理论借鉴程度也不同，这使得这一思想内部充满了深刻的分歧与矛盾。其次，宗教学家喜欢引经据典，说教色彩浓厚，但他们既不能深刻认识到现代社会的巨大变革，也不能充分吸收其他文明创造的优秀成果，特别是现代经济学理论，导致该思想体系在很大程度上没有突破伦理学的范畴。再次，过于理想化的色彩使其在实践应用中面临严重困难。尤其在作出批判之后，没有提出解决具体经济问题的办法，有"破"却没有"立"。当应用到现实层面时，"在民粹主义占统治地位的时代，伊斯兰经济更接近于那些中央集权的社会主义经济体制；而在自由派占统治地位时，又像西方资本主义的经济体制。"①

从革命后的实践来看，伊朗的确在建立公正与独立的经济方面作出了较大的努力，虽然取得了一些成绩，但总体上缺乏经济发展的坚实支撑，使得经济现代化陷入"发展优先"还是"公正优先"的悖论之中。而与经济公正相比，伊朗在经济独立的方向上走得更远。这是由伊朗长期跟美国对抗及被对方制裁打压的结果。经济发展战略过度依附于政治意识形态斗争及大国博弈，没有充分考虑经济发展对一国政治及社会稳定的重要性。这是伊斯兰革命后伊朗的经济指导思想的重大失误，也给伊朗的经济现代化进程带来了不可估量的负面影响。

---

① Mehrdad Valibeigi, "Islamic Economics and Economic Policy Formation in Post-Revolutionary Iran: A Critique", *Journal of Economic Issues*, Vol. 27, No. 3, September 1993, p. 808.

第三章
伊朗经济困境局面的形成（1979—1989）

伊斯兰革命是现代伊朗发展史上的转折点，疾风暴雨和全民参与是它的主要特征。革命后的伊朗成立了伊斯兰共和国，从政治制度、经济模式、文化思想到社会生活都全盘伊斯兰化。但在伊斯兰革命后的前10年，伊朗不仅国内政局不稳，而且在国际上陷入空前孤立的境地。这一时期的伊朗内外交困，分身乏术，始终没有形成一套行之有效的经济政策。伊朗经济在伊斯兰革命后初期陷入了严重的危机。

第一节 国内外形势的恶化及对经济的影响

伊朗20世纪六七十年代经济的高速增长得益于国内稳定的政治环境及比较有利的外部环境。尤其在美国的庇护下，伊朗与世界上大部分国家都能保持良好正常的关系。但是在伊斯兰革命之后，美伊关系全面恶化；伊朗又面临伊拉克的入侵，使得保家卫国捍卫政权成为首要任务，发展经济退居次要地位。

一、伊朗政局的动荡与教法学家治国体制特征

伊斯兰革命推翻了巴列维王朝专制政府，却没有马上能够建立一个稳定的政权。巴列维王朝的覆灭打开了伊朗长期以来被掩盖的民族、派系矛

盾，使得在革命后的初期，伊朗政局陷入混乱之中。"没有什么比政治不稳定更能对持续性的经济发展具有破坏性的作用，其重要表现是领导人无目标的频繁更换。"① 1979—1989年是伊朗政治最复杂多变的时期，领导人的频繁更换使得无法推行连贯的长期性政策。除了各派政治力量不断的分化、瓦解、重新结盟外，少数民族要求自治的运动也在不断高涨，其中最严重的是库尔德人的自治运动，另外阿拉伯人、土库曼人也有趁机扩大本民族权利的要求。

伊斯兰革命推翻了巴列维王朝的统治，但是教法学家的统治并没有立即建立起来。虽然宗教人士是伊斯兰革命的领导者，但伊斯兰革命全民参与式的特征使其他一些派别在革命后初期也保持了很大的影响力，其中主要有受马克思主义影响的激进左派，如"人民圣战组织"（Mojahedin）和伊朗人民党（Tudeh Party，即共产党）；另外还有温和的资产阶级自由民主派。他们都对推翻巴列维王朝做出了重要贡献。在伊斯兰革命之后，围绕着权力分配和内外政策等问题，宗教学者开始同昔日的"革命同路人"发生分歧以至于决裂，使教法学家的统治经历了血腥的斗争。

以霍梅尼为首的宗教学者首先面临的是与资产阶级民主派的斗争。资产阶级民主派在政府中有传统优势，革命胜利之后成立了由代表世俗资产阶级利益的巴扎尔甘临时政府。巴扎尔甘政府主要由他的"自由运动"成员和"民族阵线"的世俗主义分子组成。虽然宗教阶层和左翼派别在伊斯兰革命中做出了巨大贡献，但是几乎没有在新政府中占有任何位置。② 临时政府的软弱性很快暴露无疑，根本无力控制当时混乱的局势。在伊斯兰革命形势的推动下，各地自发建立了很多委员会组织。他们擅自制订政策，不听从中央政府的指挥。与巴扎尔甘临时政府相比，霍梅尼才是真正意义上的领袖，也是当时唯一能够控制局势的人。临时政府的内外政策得不到霍梅尼的支持。特别是巴扎尔甘试图恢复许多巴列维王朝的旧政策，在保留旧王朝官员、迅速解决美国大使馆人质危机、实现与美国关系正常

---

① Hooshang Amirahmadi, *Revolution and Economic Transition: the Iranian Experience*, p. 21.
② Elton L. Danniel, *The History of Iran*, Westport, CT: Greenwood Press, 2001, p. 183.

化等问题上同霍梅尼发生了许多分歧。他试图建立世俗政府的主张在根本原则上与霍梅尼发生了矛盾。由于临时政府无法应付国内外复杂的局势，很快就宣告倒台。

临时政府倒台后，伊朗才正式建立了伊斯兰共和国，由巴尼萨德尔出任第一届总统。虽然巴尼萨德尔有着浓厚的宗教背景，但是他与巴扎尔甘的相同之处是两人都不是教法学家出身，因此总体上倾向于世俗化。巴尼萨德尔还深受马克思主义的影响，政治上提倡民主化，而经济上主张类似社会主义的民粹主义模式。他在上台之后，面临与临时政府同样的困境：少数民族的自治运动、美国大使馆人质危机、各地委员会自行其是。这些问题没有一个得到有效的解决。尤其是他反对教士干政的立场使他逐渐失去了霍梅尼的支持，而决定他下台命运的是两伊战争之初伊朗在战场上的失利。他企图凭借政府军而排斥伊斯兰革命卫队与伊拉克军队作战，没料到战事不利。在战争失利之后，他无奈选择逃离伊朗来摆脱被审判的命运。在他去职后的一年多的时间里，他同"人民圣战组织"联合起来多次策划恐怖活动，致使新任总统和许多政府要员丧命。

自1983年，伊朗国内形势才逐渐安定下来。到这个时候，伊朗共产党已经被取缔，那些不主张干政的教法学家也受到不同程度的压制。以霍梅尼为首的教法学家全面掌握了政权。伊斯兰革命后伊朗形成的政治制度，具有以下几个基本特征。

第一，由教法学家监督的政治权力的主导性。"最高领袖"制（Faqih）是教法学家治国的核心制度。"最高领袖"握有宪法赋予的至高无上的权力，可以任职终身。最高领袖对立法、司法、行政、安全、军事等部门都拥有监督权。宗教领袖通过发布宗教敕令（法特瓦）或者直接发声的方式控制、影响某一政治事件的走向。因此，最高领袖的权力凌驾于总统及其他政府职能部门之上，是伊朗政治的鲜明特点。围绕着最高领袖，形成了一系列的教法学家机构，从而构成伊朗政治中的宗教因素。这几个机构主要有宪法监护委员会、专家委员会、确定国家利益委员会。① 另外，有专门的组织和安全机构直接向最高领袖而不是向政府负责，主要指的是以慈善为主要目的的基金会组织和伊斯兰革命卫队。这些准政府组织及军队的存在加强了最高领袖及宗教集团的势力，同时形成了一个既得利益阶层。以最高领袖为首的宗教保守派，构成了伊朗政治制度中最有权势的阶层，这一派的主要特点是只接受最高领袖的任命或向最高领袖负责，除了专家委员会之外，都不会换届选举。宗教集团握有实权，凌驾于民意之上，也凌驾于民选机构之上，对伊朗政治、经济、外交和社会走向发挥着强大的影响力和控制力。

第二，教法学家治下的民选结构并存。这是伊朗政治制度的另一个鲜明特点。伊朗的总统、议会都严格施行定期选举制，每四年举行一次。总统只能连任两届，但是在卸任之后，原则上仍有资格参加下下届总统的选举。伊朗实行直接选举制，凡是15岁以上的人（包括妇女）都有选举权。因此，每四年一次的总统和议会选举，成为伊朗国内重大的政治事件。普通民众希望通过自己的选票选出心目中的候选人，从而实现自己的利益诉求。因此被某些学者称为"具有史无前例的多元性、竞争性和民众参与性。"② 但是，伊朗的民选机构具有很大的局限性，权力受到宗教势力的层层限制。总统仅仅是次于最高领袖的二号人物，候选人资格必须经过监护委员会的层层审查方能参加竞选。总统的权力受到了最高领袖的制约，而且往往不能有效地发挥政令。议会表面上是立法机构，但是立法权受到了宪法监护委员会的监督和限制。如果后者认为议会通过的法案不符合伊斯兰教法原则，有权否决议会提案。在伊斯兰革命后初期，议会经常被宪法监护委员会否决提案，导致一些正常的工作无法顺利开展。为此1989年成

---

① 关于这三个机构的职能和角色，已有不少学者做出研究。可参见王振容：《伊朗伊斯兰共和国政治制度研究》，北京：世界知识出版社，2015年版；王宇洁：《伊朗宪法监护委员会浅析》，《西亚非洲》，2006年第3期；哈全安：《伊朗伊斯兰革命后30年的选举政治》，《四川大学学报（哲学社会科学版）》，2016年第2期；李春放：《论伊朗现代伊斯兰政治模式》，《历史研究》，2001年第6期。

② 哈全安：《伊朗伊斯兰革命后30年间的选举政治》，《四川大学学报（哲学社会科学版）》，2016年第2期，第84页。

立了"确定国家利益委员会",目的是仲裁两个机构之间的纠纷。但是"确定国家利益委员会"后来也被置于最高领袖的领导之下,事实上隶属于宗教保守派的阵营。因此,民选机构的局限性使其不能真正左右伊朗政局的走向。但是在中东地区,伊朗民选机构所具有的民主性和开放性依然是比较高的,为民意的释放打开了一扇窗户,也体现了该政治体制的生命力和适应性。

第三,派系政治是伊朗政治制度的另一个显著特征。伊朗没有独立、成熟的政党,也没有类似西方国家的由多数派政党执政的制度。虽然在伊斯兰革命后的初期,伊朗曾经有过政党,如最著名的伊朗伊斯兰共和党,但是该政党在1987年被取缔,此后伊朗再也没有形成具有强大影响力的政党。这跟伊朗总统选举制度不跟执政党挂钩有着密不可分的关系。伊朗虽然没有成熟的政党,但是却有众多的派系,这些派系会在不同的阶段发生分化组合,成员的政治立场也经常会改变,导致不同派系之间重叠交织的局面。"实际上,教法学家的派系斗争是伊斯兰共和国的一贯特点,能够变化的只是各派的组成。"[1] 霍梅尼在世时,能够凭借个人威望在各派之间实现平衡,但是也为此付出了代价。

派系斗争的一个重要结果是一些平行的职能机构建立起来。一些具有相似职能的政府甚至非政府机构并立共存,如最高领袖和总统、总理和总统、监护委员会和议会、伊斯兰革命卫队和政府军等,形成了职权重叠、权力交错的局面。具体到经济职能部门,大量基金会参与经济活动,"圣战重建基金会"则插手农村和农业事务,与农业部的职责交叉重叠,而工业部的职能则被一分为三。

伊斯兰革命后初期伊朗政局的动荡与和教法学家治国的政治体制的形成,对经济发展的影响是多方面的:首先,政府将大部分精力用于稳定政治局势与争权夺利,无暇顾及经济问题。这一时期的经济政策总体上带有危机管理的特征,大多没有经过仔细论证和推敲,缺乏长期性发展战略。其次,动荡的政局使私人财产权受到了严重威胁,对国内投资,尤其是私

---

[1] Patrick Clawson and Michael Rubin, *Eternal Iran: Continuity and Chaos*, p. 102.

人投资的打击是十分严重的。再次，一些重叠的、职能相似的政府机构或独立的准政府组织的存在，使中央政府的权威受到了很大的削弱，影响了政府推行经济政策的效果，特别是一些经济政策成为某些利益集团牟利的工具。

二、美国制裁和国际环境的恶化

伊斯兰革命完全改变了美伊关系的亲密状态。伊斯兰革命的主要目标就是反对帝国主义的控制和侵略，将美国视为最大的敌人（"撒旦"）。1979年11月4日，为了反对美国允许巴列维国王入境避难和就医，一些号称"伊玛目路线"的激进学生占领了美国驻伊朗大使馆，扣押了所有美国外交人员，作为交换巴列维国王的条件，制造了轰动一时的"美国大使馆人质危机"。这场事件的起因带有偶然性，伊朗政府最初并未参与该事件。但是为了利用该事件激发民众的爱国热情和反美情绪，尤其是巩固新生的伊斯兰政权的需要，霍梅尼迟迟不肯与美国及国际社会合作以解除危机。这次危机历时444天，直到1981年1月份才获得解决。虽然霍梅尼凭借此事基本达到了政治目的，但是美伊关系彻底恶化。美国本来在伊斯兰革命后采取了观望立场，甚至试图与新的伊朗政权达成某种交易，但是在人质危机发生之后，美国彻底改变了对伊朗的政策。在大使馆人质危机期间，美国卡特政府宣布对伊朗实施经济制裁。这是当代美国制裁伊朗的开端。从1979年到1989年，美国一共颁布了11部对伊朗的经济制裁法令。[①]制裁范围从冻结伊朗在美国银行和国际支行的资产、禁止向伊朗出口军事物资，逐渐扩大到禁止向伊朗出口除了食品和药品之外的所有物资和来自伊朗的所有进口商品，甚至逐渐将石油进口列入制裁内容。

从直接影响来看，80年代美国对伊朗的经济制裁并没有达到预期的效果。这一时期的伊朗经济在两伊战争的打击下严重萎缩，对外贸易的活跃度大大降低，对外部的依存度有所下降。而伊朗在革命后就有意识地将本

---

① Hossein G. Askari, *Case Studies of U. S. Economic Sanctions: the Chinese, Cuba, and Iranian Experience*, Westport, Conn.: Praeger, 2003, pp. 188–189.

国的国际贸易重心从美国向其他国家、特别是第三世界国家转移。西欧等国还从中看到了机会，填补了美国撤出伊朗后留下的真空。20世纪80年代西德很快成为与伊朗贸易规模最大的国家。除此之外，意大利和日本也趁机占领伊朗市场，使各自市场份额不断扩大。而美国制裁强度不大、断断续续也影响了效果的发挥。美伊贸易也没有完全中断，但基本上是通过第三方重新进出口的形式实现的。

但是制裁给伊朗经济带来的间接影响大大超过了直接影响。在当今世界，任何一个国家想谋求经济的发展，与美国的交往都是绕不过去的环节，因为后者强大的经济实力使它对世界各地区都保持着不容置疑的影响力及渗透力。尤其是美国在世界金融体系中的霸主地位难以撼动，世界交易的基础货币还是美元。与美国为敌、遭受美国制裁通常意味着被隔离于世界经济体系之外，这对一个国家的经济来说是难以承受的。巴列维时期，美伊密切的经贸关系使彼此都受益良多；虽然伊朗伊斯兰政府可以通过国际贸易多样化的战略抵消制裁的负面影响，但是中断的美伊关系仍然使伊朗经济付出了沉重代价。另外，制裁令伊朗进出口所需的成本提高，尤其是伊朗不得不更多地依赖第三方国家进出口物资。制裁还增加了国际社会对伊朗投资环境的疑虑。

除了同美国交恶之外，伊朗奉行的"不要东方，不要西方，只要伊斯兰"的原则也使它同很多国家的关系恶化。如伊苏关系进一步疏远，高涨的民族主义情绪使伊朗对苏联这个曾经试图侵略自己的国家更加防范，在巴列维时期伊苏签订的很多经贸合同都被中止。另外，从人口数量、国土面积、资源种类及地理位置来讲，伊朗都称得上是中东地区的大国。受宗教、民族、文化等不同因素的影响，在历史上伊朗同阿拉伯世界一直处于对立状态。在巴列维时期，伊朗与周边阿拉伯邻居的紧张关系有所缓和。但是革命后的伊朗致力于"输出革命"的战略引起了阿拉伯国家的恐惧，特别是本国有什叶派人口的国家更感到压力，如沙特、伊拉克等国。沙特同伊朗的关系迅速恶化，而伊拉克侵略伊朗在一定程度上也是由此引起的。伊朗支持黎巴嫩真主党的行为也激化了同以色列的矛盾，使后者成为中东地区反对伊朗的另一个堡垒，并与美国在战略上更加保持一致。两伊战争中伊拉克本是侵略的一方，但是阿拉伯国家几乎全部支持伊拉克。这真实地体现出伊朗当时极端孤立的国际境遇。在这种局面下，伊朗不仅同西方发达国家发展经贸关系存在较大困难，甚至同周边地区及国家也无法建立正常的贸易关系，加剧了伊朗在世界经济中日益被边缘化的处境。

三、两伊战争对伊朗经济的破坏

在伊朗新政府成立后不久，伊拉克趁虚而入发动了对伊朗的战争。这场战争持续了8年之久（1980—1988），成为二战之后世界范围内历时最长、代价最高昂，也是斗争最残酷的局部战争。两伊战争爆发的原因是多方面的，是由伊朗与伊拉克两国在教派矛盾、地缘政治竞争及资源争夺等一系列的问题上引起的。必须指出的是，在战争开始阶段，伊拉克确实是侵略者，而伊朗是被侵略的一方。但是随着战争的进行，伊朗在某种程度上利用了这场战争。战争成为霍梅尼消灭国内反对势力，稳定政权，并对外输出革命的重要工具。从1982年起，伊朗把伊拉克军队基本上从本土驱逐出去之后，在国际社会的斡旋下，伊拉克方面也有表示停战和谈的愿望。但是霍梅尼号召人们圣战到底，拒绝和谈。这是导致战争持续达8年的重要原因。[①] 从政治角度讲，霍梅尼在利用这场战争的策略上取得了一定的成功。甚至有的分析家指出：如果没有两伊战争，伊朗伊斯兰政权可能就分崩离析了。但是，两伊战争对一个刚刚经历过革命风暴、处在风雨飘摇中的政权的经济影响是灾难性的。

（一）战争主要在两伊边境进行，被战火燃及的地区经济遭到了严重的破坏

在两伊战争之初，由于伊拉克突然发动进攻，伊朗方面缺乏准备，被

---

① 这几次和谈的机会包括：1982年7月12日联合国514号决议；伊斯兰会议组织在1980—1982年期间和1985年所作的调停努力；不结盟运动在1981年和"海湾合作委员会"在1982—1985年所作的和平努力。尤其是阿拉伯国家联盟在1982年11月的摩洛哥峰会上推出的"和平计划"受到国际社会的认可，伊朗各界、甚至政府高层人士普遍认为应该接受1982年的和平建议。但是，这些和平建议都没有得到霍梅尼的同意，导致战争继续持续下去。

第三章　伊朗经济困境局面的形成（1979—1989）

伊拉克打得溃不成军。伊拉克在短期内占领了伊朗的大片国土，控制了伊朗长达1352千米的边境线，在某些地区一度纵深侵入80千米。伊拉克占领的地区主要集中在伊朗南部和西南部五省（胡泽斯坦、巴克塔兰、伊兰姆、库尔德斯坦和西阿塞拜疆），共计17.8万平方千米，占全国面积的10.8%。在战争开始时，这些省大约有630万人口，占全国人口的16.7%，是伊朗人口密度较高的地区。① 另外，这些地区还具有重要的经济和政治意义。胡泽斯坦是伊朗油田的主要集中地，被誉为"石油之都"，还拥有一些深具战略意义的港口，也建有很多钢铁厂、炼油厂等重工业基地。而且伊朗的少数民族主要聚居在这些地区，如阿泽西人、库尔德人和阿拉伯人等。伊拉克的战略意图就是既抢占伊朗的石油产地，同时引起当地少数民族的响应，尤其是激发库尔德人反对伊朗现政权的运动。

战争对五省经济造成了严重的破坏。据不完全统计，这些省份共有30万人死亡，另有50万人受伤致残；大约250万人流离失所，沦为难民；52个城市遭到破坏，其中6个城市完全被夷为平地。伊朗在波斯湾上最重要的港口——霍拉姆沙赫尔城在1980年还有30多万人口，工商业都比较发达，但是在战火中完全化为废墟。而其他地区的一些城市，包括德黑兰和伊斯法罕，都遭到导弹和炸弹的袭击，部分地区破坏严重。② 农村地区破坏更加严重。五个交战省份超过30%的村庄（大约4000个）都被完全破坏。战争对全国住房（包括农村和城市）的破坏价值总额达到180亿美元。③

（二）战争对整个国民经济造成了严重创伤

到1985年9月，全部战争经济成本已经高达247.07千亿里亚尔（相当于3091亿美元），其中直接成本为1100亿美元。而到1987年，直接和间接

---

① Hooshang Amirahmadi, *Revolution and Economic Transition: the Iranian Experience*, p. 62.
② Hooshang Amirahmadi, *Revolution and Economic Transition: the Iranian Experience*, p. 63.
③ Hooshang Amirahmadi, "Economic Cost of War and Reconstruction in Iran", in Cyrus Bina and Hamid Zangeneh, eds., *Modern Capitalism and Islamic Ideology*, New York: St. Martin's Press, 1992, pp. 260 – 261.

经济损失达到5324亿美元。① 到战争结束，全部经济损失大约为5920亿美元（这还不包括人口损失、军事开支和战后重建等费用）。② 以投资损失率来说，1981—1986年间，每年投资比例的43.7%都化为乌有，其中农业投资损失率为30%，而石油部门的投资附加值每年损失约20%。实际上，战争几乎毁掉了伊朗自1981年以来对石油部门的全部投资。阿巴丹炼油厂、阿瓦兹钢铁厂等几个大型重工业基地都遭到了严重破坏。在所有行业中，由于伊拉克重点破坏基础设施，因此建筑物遭到的破坏是最严重的。

战争还大大增加了政府开支和财政负担，是造成该时期巨额财政赤字的主要因素。1989年，拉夫桑贾尼在议会讲话时说："战时，国民收入的60%—70%都花费在了战争上。"到战争结束，全部战时开支达到536—566亿美元。③

（三）战争导致石油产量大幅度下降，进出口贸易停滞，经济计划不能正常实施

伊拉克将重点打击目标放在油井和输油管道。伊朗的大量油井和输油管道遭到轰炸，导致许多油田不能正常生产和运输。石油生产能力的下降使得出口量明显缩减，外汇收入大受影响。而战争消耗了大量外汇资源，特别是必须从国外购买巨额军事物资。战时开支的增加与外汇收入的减少对扩大进口造成了严重障碍，从而引起了生产下降，出口减少，外汇收入更加匮乏，形成了恶性循环。在1981—1984年间，伊朗还能每年进口160亿美元的货物。从1985年开始，每年只能进口100—120亿美元。其中，进口的资本货物在1983年为40亿美元，而在1985—1988年期间每年仅20亿美元，同期半制成品的进口从每年大约80亿美元下降为50亿美元。④

---

① 直接损失主要包括建筑物、机器、材料、商品等基础设施的损害。而间接损失由机会成本决定，如战争引起的生产投资的减少和延误、及战争对经济发展造成的困难及障碍等。
② Hooshang Amirahmadi, "Economic Cost of War and Reconstruction in Iran", p. 261.
③ Hooshang Amirahmadi, *Revolution and Economic Transition: the Iranian Experience*, p. 67.
④ Sohrab Behdad, "The Post-Revolutionary Economic Crisis", in Saeed Rahnema and Sohrab Behdad, eds., *Iran after the Revolution: Crisis of an Islamic State*, London; New York: I. B. Tauris, 1995, p. 109.

伊朗出口额从 1978 年的 224.5 亿美元骤降为 1981 年的 101.69 亿美元。[①]

同样在战争期间，发达国家可以根据战时需要调整产业结构转向军需生产，从而继续带动经济的增长。以美国为例，二战期间美国经济在军工产业的刺激下走向繁荣。在战后，美国虽然经历了短暂的经济危机，但是短期内成功实现了从军需经济向民用经济的转型。但对伊朗来说，长期依赖进口使国内制造业水平低下，各经济部门之间缺乏有机的联系，因而远远达不到发达国家的产业结构自我修复和调整的程度，因此无法顺利实现战时经济和民用经济的顺利转型。

旷日持久的战争还阻碍了政府发展经济的原定计划，导致第一个五年计划不能正常实施。为了保证物资的及时调配以保障前线的供给，这一时期伊朗经济带有明显的战时计划经济色彩。

四、石油危机对经济的影响

作为欧佩克第二大产油国及世界上第四大产油国，石油在现代伊朗经济中的地位是不言而喻的。石油是财政收入及外汇的主要来源，是伊朗现代化的发动机。巴列维时期的经济高速发展在很大程度上是靠石油收入支撑的结果。但是伊朗的石油收入在伊斯兰革命前后出现了大幅度的下降。石油收入主要取决于两个因素：一是石油生产和出口量；二是国际油价。

伊斯兰革命后初期伊朗的石油生产和出口量受到了严重影响。除了战争因素之外，新政府还故意减少了石油生产和出口。另外导致这一时期石油生产能力下降的其他原因包括：革命期间油田工人的大罢工严重影响了正常生产秩序，导致石油生产能力的下降；而石油部门大量外国专家和本国技术人员离职或离境，也影响到该部门的正常管理。相关资料显示，伊朗的石油日生产量从 1976 年的 590 万桶下降到 1981 年的 130 万桶，此后几年生产能力也没有明显的恢复。1983 年是革命后初期产量最高的一年，

[①] John Townsend, "Economic and Political Implications of the War: the Economic Consequences for the Participants", in M. S. El Azhary, ed., *The Iran-Iraq war: a Historical, Economic, and Political Analysis*, London: Croom Helm, 1984, p. 54.

但仍然不到 1976 年产量的一半。产量的下降严重影响到出口能力，伊朗在欧佩克中的石油份额也明显减少。其份额比例从 1976 年的 19.2% 一度下降到 1980 年的 5.4%，但之后略有提高。1981 年日出口额仅 80 万桶，后来出口量也有所回升，1983 年同时也是这一时期出口量最高的一年，但仅仅超过 1976 年的 1/3。[①]

国际油价的大幅度下跌令伊朗石油行业的危机不断加深。伊朗企图通过保守的石油生产和出口同时抬高油价的方式保证石油收益最大化的意图没有实现。革命后初期的政府完全忽视了石油作为国际大宗商品的基本特征，即油价是由国际市场的总供给与总需求之间的关系决定的。伊朗仅仅是一个最高日产 400 万桶的产油国，只有沙特石油产量的 1/3，因此伊朗自己是无法左右国际油价走势的。油价不仅没有如伊朗预期得那样继续走高，而是从顶峰突然回落，并走向持续的低迷。而到 80 年代，国际石油市场已经出现了重大变化。经过 1973 年以来多年的高油价刺激后，国际市场对原油的需求量明显下降，而原先高度依赖石油的能源结构也开始出现多样化趋势，尤其是发达国家开发替代能源并初见成效。高油价使得世界上一些曾经面临生存困境的高成本油田得以继续开发，另外高油价也刺激了新油田的勘探活动。80 年代初，苏联新油田、英国北海油田及其他地区油田开采量的提高，导致世界石油供应开始从供不应求逐渐转向供大于求。在世界其余地区石油产量提高的同时，欧佩克在世界石油市场中的份额也明显下降，对国际油价的控制力受到了削弱。

在国际石油市场转向供大于求、国际油价开始下跌的同时，欧佩克内部的斗争也不利于伊朗实现其石油战略。伊朗主张"限产保价"，而沙特坚持"增产保额"。双方的矛盾日益尖锐。虽然伊朗态度强硬，但是他在世界石油市场中的分量及在欧佩克中的地位无法与沙特相抗衡。对于占世界原油产量 1/4 的沙特来说，其石油霸主地位是无法取代的。80 年代中期，沙特以低于欧佩克成员国的价格继续扩大石油生产，并逐渐使大部分成员国接受"增产保额"的战略。1986 年，在经过 6 个月无限制的生产

---

① Hooshang Amirahmadi, *Revolution and Economic Transition: the Iranian Experience*, p.71.

后，国际油价跌至 10 美元以下。① 这对伊朗经济的打击是灾难性的。在战争开支加大，国内生产锐减和收入减少的情况下，财政赤字进一步扩大。实际上，这是一场以沙特为首的海湾阿拉伯产油国操纵的"增产保额"战略，是以石油为武器打击伊朗的斗争。沙特是美国的传统盟友，又是逊尼派的盟主。沙特国内也存在少量的什叶派群体，一直被沙特政府视为威胁政权稳定的潜在因素，因此对伊斯兰革命后伊朗政局的变动十分敌视。沙特对什叶派伊斯兰激进势力掌权的伊朗心存忌惮，而伊朗在中东谋求大国地位的意图也使两国存在战略利益的较量。因此有人将 1986 年国际油价的下跌称为"沙特因素"是有道理的。

在石油危机不断加深的背景下，伊朗经济对石油却更加依赖。在缺乏合理计划、充足的资金投入及政府扶持的情况下，伊朗促进非石油制造业出口的努力缺乏现实条件的支撑。1985 年，石油出口占全部出口的 98%，而在 1979 年为 95%。② 可以看出，在石油生产下降的时期，非石油部门的生产下降得更加剧烈。这也表明高度依赖石油的经济体是不能简单地直接通过减少石油生产的方式来刺激经济发展的。这种"休克疗法"，只会加剧经济的衰退。

除了以上影响经济发展的因素外，其他几个原因也对这一时期伊朗经济困境的形成产生了重要影响。

第一，普遍轻视经济问题的国民心理。经济发展不仅需要一个稳定、理性、安全、宽容的政治环境作保证，更需要国家重视经济问题。霍梅尼曾有一句名言："我们所有的牺牲和努力并不只是为了能够买到更便宜的西瓜。"③这表明伊斯兰革命主要是一场政治、社会及文化革命，经济从始至终都不是关注的重点。忠于伊斯兰信仰，追求精神道德境界的升华，是那个宗教狂热时代的主题。以霍梅尼为代表的大多数宗教高层都对经济问

---

① *Middle East and North Africa*, Europa Publication, 1994, p. 401.

② Behzad Yaghmaian, "Recent Developments in the Political Economy of Iran: 'The Triangle Crisis'", in Cyrus Bina and Hamid Zangeneh, eds., *Modern Capitalism and Islamic Ideology*, New York: St. Martin's Press, 1992, p. 177.

③ Patrick Clawson and Michael Rubin, *Eternal Iran: Continuity and Chaos*, New York: Palgrave Macmillan Ltd., 2005, p. 102.

题不够重视，民众在一开始也没有充分意识到经济民生问题对自身的影响。当时伊朗社会普遍存在的一种心理是：伊斯兰革命的胜利和霍梅尼的到来就是隐遁伊玛目重现人间，从此之后只要坚持信仰和行动的正确，国家就会富强，人民的生活也会更美好，经济问题自然会迎刃而解。从人类历史发展的规律来看，每当这种信仰超过理性的时期，也是政治意识形态色彩特别浓厚的时期，经济理念经常偏离理性，经济发展大多会遭遇挫折。

第二，伊斯兰革命迫使大量拥有专业技能的高层次人员逃亡国外，同时又有数目庞大的难民涌入国内，使得伊朗的人力资源结构发生了深刻变化。一方面，出逃的人员大多是同前王朝有密切关系的资本家、技术官僚，或者是接受西式教育的中产阶级、知识分子、高级管理人员。这些人通常熟悉现代经营理念和运作方式，他们的离开使伊朗损失了大批优秀人才；另外还有许多留学欧美的人不肯回国。另一方面，革命后的政府还深受难民问题的困扰。1979 年苏联入侵阿富汗导致大约 300 万阿富汗难民进入伊朗。在两伊战争中，除了 100—200 万伊朗人沦为难民外，还有大量伊拉克难民也进入伊朗境内，主要是什叶派和库尔德人。每年伊朗的难民计划开支大约在 5000 万至 1 亿美元之间。[1] 在缺乏国际组织援助的情况下，伊朗主要凭借自己的力量安置难民，给政府造成了沉重的财政负担。与离去的众多精英人士相比，涌入的难民基本上都是受教育程度低、缺乏专业技能的人，大部分人只能从事底层的工作或者难以就业，主要依靠政府的救济。这不仅造成严重的社会问题，还降低了伊朗人口的整体素质。这些因素形成伊斯兰革命后伊朗人才匮乏、智力短缺的局面。人力资源质量的下降对经济发展是很不利的。

综上所述，政局不稳使革命后初期的伊朗经济发展缺乏最基本的保证，而美国的制裁、国际环境的恶化、两伊战争的破坏、石油收入的下降等因素使经济发展的客观条件和动力严重不足，这些因素形成"共振效应"导致伊朗经济陷入危机之中。在十分不利的大环境下，伊朗政府在经

---

[1] *Middle East and North Africa*, Europa Publication, 1994, p. 401.

济指导思想及具体政策上都出现不同程度的失误，使经济陷入更加艰难的境地。

五、第一个五年计划的流产

宪法第3条和第44条都体现出重视制订经济计划的导向。为了实践这一思想，1981年8月，第一个为期20年的国民经济计划诞生，革命后的第一个五年计划（1983/1984—1987/1988）就是该计划的第一部分。该计划的指导思想是致力于经济独立、社会福利和弘扬伊斯兰文化。[1]

第一个五年计划的主要目标有：每年经济增长速度达到9%；要将国民收入向以前被忽视的地区及弱势群体倾斜，使分配更加平等；使经济摆脱对西方的过度依赖，最重要的是使农业在10年内实现自给的目标；为了实现工业的独立发展，必须保证所需的原料和零部件很大一部分都产自国内。其他的目标还包括减少对石油部门的依赖，加强对天然气和水电部门的开发，将石油部门对GDP的贡献率从20%降到10%，减少其在财政收入中的比例。该计划还包括一个庞大的投资计划，全部投资预期为129850亿里亚尔（约1660亿美元）；其中农业每年增长7%，工业增长14%，建筑业增长10%。投资所需资金应该主要来源于石油和非石油出口，而石油要以29美元/桶的价格出口，产量2.2—2.5万桶/日；非石油出口每年增长49%。[2] 所有这些都是为了实现20年计划中要达到GDP提高4倍、人均GDP提高2倍的总目标。

该计划充分显示了伊斯兰革命后"经济公正"与"经济独立"的指导思想。但是计划没有考虑当时伊朗发展经济的现实条件，尤其是对石油出口价格的要求完全忽视了国际石油市场的复杂性，使得很多内容看起来充满了幼稚理想色彩，也比较客观地反映出宗教学家缺乏治理现代经济的基本常识与经验。

尤其是在伊斯兰革命后石油收入下降与战争消耗的情况下，经济发展

---

[1] Jahangir Amuzegar, *Iran's Economy under the Islamic Republic*, p. 126.
[2] Jahangir Amuzegar, *Iran's Economy under the Islamic Republic*, p. 127.

无法获得大量的资本投入，所以计划里提到的"投资"变成了无源之水、无根之木，更谈不上增长问题。因此该计划只是体现了当政者的良好愿望。另外，计划对很多重要而敏感的问题含糊其辞，甚至只字未提，如财产关系、公共管理、土地改革、地区发展、对外贸易国有化、合作经济的地位等。① 这些问题大多涉及不同集团的利益，常常引起争论而被迫搁置。所以计划有意回避，这也反映出其内容空洞虚化的一面。

随着两伊战争的不断升级，世界石油价格持续走低，不同派系围绕具体经济问题还在无休无止的争论，使得该计划彻底失去了实施的条件，在提交议会两年半后也没有获得通过。1986年，在进行了一定的修改之后，计划内容还是没有实质性的改进，最后不了了之。只有在战争结束之后，伊朗才真正制订并实施第一个五年计划。

第三节　伊斯兰革命后初期伊朗的主要经济政策

虽然第一个五年计划没有得到实施，但是伊朗政府还是推行了一些旨在实现经济公正和经济独立的政策，对革命之后伊朗经济发展进程产生了重要甚至长期的影响。

一、国有化运动

从巴列维时代起，国有成分已经占国民经济的很大比例，以石油为基础的能源部门控制在国家手里，构成了国有经济的主体。但是，在巴列维时期，私有经济同时获得了较大的发展。伊朗在伊斯兰革命后推行了国有化运动。除了民粹—国家主义派在革命后初期的强大影响力外，国有化运动的广泛推行也受到当时很多现实因素的影响：首先，革命对财产所有权

---

① Hooshang Amirahmadi, *Revolution and Economic Transition: the Iranian Experience*, p. 116.

构成了严重威胁。新政权一直宣扬这是一场压迫者对被压迫者的运动，反对资本家剥削，因此工人开始夺取工厂的管理权，而农民开始抢占地主的土地。这种形势客观上需要国家介入以恢复正常的生产秩序。其次，随着大批资本家、商人、银行家逃离伊朗，他们的工厂、公司、银行也被遗弃，出现了无人管理的混乱局面。有的甚至债台高筑，面临倒闭的困境。更重要的是，巴列维时期的很多银行都开通了国际业务，在革命开始时大部分转账业务还在继续运行，当时很多资本都通过这一途径被转移到了国外。因此，国家必须马上接管并控制这些企业及银行。再次，战争时期为了有效地调动全国资源，国家对经济的统制也是十分必要的。

巴扎尔甘政府本来是反对国有化的，但在形势逼迫下，政府于1979年夏天就宣布将所有的私人银行、保险公司和许多工厂立即收归国有。另外，伊斯兰革命委员会还建议应该没收那些"腐败"的资产，最后大量非银行、非工业的资产也被没收，主要涉及到前王朝统治阶级遗留的服务性资产及不动产。到1982年，国有化运动已经取得了很大的进展。除石油部门外，占全部银行资产43.9%的28家银行，绝大多数雇佣10人以上的非石油制造业公司（占全部生产附加值的70.9%和雇佣工人的68.1%）都被收归国有。[1] 同时私营经济严重萎缩，在国民经济中的比例越来越小。

国有化不仅在实践中得以推行，而且得到了宪法的强力保证。宪法第44条规定：伊朗伊斯兰共和国的经济制度是有计划地建立在国营、合作经营与私营三种成分的基础之上的：

国营部门包括所有大工业和基础工业、外贸、大矿业、银行、保险、电力、水坝、大型水利灌溉网、电台、电视台、邮电、航空、航运、公路、铁路等。这些都是公共财产，属国家所有。

合作部门包括城乡中按伊斯兰原则建立的生产和分配的公司和合作企业。

私营部门包括一部分农业、畜牧业、工业、商业和服务行业。这一成

---

[1] Sohrab Behdad, "The Post-Revolutionary Economic Crisis", in Saeed Rahnema and Sohrab Behdad, eds., *Iran after the Revolution: Crisis of an Islamic State*, London; New York: I. B. Tauris, 1995, p. 101.

分是辅助国营和合作经营的经济成分。

以上三种经济成分的所有制是受伊斯兰共和国法律保护的,只要它符合这一章的其他条款,不违背伊斯兰法律,有利于国家经济的发展,不损害社会。有关法律将详细规定这三种经济成分的标准,范围和条件。[①]

可以看出,国营成分掌握了经济命脉,合作经济也被视为重要的所有制形式,而私有成分仅仅是辅助性的。实际上,该条款并没有完全反映出伊朗经济结构的复杂状况。"分析当前伊朗的经济结构并不是一件容易的工作,主要原因是公有与私有的界限十分模糊。"[②] 国有和公有是两个不同的概念,二者所指代的范围也存在差异。国有经济是由国家直接控制的经济成分,而公有经济中有很大一部分并不是由国家直接控制,而是归许多大小不等的基金会(Bonyads)所有。到国有化结束,伊朗所有制结构的比例是:合作经济最少(仅占3%),其次是私有经济(约17%),而公有经济占80%。在公有经济中,其中有一部分是基金会组织,占10%—20%左右。[③]

国有化运动的确令伊朗政府直接控制了一批企业,如石油部门的上下游企业、大型重工业及银行等。但在伊斯兰革命后,为了管理被没收的巴列维国王、王室及相关人员的资产,由霍梅尼授权成立的一些基金会组织。这些组织只向最高领袖负责,而管理者一般是与政府有密切关系的宗教人士。这些基金会拥有独立的经济、政治及决策权力。基金会的主要职能是:以被没收的资本为基础,向社会上某些特定弱势群体提供资助,同时支持社会文化宗教事业的发展。在众多基金会中,实力最雄厚的是"被压迫者和伤残者基金会"(Foundation for the Oppressed and Disabled),主要向贫困人群,特别是向参加革命的退役军人提供资助;两伊战争后,其资助范围扩展到战争中的伤残士兵及家属。其次是"殉道者基金会"(Martyrs' Foundation),成立于1980年3月,其主要职责也是资助参加伊斯兰

---

① *The Constitution of the Islamic Republic of Iran*, Tehran: Islamic Propagation Organization, 1980, pp. 31 – 32.

② Bijian Khajehpour, "Domestic Political Reforms and Private Sector Activity in Iran", *Social Research*, Vol. 67, No. 2, 2001, p. 579.

③ Bijian Khajehpour, "Domestic Political Reforms and Private Sector Activity in Iran", p. 579.

第三章　伊朗经济困境局面的形成（1979—1989）

革命的老兵及家属，两伊战争后也向阵亡者家属提供资助。[1]

这些基金会后来都发展成垄断性的经济实体，社会慈善事业仅仅成为辅助性的职能。例如，"被压迫者和伤残者基金会"不仅接收了"巴列维基金会"[2]的主要资产，还获得了中央银行的大量贷款，而且革命之初被收归国有的51个最大的企业有很多被转入该基金会的控制之下。据报道，该组织拥有120亿美元的资产，公司上千家，员工约40万人，分别从事农业、工业、贸易、房地产开发、交通、旅游等各行各业。其规模仅次于"伊朗国家石油公司"，是国内最大的从事非石油产业的经济实体。规模列居第二位的是"烈士基金会"，拥有150多家企业，资产约3985亿里亚尔，经营活动同样遍布工业、建筑、农业、商业、服务业等多种行业。[3]其他很多基金会也在不同程度地从事各种经营活动。

大量基金会经济的存在反映了伊斯兰"社会共同体"的传统观念，也体现了公共所有与国家所有的区别，但是模糊了国有与私有的界限。基金会经济与纯粹的国有企业既有联系又有区别。两者的相似之处是：每年都收到政府的大量补贴；同政府有密切的联系，享有各种优惠政策；一般不对外公布账目，财政缺乏透明度；在规模上都远远超出了私人资本。二者共同构成了伊朗国内最有势力的垄断性经济实体。这也是国内学者通常将基金会经济笼统地视为国有经济的主要原因。准确地说，它们应该被称为"准国有经济"。但是，二者又存在很多区别。基金会的资产并不属于国家，在名义上属于整个社会所有，尽管其本身享有实际的所有权，所以从这一层面讲，他们更像私人垄断集团。另外，基金会利用其独立性享有更

---

[1] 除此之外，重要的基金会还有"伊玛目霍梅尼救济基金会"（Imam Khomeini Assistance Foundation）、"住房基金会"（Housing Foundation）、"战争难民事务基金会"（Foundation for War Refugees）、"吉哈德重建基金会"（Jihad Reconstruction）。而"伊斯兰宣传组织"和"先知使命基金会"是宗教文化机构，主要的任务是宣传什叶派的宗教主张，捍卫正统伊斯兰意识形态。"法拉比电影基金会"则致力于电影事业的发展。

[2] 是巴列维王朝于1958年创立的名义上的慈善机构，实际上服务于国王个人的政治和经济目的。

[3] Suzanne Maloney, "Agents or Obstacles? Parastatal Foundations and Challenges for Iranian Development", in Parvin Alizadeh, ed., *The Economy of Iran: Dilemmas of an Islamic State*, London; New York: I. B. Tauris, 2000, p. 153.

多的特权：如作为社会慈善机构，可以不向政府纳税；可以不受政府对国有企业制定的各种管理政策或限制措施的干扰。实际上，他们几乎不受政府的任何监管。大量基金会实体的存在，使得伊朗经济所有制结构趋于复杂化，这对以后的私有化改革产生了重大影响。

伊斯兰革命后所谓的私有经济却以小规模的个体经济形式为主。国有化也并不是完全否定私有制。以霍梅尼为首的宗教人士总体上承认在个体劳动基础上的私有制，但反对资本盘剥，而保守派又特别维护巴扎商人的利益。国有化运动反映了这种倾向。在私有经济中，受到沉重打击的主要是大私人资本。该时期能够雇佣10人以上的私人大企业的数量大大减少。另一方面个体经济却获得了明显的发展，个体农业、手工业及小商品经济的比例有了很大的增加。这一现象也反映了革命后初期伊朗资本与雇佣关系严重萎缩的问题。

合作经济虽然在宪法中得到了保障，但是在实际发展中却不尽如人意。导致合作经济无法发展的主要原因是政府没有明确合作经济的具体途径，只是笼统说明要按照伊斯兰互助原则。不过合作经济在农村地区也有所发展，体现在农业合作社的数量继续增加。[①]

一方面是垄断性的国有与基金会经济，另一方面是大量零散的个体经济，使得革命后伊朗的所有制结构呈现出两极分化的特征。这种所有制结构总体上弊大于利，不利于生产关系的理顺和生产力的发展。由于石油地租型经济的特点，在革命前伊朗国家就对经济保持着强大的影响力，国有成分占很大比例。但是巴列维时期的国有与私有成分的比例还比较协调，而且私有成分有不断扩大的趋势，革命后的国有化却打断了这一进程。

国有化运动虽然令国家加强了对经济领域的控制，但是并没有建立起科学的管理机制。除了石油企业外，大部分国有企业普遍缺乏有效的管理与激励制度，效益低下，主要依靠国家的财政投入，不少企业成为政府的包袱。而政府官员直接介入经济活动，容易导致腐败和各种投机活动。很多基金会企业利用特权大搞投机活动，他们在自由市场出售被政府禁止的

---

① Statistical Center of Iran, "Iran Statistical Yearbook, Agriculture, Forestry & Fisheries", 1388, p. 272, https：//www.amar.org.ir/english/Iran-Statistical-Yearbook.

各种商品，如走私药品、香烟等，成为这一时期扰乱伊朗国内正常经济秩序的重要因素，对经济的健康发展造成负面影响。① 与此同时，私人资本却遭到了很大的打击。在国有化运动初期，由于标准十分不清晰，特别是对没收资产的界定上存在模糊性，形成了人人自危的局面，私人生产性投资锐减。私人资本大多转向投机性的商业活动。另外，大量分散的个体经济的存在也严重制约了经济现代化、集约化的进程。他们无法进行有效的融资，无法利用先进技术，更无法形成规模效应，但这些却都是经济现代化发展的必要条件。

总之，在革命后初期极不稳定的国内外局势下，国家控制经济成为必需。但是，国有化的结果形成了国有或准国有经济独大的局面，私人经济的发展空间受到了挤压。这种经济结构不能有效地调动生产者的积极性和创造性，成为生产力发展的桎梏。

二、银行伊斯兰化

在什么才是真正的伊斯兰经济的大量争论中，只有一点是没有争议的，那就是利息（Reba）是绝对被禁止的。伊朗在伊斯兰革命后将巴列维时期的西方式银行系统完全伊斯兰化，从有息银行变成了无息银行。

伊斯兰革命之初，大部分银行都被收归国有并进行了重组。重组后的银行系统主要由中央银行（Bank Markazi）及其下辖的几类银行组成：国有银行，商业银行，专业投资信贷机构及一些非银行财政机构。② 1983年伊朗出台的新银行法规定，1984年之后银行全面实行无息制。但是受各种条件的限制，向无息银行的转变也经历了一个过程。短期和中期储蓄首先

---

① SuzanneMaloney, "Islamism and Iran's Postrevolutionary Economy: The Case of the Bonyads", in Mary Ann Tétreault ed., *Gods, Guns, and Globalization: Religious Radicalism and International Political Economy*, Boulder, Colo.: Lynne Rienner Publishers, 2004, p.196.

② IMF Country Report, *Islamic Republic of Iran: Statistical Appendix*, 2002, p.114. 商业银行中的人民银行（Bank Mellat）和商业银行（Bank Tejarat）是由多家小私人银行合并而成，而其他银行还有：国家银行（Bank Melli），军队银行（Bank Sepah），出口银行（Bank Saderat），福利银行（Bank Refah Kargaran）。而专业银行包括：工矿业银行（Industry and Mineral Bank），农业银行（Agriculture Bank）和住房银行（Housing Bank）。

开始实行无息制，而长期储蓄也要等期满后才能实行。直到1985年，银行伊斯兰化才算基本完成。最初的计划是贷款的利息代之以回扣，每年收取4%，而改革之前为14%左右；而存款利息则被利润取代，每年大约为7%—8.5%。① 但实际情况要远比事先预想的复杂得多。一般来说，伊斯兰银行的运作要比普通银行困难，因为它必须要解决在没有利息的情况下，如何吸引储蓄及如何使银行获利的问题。

经过一段时期的经营，伊朗伊斯兰银行主要有以下几种业务。在贷款方面：第一，向急需资金的个人发放贷款，这需要向借贷方征收一定数额的管理费。第二，银行以入股形式同从事工商业或者服务业的人或公司合作经营，最后按合同分取利润。第三，直接投资有利可图的行业，并按比例分成。第四，银行只提供启动资金给商业性公司和个人从事经营活动，最后按合同比例分成。第五，同生产性公司签订预定购买合同，作为提供资本的前提。即银行按一定价格购买借贷厂商的产品，并通过出售回收借贷成本和利润。第六，分期销售。银行购买预定资助厂商所需的机器设备、零部件、原材料及其他必需品，然后将这些物品以高于进价的价格分期出售给申请者，从中获取利润。第七，银行购买不动产或其他资产，并出租给企业或个人以获取利润。除此之外，银行也可以把在其控制下的农田果园出租给生产者，最后按收益比例分成。第八，服务性收费。银行或者客户可以因履行合同中规定的服务而获得一定的费用。以上大部分业务都没有固定的利润比例，而是根据实际情况制订合同。总的来说，"消除利息和风险共担的融资模式，是当今伊斯兰银行体系的基本原理。"②

而存款主要有两种类型：一种是活期存款，没有时间限制；另一种是投资性存款，也就是定期存款，期限最少3个月。为了吸引活期存款，银行通常以发放奖金的形式吸引储户，或者为储户提供其他相关的服务，如减少服务费的收取，允许储户优先使用银行资源等。储户不仅是存款者，

---

① *Middle East and North Africa*, Europa Publication, 1994, p. 419.
② ［印］贾米尔·伊克巴尔，阿巴斯·米拉胡著：《伊斯兰金融理论与实践》，刘艳芬等译，银川：宁夏人民出版社，2015年版，第18页。

也是投资者。存款收益按照投资金额和预定合同分成比例来计算。①

　　银行伊斯兰化并不是伊朗独有的现象，二战之后的很多中东国家都先后实施，如沙特、巴基斯坦、阿尔及利亚等国家，并且某些国家的试验还取得了较好的效果。这一体制根源于伊斯兰经济反对坐收利息、不劳而获的传统观念。而银行和借贷方共同投资，共同承担风险，最后按契约分取利润的做法也符合传统伊斯兰思想中互帮互助、利润分成的原则。另外，随着伊斯兰银行制度在现代社会的出现，也促进了不少专门探讨伊斯兰银行与现代经济接轨的理论著作的问世。从对当代世界银行制度的理论和实践角度的贡献来说，都不失为有益的探索。

　　但是要使伊斯兰银行完全适应现代经济的需要确实存在不少问题，尤其在革命后伊朗经济不景气的状况下，实施的难度会进一步加大。首先，银行既是借贷者，又是投资者，会令银行承担更多的风险，降低其经济活动中的独立性。其次，在投资环境恶化，投资回报率不能保证的情况下，银行和储户对投资的信心都会降低。资料显示，在80年代，伊朗银行的直接投资是微不足道的。在所有商业银行和专业银行对私有部门的业务中，1984年直接投资仅占0.3%，1985年上升到3.5%，而1986年又下降至2.7%。其中投资比例最高的是分期销售，显然这一业务的风险最小。而银行以入股形式参与经营的比例1984年为18.1%，1985年为15.7%，1986年为15.3%，呈现逐年下降的趋势。② 可以看出，银行在投资方面持相当谨慎的态度。再次，伊朗建立伊斯兰银行是为了同时实现经济增长和社会效益两个目的，后一个目的实际上更加重要。但是在没有多少利润回报预期的情况下，银行更加不愿意投资落后的产业和地区。伊斯兰银行致力于社会公正的初衷是很难实现的。第四，导致银行专业化职能的降低。现代经济需要高效率的融资技术和手段，银行就是以其在融资方面的功能成为现代经济必不可缺的机制。但是在伊斯兰银行制度下，银行既是融资

---

① Jahangir Amuzegar, *Iran's Economy under the Islamic Republic*, pp. 107 – 109.
② Hamid Zangeneh and Ahmad Salam, "An Analytical Model of an Islamic Banking Firm", in Cyrus Bina and Hamid Zangeneh, eds., *Modern Capitalism and Islamic Ideology*, New York: St. Martin's Press, 1992, p. 205.

机构，又要参与生产经营，势必会降低银行的专业性，从而影响其工作效率。最后，伊朗的伊斯兰银行并没有彻底放弃利息制度。银行和客户都会因其提供的服务而获得一定数额的费用，是变相的固定利息制度，也表明无息制在现实中缺乏可操作性。

伊朗银行的伊斯兰化并不彻底，也反映了伊斯兰经济理想与现实之间的差距。到了90年代，在经过一番激烈的讨论之后，伊朗银行实际上又恢复了利息制度。

三、多重汇率制度

对伊朗这个高度依赖进出口的国家来说，合理的汇率制度是十分重要的。但是，从巴列维时期开始，伊朗就实行高估本国里亚尔币值的汇率制度。伊斯兰革命后，这一制度不仅没有取消，反而在此基础上建立了多重汇率制，对伊朗经济产生了深刻的影响。

汇率是指一国货币兑换另一国货币的比率，换句话说，是以一种货币的价格表示另一种货币的价格。从表面看来，汇率是由国际市场上对一国货币的需求量决定的；在本质上，汇率主要取决于本国产品价格与在外国价格的对比。影响汇率的因素很多，主要有相对价格水平、关税、对本国商品相对于外国商品的偏好及生产率等。在当今世界上，汇率制度主要有两种形式：一种是固定汇率制，汇率由政府制定并只能在一定范围内浮动；另一种是浮动汇率制，汇率由市场供求关系决定。后者又可以分为自由浮动和管理浮动两种类型。前者是中央银行对外汇市场不采取任何措施，后者则是中央银行根据外汇市场的供求状况买进或卖出外汇以影响汇率价格。目前大多数国家都基本采用管制型浮动汇率制度。根据经济形势需要调节汇率是现代国家宏观调控的重要手段。

自巴列维时期起，伊朗汇率设定为1美元兑换70里亚尔。这一汇率过高估计了里亚尔的币值。但是在70年代，并没有人意识到高估汇率会带来什么消极影响，因为当时有充足的外汇收入做支撑。伊斯兰革命后的情况却完全不同，外汇短缺使得维持里亚尔的高汇率变得不切实际。虽然有人

第三章　伊朗经济困境局面的形成（1979—1989）
/ 101 /

提出让里亚尔正式贬值的问题，但是很快遭到了否决。以霍梅尼为首的宗教人士认为货币贬值就意味着向西方宣告革命的失败。在这种简单粗暴的政治氛围下，过高的汇率价格继续维持。高估汇率的主要影响是能够廉价地进口国外商品，从而不可避免地对国内制造业造成冲击，导致更加依赖进口的结果。虽然这一时期伊朗高喊"经济独立"，但是却没有意识到这种汇率制度恰恰产生了相反的效果。

在维持过高汇率的前提下，伊朗深感外汇短缺的危机。为了节约并使外汇的使用合理化，政府采取了多重汇率制。这项制度的主要内容是：根据进口物资在经济中所处的地位不同，分成急需进口和不太急需进口的几类，分别适用于不同价格的汇率标准。具体来说，关键商品以基本官方外汇价格进口，而不太关键的商品就要以高出基本汇率的价格进口。前者主要指发展工业必需的半制成品、资本货物、粮食及基本食品；后者主要指其他消费品，特别是被列为"奢侈品"的类型。可以看出，多重汇率制的目的不仅要尽可能地保证国内生产，而且要减少不必要的消费，它本质上体现了伊斯兰适中消费的理念。多重汇率制实际上是固定汇率制的一种特殊形式，而能够实施该制度的前提是国家对对外贸易的垄断和控制。

多重汇率制度发展成一套复杂的体制，按照不同的汇率标准主要演化为七个等级：官方汇率（1美元兑68.6里亚尔），主要适用于石油出口和关键物品的进口；鼓励性汇率（1美元兑338.6里亚尔或418.6里亚尔），适用于各种非石油出口；优先汇率（1美元兑420里亚尔），适用于进口一些重要的原材料；竞争性汇率（1美元兑800里亚尔）适用于进口不太关键的原材料；服务性汇率（1美元兑845里亚尔）适用于旅游、教育和医疗等活动。[①] 除此之外是不受政府控制的自由市场"浮动"汇率，实际上是黑市汇率，适用于不包含在以上各级汇率中的所有业务。

除了保证国内生产所需的进口外，多重汇率制的另一个重要目的是在一个经济停滞、人口迅速增长的社会中，保障民众最基本的生活需要。它其实是政府隐性补贴的重要手段，因为人们可以用较少的本国货币获得通

---

① Javad Amid and Amjad Hadjikhani, *Trade, Industrialization and the Film in Iran: the Impact of Government Policy on Business*, London; New York: I. B. Tauris, 2005, p. 40.

过基本汇率进口的商品，而结果是进一步刺激了消费的增长。这也是80年代伊朗食品及日用消费品的进口不降反升的主要原因。多重汇率制起到了社会"安全阀"的作用。

但是，多重汇率制的消极影响远远超出了积极意义，即便是积极意义也是暂时性的。它造成的廉价进口商品的假象只会增加对国际经济的依赖，使本国工业处于更加不利的地位。这显然同伊朗一直努力建立的独立的、能够出口创汇的非石油制造业的初衷是相违背的。

而一个庞大繁荣的外汇"黑市"的出现是这项制度的直接后果。从表面上看，国家控制了外汇的使用和进出口贸易，但是市场机制的作用是无处不在的，管理上的缺陷助长了问题的严重性。伊斯兰革命后，伊朗的外汇储备越来越少。获取外汇变得越来越困难，但是对外汇的需求并没有减少，外汇变得越来越供不应求。在强大的外汇需求下，极大地刺激了投机行为。通过获取官方廉价外汇在黑市上高价出售成为少数人牟取暴利的工具。在80年代初，黑市外汇比率要比官方高出200%—300%，到80年代中期，要高出500%—600%，而到1989年要高出2000%。[①] 需要指出的是，只有那些同政府有密切关系的人或组织才能够轻易获得官方价格的外汇，如基金会组织、大巴扎商人等。而倒卖外汇赚取差价的暴利进一步加强了这些群体的垄断性经济地位，导致官商勾结、腐败丛生。多重汇率制的初衷也发生了变化：这本来是为了扩大生产、惠及普通民众的制度，却成了特权阶层攫取利益的工具，也违背了谋求经济公正的宗旨。

四、配给补贴政策

配给补贴政策是伊斯兰革命后初期伊朗政府致力于经济公正的重要举措；另外当时很多现实因素使得这一政策成为必需。伊斯兰革命后，新政权面临经济停滞和战争持续造成的物资奇缺的严重危机，不少商人开始囤

[①] M. Hashem Pesaran, "Economic Trends and Macroeconomic Policies in Post-Revolutionary Iran", in Parvin Alizadeh, ed., *The Economy of Iran: Dilemmas of an Islamic State*, London; New York: I. B Tauris Publishers, 2000, p. 81.

积居奇、投机倒把，导致物价飞涨，人民生活受到了严重影响。打击投机商的不法活动，保证基本商品供应及人民的基本生活需要，维持社会稳定等诉求使得配给制度的建立变得十分迫切。

1979年前后，受革命风暴造成的经济社会不稳定的影响，一些商品的价格上涨很快，政府开始控制一些关键商品的价格及销售。1980年，政府成立了"消费者和生产者保护组织"；在战争开始后不久，又成立了"经济动员中心"。这两个机构主要负责关键性商品的定量配给，并监管销售渠道，以保证物资的合理分配。配给物品逐渐扩大到15种之多，包括烟草、植物油、糖、肥皂、清洁剂、鸡蛋、鸡肉、大米、牛奶、肉、黄油、奶酪等基本物品。另外重要的配给物资是动力燃料，如汽油、煤油、润滑油等。[①] 需要指出的是，配给份额在城乡之间和不同城市之间存在显著的差别，在德黑兰和大城市发放较多的配给物资，而在乡村和小城市只能分到较少的配额。

补贴制度也在同时期广泛地建立了起来。为了改善贫困群众的生活，兑现建立公正的社会的承诺，政府开始对一些基本物品进行补贴。补贴的范围十分广泛，包括食品、动力燃料和基本生活用品等。补贴通常有两种类型：一种是生活补贴，既包括对所有人的基本生活补助，也包括对某些特定弱势群体的补贴，如残疾人、孤寡老人、儿童等；另一种是生产性补贴，如对农业所需的种子、化肥、农药等的补贴。

配给补贴体制带有浓厚的战时计划经济的色彩。该体制对利用有限的国内资源，维持人民的基本生活，保障国内政治稳定及战争的顺利进行都发挥了一定的作用。但遗憾的是，配给补贴制度并没有得到很好的执行，甚至产生了很多消极影响。

首先，配给补贴制度直接催生了一个繁荣的黑市经济。与外汇黑市类似的是，两伊战争时期的伊朗还存在能够购买各种商品的庞大黑市经济。配给物品往往达不到家庭所需的标准，或者不能按时配送，民众不得不在领取配给品之外再购买基本生活用品，这是导致黑市经济出现的根本原

---

① Jahangir Amuzegar, *Iran's Economy under the Islamic Republic*, p. 78.

因。① 黑市的价格往往是配给物品的几倍，但是其方便灵活的特点却可以满足民众的不时之需，这也是黑市屡禁不止的关键原因。令人惊奇的是，黑市所出售物资常常是配给物品。伊朗配给体制的管理漏洞在很大程度上导致了黑市经济的繁荣。配给系统基本上可以分为公有和私有两条渠道：公有渠道主要归"经济动员中心"和商业部管辖，但是最后也要通过某些巴扎商人、私人机构或者合作机构分配到民众手中；而私有渠道指的是一些与政府有密切联系的大商人，联系他们与底层消费者的则是各层中间商。各层中间商都千方百计试图从中取利，而这些商人并非都是合法经营，很多是职业走私者。伊朗的分配系统内充斥着官商勾结、投机倒把的行为。这造成了十分恶劣的影响，不仅阻碍了分配的公平与效率，还助长了官员的腐败之风，并导致了一个新的特权和富有阶层的产生。

其次，政府以牺牲生产者的利益为代价补贴消费者，对生产和投资都产生了消极影响。有富余资金的人更愿意从事投机商业而不愿扩大投资，因为后者无利可图。农民的生产积极性下降。政府以较低的价格收购农产品，而对城市居民的面包等基本食品给予大量补贴，同时进口大批食品防止物价上涨。这使得很多农民感到种植农作物还不如直接到城市里领取补贴食品，从而加剧了农业人口向城市的流动。这也是 80 年代伊朗城市化加速的一个因素。②

综上所述，伊朗在伊斯兰革命后初期的经济政策带有危机管理和战时经济的特点。由于缺乏合理的规划，这些政策经常自相矛盾，并受到政治环境的严重干扰。这些政策虽然体现了伊朗寻求经济公正和经济独立的迫切愿望，但却带有强烈的空想性，在制度上也存在较多的漏洞，在具体操作层面效力大减，甚至有时会出现适得其反的效果。经济政策的失误、相关制度的缺陷与其他影响经济发展的客观因素一起导致了革命后初期伊朗经济困境的形成。

---

① Jahangir Amuzegar, *Iran's Economy under the Islamic Republic*, p. 82.
② Ali Shakoori, *The State and Rural Development in Post-Revolutionary Iran*, Basingstoke；Hampshire；New York：Palgrave, 2001, p. 103.

第四节　伊斯兰革命后初期伊朗经济困境的主要特点

伊斯兰革命后的前10年，伊朗经济形成了"一低四高"的局面，即经济增长率低、人口增长率高、失业率高、通货膨胀率高、赤字高。同时经济的开放程度大大降低，进出口贸易受到严重影响。

一、基本经济指标

从表3—1和图3—1看出，伊斯兰革命后初期伊朗的经济表现大致可分成三个阶段：

第一，1978/1979—1981/1982年度为第一阶段，这一时期因为国内外局势的动荡经济出现负增长。当时伊朗工人罢工、示威游行增多，抢占风潮导致财产权受到威胁，大量人员和资本外逃，经济完全陷入瘫痪。从GDP的变化率可以看出，与1978/1979年度相比，1979/1980年度的

表3—1　1978/1979—1989/1990年度伊朗基本价格GDP和人均国民收入

单位：10亿里亚尔（以1997/1998年度为不变价格）[1]

年度	1978/1979	1979/1980	1980/1981	1981/1982	1982/1983	1983/1984
GDP	219191	209919	178149	170281	191667	212877
非石油GDP	166022	168622	164652	155849	158740	179289
GDP变化率%	-7.4	-4.2	-15.1	-4.4	12.6	11.1
人均国民收入（千里亚尔）	6549	6501	4583	4074	4427	4676

---

[1] 受伊朗通货膨胀及货币贬值的影响，按当前价格计算一般包含通货膨胀因素，而按固定价格计算的数据能够相对准确地反映经济的真实状况。

续表

年度	1984/1985	1985/1986	1986/1987	1987/1988	1988/1989	1989/1990
GDP	208516	212686	193235	191312	180823	191503
非石油 GDP	181829	185522	169804	164497	151657	160255
GDP 变化率%	-2.0	2.0	-9.1	-1.0	-5.5	5.9
人均国民收入（千里亚尔）	4179	3975	3064	3529	2498	2728

资料来源：Central Bank of Iran, "National Product at Constant Prices", http://www.cbi.ir/simplelist/5796.aspx.

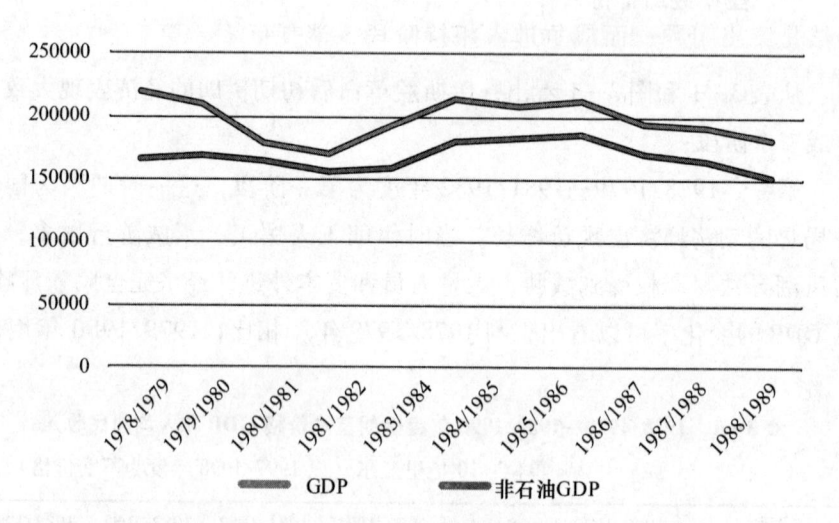

图 3—1　1978/1979—1988/1989 伊朗石油 GDP 与非石油 GDP 的相关性

资料来源：根据表 3—1 自制。

降幅有所缩小。这是因为在伊斯兰革命胜利后，动荡局势较上一年有所缓和，但是混乱局面没有得到根本改观，经济秩序还没有完全恢复。而 1980/1981 年度的降幅重新达到了 15.1%。该年度经济的负增长主要是两伊战争及初期战事的失利造成的，而这也是伊朗国内政治斗争最激烈的一年；另外这一年度外汇严重短缺，导致进口锐减，国内工业基本"断粮"

等因素也加剧了经济的衰退。到1981/1982年度，降幅又开始减少，表明社会秩序正在逐渐恢复，经济形势也有所好转。

第二，1981/1982—1985/1986年度是经济有所恢复发展但又重新下降的阶段。到这一时期，伊朗已经基本稳定了战局，而国内局势也逐渐稳定下来，社会秩序明显好转。这一时期油价短暂的回升，使得伊朗的外汇储备有所增加，能够进口一些中间产品和资本货物以扩大国内投资。1982/1983年度成为革命后经济增长速度最快的一年，而1983/1984年度的经济形势继续好转。从表3—2可以看出，经济增长主要是依靠投资实现的，固定资本形成有了很大的提高。但是从1984/1985年度开始，涨幅回落。油价并没有按照预期继续抬高，外汇短缺仍然是突出问题；而战争进入相持阶段，消耗巨大。更重要的是经济增长的动力不再仅仅依赖投资，深层次的矛盾开始暴露。私人资本萎缩、市场关系扭曲、缺乏投资热情和生产积极性、各项经济政策无法有效执行开始成为制约经济发展的主要原因。

第三，1985/1986—1988/1989年度为第二个经济下降期。这一时期经济下降的主要原因是1986年国际石油价格的骤然下跌，而战争对油井和港口基础设施的破坏，导致石油出口困难重重，进一步加剧了石油危机。在庞大军事开支的压力下，伊朗财政捉襟见肘，不得不大幅度削减进口。进口的减少使本国工业发展面临极大的困难。到1989年，伊朗经济已经接近崩溃的边缘，这也是霍梅尼忍辱结束战争的主要原因。另外，从图3—1中看出，不含石油的GDP与总的GDP有类似的变化趋势，表明石油收入的起伏在很大程度上决定了GDP的波动，二者的相关性很强。同期人均国民收入出现大幅度的下降，1989/1990年度仅是1978/1979年度的1/3强，仅仅同1970/1971年度持平。这是经济衰退和人口迅速增长双重作用的结果。

表 3—2　1978/1979—1989/1990 年度伊朗国内支出

单位：10 亿里亚尔（1997/1998 年度不变价格）

年度	1978/1979	1979/1980	1980/1981	1981/1982	1982/1983	1983/1984
私人总消费	93125	96291	91907	94613	101501	116158
政府总消费	55115	51132	46227	45745	44857	45327
总固定资本形成	92248	64239	66839	61554	66111	95297
总支出	226183	210069	182278	172802	195191	219801
以市场价格计算的国民总支出	269691	275656	216035	202209	226278	249503
年度	1984/1985	1985/1986	1986/1987	1987/1988	1988/1989	1989/1990
私人总消费	122405	124500	111887	105040	105837	109428
政府总消费	42525	44576	35405	32944	32787	31368
总固定资本形成	88223	70881	59917	58428	46936	50418
总支出	216342	220810	200560	197745	185288	196735
以市场价格计算的国民总支出	237836	237296	199401	226231	174367	190442

数据来源：Central Bank of Iran, "National Expenditure at Constant Prices", http://www.cbi.ir/simplelist/5796.aspx.

表 3—2 显示，该时期总的国内支出下降十分明显，但是消费和投资表现出不同的变化态势。在 1986/1987 年度之前，除了 1980/1981 年度略微下降外，私人总消费在大部分年份都表现出增长的趋势。私人消费的增长主要归因于政府的补贴政策。与此形成鲜明对比的是，政府总消费则一直呈现不断缩减的趋势。固定资本形成在 1978/1979—1982/1983 年度之间的下降也十分明显，而在 1982/1983—1984/1985 年度之间有短暂的回升，但很快又出现下降。与此同时，国内支出所有指标在 1985/1986 年度之后都呈现出下降的趋势。

虽然私人总消费一项表现相对良好，但是人均消费支出却下降了很多，这主要是由于人口的迅速增长造成的。另外，这一时期居民的消费结构也发生了明显变化。一项关于城市消费支出的数据表明，面粉和海产品的消费有所增长，尤其是面包消费增长最快，而其他一些基本食品，如肉类、大米、豆类的消费却明显的下降。[1] 政府对面粉、面包补贴最多，而对其他食品的配给或补贴很少，是导致消费结构变化的主要原因。在物资短缺的时期，民众无力购买更加昂贵的消费品。普通民众的生活质量水平下降了。

其他资料显示，1977—1992年，在不利的经济环境下，实际总投资在GDP中的比例从24%下降到12%，其中公共投资占了较大比重，私人投资比重缩小。农业占投资比例有所上升，对油气产业的投资有所下降，非石油制造业投资严重不足，另外服务业的投资比例有微弱的提高。[2]

二、财政收支状况

"在极端萧条的情况下，为了治理萧条，就需要引入财政政策。"[3] 虽然缺乏系统科学的经济计划，但是伊朗政府每年都会对财政做出预算。在伊斯兰革命后初期内忧外患、财政吃紧的情况下，合理的预算显得尤为必要。不过伊朗政府犯了与制订经济政策同样的错误，即对预算估计上通常过于乐观，经常严重脱离实际情况。这一时期伊朗财政预算的指导思想是较少依赖石油收入而更多地依赖税收，不发达地区将得到更大的财政支持，以实现经济独立与经济公正的目标，重塑社会的消费模式。但残酷的现实却使这一良好愿望成为空想，两伊战争时期伊朗财政主要疲于应付紧急状况下的开支，其他目标被暂时搁置起来。财政收入和支出在GDP中的比重双双下降了。

这一时期伊朗财政收入和支出结构都发生了明显的变化。从表3—3可以看出，在财政收入结构中，石油收入的比例明显减少，而非石油税收比

---

[1] Jahangir Amuzegar, *Iran's Economy under the Islamic Republic*, p. 53.
[2] Jahangir Amuzegar, *Iran's Economy under the Islamic Republic*, p. 54.
[3] 刘拥军编著：《中级宏观经济学》，北京：中国农业科学技术出版社，2005年版，第184页。

例有所增加。但是这主要是油价下跌引起的而不是税收系统改善的结果。从表面上看，税收收入在 10 年间增加了将近 1 倍，但如果扣除通货膨胀因素，实际数额并没有提高多少。而且由于官方汇率存在高估里亚尔的问题，石油收入只能兑换很少的里亚尔，也使得石油收入看起来比例严重下降了。

表 3—3　1977/1978—1988/1989 年度伊朗政府财政状况

单位：10 亿里亚尔

年度	1977/1978	1978/1979	1979/1980	1980/1981	1981/1982	1982/1983	1983/1984	1984/1985	1985/1986	1986/1987	1987/1988	1988/1989
财政总收入	2035	1599	1700	1431	1925	2701	2996	2993	2969	2016	2681	2655
油气收入	1498	1013	1220	889	1056	1690	1779	1373	1189	435	853	809
非石油收入	537	586	480	437	714	812	994	1342	1478	1273	1318	1276
税收	444	466	368	340	554	614	797	899	1034	1025	1030	986
非税收入	93	120	112	97	160	199	198	443	444	248	288	290
特别收入	—	—	—	105	154	199	223	278	302	309	342	415
总支出	2492	2208	2228	2403	2861	3367	3896	3632	3616	3437	4066	4702
经常支出	1430	1515	1588	1728	2032	2253	2524	2476	2560	2389	2900	3387
资本支出	1062	693	640	570	675	915	1149	878	765	746	729	816
特别支出	—	—	—	105	154	199	223	278	302	309	342	415
净贷款	—	—	—	—	—	—	—	—	-11	-6	-4	-8
总赤字	-458	-609	-528	-972	-937	-666	-899	-639	-647	-1421	-1385	-2047

资料来源：Jahangir Amuzegar, *Iran's Economy under the Islamic Republic*, pp. 372 – 374.

在石油收入下降的情况下，改善税收体制成为增加财政收入的主要手段。但是，伊朗政府没有建立起一套有效的税收系统。为了体现经济公正的原则，政府征税的指导思想是对低收入阶层免税，而提高对高收入阶层的征税，同时扩大免税适用的范围。在革命后的一年里，政府曾经对高收入阶层的边际税率提高到 90%，而连续对低收入阶层减免税收。[①] 虽然这项政策的本意是为了体现社会公正原则，但实际影响却比较微弱，尤其是免税对象往往不是真正意义上的低收入阶层，基金会及其下属企业却经常被列入免税的范围。征税体制的不健全也使得税收征集经常滞后。同时，大量黑市经济和走私活动的猖獗也造成偷税漏税问题严重。从 1984 年开始，政府为了改善税收体系做了一些努力，尤其是提高了直接税的征收。除了提高收入所得税外，对生产或商业性企业及自由职业者的征税数额也有所增加。1987 年又对直接税收法做出修改，主要针对不动产（尤其指第二套房产）进行征税。经过改革，伊朗的税收系统的确有所改进，但是相对于不断扩大的开支要求，这些措施取得的效果是十分有限的。

从支出结构来说，经常项目支出比重加大，而资本项目支出比重减少。经常支出包括一般性的政府开支、国防开支、社会开支（如教育和卫生）及经济开支（如农业、制造业、能源、交通等部门）等。资本支出主要指用于基础建设等长期项目的投资，又称非经常性开支。在经常支出中，两伊战争的费用占最大比例；另外，大量隐性或非隐性的补贴也是其中的重要部分；而人口的大量增加、卫生教育福利事业的发展也使得社会服务开支不断扩大。在收入减少而支出却不能相应减少的情况下，伊朗只能依靠减少投资的方式来缓解财政压力。其中最主要的是减少公共投资，特别是停建一些在革命前就已经开始筹建的大型项目，如炼油、石化及钢铁等重工企业；另外将一些国有服务性行业转移到基金会和其他半私有的社会组织，减轻政府负担；同时适当缩减工资。但这种以牺牲发展性支出的代价弥补财政不足方式，对经济发展造成了不利的影响。尽管采取了这些措施，庞大的财政赤字仍无法避免。

从表 3—3 看出，在伊斯兰革命前夕，伊朗就已经出现了大量赤字，而革命的爆发使财政赤字进一步增加。在 1982/1983 年度，由于经济形势的暂时好转，财政赤字有所回落。到 1986 年油价暴跌之前，财政赤字一直维

---

① Vahid E. Nowshirvani and Patrick Clawson, "The State and Social Equity in Post revolutionary Iran", in Myron Weiner and Ali Banuazizi, eds., *The Politics of Social Transformation in Afghanistan, Iran, and Pakistan, Syracuse*, N. Y.: Syracuse University Press, 1994, p. 245.

持在 6000—10000 亿里亚尔之间。但从 1987 年开始，财政赤字又开始激增。到战争结束时，赤字已经突破 20000 亿里亚尔。伊朗政府几乎面临破产的境地。庞大财政赤字迫使政府向中央银行大量贷款。政府银行债务从 1979 年的 3333 亿里亚尔增加到 1983 年的 9813 亿里亚尔，到 1988 年底已经超过 30000 亿里亚尔。① 中央银行实际上成为给政府印钞的机构，几乎丧失了对经济的调控能力。这一不理性的弥补财政赤字的方式造成货币供应量的增多和流动性的增加，成为引发通货膨胀的重要因素。

这一时期伊朗财政的另一个突出特点是虽然赤字在不断增加，但是外债却一直很少，甚至可以忽略不计。实际上世界上大多数国家的财政都存在外债问题，但是只要外债结构及占国民经济的比例合理，不仅不会带来不利影响，反而会促进经济的发展。伊朗伊斯兰政府过分抵制外债的行为并不是理性的政策，特别在革命后初期财政枯竭的情况下，寻求国际援助是缓解财政压力的重要途径。但是，伊朗将举借外债视为危害民族独立和有损国家尊严的行为，坚决予以抵制。这一做法进一步加深了财政危机。

三、通货膨胀的成因、表现及影响

通货膨胀是宏观经济中的一种常见现象，也被视为宏观经济的一种病症。导致通货膨胀形成的原因是多方面的。长期以来，学界形成了很多相关理论，如货币主义学派、结构主义学派、新结构主义学派等。这些理论从最初将通货膨胀视为只是市场中货币供应量过多的现象，发展到对一国经济结构内在性问题的研究。这是在很多发展中国家通货膨胀难以治愈的背景下相关理论不断创新的结果。

围绕通货膨胀产生的原因，学界主要有四种观点：一是需求拉动说（demand-pull）。当总需求大大超过总供给时，会导致物价的上涨。需求的增加主要来自两个方面：社会消费和投资总量的增加；货币供应增长

---

① Hooshang Amirahmadi, *Revolution and Economic Transition: the Iranian Experience*, p. 17.

过快。二是成本推动说（cost-push）。在总需求没有增加的情况下，由于供应方成本的提高导致价格的上升。这又可分为工资型和利润型的成本推动。三是供求混合推动说。总供应和总需求共同起作用导致的通货膨胀，所谓"推中有拉，拉中有推"。四是结构性因素说。该理论侧重从经济体制的结构性矛盾角度探讨通货膨胀产生的根本原因，认为解决通胀的主要途径是发展"瓶颈"产业，增加有效供给。可以看出，第四种理论在前几种理论的基础上作了更深入的思考。虽然对通货膨胀起因的解释存在不同的观点，但是现在流行的观点是认为通货膨胀"实际上是整个经济病症的综合反映。它不仅仅是一个货币过多的问题，而是发展战略、经济体制、经济增长方式、人口与资源状况等多方面因素造成的。"①

在巴列维王朝最后的几年，通货膨胀已经是一个突出的问题。当时通货膨胀的主要原因是在石油美元的刺激下，消费水平提高，政府开支急剧增加，投资规模扩大，导致总需求的急剧增加；同时国内生产无法提供有效的供给，而进口能力受到基础设施，特别是港口、铁路等建设滞后的影响短期内无法迅速提高。这些因素导致总需求大大高于总供给，通货膨胀率因此上升。

从表3—4和图3—2可以看出，伊朗的通货膨胀率在伊斯兰革命之前的1977年迅速上升，但是在1978年与1979年有所回落。不过低通胀的局面没能维持下去。从1979年起，通胀率开始上升。1979—1981年，平均通货膨胀率达到了20%以上；在1981—1985年间出现暂时的下降，但是从1985年又开始急剧上升，1987年甚至超过了30%，大大超过了伊斯兰革命前夕。

---

① 邱崇明著：《发展中国家（地区）通货膨胀比较研究》，北京：中国发展出版社，1998年版，第7页。

表3—4 伊朗四个时期的通货膨胀率 （%）

1963—1972	1963	1964	1965	1966	1967	1968	1969	1970	1971	1972	平均值
	0.79	3.91	2.26	-0.74	1.48	0.73	3.62	2.1	4.11	5.52	2.42
1973—1979	1973	1974	1975	1976	1977	1978	1979				14.02
	9.94	14.69	12.81	10.92	27.56	11.73	10.50				
1980—1988	1980	1981	1982	1983	1984	1985	1986	1987	1988		19.85
	20.50	24.27	18.7	19.69	12.57	4.38	18.40	32.94	22.17		
1989—1997	1989	1990	1991	1992	1993	1994	1995	1996	1997		25.67
	20.38	17.10	25.70	21.20	31.50	49.66	28.91	17.20	19.41		

资料来源：Hamid Zangeneh, "The Iranian Economy and the Globalization Process", in Ali Mohammadi, ed., *Iran Encountering Globalization: Problems and Prospects*, London: Routledge Curzon, 2003, p. 114.

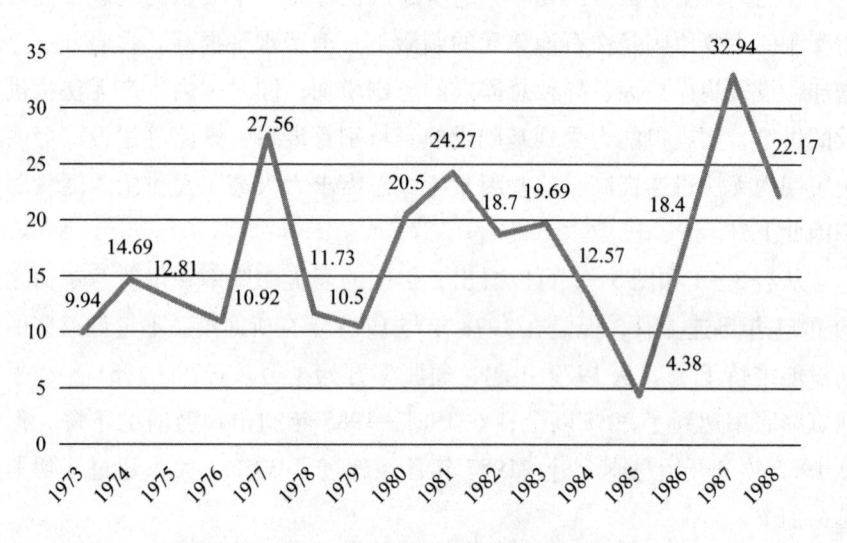

图3—2 1973—1988年伊朗的通胀率变化（%）

资料来源：根据表3—4制作。

供给不足是伊斯兰革命后初期通货膨胀形成的主要原因。这一时期伊朗的物资短缺是全面的。但在总供给减少的情况下，总需求却没有相应的下降。战争需要大量物资，对民众的补贴也刺激了消费和需求的上升。这里不仅仅指普通民众对基本食品、生活用品的需求增加,新的教权阶层的需求能力也在不断增强。革命后初期人口的迅速增长进一步加剧了总需求和总供给的矛盾。另外,政府向中央银行借贷的政策也对通货膨胀起到了推波助澜的作用。

在供需矛盾突出的背景下,黑市经济的大量存在助长了通货膨胀的居高不下。不少商人通过走私、获取政府配给物资等方式囤积居奇,待价而沽,牟取暴利。不断哄抬的物价引起群众的恐慌心理和抢购风潮,导致物价又不断上涨,形成恶性循环。因此,"通货膨胀很大程度上是由国内自由市场和分配系统引起的。"①

长期通货膨胀的后果是十分严重的。首先,导致了民众实际生活水平的下降,尤其是逐渐打破了人们对革命后政府的美妙幻想,并进而影响到政权的稳定。低收入阶层受到的打击最沉重,其次是领取固定薪水的阶层,如政府公务员、企业中下层职员等。通货膨胀迫使一部分领取固定薪水的人为了生计在外兼职,或者向私有部门转移。即使一些拥有较高技能的人也不得不从事一些技术含量低的工作,导致智力资源的浪费。其次,通货膨胀使生产性投资更加无利可图,更多人倾向于从事既快速又有较高利润的投机性商业。这种状况尤其不利于非石油产业的发展。再次,通货膨胀加剧了社会贫富分化的程度。高收入和特权阶层不仅受到通货膨胀的负面影响较少,反而从中牟利。通货膨胀是导致伊朗社会重新走向贫富分化的重要因素。

在遏制通货膨胀的方式上,伊朗政府采取的措施治标不治本,而且自相矛盾。政府希望限制社会的总需求快速增加,补贴政策却又刺激了需求,而供给问题始终没有得到解决。20世纪80年代中后期,政府开始规范市场秩序,对投机倒把商人进行严厉打击,对配给渠道也加强监管,如视情节轻重,分别对投机者处以罚款、开除和判刑等不同程度的处罚。但是受到处罚的人往往是一些小商人,那些真正操纵市场交易的大投机商却很少受到惩罚。政府还试图通过以分配实物的方式作为工人的年终奖金,

---

① Hooshang Amirahmadi, *Revolution and Economic Transition: the Iranian Experience*, p. 180.

目的是在减少货币流通量的前提下保证工人的基本生活。虽然此举受到了工薪阶层的欢迎，但这种仅仅针对少数特定人群的措施对遏制通货膨胀是十分有限的。通货膨胀既是伊朗经济危机的后果，也是经济危机的重要表现。长期的通货膨胀加剧了宏观经济的不稳定。

四、人口与就业问题

在经济深陷危机的背景下，伊朗的人口却获得了爆炸式的增长，令经济形势更加恶化。革命之后人口的快速增长受到很多因素的影响：首先，伊斯兰政府鼓励人口生育的政策是最主要的原因。受伊斯兰传统文化观的影响，政府将控制生育视为违反道德的行为，因而不予提倡。其次，同伊朗实现大国地位的战略构想有关，而人口多寡是衡量一国实力的重要因素。再次，两伊战争直接刺激了人口的生育。战争造成大量青壮年劳动力伤亡，使得当政者感到只有鼓励生育才能确保伊斯兰政权后继有人。最后，妇女地位的变化也是人口增长的重要原因。革命后，大量妇女从工作岗位中被驱赶出去。生育成为妇女的主要任务。①

20世纪80年代，伊朗人口出生率达到3.9‰，成为世界上人口生育率最高的国家之一。伊斯兰革命前夕，伊朗人口仅3500万人左右，到1986/1987年度已经增长到4944万人，到1991/1992年度已经达到5584万人，比伊斯兰革命前夕增长了2000多万人。② 人口的迅速增长使就业逐渐成为一个严重的问题，而经济危机使就业更加艰难。到1986年，10岁以上的人口大约有3290万，比1976年的2300万人增加了将近1000万。这意味着国家每年至少要提供几百万个就业岗位。③

伊朗人口失业率上升、非经济活动人口的增加是一个不争的事实。但是这一时期的相关数据很不一致，增加了研究的困难。尤其是伊朗中

---

① 虽然两伊战争使很多妇女重新走向工作岗位，但是并没有从总体上改变妇女居家的局面。
② IMF Country Report, *Islamic Republic of Iran: Statistical Appendix*, 1999, p. 23.
③ Farhad Nomani and Sohrab Behdad, *Class and Labor in Iran: Did the Revolution Matter*, New York: Syracuse University Press, 2006, p. 80.

央银行、伊朗统计中心、"伊朗计划和财政预算组织"及相关国际组织公布的数据存在较大的差异,这既受到当时统计手段不够科学的影响,也与因大量不充分就业及隐性失业人口的存在增加了统计的难度有关。尽管如此,也可以从相关学者的研究中把握该时期伊朗人口与就业的基本特征。

努马尼和贝赫达德对伊斯兰革命后前10年伊朗的就业人口做了较保守的估计。根据他们的估计,伊朗经济活动人口从1976年的980万增加到1986年的1280万,但是所占总人口比例却从42.6%下降为39%;另外,就业人口从880万增加到1100万,但所占总人口比例也在下降。相应的失业和未充分就业人口的数量和比例都在增加。1976年城乡失业率分别是4.4%和3.0%,而1986年为6.5%和12.9%。但是阿米拉赫马迪的估计要高得多,1985年的失业率为20.1%,1986年为14.1%。[①] 穆罕默德B·贝赫什提则做了更加详尽的研究。在1976—1991年间,伊朗非经济活动人口每年以4.04%的速度增长,数量从1320万增加到2390万。而同期在新增加的2210万人口中,有1570万人的年龄在10岁以上(含10岁),但就业人口却只有490万左右。这表明就业人口的增长(包括潜在的)要远远低于纯消费人口的增长。1976年,每个就业人员平均为3.83个人提供食品和其他基本生活用品;而到1986年,该数字增加到4.49人。[②]

除了经济停滞无法吸纳新增的劳动力外,非经济活动人口的增加还受到另外两个因素的影响:一是大量在革命前后刚刚出生的人还不能够立即进入劳动力市场;二是居家者和学生人数的增长,前者主要指家庭妇女,后者主要指的是革命后教育获得了迅速发展。

[①] 具体参见 Farhad Nomani and Sohrab Behdad, *Class and Labor in Iran*: *Did the Revolution Matter*, p. 80; Hooshang Amirahmadi, *Revolution and Economic Transition*: *the Iranian Experience*, p. 187.

[②] Mohammad B. Beheshti, "Iran's Economic Development and Structural Change in Human Resource", in Ali Mohammadi, ed., *Iran Encountering Globalization*: *Problems and Prospects*, London & New York: Routledge Curzon, 2003, p. 154.

表3—5　1980—1990年伊朗入学率　　　　　　　　（%）

年份	1980	1985	1990
小学	87	96	110
男生	…	106	118
女生	…	85	102
中学	42	44	54
男生	52	52	62
女生	32	35	45
大学	…	4.1	9.1
6—14岁人口入学率	…	77.4	88.2

资料来源：IMF Country Report, *Islamic Republic of Iran: Statistical Appendix*, 1999, p. 24.

经济结构的变化也影响到了就业结构。国有部门就业人口的比重大大增加，而私有部门的就业人数大幅度减少，同时从事个体经济的人数增加。1976年，在880万的就业人口中，2.1%为雇主，31.9%为个体营业者，34.9%为私有部门的雇佣工人，19.0%为国有部门雇佣工人，另有11.6%为无报酬的家庭工人。到1991年，雇主的比例仅增加到3%，而个体营业者比例增加到41.6%，公共部门雇佣工人比例增加到32.2%；相应的私有企业雇佣工人下降为17.9%，无报酬的家庭工人下降为2.6%。[①]

这一时期的人均劳动生产率明显下降。按1974年的固定价格，人均产值（包括就业与非就业人口）从1977年的11.2万里亚尔下降到1986年的6.2万里亚尔，就业人口的人均产值从43.6万里亚尔下降到27.8万里亚尔。人均产值在国有和私有部门之间也存在较大差别。国有部门的人均产值下降幅度较大，大多数私人服务业的人均产值却在上升。商业、旅馆、餐饮等服务业的人均产值从1976年的39.7万里亚尔提高到1986年的72万里亚尔。[②]

需要补充的是，战争对人口就业起到了一定的缓解作用。在大量青壮

[①] Mohammad B. Beheshti, "Iran's Economic Development and Structural Change in Human Resource", p. 163.

[②] Hooshang Amirahmadi, *Revolution and Economic Transition: the Iranian Experience*, p. 193.

年劳动力应征入伍的情况下，伊斯兰革命后前10年的失业问题还不是太突出。随着战争的结束，大批士兵复员及革命前后出生的年轻人开始进入劳动力市场，失业问题就严重了。

五、对外贸易的缩减和国际收支的困境

在当今世界上，一国对外贸易和国际收支状况不仅反映该国与国际经济的联系程度，还体现出其经济的稳定程度。二战之后，进出口贸易在伊朗经济中的地位越来越重要，国际收支也比较良好。但是这一状况在革命后初期完全改变。伊朗对外贸易和国际收支的状况反映了其经济的不稳定性。

受追求"经济独立"和"进口替代"战略的影响，伊斯兰革命后伊朗对外贸易的主要指导思想是：第一，逐渐减少石油出口，努力促进非石油出口；第二，尽量减少同西方发达国家的经济联系，尤其是与美国的联系，同时加强同第三世界国家的经贸往来，反对不平等的国际经济秩序；第三，私人贸易存在唯利是图、不为国家利益考虑的缺陷，所以必须加强国家对进出口贸易的控制。

可以将这一时期伊朗的对外贸易称为限制性贸易，以区别于自由贸易。国际环境的恶化是最主要的客观限制因素，除此之外，伊朗的对外贸易还受到国内很多因素的制约。

第一，国家对外贸的控制。1980年初，作为国家控制对外贸易的第一步，政府成立了多个"采购和分配中心"。这些中心的主要任务是签发进口许可证，决定进口物品的价格和分配。进口商需要将进口的30%以预定的价格出售给某中心，同时各中心也可以直接进口和出售商品。这些中心逐渐控制了基本商品的进口权，而所有进口商必须持有中心的证明才能从银行开出进口信用证。[①] 然而由于监护委员会的强烈反对和实际操作的难度，国家始终没有完全控制对外贸易。

[①] Javad Amid and Amjad Hadjikhani, *Trade, Industrialization and the Firm in Iran: the Impact of Government Policy on Business*, London; New York: I. B. Tauris, 2005, p. 35.

第二，进出口法令的限制。根据1985年伊朗议会批准的《伊朗进出口贸易法》，伊朗将所有商品区分为三类：允许、禁止和有条件允许。允许货物可以无条件地进出口，实际上这类货物是很少的。禁止进出口的货物包括：不符合伊斯兰教法的货物，如酒精类食品；被认为是非必需的或者列入奢侈品的种类，如装饰品、珠宝、裘皮大衣等；不利于本国某些行业发展的商品，如禁止地毯、干果等农产品的进口主要是出于保护国内生产和市场的目的。另外，武器也属于被禁止的类型（这里仅指私人进出口）。而大多数物品都属于第三类，即有条件地允许进出口的货物。这类货物的出口需要有商业部的许可，而进口也需要特别准许。①

第三，关税与非关税壁垒的限制。各种关税和非关税壁垒是伊朗减少外部依赖，保护国内市场，实现经济独立的重要方式。伊朗建立了一套复杂的关税体制，进口税率从5%到100%不等。除了关税，政府还征收"商业利润税"，征税比率从5%到400%不等。② 但实际上，关税征收额是比较小的，很多进口商是免税的。所以与关税相比，非关税壁垒往往起到更大的限制作用，这包括直接禁止、数额限制和附加在进口商品上的各种条件。过多限制使进出口清关程序变得繁琐复杂，而政府机构的低效率则加剧了问题的严重性。

除以上限制之外，伊朗对外贸易还长期受到外汇短缺及多重汇率制度的制约。因此，这一时期伊朗对外贸易总量明显的下降。从表3—6可以看出，到战争结束，伊朗进出口贸易总量要大大低于革命前夕。与此同时，伊朗的外贸结构也出现了明显的变化。

在进口方面，1979/1979到1980/1981年度的进口额急剧下降，但是从1981/1982年度开始又稳步回升，到1983/1984年度达到这一时期最高点，并且超过了革命前的最后一年。从1984/1985年度之后，进口额又大幅度下降，直到战争结束后才又开始回升。进口的增加使1983/1984年度成为80年代伊朗经济最好的一年。从进口构成看，原材料和制成品占最大

---

① 中国驻伊朗经商参赞处：《伊朗进出口法》，http：//images. mofcom. gov. cn/ir/201808/20180816141324959. pdf.

② Jahangir Amuzegar, *Iran's Economy under the Islamic Republic*, p. 144.

比例，资本货物其次，而比例最少的是消费品进口。消费品进口中占比最多的是粮食和基本食品。这是限制消费品进口、节约外汇的必然结果。从出口方面来看，不仅石油出口锐减，而且非石油出口增长乏力。非石油出口除了1979/1980年度有所增长外，到1985/1986年度之前一直是负增长，但在随后几年又有稳步回升的趋势。在出口结构中，消费品占最大的份额，而传统的农产品和手工业品是其中的主要部分；其次是原材料和制成品，资本货物几乎可以忽略不计。可以看出，伊朗在国际分工中处于出口初级产品而进口制成品的位置。

伊斯兰革命后伊朗进出口贸易的另一特征是贸易对象发生了重大变化。随着美伊交恶和国际制裁的加深，伊朗将贸易重心战略转向第三世界和伊斯兰国家。但实际上发达国家仍是伊朗最主要的贸易伙伴，如西欧、日本和新兴的亚洲经济体（南韩、中国台湾等）。形成这一局面的主要原因是伊朗同第三世界国家经济互补性太差，而与发达国家的互补性更强：发达国家需要伊朗的石油，而伊朗需要前者的高端产品。日本成为伊朗最主要的石油输出对象，并成为这一时期伊朗第一大石油出口国（1987年除外）。这一时期伊朗石油的主要出口对象还有意大利、新加坡、罗马尼亚、新西兰等国。实际上，美国在某些特定年份也从伊朗进口石油（主要经第三方国家转运，特别在制裁力度放松的时期）。联邦德国、阿联酋、意大利成为伊朗非石油产品出口居前三位的国家，另外瑞士、苏联、日本、法国、新西兰、奥地利也是伊朗非石油产品的主要出口国。从进口来看，在整个80年代，联邦德国都是伊朗最大的商品进口国，而日本居第二位（日本仅在1980年超过联邦德国成为伊朗最大的商品进口国）。土耳其、意大利、英国、阿联酋、苏联、法国等国家也是伊朗主要的商品进口国。[①]

[①] Jahangir Amuzegar, *Iran's Economy under the Islamic Republic*, p. 386.

表3—6 1977/1978—1989/1990年度伊朗进出口商品构成

单位：百万美元

年度	1977/1978	1978/1979	1979/1980	1980/1981	1981/1982	1982/1983	1983/1984	1984/1985	1985/1986	1986/1987	1987/1988	1988/1989	1989/1990
进口	14626	10372	9695	10850	13515	11845	18103	14494	11408	9355	9369	8177	12807
原材料和制成品	7910	5350	5301	6207	8225	6861	10840	8310	7411	5461	5498	4829	7548
资本货物	4019	9208	1835	1738	2149	2308	4352	3867	2421	2199	2209	1869	2915
消费品	2697	2114	2559	2905	3141	2676	2911	2318	1576	1695	1662	1479	2344
出口	625	543	812	645	339	283	357	361	465	915	1161	1036	1044
原材料和制成品	273	297	217	122	111	100	84	145	195	240	325	389	308
资本货物	49	28	23	2	—	—	4	2	1	2	3	6	4
消费品	303	218	572	521	228	183	269	213	269	673	833	641	733

资料来源：伊朗海关局和中央银行，转引自Jahangir Amuzegar, *Iran's Economy under the Islamic Republic*, p.387.

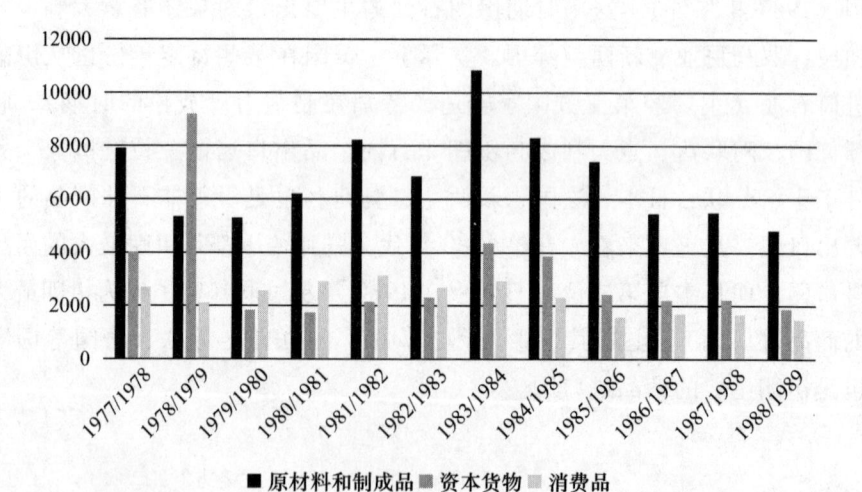

图3—3 1977/1978—1988/1989年度伊朗进口商品构成

美国在伊斯兰革命前曾是伊朗非石油出口居前三位的国家，但到80年代已经消失在前 15 名国家之列。1980—1989 年间，美伊直接贸易大幅度下降，美国对伊朗出口大约减少了 191 亿美元，而从伊朗进口也下降了 176 亿美元。① 其他国家迅速填补了美国留下的真空。经济制裁实际上损害了美伊双方的利益。对美国来说，不仅没有达到有效制裁伊朗的目的，还使别的国家趁虚而入；而对伊朗来说，经济制裁的确使其遭受了沉重打击。

伊朗进出口贸易的减少并不是国内生产替代的结果。伊朗致力于经济独立、发展并促进非石油出口的战略并没有取得多少成效。由于这一时期世界贸易的迅速增长，使得伊朗在国际贸易中的地位日益被边缘化。除了石油之外，伊朗没有更有战略价值的国际商品了。

与国际贸易减少密切相关的是国际收支的恶化，伊斯兰革命后一直处于逆差状态。国际收支分为经常项目、资本项目和平衡或结算项目几类。在经常项目中，出口减少和进口居高不下是导致收支逆差的根源。在 80 年代，伊朗仅有 3 个年份的收支状况有盈余，即 1979/1980、1982/1983 和 1985/1986 年度。这都是石油收入增多的几年，其余年份则都是负值。伊朗同大多数国家的贸易基本上都是逆差，特别是居前两位的贸易对象（联邦德国和日本），即使把石油出口收入包括在内也不能改变这种状况。② 在资本项目中，外来直接投资的减少、在国外的很多资产被冻结以及偿还巴列维时期的一些债务也是造成逆差的重要因素。

针对国际收支逆差问题，政府曾经实行了一套"新经济条件下的紧缩计划"，除了将外汇主要配给到战略和关键性的部门之外，同时加大对国防工业和其他"进口替代"工业的扶持，如钢铁、玻璃、水泥、石化、机器制造等行业，目的是弥补外汇缺口。1986 年，政府声称国内生产已使伊朗减少了 13 亿美元的进口。③ 但是，1987 和 1988 年，国际收支逆差又创新高，可见效果并不明显。

---

① Hossein G. Askari, *Case Studies of U. S. Economic Sanctions*: *the Chinese, Cuba, and Iranian Experience*, Westport, Conn.: Praeger, 2003, p. 193.
② Jahangir Amuzegar, *Iran's Economy under the Islamic Republic*, p. 356.
③ Hooshang Amirahmadi, *Revolution and Economic Transition*: *the Iranian Experience*, p. 234.

本章小结

伊斯兰革命是现代伊朗经济现代化进程的分水岭，革命前后两个时期的经济指导思想、经济政策、经济制度、经济增长速度都表现出完全不同的特征。具体来讲，伊斯兰革命前提倡自由市场机制并开放经济，而伊斯兰革命后主张国家控制并谋求自给自足；伊斯兰革命前强调经济发展速度，而伊斯兰革命后重视经济公正；伊斯兰革命前经济一度获得高速发展，而伊斯兰革命后初期经济呈现严重衰退。总的来说，伊斯兰革命后初期伊朗的经济系统整体失灵，并且同革命意识形态紧密联系在一起，导致了经济体制的僵化，并令后来的改革困难重重。

然而，任何一种理想化诉求必然要回归到平淡的现实，人们也终于重新关注日渐凋敝的民生和不断恶化的经济处境。到两伊战争结束前，伊朗的经济已经濒临崩溃，脱离了正常的发展轨道。尽管霍梅尼声称接受停战和谈就像喝下一杯毒药，但是他毕竟也认识到社会经济危机已经发展到了危及伊斯兰政权的程度。在伊斯兰革命胜利的10年之后，上至最高领袖下至普通民众都开始重新反思，理性因素逐渐上升。伊朗开始了经济重建和改革的新时期。

第四章
伊朗经济的重建与改革（1989—2005）

1989年两伊战争的结束和霍梅尼的去世，标志着伊朗历史上一个激进、狂热时代的结束。伊朗进入了寻求安定和发展的新时期。从1989年开始，伊朗的内外政策都发生了重大变化，故而有人将这段时期称为"第二伊斯兰共和国时期"。与大多数主张意识形态对抗和关注政治宗教合法性的领导人不同，新上任的务实派领袖拉夫桑贾尼总统尤其重视经济的发展。他认为伊朗必须首先发展经济，才可以考虑其他的问题。而两伊战争后，改革已经成为拯救伊朗伊斯兰政权的唯一出路。一部分有识之士逐渐从现实的灾难中清醒过来，重新思考伊朗的发展之路。乌托邦的色彩逐渐淡去，务实思潮崛起。

第一节 经济重建与改革的背景

一、国内政局变动的契机及危机

（一）经济改革的政治契机

第一，两伊战争的结束和霍梅尼的去世标志着伊朗政治变化的新契机。战争的消极影响到后期体现得更加明显。人员伤亡和庞大的军费开支日益超出伊朗的承受能力；战争所激发的殉道精神曾在捍卫伊斯兰政权中发挥了重要作用，但是战争后期人们的参战热情也在消退。人们开始质疑这场战争的真正意义，厌战情绪逐渐高涨。当政者逐渐认识到，继续战争将使伊斯兰政权的合法性受到严重威胁。1988年，霍梅尼宣布接受联合国第598号决议，几周后战争宣告结束。两伊战争的结束对革命后的伊朗具有划时代的意义。它不仅顺应了民意，而且使伊朗迈出了从理想向现实回归的第一步，同时也为各项改革的开展创造了基本前提。

战争结束后不久，霍梅尼去世了。这是伊斯兰革命以来对伊朗国家影响最大的政治事件。他的去世代表着伊朗自革命以来激进政治时代的结束。他的去世还打破了伊斯兰革命以来的政治权力平衡，各派力量开始重新分化组合，特别是民粹—国家主义派逐渐失去原先的优势地位。虽然霍梅尼生前并没明确支持或反对任何一个派别，但由于社会公正和国家独立一直在他的思想中占有十分重要的位置，所以在很多情况下，他超越了传统伊斯兰学者的范畴，成为民粹—国家主义派的支持者。这也是民粹—国家主义派虽然受到了马克思主义和激进派的深刻影响，但仍然在伊斯兰革命后初期大获发展的主要原因。而霍梅尼的去世使得该派失去了最重要的依靠力量。另外，伊斯兰革命后10年来伊朗陷入前所未有的困境，也使该派激进的经济政策逐渐失去民众的支持。

第二，以阿克巴尔·哈什米·拉夫桑贾尼为首的务实派崛起。务实派是从民粹—国家主义派中逐渐分化出来的一个派别。该派的主要政治观点是淡化革命以来的激进色彩，并根据国内外局势的变化对政策做出适当调整，以解决当前国家面临的危机。拉夫桑贾尼本来也是民粹—国家主义派的代表人物，但是到80年代后期，伊朗面临的一系列危机使他的思想发生了很大变化，他成为务实派的领袖。1989年当选总统也为他推行各项改革创造了前提。保守派是以新的最高宗教领袖赛义德·阿里·哈梅内伊为首的派别。哈梅内伊接任最高领袖之初还不是阿亚图拉，因此地位比较虚弱。他希望借助务实派的力量巩固自己的地位。而争取到最高领袖的支持，也是务实派能够实施改革的重要保证。务实派和保守派虽然在政治和文化观点上存在较大差异，但是在经济上都主张市场化、私有化、自由化的改革。两派联盟战胜了民粹—国家主义派别，为战后经济重建和改革奠定了政治基础。

第三，在拉夫桑贾尼经济改革后的第八年，以赛义德·穆罕默德·哈塔米为代表的改革派成为政坛黑马，标志着伊朗政治发展进入新的阶段。哈塔米将政治改革视为解决所有问题的关键，推出了不同文化类型国家之间"文明对话"和国内建设"公民社会"的主张，在伊朗掀起了一场政治改革和思想解放的风暴。而政治民主化必然要以经济市场化、自由化为基础。哈塔米在任期间的主要目标就是"打破伊朗国际孤立地位，在地区事务中发挥积极作用，并吸引外资和先进技术，以促进经济的发展。"[①] 到这一时期，伊朗更加强调建设开放型的经济。到90年代末，经济改革主张已经深入人心。

（二）两伊战争后派系斗争的加剧

虽然两伊战争后伊朗出现了有利于经济发展的因素，但是霍梅尼的去世打破了掩盖下的政治平衡，导致派系斗争愈演愈烈。伊朗一直没有形成稳定的派系，不同派系的成员不断分化组合，使得伊朗政治局势一直处在不断的变动中。不稳定的政治环境是制约伊朗经济重建和改革的重要障碍。派系斗争可以分为以下几个时期。

第一，1989—1992年是务实派和民粹—国家主义派进行斗争的时期。虽然务实派逐渐占据了上风，但是民粹—国家主义派仍然具有一定的影响力。但随着掌权的务实派开始对民粹—国家主义派进行清洗，两派的矛盾逐渐尖锐。民粹—国家主义派凭借在议会中的传统优势，一开始还能够与务实派进行抗衡。所以在改革之初，民粹—国家主义派仍然能够操纵议会通过了带有强烈社会公正色彩的《劳动法》，并破坏政府获取外国贷款和从欧洲争取投资的努力。但是，他们却无法阻止经济改革的大趋势。经过多次较量之后，该派终于从伊朗政治舞台上彻底消失。而其残余力量向两个方向分化：大部分成员归入了后来的改革派之中，成为支持哈塔米改革的重要力量；极少数则完全成为反对任何社会变化的急先锋，成为保守派的忠实支持者。

---

① 王凤：《哈塔米执政中期的伊朗形势评估》，载《1999—2000年中东非洲发展报告》，北京：社会科学文献出版社，2000年版，第69页。

第二，1992—1996年是务实派和保守派斗争的时期。民粹—国家主义派别的消失并没有给伊朗政局带来太多的平静。以拉夫桑贾尼为首的务实派与保守派的矛盾，在共同的敌人被打倒之后，也日渐尖锐起来。这是由两派不同的政治主张和各自代表的不同群体的利益所决定的。务实派主要代表的是温和资产阶级、小资产阶级的利益，主张放松政治控制和文化宽容，但是保守派反对政治与文化上的任何变化。保守派主要代表上层巴扎商人和教法学家的利益，重视商业的发展，务实派则更重视工业。另外，到90年代中后期，保守派领袖哈梅内伊的地位已经相当巩固，认为保守派完全掌握政权的时机已经成熟。因此两派斗争日益激烈。随着拉夫桑贾尼经济改革的受挫，务实派也逐渐丧失了很多民众的支持。但是拉夫桑贾尼的经济改革却打开了继续变革的大门，使得伊朗政局向着更加开放的方向发展，也远远超出了保守派的预期。90年代中后期伊朗政坛因为一支新的力量的崛起而发生了意想不到的变化——以哈塔米为代表的改革派取代了务实派，带领伊朗进入变革的新时期。

第三，1997—2005年主要是改革派和保守派斗争的时期。哈塔米的上台标志着改革派成为一支独立的力量。该派实际上是哈塔米派和前总统拉夫桑贾尼务实派的联盟。虽然哈塔米当选为总统，但改革派的力量处于劣势。伊朗政教合一、宗教高于政治的特点决定了总统仅仅是国家的二号人物，最高领袖及其领导的宗教保守派及军事组织控制了要害部门，令改革派缺乏实权。这也是哈塔米改革最后遭遇失败的根本原因。哈塔米执政后期，伊核问题浮出水面，美国对伊朗的打压和制裁步步加深。改革派改革成效不够明显，而民族主义情绪明显上升，这些因素促使伊朗强硬保守派的崛起。2005年，马哈茂德·艾哈迈迪—内贾德代表的保守派凭借"将石油放在人民的餐桌上"的口号竞选成功。自拉夫桑贾尼以来的改革历程告一段落。以内贾德代表的少壮派与哈梅内伊代表的元老保守派之间也是有差异的，因此前者有时也被称为"新保守派"。内贾德执政之后，伊朗的派系斗争向着新的方向发展。

长期派系斗争对经济发展产生了重要的影响：首先，派系斗争造成政治局势风云变幻，任何一派都想争取自己的利益，对国家整体和长期的利益关注不够。伊斯兰革命后，伊朗未能形成一个团结高效的领导集体，使经济改革受制于各派势力而步履维艰。其次，争夺政治权力成为焦点，经济往往成为次要或附属性的问题。再次，经济问题成为派系斗争的工具，特别是当执政者的经济政策出现问题时，反对派会落井下石，对执政对手大肆攻击。拉夫桑贾尼和哈塔米当政时期都出现了这种状况。最后，延误了经济政策的制定和有效实施。务实派和改革派一直受制于保守派的压力，对很多问题都小心翼翼，不敢有太大动作，在吸引外资方面的犹疑态度充分体现了这一点。

二、对外关系的改善与挑战及对经济的影响

自伊斯兰革命以来，伊朗的国际形象受到极大的损害，严重影响了对外经贸关系的发展。战争结束后，伊朗政府认识到维持良好对外关系的重要性，尤其是重新认识到引进外资和技术的必要性。而海湾战争的爆发为伊朗改善对外关系提供了机遇。战争爆发后，伊朗趁机改善对外关系，并取得了明显的效果。伊朗同国际社会一起，谴责伊拉克入侵科威特的行径，致力于树立一个致力于地区和平与稳定的大国形象。这不仅使西方国家对伊朗的看法大为改善，同时也在一定程度上打消了科威特、沙特、巴林等海湾国家的疑虑（这些国家在两伊战争中都是支持伊拉克的）。对外关系的改善，为伊朗争取外来援助、发展国际间经济交流与合作奠定了基础。这一成果的重要表现是1990年6月，世界银行和国际货币基金组织特使访问伊朗并对其经济状况进行考察，这也是自1979年后两个国际组织代表对伊朗的首次访问。他们在后来的考察报告中写道："伊朗伊斯兰共和国的官员表明了他们要进行广泛的宏观经济调整的决心，包括让私有部门发挥更大的作用和逐渐开放经济。"[①]

拉夫桑贾尼迈出了改善对外关系的第一步，但走得更远的是哈塔米，

[①] Sohrab Behdad, "The Post-Revolutionary Economic Crisis", in Saeed Rahnema and Sohrab Behdad, eds., *Iran after the Revolution: Crisis of an Islamic State*, London; New York: I. B. Tauris, 1995, p. 116.

其"文明对话"的口号赢得了世界尤其是西方国家的普遍赞誉。他的当选也被西方视为伊斯兰革命后伊朗最重要的政治事件。哈塔米在任期间，一直致力于改善同周边国家及大国的关系。他频繁访问各国，同时签署了许多经济和技术协议。而在阿富汗塔利班问题上的立场也使伊朗同美国找到了共同利益所在，使得两国关系一度改善。总之，在哈塔米时期，伊朗真正迈出了开放国门的步伐。但是到内贾德时期，对外政策重新趋于强硬，尽管他并没有完全背离哈塔米时期的外交政策。伊朗同欧洲及许多亚非国家的关系仍在进一步加强，经贸往来也在扩大。伊朗各界普遍认为完全封锁国门是过时的政策。

但对外关系仍然是制约伊朗发展对外经济关系的重要障碍。在拉夫桑贾尼时期，同经济和政治改革相比，对外关系的改善仍然比较滞后。拉夫桑贾尼在外交上一直持比较强硬的立场，这同他在经济上较为开明的姿态大相径庭。另外，保守派在对外交往上一贯持强硬态度，而该派势力在90年代中后期的增强也使伊朗的外交关系出现重新恶化的趋势。

首先，美伊关系并没有实质性的改善。海湾战争之后，美国对伊朗的政策一度缓和，甚至恢复了从伊朗进口石油。但是美伊关系仍受到中东地缘政治的深刻影响。20世纪90年代是美国克林顿政府积极促进巴以和谈的时期。美国多次指责伊朗破坏巴以和谈，并支持被美国视为恐怖组织的哈马斯和黎巴嫩真主党。1993年，克林顿政府宣布对伊朗和伊拉克实施"双重遏制"战略，并声称"美国不会同伊朗改善关系，除非伊朗改变现行政策"。[①] 之后，美国进一步扩大了对伊朗的制裁范围，实际上将"政权更迭"作为其伊朗政策的最终目的。1996年，"双重遏制"战略升级，美国签署《伊朗—利比亚制裁法令》，禁止第三国投资伊朗的油气产业。虽然在打击塔利班问题上两国关系一度缓和，但是通往真正改善的道路是十分艰难的，两国在很多问题上都存在战略和利益分歧，交恶太久令彼此疑虑过多。这也是当时伊朗不能有效吸引外资的主要原因。

其次，伊朗曾试图将欧洲作为与美国对抗的砝码，但是并不可行。虽

---

① Patrick Clawson and Michael Rubin, *Eternal Iran: Continuity and Chaos*, p. 126.

然欧洲对伊朗投资表现出浓厚的兴趣，并在两伊战争结束后给予伊朗不少贷款及其他资助。但是，欧洲对伊朗直接投资一直是相当谨慎的。一方面受到美国制裁法令中要求盟友履行义务的束缚，另一方面对伊朗的投资环境一直持不太信任的态度。另外，欧洲和伊朗的关系也不是一帆风顺的。如1992年德国指责在德伊朗移民被暗杀事件是受到伊朗最高领导人的指使，该事件导致了17国大使撤离德黑兰，伊欧关系一度降到冰点。直到哈塔米上台后，双方关系才得以改善。

最后，虽然伊朗同阿拉伯国家的关系有所好转，但受历史与现实很多因素的影响，经常面临恶化的危险。如伊朗同阿联酋的三岛之争，同沙特、巴林等国关系因教派矛盾、地缘政治竞争及油价配额等问题也时常出现矛盾。尤其是沙特与伊朗的关系在伊斯兰革命后一直向着恶化的方向发展，沙特将伊朗视为地区最大最危险的竞争对手，为此与美国结成亲密的关系。伊朗所面临的复杂的地缘政治环境对经济造成的影响是长期性的。

两伊战争后，尽管伊朗在内政外交方面作出了较大调整，但是并没有摆脱宗教意识形态的影响，美伊关系也没有根本性改善。伊朗强硬的外交风格没有太多变化，所以并没有完全打开外交局面。地缘政治博弈考虑仍居压倒一切的地位，对拓展外部经济联系也没有完全付诸行动。1996年，伊朗递交申请要求加入世贸组织，但在美国的阻挠下，迄今没有取得任何实质性进展。

三、油价的有限上升

海湾战争改变了20世纪80年代油价长期低落的局面，伊拉克和科威特因战事暂时退出了国际石油市场，导致国际油市供应不足，油价因此大幅度上升。而伊朗趁机迅速填补了短缺的国际油市，石油产量和出口都大大增加。这一变化令伊朗多年来财政入不敷出的局面得到了很大的改善，为其经济重建和改革提供了相对充足的资金。1990年，伊朗原油日产量从1986年的220万桶猛增到320万桶，而同期现货市场伊朗轻质原油价格从每桶13美元增长到20美元。1990年和1991年伊朗石油收入分别是180亿美元和160亿美元。尽管1991年油价有所下降，但1992年的石油收入仍保持在160亿美元左右。① 不少伊朗人甚至认为这是真主为了将伊朗从灾难中解救出来而赐予的发展机遇。石油收入的增加使伊朗能够进口大量物资，以满足生产和消费需要，成为战后改革之初伊朗经济发展的主要动力。

但是国际油价没有出现如伊朗期望的继续高涨的势头，高油价的局面随着伊拉克和科威特在国际石油市场上的迅速回归而结束了。在90年代的大部分时期，油价一直维持在较稳定的低水平上，一般为每桶十几美元，这直接影响到了伊朗经济改革的顺利推进。1993/1994年度，伊朗原油价格为15.3美元/桶，1994/1995年度略有上升，为17.1美元/桶。② 而1997年亚洲金融危机的爆发造成全球经济的萎缩，对石油需求量大大减少，即使十几美元的油价也难以维持。1997年，国际原油价格为每桶18.68美元左右，而到1998年12月份欧佩克一揽子原油价格却跌至每桶9.62美元，油价下降到了1976年以来的最低点。1998年国际原油平均价格为12.28美元，油价疲软的局面一直持续到1999年2月份才结束。③

90年代大部分时期的低油价格局同伊朗的预期产生了很大的差距。第一个五年计划的初衷本来是主要借助采油、石化产业和重工业（特别是钢铁业）的发展来带动整个经济的发展。政府设想的蓝图是利用这些产业赚取外汇，支持其他产业的发展，目标是使非石油产业成为整个国民经济增长的引擎。④ 但是低油价却使伊朗财政收入没有达到预期的目标，投资力度和改革进度都受到了很大的影响。

但是从1999年开始，随着亚洲经济的强劲复苏，世界对原油的需求迅速上升，油价开始大幅度上涨。2000年到2005年，伊朗原油平均出口价格分别为每桶25.3美元、20.9美元、27.2美元、28.0美元、35.9美元、

---

① Sohrab Behdad, "The Post-Revolutionary Economic Crisis", p. 118.
② IMF Country Report, *Islamic Republic of Iran: Statistical Appendix*, 1999, p. 8.
③ 陈沫：《中东经济形势忧喜参半》，载《1999—2000年中东非洲发展报告》，北京：社会科学文献出版社，2000年版，第170页。
④ Hooshang Amirahmadi, "Iran's Development: evaluation and challenges", *Third World Quarterly*, Vol. 17, No. 1, 1996, p. 138.

49.1美元。[①] 2000年之后，世界范围内的经济增长使能源需求不断上升，尤其是亚洲新兴经济体（中国、印度为代表）对原油需要量急速增加，导致原油价格持续上扬。伊朗的石油收入因此大大增加。油价的上升十分有利于伊朗恢复经济并加快改革的进程。另外也不应忽视油价上涨对伊朗经济的消极影响。高油价会导致对石油产业的依赖度上升，从长远看不利于产业多元化目标的实现。而过度依赖石油会导致经济的脆弱性、短期性及波动性，也会增加改革过程中的惰性。

综上所述，两伊战争结束后，伊朗经济总体上面临比前一时期更好的国内外环境，新的领导人也开始全面主持经济改革。但是由于国内外形势仍然比较复杂，经济重建和改革所需要的稳定、团结的国内环境及友好的外部环境都没有完全形成。

需要补充的是，到这一时期，伊朗经济指导思想已经发生了重大的变化，但是政府并没有很明确地承认这种变化。在宗教保守派那里，经济公正与经济独立仍然是两伊战争后经济发展的指导原则，若是公开否认这两个基本原则，改革派势必面临进退两难的境地。虽然这一时期的经济指导思想已经更加重视经济发展与对外开放，但是政治上的分歧却令改革派无法使这一变化获得宗教保守派的认同，因此也就无法形成官方统一意志，并从宪法上作出明确修正，承认并保护经济改革的成果。经济上的改革反而令两派的矛盾分歧进一步加深，在宗教保守派掌握实权的背景下，过分强调经济公正与经济独立的原则不可能被丢弃。在这种斗争中，伊朗逐渐形成了一种平衡策略，在经济发展与对外开放的同时，兼顾经济的公正，同时继续致力于经济独立。不过这种看似完美的策略，很容易导致思想的混乱，在实际操作中容易造成政策的前后矛盾。总的来说，意识形态依然是阻碍伊朗经济改革的重要因素。

[①] IMF Country Report, *Islamic Republic of Iran: Statistical Appendix*, 2006, p.3.

第二节 五年计划的制订和实施

两伊战争的结束和政局的相对稳定,为伊朗有计划地发展经济奠定了基础。从1989年,伊朗开始实施第一个五年计划。到哈塔米第二任期结束,制订了四个五年计划,但实际上执行了三个。三个五年计划总体上反映了伊朗经济指导思想的变化与经济改革不断深入的进程。

一、第一个五年计划(1989—1994)

第一个五年计划是在80年代初制订但被搁浅的五年计划的基础上修改而成的。经过了多年的酝酿,该计划成为战后伊朗经济重建的纲领性文件。计划主要内容包括:重建被战争破坏的地区;恢复国家的国防能力;对过去10年形成的高度集中的经济模式进行调整;重点进行基础设施建设;建立并健全市场机制;促进非石油出口,限制进口;减少通货膨胀率;减少失业;重组国家财政系统;降低人口增长速度,提高公民受教育程度等。[①]

从表4—1可以看出,"一五"计划每年GDP的增长率为8.1%,人均GDP年增长率为4.9%。国内固定投资为11.6%,而私人消费和公共消费分别为5.7%和3.8%。投资资金主要来自公共预算、私人储蓄和银行贷款,计划还预计吸引270亿美元的外资。

"一五"预计将财政赤字从1988/1989年度的21460亿里亚尔下降到计划末的925亿里亚尔,即从所占支出比例的51%下降到1.4%。赤字减少将会降低银行系统的压力,使资产流动性从计划初的23.2%下降到计划末的3.8%,同期通货膨胀率从28.9%降为8.9%。而石油价格将从每桶

[①] M. R. Ghasimi, "The Iranian Economy after the Revolution: An Economic Appraisal of the Five-year Plan", *International Journal of Middle East Studies*, Vol. 24, No. 4, 1992, p.600.

14.2美元上升至21.4美元，使石油收入从73亿美元增长到179亿美元。"一五"强调促进非石油出口。到计划末，非石油出口将增加21.4%。[1]

另外，"一五"对各产业部门的年增长目标设为：农业，6.1%；石油，9.5%；制造业，14.2%；采矿业，19.2%；水电业，9.1%；建筑业，14.5%；服务业，6.7%。[2]

而要实现上面目标的重要措施是推进私有化改革，统一汇率，减少补贴，改善税收系统，减少经常项目支出等。另外，计划还设立了控制人口快速增长的目标。到计划末，人口增长率将降至每年2.9%，并计划增加将近200万个工作岗位。[3]

表4—1　第一个五年计划目标　　单位：10亿里亚尔

年度	1989/1990	1990/1991	1991/1992	1992/1993	1993/1994	年增长%
GDP（按生产要素成本）	24289.5	265331	28345.9	30746.7	33314.6	8.1
人均GDP（千里亚尔）	449.7	475.7	493.1	518.2	543.1	4.9
国内固定投资	4132	5451	5610	5596	5663	11.6
私人消费	13560	14191	15137	16245	17485	5.7
公共消费	2772	3021	107	3269	3488	3.8

资料来源：M. R. Ghasimi, "The Iranian Economy after the Revolution: an Economic Appraisal of the Five-Year Plan", *International Journal of Middle East Studies*, Vol. 24, No. 4, Nov. 1992, p. 600.

不难看出，这仍然是一个雄心勃勃的计划，不过要比1982年流产的计划理性一些。由于经济增长所需的资金主要来源于石油收入和非石油出口，计划将石油价格预定在20美元以上，平均日产量达到360万桶。这并不符合90年代国际油价走低的状况。另外计划也没有拿出具体的促进非石油出口的方案，只不过是纸上谈兵。在财政收入不能如预期增长的前提

---

[1] M. R. Ghasimi, "The Iranian Economy after the Revolution: An Economic Appraisal of the Five-year Plan", pp. 600–601.
[2] Jahangir Amuzegar, *Iran's Economy under the Islamic Republic*, p. 130.
[3] Hooshang Amirahmadi, "Iran's Development: Evaluation and Challenges", *Third World Quarterly*, Vol. 17, No. 1, 1996, p. 128.

下，经济重建又需要大量的资金，所以财政赤字也不能如预期得减少，那么通货膨胀率也不会降低。在经济不能快速增长的前提下，就业岗位也不可能增加，因而失业率也不会下降。所以，该计划并没有改变伊朗80年代制定发展计划的弊端，还只是一个美好愿望的集合体。

然而，"一五"计划代表了战后伊朗经济指导思想的重大转变。计划中除了关于社会福利和照顾贫穷者的字面表述外，再没有任何具体措施。不论是汇率改革，还是取消配给补贴的改革，都会对下层民众的生活构成威胁。从关注经济公正到重视经济增长，是该计划最重要的特点。

二、第二个五年计划（1995—1999）

由于"一五"计划的实施没有达到预期目标，所以第二个五年计划是在经过一年讨论之后才付诸实施的，因而是从1995年开始的。同"一五"相比，该计划要更加切合实际一些。它制订于拉夫桑贾尼时期，但主要是在哈塔米时期执行并完成的。

"二五"计划的很多内容是"一五"计划的延续，如通过统一汇率的方式提升伊朗的国际竞争力；减少政府干预，推进私有化；逐渐减少补贴；降低人口增长等。但它同"一五"计划也存在不少差异，主要体现在：第一，对经济增长目标的设定更加实际。"二五"计划将经济增长目标定为5.8%，比"一五"8.1%的目标要低得多；将石油部门的年增长率定为3.2%，而"一五"计划对石油部门寄予了很高的期望（6.2%）；对工业和建筑部门所定目标仅略高于"一五"计划最后实现的增长率。[①] 这些变化反映出伊朗的经济发展战略从过度追求经济高速增长转变到保证经济的稳定与持续发展。第二，重新强调社会公正。由于"一五"计划实行期间，消除补贴、统一汇率等措施导致普通民众生活水平的急剧下降，引发了严重的社会危机，而重新强调社会公正是对这些新问题的反思。所以，恢复补贴和多重汇率制及在偏远地区加强基础设施建设成为"二五"

---

① Hooshang Amirahmadi, "Iran's Development: Evaluation and Challenges", p. 139.

计划的重要内容。第三，更多地强调依靠国内资源，减少对外汇和外债的需求。到"一五"计划末，大量举借外债造成了严重的债务危机，而伊朗对外来直接投资的吸引乏力，因而"二五"计划没有继续强调吸引外资和向国外贷款。实际上，"二五"计划期间的主要任务是偿还外债。该计划还认为在国际油价低迷和无法有效吸引外资的情况下，伊朗本国丰富的人力和物力资源还没有得到充分的开发，所以应该努力开发国内资源为经济发展服务。第四，更重视人力资源的开发，强调发展教育并提高就业率。该计划对教育的支出增长了115%，并设定了每年创造200万个就业岗位的目标。[①]

"二五"计划是在吸收"一五"计划失败教训的基础上制订的，因而目标的设定着眼于求稳。但是该计划的实施正是从拉夫桑贾尼到哈塔米政权的过渡时期，政治斗争异常激烈，所以经济发展和民生再一次成为次要问题。而哈塔米上台之后，并没有马上出台新的刺激经济增长确保计划实现的具体政策。总之，"二五"计划上承"一五"遗留的外债、通货膨胀、失业等问题，下逢亚洲金融危机，中间又遭受政治变动的困扰，本身又缺乏实现目标的具体措施，因而实施起来困难重重。而计划本身也存在矛盾，一方面要求削减补贴，一面却呼吁社会公正、增加福利。"二五"计划也没有得到很好的实施。

三、第三个五年计划（2000—2005）

第三个五年计划全面反映了哈塔米执政时期的经济改革目标。它于1999年下半年经议会讨论并于2000年5月由议会和监护委员会通过。"三五"计划基于90年代经济改革的经验教训，力图在此基础上进一步深化改革。其主要内容包括：规范宏观经济政策（如财政、货币、贸易、汇率政策等），保持经济持续发展；减少生产和投资障碍，鼓励国内和外来投资；减少公共部门对经济的干预，促进私有部门的发展；改革市场机制，

---

① Hooshang Amirahmadi, "Iran's Development: Evaluation and Challenges", p. 139.

限制垄断,增加经济活动的竞争性;实施制度和机构改革(如财政市场改革);更有效地管理资源并充分利用现有能力;开发人力资源,创造就业,提高生产力;促进出口,尤其是非石油出口;促进落后地区的发展,放松管制;保护环境,如加强控制污染和资源的回收利用;大力支持研究和开发项目,重点包括信息产业等领域;完善社会福利和保障体系;促进社会、文化与政治的发展,如司法保障、构建公民社会及健全法律等。[①] 不难发现,"三五"计划增加了许多前两个计划没有的内容,特别是更加注重制度建设和法律法规的规范化,具有时代的进步性。

表4—2　"三五"计划的基本经济指标和实际表现　　(%)

	年增长率目标	实际年增长率
GDP	6.2	5.4
非石油 GDP	6.8	5.8
总的固定资本形成	7.1	9.3
公共	4.96	9.4
私人	8.5	13.0
总消费	3.0	6.6
公共	2.5	4.1
私人	3.5	6.5
失业	14.0	12.5
通货膨胀(CPI)	15.9	14.1
出口(商品)	6.2	17.2
石油和天然气	0.9	17.4
非石油出口	15.0	13.2
进口(商品)	10.0	22.2
人口	1.5	1.6

资料来源:伊朗管理和计划局、中央银行,转引自 Jahangir Amuzegar, "Iran's Third Development Plan: An Appraisal", *Middle East Policy*, Vol. 12, No. 3, 2005, p.49.

[①] Philip Dew, ed., *Doing Business with Iran*, London: Kogan Page Ltd., 2002, p.27.

从表4—2可以看出，"三五"计划的实施效果要比前两个计划好得多。GDP与非石油GDP的年增长率只是略低于所设目标，而总的固定投资和总消费的增长则都高于目标。另外，计划对石油和天然气的出口作了保守的估计，但是油价的上升使得油气部门的增长率远远超过了预期。

但是非石油出口仍然没有达到预定目标，这也可以解释"三五"计划的不足。这一计划同样力求促进非石油出口，减少对石油依赖，但恰恰是油气收入的增加才使得投资和进口增加，然后促进了GDP的增长。计划虽然致力于解决伊朗经济的深层结构性矛盾，但是不可避免地又回到了老路上去。经济增长仍然主要是石油收入增加的结果，而促进非石油出口最后成了一个空洞的口号。另外，表中显示的失业率和消费价格指数都低于预期目标，是很值得怀疑的。不少资料显示，当时的失业和通货膨胀率都远远高出上述数字。虽然计划中增加了很多制度建设的目标，但要么进展缓慢，要么止于空谈。尽管如此，"三五"计划总体上反映了经济改革不断深化的成果。

哈塔米任期结束之前制订了"四五"计划，但是该计划是在内贾德上台之后实施的。计划的基本导向还是将经济改革坚持并深化下去。具体内容包括：建设更加开放的经济；私有化并减少政府在经济中的作用；赋予中央银行在货币政策上更多的自主权；给予"伊朗国家石油公司"更多的独立性；为外来投资设置更加明晰的法律框架等。其他内容还包括：发展国际贸易，重点建设自由贸易区；改善国家福利体系，改进社会公正；发展信息产业；发展教育，改善课程设置，发展职业技术教育等。①

但是，第四个发展计划主要体现了哈塔米改革派的主张，与内贾德的治理经济思维并不一致，因此无法得到深入的贯彻。在内贾德上台之后，伊朗核问题被推上了风口浪尖。伊朗进入了遭受严厉制裁的新时期。伊朗经济发展再次面临严峻的考验。第四个发展计划所设定的经济增长目标、具体经济政策都难以实现或者落实。

尽管有很大的缺陷，两伊战争后五年计划的实施为经济发展提供了中

---

① Akbar Komijani, "Macro Economic Policies and Performance in Iran", *Asian Economic Papers*, Vol. 5, Issue 1, 2006, p. 185.

期规划，充分体现了伊朗经济市场化、私有化和逐渐开放的步伐，其内容也能够随着实践的发展而做出调整，呈现出步步深入的特点。但是，这些五年计划不同程度地存在脱离实际的缺陷，缺乏实现目标的具体方案，内容空虚。尽管每个计划都声称到执行结束会把某些经济问题给予妥善的解决，但很少如期兑现。另外，所有计划的内容里都蕴含着如何在经济发展与社会公正之间维持平衡的矛盾。

第三节 拉夫桑贾尼时期主要经济改革政策

在经济发展与对外开放的思想指导下，拉夫桑贾尼政府开始对80年代的各项经济政策进行调整，有的甚至推倒重来。但是，受制于国内多重复杂的因素，不少改革政策并没有达到应有的效果。改革呈现长期性、复杂性的特点。

一、私有化改革

私有制本是传统伊斯兰经济的核心思想。但在80年代全盘伊斯兰化的时期，私有制却受到了严重的威胁。到两伊战争结束时，国有和准国有成分控制了全国绝大部分的经济，而私有经济被压缩到很小范围内。两伊战争后，国有经济的低效率已经得到了广泛的认同，重视发挥私有经济作用的主张逐渐重新在政府中占据上风。从国际形势来看，苏东剧变后，那些曾经实行高度计划经济模式的社会主义国家纷纷走向私有化和对外开放的道路，对伊朗也产生了深刻的影响。拉夫桑贾尼政府将私有化视为提高经济效率、发展生产力的重要举措。

伊朗私有化改革是一个双向的过程：一方面对国有企业进行私有化重组；另一方面明确保护私人财产权，促进私有经济的发展。1991年，伊朗政府宣布将对400个国有企业进行私有化重组。但是，拉夫桑贾尼时期的私有化效果并不理想。在1990—1996年之间，私有部门确实获得了一些增长，但这主要归功于当时整体经济的扩张，而不是国有部门私有化的结果。1990—1992年，公共开支占全部总支出的10%—11%，到1993—1994年增加到13%。到1996年，国家雇员人数比1986年增加了23%，共计80.4万人，其中25.1万属于国有工业企业。[1] 在私有化改革后，国有部门不仅没有缩小，反而进一步扩大了。

拉夫桑贾尼时期私有化进展缓慢的原因是多方面的。首先，宪法不仅不承认私有化，而且还成为私有化的最大障碍，其中第44条是症结所在。该条规定国有部门几乎控制所有关系国计民生的行业，而私有经济仅仅是国有和合作成分的补充。所以，进行私有化实际上违背了宪法的基本精神。虽然私有化已经展开，但是修改宪法却面临重重困难。该条款也是民粹—国家主义派残余力量攻击私有化改革的重要依据。其次，基金会成为私有化改革的最大受益者。虽然基金会具有国有经济色彩，但是在面对私有化时，却开始强调与国有部门的区别，并利用其政治影响力操纵政府通过了有利于自身的法令。第四届议会（1992—1996）曾通过了一项私有化法令，允许政府以不同方式出售国有资产，并且规定主要出售给对战争做出贡献的人及烈士家属。[2] 实际上，这些人根本无力购买庞大的国有企业。在这种情况下，很多基金会就成为他们的代理人。"真正独立的公司是很少的。相反，许多被'私有'的公司的股权被其他国有或准国有的公司及基金会买走，从而加强了他们对经济的控制。"[3] 这是对真正意义上的私有化的误导和扭曲，并在很大程度上妨碍了改革的进程及效果。再次，私人投资环境没有得到根本好转。虽然政府呼吁扩大私人投资，但是私人资本的规模依然很小。私人不愿意投资的根本原因是伊朗缺乏一个稳定、安全的法律和政治环境。十年前，政府没收私人资本的情形对很多人来说却仍

---

[1] Sohrab Behdad, "From Populism to Liberalism: The Iranian Predicament", in Parvin Alizadeh, ed., *The Economy of Iran: Dilemmas of an Islamic State*, London; New York: I. B Tauris Publishers, 2000, p. 129.

[2] Ali A. Saeidi, "The Accountability of Para-governmental Organizations (*bonyads*): the Case of Iranian Foundations", *Iranian Studies*, Volume 37, Number 3, September 2004, p. 493.

[3] The Economist Intelligence Unit, *Country Profile Iran*, London, 2005, p. 31.

然历历在目，而强烈反资本的社会氛围也没有得到根本扭转。第四，战后通过的《劳动法》对私有化产生了阻碍作用。虽然有些学者认为该法的通过是工人阶级的胜利，但真正受益者只是那些在岗工人，而对正在找工作的人来说却是十分不利的，因为雇主对雇佣新的员工相当谨慎。该法对劳资关系有相当严格的规定，如一旦工人被雇佣，雇主便不能任意解雇或者处罚工人。而且它适用于国有和私有的全部企业，即使私人收购国有企业，也不能裁减多余的员工。[①] 这些规定严重限制了私人相对自由的经营权利。第五，私有部门缺乏真正的代言人。伊朗缺乏代表私有部门利益的非政府组织，而唯一的机构"商业和工矿业部"也在商业部的管辖之下。第六，大部分国有企业的账目不公开，缺乏透明度，导致不能向潜在的购买者提供准确有效的信息。这也是阻碍私有化进展的重要原因。

二、汇率制度改革

伊斯兰革命后初期的多重汇率制度之弊端到了两伊战争后期暴露无遗。多重汇率制的目的主要是为了节约外汇，但是却成为少数人牟利的工具。该制度还导致了市场价格关系的扭曲，刺激了消费的增长，造成资源的大量浪费，成本最后转嫁到政府身上，加重了政府的财政负担。改革多重汇率制成为实现经济自由化、市场化的第一步。

为了减少社会的动荡，拉夫桑贾尼政府采取渐进的方式实现汇率统一。改革的第一步是将多重汇率制进行简化。两伊战争结束时，伊朗至少存在七种不同的汇率制度。1991年，简化成三种汇率：基本官方汇率，仍然维持1美元兑换70里亚尔的比率；竞争性汇率，1美元兑600里亚尔；浮动汇率，1美元兑1460里亚尔。[②] 享受基本官方汇率的是石油出口、关键商品、重要发展项目所需物资及军事物资的进口。事实是所有由政府负

---

① Djavad Salehi-Isfahani, "Human Resources in Iran: Potentials and Challenges", *Iranian Studies*, Volume 38, Number 1, March 2005, p. 134.

② M. Hashem Pesaran, "Economic Trends and Macroeconomic Policies", in Parvin Alizadeh, ed., *The Economy of Iran: Dilemmas of an Islamic State*, p. 86.

责的进口都享受官方汇率。享受竞争性汇率的主要是原材料、零部件和中间品的进口。而浮动汇率主要负责其他类型的进口，同时适用于官方购买非石油出口所得外汇。

但是，这种简化的多重汇率制仍然无法真实反映货币价格，即外汇实际价格依然大大高于官方价格。黑市外汇投机还是有利可图，它的实际意义并不大。经再三考虑和一再推迟，1993年3月，伊朗终于决定统一汇率，官方汇率价格最初定为1美元兑1538里亚尔。该价格是政府结合自由市场（黑市）外汇价格考虑后做出的决定。同以前的固定汇率不同的是，这是浮动汇率，由外汇每日供求状况决定。

但是，这次统一汇率的尝试最后以失败而告终。改革失败的主要原因是政府无力控制由汇率统一引起的里亚尔不断贬值的问题。外汇价格归根结底是由一国生产力水平决定的，而直接决定因素是本国出口创汇能力（供）和对外汇的需求（需）。汇率统一的关键在于政府政策导向的影响，即政府将逐渐建立与里亚尔真实币值相符的汇率制度。由于长期以来存在高估里亚尔币值的问题，所以政府统一汇率实际上意味着里亚尔的贬值。在统一汇率的过程中，政府显然没有做好改革的相关配套措施，也没有向民众作出稳定币值的信心承诺，因此引起了民众对里亚尔贬值的恐慌情绪。政府统一汇率同时也引发了平行市场里亚尔的急速贬值。

而1993年石油收入低于预期加剧了这一问题。伊朗最主要的外汇来源是石油，这就意味着该年的外汇收入并不多，但经济重建对外汇的需求却很大。这种状况造成外汇实际价格上升，而本国货币相应贬值。虽然伊朗里亚尔已经大幅度贬值，但仍不能缓和外汇短缺的问题，平行市场的汇率仍在进一步贬值。在汇率统一后的几个月内，官方汇率和自由市场汇率还能保持微小的差距，但到1993年10月，自由市场汇率已经下降到1美元兑换2680里亚尔。虽然官方汇率同时下调为1美元兑1750里亚尔，但是二者差距仍然很大。自由市场汇率到1995年1月达到1美元兑3240里亚尔，而同年5月则达到6800里亚尔。[1]

---

[1] M. Hashem Pesaran, "Economic Trends and Macroeconomic Policies", p. 88.

从1993年12月开始，伊朗政府被迫终止了浮动汇率制，将基本汇率固定在1美元兑1750里亚尔。到1994年5月，政府又实施了一种出口汇率，1美元兑3000里亚尔，它主要适用于非石油出口所得外汇的兑换和所有其他官方经常账目业务，目的是为了减少一般商品的进口并促进非石油出口。[①] 在不到一年的时间内，多重汇率制又恢复了。

由统一汇率的改革造成的里亚尔贬值的社会影响是巨大的。在多重汇率制下，人民至少还能买到一些廉价商品。但是在改革之后，物价指数急剧上升，实际购买力迅速下降，人民的不满情绪开始增加；而国有部门和基金会组织由于不能获得廉价的外汇也反对改革。所以，多重汇率制的恢复一方面是为了抑制通货膨胀、消除民众的不满；另一方面也是与原先从多重汇率制中获取巨大利益的政治集团相妥协的结果。即使在统一汇率的改革启动之后，伊朗仍然以原来的官方汇率价格进口了38亿美元的关键物资，超过了1993年全部进口的20%，其中的分配比例是12亿美元的燃料，13亿美元的食品，8.5亿美元的军事设施，3.88亿美元的药物，另有8000万美元的留学生费用。[②] 政府试图以缓冲的方式抑制统一汇率带来的通货膨胀的预期影响，但显然并没有起到太大的作用。

伊朗无法完成统一汇率的改革，根源上是因本国经济基础较差和外汇长期短缺导致的，不健全的汇率制度也起到了很大的作用。然而，虽然拉夫桑贾尼这次统一汇率的尝试失败了，但伊朗再也无法回到1美元兑换70里亚尔的状况。在某种程度上这也是向真实反映供需关系、实现汇率制度合理化的方向推进了一步。

三、打开国门、吸引外资

扩大投资是经济增长的基本动力，而革命后伊朗基本上是通过国家主

[①] M. Hashem Pesaran, "Economic Trends and Macroeconomic Policies", in Parvin Alizadeh, ed., *The Economy of Iran: Dilemmas of an Islamic State*, p. 88.
[②] Hossein Farzin, "The Political Economy of Foreign Exchange Reform", in Saeed Rahnema and Sohrab Behdad, eds., *Iran after the Revolution: Crisis of an Islamic State*, London; New York: I. B. Tauris, 1995, p. 186.

导的石油收入作为主要的投资来源。在70年代石油收入充裕的条件下,并没有感觉到资金匮乏的问题,但是80年代的油价下跌立即使问题凸显出来。资金来源单一已经成为制约伊朗经济发展的主要瓶颈。自伊斯兰革命之后,外来投资在伊朗是被禁止的。在两伊战争后,虽然政府积极鼓励国内私人投资,却成效不彰。在此背景下,吸引外资重新成为伊朗政府考虑的重要政策。另外,伊朗也急需国外先进的技术和管理经验来促进本国经济的发展。

90年代初拉夫桑贾尼政府向国际组织借贷迈出了吸引外资的第一步。同国际货币基金组织相比,伊朗更愿意向世界银行贷款,因为后者的借贷条件比较宽松。1991年,世界银行向伊朗借贷2.5亿美元,到1994年5月,该组织共为伊朗各种项目提供了8.5亿美元的贷款。[1] 除此之外,伊朗还向其他国家借贷。需要指出的是,受国内强大的反外来资本控制思潮的影响,该时期的借贷主要是短期贷款。但这种非理性的借贷方式是导致"一五"计划末伊朗严重债务危机的主要原因。

除直接借贷之外,吸引外来直接投资成为政府的重要目标。为了不与宪法中反对外来资本控制的条款相冲突,90年代吸引外资的重要政策是建立自由贸易区。1993年8月,有关建立自由贸易区的法律经议会通过并于9月份得到监护委员会的批准。伊朗的两个小岛——位于海湾的基什岛(Kish)和霍尔木兹海峡的格什姆岛(Qeshm)成为首批经济自由贸易区;之后又增加了查巴尔自由贸易区(Chabahar Free Trade Zone),该区位于锡斯坦省和俾路支斯坦省交界处的最南端。伊朗政府的计划是,在内陆腹地采取渐进的方式开放经济,在自由贸易区则完全按照国际开放型经济模式运作,后者成为沟通腹地与国际经济的桥梁。

自由贸易区和伊朗其他地区实行两种不同的经济体制。在自贸区,外国公司享有许多特殊的权利。这些权利主要包括:外来直接投资受到相关自由贸易机构的保护,其资本、机器、原料、制成品和投资所得利润都受到法律的保障;外来投资商可以拥有全部的公司经营权,投资申请在两周

---

[1] Sohrab Behdad, "The Post-Revolutionary Economic Crisis", in Saeed Rahnema and Sohrab Behdad, eds., *Iran after the Revolution: Crisis of an Islamic State*, p. 116.

内就可通过程序审查；资本和投资所获利润可在自贸区自由汇出及汇入；机器、零部件、与资本相关的交通工具、原材料和生产、商业及服务业所需的建筑材料可以任意进口；利润和资产15年免税；外商从国外可免签进入自贸区；转口货物可以不经任何手续进口或卸载；一定比例的货物可以不经正常海关手续从自贸区进口到伊朗其他地区；劳动力和雇佣规则比伊朗其他地区更加灵活；自贸区制造商品可不受伊朗其他地区出口限制而直接出口到其他国家和地区；在自贸区注册的外国公司可在伊朗其他地区设立由本公司命名的公开代理机构，而且这些机构可从事与促进本公司生产相关的所有活动；实行在自由市场汇率基础上的银行和外汇法律，硬通货可以被相关机构（银行、外汇机构）自由地进出口和兑换；外国银行和保险公司可以在自贸区设立分支机构。①

伊朗自贸区制度类似于中国在改革开放初期设立的经济特区，是一种尝试性的和有较大弹性的对外开放政策。自由贸易区的示范作用可以对全国范围内进一步对外开放产生良好影响，而其在制度上的创新试验也会对国家经济制度建设提供一定的借鉴。然而，由于长期以来伊朗走私猖獗和黑市经济的大量存在，自由贸易区逐渐成为走私货物出入境的主要门户。据官方统计，每年要从自贸区进口3亿美元的货物，但分析家称实际数字是其3倍。这些没有被统计在内的进口货物很大一部分是走私物资。②

拉夫桑贾尼时期，伊朗腹地的外来直接投资还没有得到法律上的承认，但是尝试已经开始。这里主要指的是石油开采行业开始允许外资进入，不过要按照伊朗制定的"回购"（buyback）合同方式。"回购"合同具体是指在勘探阶段，承包商提供投资并独立承担勘探风险。如果获得商业油气的发现，则合同终止，外国公司获得唯一与伊朗国家石油公司（NIOC）协商谈判的机会。一旦协商不成功，NIOC偿还外国公司的勘探费用并根据原先的协商支付相关报酬，然后再向其他公司进行开发阶段项目的招标；一旦协商成功，外国公司将根据新合同条款继续开发。实际上，对投资者来说，回收成本是最关键的。但是在回购模式下，投资者能够顺

---

① Philip Dew, ed., *Doing Business with Iran*, p. 68.
② Philip Dew, ed., *Doing Business with Iran*, p. 70.

利进入开发阶段回收成本具有极大的不确定性；另外，作业者不具有油田操作权，无法保证石油生产和必要的产量。①

"回购"合同对伊朗吸引外资，同时保持国家对经济（特别是对石油工业）的控制权，不致使稀缺的外汇资源外流来说不失为一种有效的方式。除此之外，它也是某些需要大量外汇的私有部门吸引外来投资的重要方式。但同世界大多数国家引进外资相比，"回购"合同大大增加了外来投资商的风险，再加上伊朗面临国际制裁及国内审批程序繁琐等问题，使得"回购"模式成为伊朗不能有效吸引外资的重要原因。

四、价格机制及配给补贴制度的改革

要建立市场机制，就必须由市场决定价格，所以两伊战争后对政府控制价格和配给制度的改革势在必行。这两项制度本来是80年代初期伊朗政府保障人民基本生活的重要措施，但是却产生了很多消极影响，而且战争的结束也使这些制度失去了继续存在的基础。从90年代初，政府开始放开绝大多数商品的价格交由市场决定，配给制度也相应被取消。

但是改革不可避免地造成了价格上涨，通货膨胀迅速上扬。拉夫桑贾尼急于推进改革，在没有做好充分准备的情况下补贴制度同时也被废除。从1993到1994年，除了一些基本食品及消费品外，补贴被大量地削减。燃料、电信、邮政、电力、城际交通、航空等的费用开始上升，有的费用甚至提高了100%。② 人民的生活成本迅速上升，社会不满急剧增加。与此同时，不同派系内部围绕是否取消补贴的斗争也在加剧。

广义来说，价格控制和配给制度都属于政府补贴的政策范围。广泛的

---

① 葛海明，王家兴："详解中石油项目中的伊朗项目中的回购模式"，石油观察家网，http://www.oilobserver.com/tendency/article/106.

② Sohrab Behdad, "From Populism to Liberalism: the Iranian Predicament", in Parvin Alizadeh, ed., *The Economy of Iran: Dilemmas of an Islamic State*, London; New York: I. B Tauris Publishers, 2000, p. 122.

补贴不仅成为沉重的财政负担，而且不利于扩大国内生产；补贴导致的消费增长会造成进口增加并抑制国内产品的出口。而放开价格、削减补贴，由市场决定价格，会使商品价格升高，特别是进口附加值越高的产品的价格会更高；短期内人民购买力会随之降低，如此也会导致需求减少，相应的进口也会下降，而对国内一些易于出口创汇商品的需求也会下降（如地毯等物品），从而可促使这类产品增加出口。所以从长期来看，取消补贴能够促进经济持续健康的发展。但是在实施改革之前，政府应该认真考虑如何抵消改革带来的短期负面影响，否则将会付出巨大的代价。改革势必造成生活成本大幅度提高，使人民生活水平急剧下降，加剧社会不稳定局面。但是拉夫桑贾尼政府没有充分顾及到这些问题。政府只是提高了部分企业工人的工资。工资增长最多的还是国有和大型企业（50人以上），而私营企业、小企业和普通工人的工资增加很少。下层民众成为改革的最大受害者。随着社会危机的不断加深，拉夫桑贾尼政府面临各方面的指责，在几番犹豫后又被迫重新恢复了补贴制度，特别是那些与人民生活密切相关的基本食品和日用品的补贴恢复最多。

表4—3　1993/1994—1998/1999年度"消费者和生产者保护组织"提供的补贴　　　　　　单位：10亿里亚尔

年度	1993/1994	1994/1995	1995/1996	1996/1997	1997/1998	1998/1999
化肥	239	522.0	558.0	492	522	548
糖	239	296.2	495.0	345	292	85
小麦	1154	2095.4	2632.8	3933	3390	4447
牛奶和奶酪	103	129.0	230.0	234	440	284
大米和植物油	0	371.0	632.0	604	212	336
其他	392	272.6	610.8	372	245	187
总计	2125.9	3686.2	5158.6	5980	5101	5887
占GDP%	2.3	2.8	3.0	2.5	1.8	1.9

资料来源：IMF Staff Country Report, *Islamic Republic of Iran: Statistical Appendix*, 1999, p.31.

注：其他主要指对肉类、种子和农药的补贴。

表4—3显示，到1995和1996年，各种基本食品的补贴不同程度上都有较大的增加，特别是小麦、牛奶和奶酪的补贴增加最多。与此同时，政府也并没有完全放弃改革计划，汽油等燃料的价格继续大幅度提高。政府被迫采取迂回的方式推进改革。

除此之外，政府还陆续实行了其他一些改革措施，或对经济发展产生直接影响，或属于制度建设范畴，但总体上都有利于深化经济改革。这些政策主要包括：

第一，提高融资手段，重开德黑兰证券交易所。在巴列维时期，德黑兰证券交易所就已经开始运营，但仅处于萌芽状态，交易规模和影响都很小。伊斯兰革命后，国家禁止将政府债权出售给私有部门，于1984年将交易所关闭。随着经济重建的开始，资本市场在现代经济中的作用重新受到重视。1990年，拉夫桑贾尼政府允许其重新运营。1990年，伊朗政府将国有企业大约108亿里亚尔的资本放入交易所进行交易，到1993年资本已达到1666亿里亚尔。[1] 交易所逐渐成为私有化的重要机构，对实现汇率的统一也发挥了重要的作用。但是，在重开后相当长的一段时期内，该所在经济中所起的作用很有限。1996年，交易所所有股票价格仅占GDP的1.83%。[2] 股市对整合储蓄，并将这些资金分配到不同生产领域的作用还很小；而一般小的投资商对进入股市十分谨慎，因为股市常因为几个大投资商（如基金会）的操纵而出现剧烈的波动。显然伊朗资本市场尚处于发育初期，制度建设还很不成熟。

第二，改革银行体系，重新引入利息制度。到80年代末，伊斯兰银行无息制度严重打击了社会储蓄的积极性，并使银行业务受到了很大的制约。90年代初，伊朗银行系统逐渐发展出一套折中的办法，即"提前支付"，银行可根据预先估计的利润提前支付储户所得份额，比例一般在15%—18%之间，具体数值则根据储蓄的不同类型决定。如1995/1996年

---

[1] Kamran M. Dadkhah, "Iran and the Global Finance Markets", in Ali Mohammadi ed., *Iran Encountering Globalization: Problems and Prospects*, London and New York: Routledge Curzon, 2003, p. 98.

[2] Kamran M. Dadkhah, "Iran and the Global Finance Markets", p. 97.

度，一年期存款回报率为14%，两年期为15%，三年期为16%，五年期为18.5%。[1] 这实际上是变相的利息制度。虽然利率低于同期的通货膨胀率，但是在改革之后银行储蓄仍然明显增加。

第四节 哈塔米的"中间道路"

哈塔米执政之初没有能够及时提出切实可行的复兴经济方案。1997年亚洲金融危机爆发，国际油价大幅度下跌，令伊朗经济一度跌入了低谷。1999年之后，哈塔米才越来越重视经济发展和民生问题。他意识到，要让伊朗经济获得快速的发展，必须要把拉夫桑贾尼时期的各项改革继续推行下去，但在发展经济的同时不能以牺牲下层民众的利益为代价，所以必须继续加大对社会公正的关注度。这是一种兼顾经济发展与社会公正的"中间道路"。

一、继续推进统一汇率改革

1997年，伊朗政府决定开始实施另一种汇率制度。同固定汇率不同，它是由德黑兰证券交易所（TSE）的外汇市场决定的汇率，汇率价格约1美元兑8150里亚尔，这同自由市场的汇率水平差异已经很小（约1美元兑8450里亚尔）。1999年后，石油收入的增加大大缓解了外汇短缺的局面，使得德黑兰证券交易所的外汇供应也比较充足，而自由市场汇率投机利润则越来越少。同年，中央银行设立了一个向社会开放的吸引储蓄的机构，并将商业银行的多余储备资金都吸收进来。这个机构成为德黑兰交易所外汇市场的强大后盾，并能够使交易所汇率进一步贬值，最终接近自由市场汇率。在1999年5月之前，从自由市场外汇交易中所获利润要比德黑兰证

---

[1] IMF Staff Country Report, *Islamic Republic of Iran: Statistical Appendix*, 1999, p.47.

券交易所高出 17%，但之后下降到不足 2%。① 同时，政府也逐渐把原来受官方汇率和出口汇率保护的进口业务都转移到该交易所，出口汇率逐渐被取消。到此时，德黑兰交易所逐渐成为决定汇率价格的主要场所，适用于所有官方经常账目的交易（除了补贴性的基本商品进口及与支付债务相关的服务还沿用官方汇率之外）。另外，自由市场对汇率的影响在不断的削弱。2002 年 3 月，德黑兰证券交易所的所有外汇业务都转移到一个新成立的银行同业拆借市场，不同价格的官方汇率被取消。在经过了 11 年的探索后，伊朗官方汇率终于实现了统一。统一后的汇率制度属管制型的浮动汇率，由每日外汇市场供求决定外汇价格。

实现汇率统一对伊朗经济发展具有重大的意义。首先，它是取消非关税壁垒、实现贸易自由化的重要一步，也是伊朗经济与国际接轨的重要一环。其次，它取消了多年来政府对社会隐性补贴的重要部分，减轻了国家财政负担，对减少赤字具有重要意义。再次，它改变了价格扭曲状况，使价格能够反映成本，优化资源配置，有利于建设完善的市场机制和提高经济效率。第四，它沉重打击了靠获取官方外汇牟取暴利的寻租集团，使多年来黑市外汇投机猖獗并屡禁不止的现象得以消解，为解散垄断集团迈出了重要一步。第五，它有利于促进本国生产，扩大出口并限制进口。里亚尔贬值使进口商品价格大幅度提高，本国商品则更具有竞争力，从而有利于本国制造业生产的扩大。同时，它使出口成本相对降低，增加了伊朗产品在国际市场的竞争力。第六，它有助于淘汰一些过去依靠廉价外汇进口但却长期亏损的企业，同时扶持一些新兴产业，因而有利于优化伊朗产业结构，促进产业升级。从长期来看，统一汇率是确保伊朗经济健康发展的重要举措。

但是，伊朗统一汇率的目标并没有彻底实现。所谓的汇率统一指的是官方汇率，政府却一直无力消除平行存在的自由外汇市场。自由外汇市场价格与官方汇率一直存在一定的价格差。伊朗政府虽然试图统一两个市场汇率，但是未能成功实现。究其原因，还在于外汇在革命后的伊朗一直属

---

① IMF Country Report, *Islamic Republic of Iran: Selected Issues and Statistical Appendix*, 2002, p. 9.

于紧缺产品。外汇短缺在伊核问题爆发后更加严重,使得自由市场汇率的存在更有盈利空间。到内贾德时期,两个市场的外汇价格差愈发扩大了。

二、加快私有化改革

哈塔米时期力图加快私有化改革的进度,特别是在他的执政地位相对稳固之后。首先,政府试图减少宪法对私有化的障碍。1999年,为了确保国有企业的私有化不违反宪法第44条的规定,政府特别成立了一个委员会,负责确定那些需要并适合进行私有化的国有企业。在724个国有企业中,只有128家被允许继续保留在国有范围之内,而其余的都要进行私有重组,而538家被列入首批私有化之列。其次,解散垄断集团,大约1000多个基金会下属企业也开始私有化。[1]如"被压迫者和伤残者基金会"除了保留一些战略性部门外,其余均被要求从轻工业活动中退出。这实际上是鼓励私人对轻工业进行投资。再次,扩大了私有化的范围。在伊朗现代历史上,政府第一次提议将铁路、烟草、茶、糖、邮政、电信及其他原由公共部门负责的服务行业私有化。最后,引导信贷系统向私人投资倾斜。从1995年开始,一些私营非银行财政机构开始试营业。"三五"计划明确规定要减少对私有部门信贷配额的限制,并且分配给私人更多的资金,同时减少政府对银行系统的控制。为了实现这一目标,政府取消了对私有银行和信贷机构的禁令,并放松了对保险业的垄断。2001年,伊朗开始正式允许私人银行营业;到2003年,伊朗已经有3家私人银行。2004年,宪法第44条款的修正案正式允许80%的国有资产可以被私有化。[2]

但是,伊朗的私有化改革总体上具有"雷声大,雨点小"的特点,改革成效并不明显。到2005年,伊朗的国有企业及准政府组织的企业依然是经济活动的主体。拉夫桑贾尼时期阻碍私有化进程的因素,到哈塔米时期

---

[1] Bijian Khajehpour, "Domestic Political Reforms and Private Sector Activity in Iran", *Social Research*, Vol. 67, No. 2, 2001, p. 590.

[2] Wikipedia-the free encyclopedia, "Economy of Iran", http://en.wikipedia.org/wiki/Economy_of_Iran#Five-year_economic_development_plan.

并没有完全消失。制度障碍依旧存在，如宪法仅仅多了一项承认私有化的修正案，《劳动法》则没有做出任何修改；对基金会的改革则遭遇强大阻力；私人对购买国有企业仍然心存疑虑；从拉夫桑贾尼时期就开始号召革命初期逃离伊朗的人回国参与重建，但并没有多少人回国；而伊朗政府不同派系对待私人资本的不同态度也限制了私有化具体路径的推出，使得私有化更加艰难。到内贾德时期，由于他本人对私有化的抵触态度，使得私有化的进程有所停滞。

三、扩大吸引外资力度

到 90 年代后期，伊朗政界逐渐达成一项广泛的共识：外来投资不仅是必需的，而且是经济发展必不可少的一部分。哈塔米对吸引外来直接投资更加重视，这也是他频繁出访各国的重要目的。2001 年，政府开始对巴列维时期的《伊朗吸引外来投资法》进行重审，目的是进行修改并使其适应新时期的需要。2002 年 5 月，伊朗终于通过了新的《促进和保护外来投资法》。根据该法，一旦外来投资商得到有关部门的批准并投资到工业、采矿、农业等生产部门，就受到应有的保护；给予外商或者有外商参与的合资企业相应的优惠及特许权。这些权利包括对没收财产的合理补偿，外汇的自由转移，至少 6 年的免税期限；而与外商合资的企业免除一般性的规则限制，如对出口商品数量和必须返回出口所得外汇收入的规定。[①] 但是，外来投资必须要满足几个前提条件：能够促进经济增长、增加就业、不危害国家安全、未形成垄断、在任何一个经济部门中外资所生产的产品和服务不超过 25%。

但从国际比较层面上讲，伊朗吸收外资的能力仍然十分有限。2001 年全部外来直接投资为 3200 万美元，仅占中东北非国家比例的 0.34%。这一地区又是世界上吸引外资比例较低的地区，伊朗仅占全世界吸引外来直

[①] Evaleila Pesaran, *Iran's Struggle for Economic Independence-Reform and counter-reform in the post-revolutionary era*, p. 117.

接投资的0.003%。① 伊朗参与国际经济的程度依然很低。

但是从纵向看，伊朗吸引外来投资的总量还是有较大的增长。2000—2004年之间，伊朗吸引外来投资从1.94亿美元增长到28.6亿美元，从GDP的0.2%增长到1.8%。哈塔米时期，把私有化目标与引进外资结合起来，认为外资的引进有利于私有化的推进。② 但是受美伊关系的影响，伊朗的外来投资主要来源于欧盟、土耳其等国家，另外美洲、非洲国家也分别占有一定的投资比例，而中国、印度等新兴国家对伊朗的投资在2000年后增加速度明显加快。

在哈塔米政府的努力之下，伊朗的吸引外来投资能力有了明显的提升，但是面临的挑战也很多。影响伊朗吸引外资的关键因素在于其国内外政治环境是否稳定及投资政策能否进一步优化。哈塔米营造的欢迎外来投资的氛围很快因为伊朗核问题的爆发而终结。到了内贾德时期，他本人并不欢迎外来投资，而国际制裁的步步收紧也令外来投资望而却步。

四、重新提高补贴

吸取拉夫桑贾尼时期削减补贴造成社会动荡的教训，哈塔米政府重新把社会公正提到了重要位置，力图实现经济公正与效益的平衡，所以进一步增加了补贴的数额。1999年后，石油收入大幅度提高，在财政收入明显好转的情况下，对社会补贴的数额也相应增加。但这并不表明政府已经完全放弃了削减补贴。表4—4显示，从1999/2000到2003/2004年度，大米和植物油的补贴都被大量削减，甚至一度成为负值。政府在考虑到民众反应不会太大的情况下，削减补贴的尝试仍在继续进行。但这种小规模的削减不能改变补贴仍在大量增加的总体趋势。到2003/2004年度，补贴已经增加到GDP的3.0%。从表4—4更详细的数据看出，食物补贴在全部补贴

---

① Massoud Karshenas and Hassan Hakimian, "Oil, Economic Diversification and the Democratic Process", *Iran Studies*, Vol. 38, No. 1, March 2005, p. 71.
② Evaleila Pesaran, *Iran's Struggle for Economic Independence-Reform and counter-reform in the post-revolutionary era*, pp. 135 – 136.

中的比例逐年上升，从2002/2003年度的50%提高到2005/2006年度的91%。生活补贴要远远超出生产补贴的增长速度。

需要补充的是，表4—4反映的数据基本上属于显性补贴的范畴，而在伊斯兰革命后的伊朗一直存在大量隐性补贴，具体数额难以估算，其中燃料和电力部门的隐形补贴最为突出。长期以来，伊朗国内燃料价格远低于国际市场。虽然拉夫桑贾尼时期已经提高了汽油价格，但仍不及燃料成本。2000年之后，燃料补贴又有增加的趋势。2001/2002年度，仅能源补贴一项就达到157亿美元，占GDP的14%。[1] 而针对不同的使用群体，伊朗国内天然气的价格也不尽相同，其中得到补贴最多的是发电厂。对电力部门的补贴规模也十分庞大。2005/2006年度，普通居民电费标准为每度1.1美分，公共和工业用户为2.0—2.4美分，其他用户为1.7美分，这都远远低于国际标准。而此年度电力补贴大约为43亿美元，占GDP的2.3%。[2]

表4—4 1999/2000—2006/2007年度"消费者和生产者保护组织"提供的补贴

单位：10亿里亚尔

年度	1999/2000	2000/2001	2001/2002	2002/2003	2003/2004	2004/2005	2005/2006	2006/2007
化肥	471	531	528	650	670	1800	7025	—
糖	20	434	439	488	916	2438	3429	
小麦	5200	5835	6819	10061	11788	14049	24578	—
牛奶和奶酪	481	623	809	665	1280	2258	3287	
大米和植物油	98	−274	0	−252	0	1185	3556	
其他食物补贴	611	771	1416	1365	1845	3202	6703	
全部食物补贴	6881	7920	10011	12977	16499	24931	48578	57800
其他补贴	—	—	—	12702	17117	17532	4614	2800
全部补贴				25679	33616	42463	53192	60600
GDP%	1.6	1.4	1.5	2.8	3.0	3.0	3.1	3.0

资料来源：IMF Country Report, *Islamic Republic of Iran: Selected Issues*, 2008, p. 25.

---

[1] Moin A. Siddiqi, "Stability and Reform: The Key to Economic Growth", *The Middle East*, July 2003, p. 48.

[2] IMF Country Report, *Islamic Republic of Iran: Selected Issues*, 2008, p. 28.

从 90 年代初以来，伊朗一直致力于取消补贴，但补贴不仅没有被取消，反而在不断的增加。出现这种状况的主要原因包括：第一，伊斯兰革命之初政府对民众许下的建立福利国家、实现社会公正的诺言对改革具有无形的牵制力。虽然补贴的消极影响十分明显，但是经济公正是所有派别都不敢公开反对的基本原则；而且反对派时常将改革的负面影响，尤其是人民生活水平的下降作为攻击对方的口实。改革者迫于社会压力也不敢轻举妄动。第二，补贴所发挥的社会安全阀的作用使得当政者对取消补贴相当谨慎。伊斯兰革命后，伊斯兰政府在政治、文化、经济等各方面的表现都不尽如人意。如果要维持政权的稳定，必须保证人民的基本生活需要，这也是补贴不降反增的重要政治考量。第三，取消补贴遭到既得利益集团的抵制。不论是显性补贴还是隐性补贴，国有部门和基金会组织都是最大受益者。因而，取消补贴势必遭到由这些集团代表的政治势力的反对。第四，对石油的依赖已经不仅仅是一种经济模式，还是一种社会心理。伊朗人民将石油视为真主赐予的财富，每个人都应该享受公平的一份，这也是补贴不能削减的社会土壤。在 80 年代石油收入锐减的情况下，伊朗尚能维持对人民的高额补贴。在 90 年代后，尤其是 1999 年后，随着石油收入的增加，维持补贴变得较以前更容易一些，而人民对提高补贴的期望值也随之增高。因此，完全取消补贴逐渐变成了一件不太可能完成的任务。

五、改善财政和税收系统

长期以来，税收在伊朗财政收入中只占很小的份额。到 90 年代末，中央政府财政税收仅占 GDP 的 5% 左右，其中 2.8% 来源于个人收入所得税和财产税，2.2% 为间接税。而在中等收入国家中，税收一般占 GDP 比例的 15%—25% 左右，低等收入国家为 10%—20%。[1] 相比之下，伊朗明显要低得多。伊斯兰革命后，伊朗一直存在一个庞大的免税阶层，如基金会

---

[1] Massoud Karshenas, "Structural Adjustment and the Iranian Economy", in Nemat Shafik ed., *Economic Challenges Facing Middle Eastern and North African Countries: Alternative Futures*, New York: St. Martin's Press, 1998, p. 220.

企业是典型代表。另外伊朗税收系统程序繁琐，效率低下，对企业税及个人所得税的征收标准太高。从2000年之后，伊朗对财税制度进行大幅度改革。在国际货币基金组织的技术支持下，政府成立了"国家税务局"，简化了税收程序，并降低了企业税和个人所得税的税率。同时，免税范围也大大缩小，尤其是基金会企业也被要求同其他法人单位一同缴纳所得税。但同时又新增了一批免税对象，不过不再以公有和私有作为标准，而是按照利润回报率和地区差异（如在偏远落后地区的投资免税）进行划分。另外，继续对农业和出口部门实行免税，如部分制造业被免除关税。[1] 财税制度的改革使伊朗财政系统得到改善。

2000年，为了防止石油价格波动对经济造成不利影响，尤其是防止财政收入的大起大落，伊朗政府设立了"石油稳定基金"。该基金是中央银行下设的一个外汇账户，由财政部、管理和计划署、中央银行的官员及总统任命的两人组成的执行委员会具体负责。该基金的运作如下：2002/2003年度的财政预算是在油价为每桶17美元的基础上核算的，收入高出的部分便转交给"石油稳定基金"管理；如果收入低于预期，便从基金中调出资金补充财政不足。该基金的设立对抵消油价波动对经济的负面影响具有重要意义。另外，基金还可以为私人投资借贷，名义利率为7.5%，但是施行差别性政策，如对不发达地区的贷款利率要低于0.5%，而产业重组项目则低于0.2%。[2] 2000年以来石油收入的增加使得该基金的资本比较充裕。从2001到2005年，外汇盈余依次为59亿、73亿、81亿、84亿、95亿美元。[3] 但是也有资料显示基金存在资金使用不当的情况。该基金在2011年被"国家发展基金"所取代。

综上所述，拉夫桑贾尼和哈塔米两位总统的经济改革措施既有联系又有区别。从不同之处看：第一，拉夫桑吉尼面临两伊战争后经济残破的局面，经济重建一直是他任期内的主要任务。这也是伊斯兰革命后唯一一段将经济

---

[1] Massoud Karshenas, "Structural Adjustment and the Iranian Economy", p. 221.
[2] IMF Country Report, *Islamic Republic of Iran: Selected Issues and Statistical Appendix*, 2002, p. 55.
[3] IMF Country Report, *Islamic Republic of Iran: Statistical Appendix*, 2006, p. 26.

发展摆在首位的时期。而在拉夫桑贾尼经济重建没有取得预期效果的情况下，哈塔米试图从政治改革上打开局面，并将其视为解决伊朗所有问题的钥匙，一度将经济问题放在了次要位置。第二，拉夫桑贾尼经济建设的重点是恢复被战争破坏地区的生产，因而大规模兴建基础设施成为促进经济发展的重要手段，但是却没有跟进一系列配套制度建设，特别没有对相关宪法、法律条款进行实质性改动，阻碍了经济改革的进程。到哈塔米时期，更加重视经济体制的结构性问题，试图对某些宪法、制度进行深度的改革。与拉夫桑贾尼相比，哈塔米更注重为经济发展营造一个良好的国内外环境，尤其是重视国际关系的改善与国内宽容社会的构建上。第三，拉夫桑贾尼迫切希望伊朗立即实现经济快速增长以摆脱危机，因而强调经济发展而忽视了社会公正。但是欲速则不达，很多改革措施超出了社会承受的能力，到执政后期改革出现了倒退。这段时期的改革又被称为"休克疗法"。哈塔米则吸取了前任的教训，更加强调经济发展和社会公正之间的平衡。

作为相互承接的两个时期，拉夫桑贾尼开创了伊朗经济改革的新篇章，而哈塔米在很大程度上继承了前任的成果，能够保持经济改革的方向并继续推向前进。实际上，两任总统将伊朗经济改革的方向坚持了15年之久，到了内贾德时期，尽管与前两任属于不同的政治派别，但是经济改革的总方向没有发生大的改变。

第五节 1989—2005 年之间的宏观经济表现

90年代后，在经济重建与改革的推动下，伊朗的经济表现总体出现好转的趋势，逐渐摆脱了80年代严重的经济危机。但是伊朗经济的好转是有限的、不全面的，甚至在某些方面还有所恶化。另外，伊朗经济表现出较大的波动性。

一、基本经济指标

表4—5　1990/1991—2007/2008年度伊朗基本经济指数

单位：10亿里亚尔（以1997/1998年度为不变价格）

年度	1990/1991	1991/1992	1992/1993	1993/1994	1994/1995	1995/1996	1996/1997	1997/1998	1998/1999
GDP	218539	245036	254822	258601	259876	267534	283807	291769	300140
非石油GDP	181171	202426	212200	213844	217760	224805	240762	251005	258404
人均国民收入（千里亚尔）	3223	3483	3526	4148	3922	3922	4111	4018	3790
GDP增长率	14.1	12.1	4.0	1.5	0.5	2.9	6.1	2.8	2.9
私人总消费	112823	123327	128024	131264	132870	130901	134954	140807	150537
政府总消费	32599	34782	34474	41122	41509	40296	39672	38207	39740
总固定资本形成	57401	84016	81090	72729	62390	59560	74465	83765	86485
国内总支出	223664	251833	262539	258402	257496	264326	283096	292678	300699

年度	1999/2000	2000/2001	2001/2002	2002/2003	2003/2004	2004/2005	2005/2006	2006/2007	2007/2008
GDP	304941	320069	330565	357671	385630	410429	438900	467930	499071
非石油GDP	265426	277274	292511	318207	340051	363023	391356	418681	449204
人均国民收入（千里亚尔）	4132	4269	4323	4804	5122	5528	6079	6386	6865
GDP增长率	1.6	5.0	3.3	8.2	7.8	6.4	6.9	6.6	6.7
私人总消费	154730	165925	173287	193565	203791	228348	251087	266322	284441
政府总消费	37150	41616	42688	43633	44890	48209	51107	54063	49461
总固定资本形成	91505	95267	108762	123776	139033	151806	164954	169837	181020
国内总支出	306514	322278	334104	361566	390488	414179	433463	460387	497671

资料来源：Central Bank of Iran, "National Product at Constant Prices", http：//www.cbi.ir/simplelist/5796.aspx.

表4—5显示，1990/1991和1991/1992年度是两伊战争后、也是伊斯兰革命后伊朗经济增长最快的两年，按不变价格计算的GDP的年增长率分

别达到了 14.1% 和 12.1%。海湾战争刺激了油价的大幅度上涨，伊朗这两年的石油收入迅速增加。除此之外，两伊战争结束使伊朗得以将更多的资金用于扩大投资，而来自国际组织和其他国家的贷款也起到了积极作用。另外，经济自由化、私有化的改革使战时长期被束缚的生产力突然得到了释放。表中显示的固定资本形成增长很快。但从 1992 年开始，经济增速放缓，到 1993/1994 和 1994/1995 年度经济重新陷入了停滞。经济发生剧烈波动的主要原因是油价下跌和严重的外债危机，而经济增长缓慢的局面一直持续到 1999 年。1997 年，亚洲金融危机爆发使得世界原油需求量突然萎缩，造成了油价的大幅度下降。为了偿还外债，在石油收入不能达到预期的前提下，政府只有限制进口，导致国内投资出现下降；而拉夫桑贾尼后期和哈塔米前期经济改革的不顺利也深刻影响到经济发展的速度。1999 年之后，外债基本偿清，同时油价开始持续走高，经济改革的成效也逐渐显现，伊朗经济开始进入平稳较快发展的新时期。

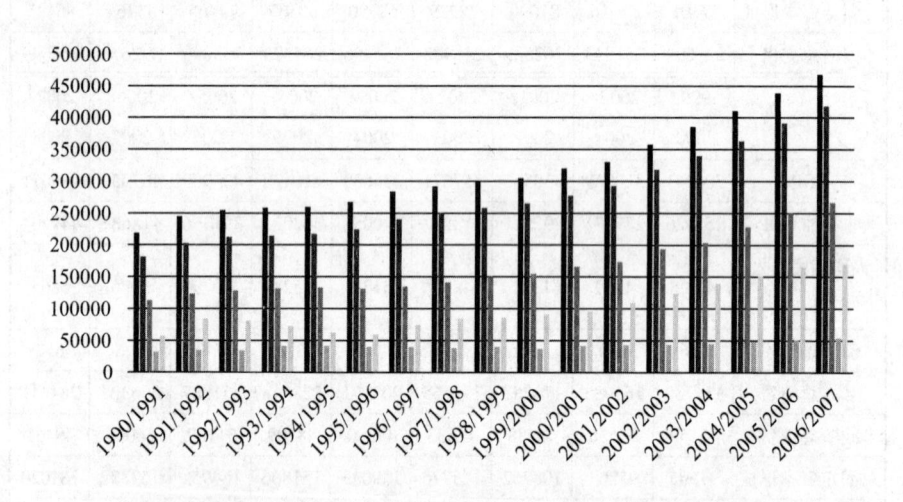

图 4—1 1990/1991—2006/2007 年度基本经济指标

资料来源：根据表 4—5 自制。

从图 4—1 中可看出，固定资本形成不论在规模还是在增长速度上一直低于私人总消费。但是2000年后固定资本形成增长较快,但是与私人消费之间的差距并没有缩小。消费大于投资,是伊朗经济的一个显著特征。

90年代伊朗人均国民收入一直徘徊不前。1997/1998年度的人均国民收入要低于1979/1980年度的水平。2000年之后,人均国民收入有了很大的增长,但2004/2005年度的人均收入还是略低于1979/1980年度。伊斯兰革命之后伊朗人口增长太快而经济增长乏力,是导致人均收入下降的主要原因。

二、财政收支状况

表4—6显示,与80年代相比,90年代后伊朗的财政状况明显改善,但存在的问题也十分突出。

该时期伊朗的财政总收入呈现不断上升的趋势,1995/1996年度的财政收入是1990/1991年的6.7倍;而90年代最高的一年1997/1998年度的财政收入是1990/1991年度的10.5倍。但实际上这段时期的伊朗经济并没有特别快速的增长,也就是说财政收入的增长速度明显与经济增长速度不相符。造成这一问题出现的主要原因是里亚尔的大幅度贬值。也只有在像伊朗这种主要依靠石油外汇收入而又长期高估本国币值的国家才可能发生这样的状况。伊朗财政收支都是以里亚尔结算的,而外汇收入以美元结算。但在统计数据时,需要将美元转换成里亚尔。受拉夫桑贾尼汇率改革的影响,这一时期官方里亚尔汇率大幅度贬值,使得同等石油美元换算成里亚尔之后的数额看起来十分庞大,所以从表面看来伊朗的财政收入增加了很多,实则不然。但也不能否认2000年之后伊朗财政收入的实际增长。

另外,由于石油收入比80年代相对增加,因此在总收入中的比例也增加了。根据表4—6的计算得出,除了1998/1999年度石油收入不到财政总收入的40%之外,其他年份都在40%以上,1993/1994—1996/1997年度期间高达70%以上,而2000年之后基本保持在60%左右。

表 4—6　1990/1991—2006/2007 年度伊朗财政收支状况

单位：10 亿里亚尔

年度	1990/1991	1991/1992	1992/1993	1993/1994	1994/1995	1995/1996	1996/1997	1997/1998	1998/1999
总财政收入	6678	8380	12298	28982	33482	45156	62056	70012	62241
油气收入	3375	3544	5141	21649	23908	29431	38153	37493	22979
非石油收入				7333	9574	15725	23903	32519	39262
税收	1695	2765	3776	4601	5491	7313	12560	17345	18690
非税收入				1506	2274	4831	6563	8777	11906
特别收入				1765	1809	3581	4780	6397	8666
支出和净贷款	7078	9489	13076	35734	39208	51507	65903	77540	78836
经常支出	4684	6076	8850	26741	28355	35057	43798	52598	55488
资本支出	1766	2527	2949	7228	9044	12869	17325	18545	14682
特别支出				1765	1809	3581	4780	6397	8666
收支平衡	-400	-1109	-778	-6752	-5727	-6351	-3847	-7528	-16595
年度	1999/2000	2000/2001	2001/2002	2002/2003	2003/2004	2004/2005	2005/2006	2006/2007	
财政收入	103891	189989	180979	248261	305540	428872	513590	610262	
油气收入	44487	128205	103138	149685	184387	264632	370739	424150	
非油气收入			61784	77841	98576	121154	164240		
税收	38757	33298	41682	50553	65099	84421	102705	125487	
非税收入	9072	12004	13443	15035	15586	20730	38070	56900	
特别收入	11575	16481	22717	32988	40469	59090			
支出和净借贷	106301	139893	170185	270189	306772	433670	485284	609730	
经常支出	67987	88068	112551	148748	181600	262443	330884	415793	
资本支出	24942	30115	25488	56305	57772	76680	117639	145561	
特定支出	11575	16481	22717	32988	40469	59090			
净借贷	2410	3201	2974	4294	8335	15866			
收支平衡		50096	10795	-21928	-1231	-4799	79827	14799	

注：在 2000/2001 年度之前，资本支出一项中包含净贷款，但此年度之后二者分开统计。

资料来源：1993/1994 年度之前（不含该年度）的数据来源于 Jahangir Amuzegar, *Iran's Economy under the Islamic Republic*, London; New York: I. B. Tauris & Co Ltd, 1997, p. 358. 1993/1994 年度之后的数据来源于 IMF Country Report, *Islamic Republic of Iran: Statistical Appendix*, 1999, p. 5; 2006, p. 5; 2008, p. 29.

税收收入在 1996 年之前数额非常小，但是在 1996 年之后却有了明显的增加。税收的提高显然同税制改革密切相关。改革之后直接税的比例有所扩大，而间接税的比例降低，总的来说是一个合理的发展趋势。

从财政支出看，经常支出是最主要的开支项目。经常项目中补贴与福利一项支出的居高不下是导致政府开支无法缩减的主要原因。而这项支出的高比例相应地制约了资本支出的有效增长。从表中计算得出，资本支出在全部支出比例的 20% 以下。资本支出的相对不足是制约伊朗扩大投资、扩大再生产的重要因素。

90 年代大部分时期财政收入的增加无法满足支出的不断扩大，巨额赤字是这一时期伊朗财政的主要特点。1998/1999 年度成为赤字最高的一年，显然与亚洲金融危机的爆发也存在密切的关系。2000 年之后，伊朗财政明显好转，这依旧是石油收入增加的结果，而不是国内生产、尤其是非石油生产和出口及税收的提高造成的。无法减少对石油收入的依赖，使得伊朗财政的波动性和脆弱性特征很明显。

三、恶性通货膨胀

恶性通货膨胀是这一时期伊朗宏观经济的重要特征。革命以来，伊朗实际通货膨胀率平均 17%，已经成为难以治愈的痼疾，而 90 年代之后出现的新因素使通货膨胀更加严重。由于 90 年代后伊朗官方提供的各项物价指数更加全面，因而能够对这一时期的通货膨胀作更细致的分析。

表 4—7　1993/1994—1997/1998 年度伊朗物价指数

（1990/1991 = 100）

	1993/1994	1994/1995	1995/1996	1996/1997	1997/1998
批发价格指数（WPI）	211.7	301.4	482.7	604.0	663.6
消费价格指数（CPI）	184.4	249.3	372.4	458.8	538.2

续表

	1993/1994	1994/1995	1995/1996	1996/1997	1997/1998
GDP 缩减指数①	213.7	290.8	394.0	490.5	568.4
非石油 GDP 缩减指数	194.8	257.1	358.8	448.8	537.5
石油 GDP 缩减指数	372.3	584.3	689.1	835.5	767.8
年变化率（%）					
批发价格指数（WPI）	25.3	42.4	60.2	25.1	9.9
消费价格指数（CPI）	22.9	35.2	49.4	23.2	17.3
GDP 缩减指数	38.4	36.1	35.5	24.5	15.9
非石油 GDP 缩减指数	25.0	31.9	39.6	25.1	19.8
石油 GDP 缩减指数	172.7	57.0	17.9	21.2	-8.1
广义货币变化率（M2）	34.5	36.5	37.5	33.4	31.3

注：1999 年之前的国际货币基金组织缺乏狭义货币的数据。狭义货币是指流通中的货币总量与商业银行的所有活期存款之和。而广义货币指的是在狭义货币基础上再加定期存款及储蓄存款。

资料来源：IMF Country Report, *Islamic Republic of Iran: Statistical Appendix*, 1999, p. 26.

物价指数，特别是消费价格指数（CPI）是衡量一国通货膨胀的主要标准，另外批发价格指数（WPI）、生产价格指数（PPI）也是衡量通货膨胀的重要指标。从表 4—7 可以看出，从 1993/1994 年度开始，伊朗的消费价格指数增长十分迅速。与 1990/1991 年度相比，1997/1998 年度批发物价指数和消费物价指数分别上涨了 5 倍和 4 倍。在 1993/1994—1998/1999 年度期间，物价指数增长一直保持在 20%—60% 之间。广义货币的年增长率远远超过了计划目标。导致这一时期恶性通货膨胀的主要原因是里亚尔贬值引起的流通货币量的迅速增长；其次是外债增多导致的支付危机，政府财政赤字扩大，中央银行不得不增发货币弥补亏空；再次是放开价格、削减补贴使得基本生活用品，特别是进口附加值高的物品价格飞速上涨。另外，在 90 年代的大多数年份，GDP 缩减指数的增长要低于消费价格指

---

① GDP 缩减指数是指没有扣除物价变动的 GDP 增长率与扣除物价变动的 GDP 增长率之商。换句话说，名义 GDP 的增长和实际 GDP 的增长二者之差就是 GDP 价格（price of GDP）的增长，该价格就是 GDP 缩减指数。

数，表明消费的增长要高于投资。通货膨胀主要是由消费品价格上涨引起的。虽然当时伊朗也出现了一些有利于抑制通货膨胀的因素，如银行利息制的重新引入使得储蓄有所增加，货币流通速度比以前有所降低，但是并不能改变通货膨胀上涨的总趋势。

表4—8 1998/1999—2005/2006年度伊朗物价指数
（1997/1998=100）

年度	1998/1999	1999/2000	2000/2001	2001/2002	2002/2003	2003/2004	2004/2005	2005/2006
批发价格指数（WPI）	116.7	145.0	166.3	174.7	191.5	210.9	241.9	264.9
消费价格指数（CPI）	118.1	141.8	159.7	177.9	206.0	238.2	274.5	307.6
GDP缩减指数	142.4	180.1	200.6	259.7	298.8	347.7	403.1	
非石油GDP缩减指数		139.8	171.2	192.3	229.0	264.1	294.6	326.7
石油GDP缩减指数		160.2	237.7	261.9	492.9	557.8	755.8	1021.9
年变化率								
批发价格指数（WPI）	16.7	24.1	14.8	5.0	9.6	10.1	14.7	9.5
消费价格指数（CPI）	18.1	20.1	12.6	11.4	15.8	15.6	15.2	12.1
GDP缩减指数	11.8	30.1	26.5	11.4	29.5	15.1	20.6	15.9
非石油GDP缩减指数	19.2	20.3	22.5	12.3	19.1	15.3	17.0	10.9
石油GDP缩减指数	-32.9	9.9	48.4	10.2	88.2	13.2	34.5	35.2
狭义货币（M1）		16.4	34.3	19.0		27.9	19.3	
广义货币（M2）		20.2	30.5	25.8		30.1	26.2	

资料来源：IMF Country Report, *Islamic Republic of Iran: Statistical Appendix*, 2004, p.25; 2006, p.24; 2007, p.21.

从1999年底，通货膨胀开始有所缓和，消费价格指数年增长率基本保持在20%以下，而批发价格指数降至10%以下。这一时期又出现了一些有利于降低通货膨胀的因素：官方汇率的最终统一有利于汇率价格的稳定，并影响到了平行市场汇率的升值；财政收入的好转使进口相应增加，从而有效地缓解了国内供给压力；农业生产增长很快，使农产品的供应相对充足。而 GDP 缩减指数表现出超过消费价格指数的趋势，表明投资的增长要快于消费。这总体上有利于扩大生产，从而减少了未来通货膨胀的预期。这一时期货币供应量虽然比 90 年代有所减少，但是广义货币仍保持了 25% 的年增长率。在货币供应仍然增加的情况下出现通货膨胀下降的情况，很可能是由于货币供应的滞后效应造成的。如果货币供应仍然保持上述水平，会再次导致通胀的加速。所以，这一时期通货膨胀的减弱只是暂时的现象，深层次结构性的矛盾没有得到解决。

总之，伊朗通货膨胀长期高居不下是由多方面因素促成的。产油国经济往往比普通国家更容易产生通货膨胀。石油收入导致的需求上升是最主要的原因，而供给不足则会使状况更加恶化。对伊斯兰革命后的伊朗来说，其经济政策又经常推波助澜。这里又要提到补贴政策。虽然取消补贴在短期内会加剧通货膨胀，但是长期维持巨额补贴也会起到相同的作用。补贴会令国内需求得不到缩减，容易令政府财政出现赤字，迫使政府增发纸币。二者都是导致通货膨胀加剧的重要原因。

长期通货膨胀严重影响了人民的生活水平，甚至政府的补贴和各种福利也不能有效地降低高昂的生活成本。通货膨胀居高不下容易成为各种社会和政治问题的诱因，是导致政局不稳定的危险因素。哈塔米时期没有从根本上解决通货膨胀问题。随着核制裁的加深和经济重新陷入困境，通货膨胀在内贾德时期重新上升到新的高度。

四、人口与就业问题

90 年代之后，伊朗人口出现新的发展趋势。一方面，人口出生率开始下降。到这一时期，政府开始意识到人口过快增长的严重后果，转而实行控制人口的政策。到 1993 年，伊朗人口出生率已经降到 1.6‰。[1] 另一方面，伊斯兰革命前后出生的年轻人开始进入劳动力市场，使伊朗就业面临

---

[1] IMF Country Report, *Islamic Republic of Iran: Selected Issues and Statistical Appendix*, 2002, p. 57.

空前严峻的形势。到 2006 年，伊朗人口突破 7000 万大关，比革命前夕整整翻了一倍。

从表 4—9 可以看出，1986 年以来伊朗人口结构的变化特点是：第一，城市人口的增长快于农村；第二，人口结构高度年轻化。0—14 岁的人口占到 1/3 强，而 55 岁以上的人口仅占全部人口的 1/10 弱，15—54 岁之间的人口占最大比例。这也意味着大都分人口都处在适合工作的年龄。但是，人口经济参与的比例却很低，仅占全部人口的 25%—30% 左右，其中还包括一些未充分就业人口。失业率长期保持在 10% 以上，这个数字仍然低估了实际的失业水平。

与 80 年代相比，伊朗就业状况出现一些新特点：第一，90 年代前半期较快的经济增长使就业率有所上升，但是从后半期开始，随着经济停滞和大量人口进入劳动力市场，就业形势开始恶化。2000 年之后，随着经济形势的好转，就业状况也有所缓解，但是高失业的问题没有从根本上得到解决。第二，伊朗教育有了很大的发展（特别是 90 年代末以来），但是教育与就业脱节问题严重。在 1976 年，仅有 46% 的人接受教育，而且其中一部分只处于扫盲水平；1996 年，6 岁以上的人 80% 可以读写，其中城市比例（86%）高于农村（74%）。学生数量增至 2000 万人，大学数量从 1976 年的 26 所增至 1994 年的 80 所，大学生数量增加了 3 倍，平均 5 户家庭中就有 1 名大学生或研究生。[1] 特别引人注目的是，妇女的入学率和受教育程度空前提高，其识字率从革命前的 28% 猛跃至 1996 年的 80%。在高等教育层次，女生占了全部学生的 60%。近年来，德黑兰大学的所有专业几乎都以女生为主，甚至在自然科学领域也是如此。而在人文学科，她们几乎占了 90%。[2] 从理论上讲，教育的发展有助于劳动力素质的提高，并增加就业机会。

---

[1] Asef Bayat, *Making Islamic Democratic: Social Movements and the Post-Islamic Turn*, Stanford, Calif.: Stanford University Press, 2007, pp. 102 - 103.

[2] Dilip Hiro, *The Iranian Labyrinth: Journeys through Theocratic Iran and Its Furies*, New York (NY): Nation Books, 2005, p. 325.

表4—9 1986/1987—2004/2005 年度伊朗人口与就业

单位：1000 人

年度	1986/1987	1991/1992	1996/1997	1999/2000	2001/2002	2002/2003	2003/2004	2004/2005
总人口	49445	55837	60055	62513	63515	65657	66680	67477
城市	26845	31837	36818	39586	40627	41722	43902	44535
农村	22600	24000	23237	22926	22887	22862	22778	22942
男性	25281	28768	30515	31717	32216	32749	33822	34400
女性	24164	27069	29540	30796	31299	31835	32858	33077
0—14 岁	22364	24542	23629	21930	21335	20803	19774	19337
15—54 岁	22821	26266	30855	35072	36515	37994	40900	42168
55 + 岁	4027	4664	5327	5510	5661	5787	6006	6151
劳动参与人数	12820	14737	16027	18450	19135	19812	21014	21568
就业人数	11002	13097	13990	15498	16437	16900	18639	18906
失业人数	1813	1626	1450	2952	2698	2912	2375	2222
变化率%									
人口增长率	2.5	2.3	1.6	1.5	1.6	1.7	1.6	1.5
劳动参与率①	25.9	26.4	26.6	28.8	29.2	29.6	31.9	32.0
失业率	14.2	10,0	9.1	16.0	14.1	14.7	12.2	10.3

资料来源：IMF Country Report, *Islamic Republic of Iran: Selected Issues and Statistical Appendix*, 1999, p. 23; 2007, p. 20.

但是从当前伊朗现状来看，教育发展对就业率的提高没有起到很明显的效果，在某种程度上还增加了就业的压力。教育延后了大量年轻人的就业时间，虽然暂时缓解了就业压力，但是却造成了非经济参与人口数量的增加，另一方面接受教育程度越高的人对工作的期望值就越高，而社会却没有足够的岗位接纳这些高学历的人。大学生毕业往往意味着失业。另外，专业结构和课程设置不能适应现实社会的需要。伊朗高等教育深受伊

---

① 劳动参与率（Labor Force Participation，简称 LFP），是经济活动人口（包括就业者和失业者）占劳动年龄人口的比率。

斯兰政治意识形态的影响，总体上滞后于现代科学技术的发展。人文社会学科要明显强于理工自然学科。这不仅是伊朗，也是很多发展中国家教育普遍存在的问题。第三，国有部门就业人数比重在下降，而私营和合作部门吸收了越来越多的劳动力。造成这种变化的主要原因是 90 年代后私营经济的发展，表 4—10 明确反映了该时期国营、私营和合作部门就业比例的变化。不过虽然国营部门的就业人口比例在下降，但是该部门的就业人口的受教育程度一般高于私营和合作部门，在社会地位、报酬和稳定性上都要好于后者。第四，妇女就业率有所上升。90 年代的妇女就业率每年增长 6%—7%，而男性仅为 1.5%—2%。[1] 尽管如此，妇女就业率低的状况仍然没有得到根本的改善。

表 4—10　1992—1996 年国营和私营部门创造就业状况

	就业平均份额%	就业年增长%	每年创造的就业机会（千人）
全部	100	2.2	301
私营部门	66	2.8	257
国营部门	31	−0.4	−17
合作部门	3	16.8	60

资料来源：IMF Country Report, *Islamic Republic of Iran: Selected Issues and Statistical Appendix*, 2002, p. 65.

90 年代后伊朗失业率居高不下已经成为突出的社会问题。失业人口主要包括以下几类：第一，农村向城市的移民。移民中有不少人受教育程度较低，缺乏专业技能，他们成为城市贫民的重要组成部分。第二，年轻人，尤其是城市年轻人是高失业群体。据统计，20—29 岁之间的城市年轻人失业率是最高的。1992 年，该年龄段的男女失业率分别是 11.9% 和

---

[1] IMF Country Report, *Islamic Republic of Iran: Selected Issues and Statistical Appendix*, 2002, p. 62.

4.0%，但到 2002 年分别升至 23.2% 和 46.0%。① 其中包含为数不少的受过高等教育的年轻人。第三，受教育程度最低的人群，成为承受高失业率的主要群体。

除了失业人口外，伊朗还存在大量不充分就业（隐性失业）人群，主要分布在农业、大型国有制造业和非正式个体经济中。作为生产率最低的部门，农业的非充分就业人口是最多的。1994 年的一项调查表明，农业非充分就业人口的比例达到 54%。② 而国有制造业部门存在大量冗员，远远超出了生产需要。个体经济中，特别在小商贩、小作坊等领域存在大量无报酬的家庭工人，他们也是非充分就业人口的重要组成部分。

大量失业和不充分就业人口的存在成为严重的社会问题，特别是年轻人失业率太高，日益成为影响社会稳定的因素。90 年代伊朗屡有工人罢工和学生闹事的情况发生。为了促进就业，政府开始采取一些措施：第一，力图消除劳动力市场的法律障碍。这主要体现在出于对《劳动法》的忌惮，雇主不愿意雇佣新的工人，从而影响了就业率的提高。为此，政府成立了一个专门委员会，对该法令的某些条款进行商讨，试图做出改进。第二，加强职业训练。已经有一些私人机构经政府批准向再就业人口提供职业训练。第三，为求职者提供便捷的信息服务，专门成立一个登记求职者信息的国家信息平台。到 2002 年，大约有 100 万失业者在此登记，并有 10 万人找到合适的工作。③ 第四，对雇佣新工人的私营企业提供补贴等优惠措施，并免除新雇员 3 年的个人所得税。第五，将多余的财政收入分配到落后地区以创造就业。但从长远来看，解决失业问题的关键还在于经济的高速发展，特别是私营经济的充分发展。

虽然哈塔米政府已经开始着手解决失业问题，但是未完成的工作还很

---

① Djavad Salehi-Isfahani, "Human resources: potentials and challenges", in Homa Katouzian and Hossein Shahidi, eds., *Iran in the 21ˢᵗ Century: Politics, Economics and Conflict*, London & New York: Rutledge, 2008, p. 265.

② IMF Country Report, *Islamic Republic of Iran: Selected Issues and Statistical Appendix*, 2002, p. 62.

③ IMF Country Report, *Islamic Republic of Iran: Selected Issues and Statistical Appendix*, 2002, p. 69.

多。如对《劳动法》的修改并不顺利，教育模式的转变是一个漫长的过程，需要继续提升职业教育的质量等。而最重要的是，经济的稳定、快速发展很难保证。在一个年轻人占人口绝大多数的社会里，伊朗的就业问题是一个长期性的严峻挑战。

五、进出口贸易和国际收支

从90年代起，伊朗开始由限制性贸易向自由贸易转变，特别是多重汇率制的改革使很多商品的进出口受到了较少的限制，但90年代中期以后多重汇率制的重新恢复也一度对国际贸易造成了不利的影响。到这一时期，促进非石油出口不仅体现在口号上，也开始付诸行动。政府先后成立了"伊朗出口促进银行"（1991）和"促进非石油出口最高理事会"（1999），专门负责非石油出口事务。而石油收入的增加也为扩大进口奠定了基础。另外，随着对外关系的好转，特别是哈塔米的"文明对话"外交，国际贸易的外部环境明显改善。

表4—11　1993/1994—2005/2006年度伊朗进出口贸易构成

单位：百万美元

年度	1993/1994	1994/1995	1995/1996	1996/1997	1997/1998	1998/1999	1999/2000	2000/2001	2001/2002	2002/2003	2003/2004	2004/2005	2005/2006
出口	18080	19435	18360	22496	18381	13118	21030	28461	23904	28237	33991	44364	60013
油气出口	14333	14604	15103	19271	15471	9933	17089	24280	19339	22966	27355	36827	48824
非石油出口	3747	4825	3251	3106	2910	3185	3941	4181	4224	4608	5972	6848	10474
农业和传统食品	2516	3259	1901	1646	1251	1412	1478	1466	1603	1724	2104	1952	2682
金属矿	39	56	74	47	45	13	36	38	77	32	46	96	170
工业品	1192	1510	1276	1413	1580	1588	1848	2259	2543	2852	3823	4799	7623
进口	20037	11795	12313	15117	14196	14323	12683	14347	17626	22275	26598	35389	39248
原材料和中间品	12567	7485	8524	9115	7524	6310	6225	7402	12570	15756	18520	23733	25423

续表

年度	1993/1994	1994/1995	1995/1996	1996/1997	1997/1998	1998/1999	1999/2000	2000/2001	2001/2002	2002/2003	2003/2004	2004/2005	2005/2006
资本货物	5085	2771	1860	3807	4661	4918	3623	4380	7127	9668	5563	8120	9221
消费品	2233	1476	1864	2194	2007	2011	1434	2139	2270	2842	2515	3536	4603
其他	152	63	65	1	4	1084	648	0	1	0			

资料来源：IMF Country Report, *Islamic Republic of Iran: Selected Issues and Statistical Appendix*, 1999, p. 57; 2002, p. 118; 2004, p. 48; 2007, p. 38.

从表4—11可以看出，90年代非石油出口并没有明显的增长，而农业和传统产品的出口量下降最多。这既同政府将发展重点重新转向工业而对农业不太关注有关，也因为在传统出口领域伊朗遭遇了更多的竞争对手。2000年之后，非石油出口的所有类别都出现较快的增长，这是经济整体扩张的结果。虽然如此，非石油出口仅占总出口份额的1/6左右，和油气出口相比规模仍然非常小。另外，金属矿石也占了非石油出口的小部分，不过潜力很大，增长迅速。

从1993/1994到1999/2000年度，伊朗总的进口量都在不断下降，其中原材料和中间品的下降是最多的，另外消费品进口也在缩减，而资本货物的进口基本维持了原来的水平。导致进口下降的主要原因是偿还外债的压力。1993年，随着外债危机的凸显，伊朗开始将全副精力用于偿债。在外汇并不充裕的情况下，只能靠缩减进口来实现。2000年之后，随着经济增长速度的加快，进口又重新出现迅猛增长的势头，特别是原材料和中间品的进口增长速度最快。到2005/2006年度，该类进口比2000/2001年度增加了3倍多。① 同时资本货物和消费品的进口也有不同程度的增长。

通过分析可以发现进出口贸易与伊朗经济周期之间存在密切的联系：进出口贸易下降时，经济会衰退；而进出口贸易上升时，则经济也会增长。这一特征表明伊朗经济带有明显的外向性，同时也意味着伊朗试图实现经济完全自立的目标是不切实际的。到哈塔米时期，伊朗经济发展模式

---

① 根据表4—11计算得知。

逐渐脱离了对经济独立的诉求。

　　90年代伊朗的贸易对象没有发生太大的变化，主要对象还是日本、德国、瑞士、英国等发达国家及阿根廷、南韩、台湾等新兴发展中国家和地区。日本一直是伊朗油气资源的最大输入国，德国则是伊朗非石油产品的最大输入国，而两国同时也是伊朗最大的商品进口国；阿联酋仍然是伊朗最大的贸易中转站。但是2000年之后，伊朗贸易对象呈现进一步扩大和多元化的趋势，并且贸易重心逐渐从西向东转移，与亚洲国家的贸易规模迅速扩大，尤其是中国、印度等国。到2005/2006年度，伊朗对中国出口已经上升为第2位，仅次于日本；而同年伊朗从中国的进口上升到第5位，仅在阿联酋、德国、法国、意大利之后。[①] 在美国新的经济制裁压力下，伊朗的多边贸易却取得了较大的成功。随着亚洲新兴经济体的勃兴，伊朗贸易重心向亚洲地区转移是必然的趋势。

表4—12　1993/1994—2005/2006年度伊朗国际收支状况

单位：百万美元

年度	1993/1994	1994/1995	1995/1996	1996/1997	1997/1998	1998/1999	1999/2000	2000/2001	2001/2002	2002/2003	2003/2004	2004/2005	2005/2006
经常账户	-4215	4959	3108	5240	1552	-2140	6589	12634	5985	3585	816	1952	14038
贸易平衡	-1207	6818	5586	7614	3776	-1168	7597	13375	5775	6201	4430	6165	19044
服务转移	-3008	-1861	-2478	-2374	-2224	-972	-1508	-741	210	-2516	-3614	-4213	-5006
资本账户	-7512	-6918	-2713	-2459	-5630	840	-4811	-4897	1921	2831	4476	7416	27
总体平衡	-11727	-1961	395	2781	-4078	-1527	2086	6637	4440	4793	3289	8548	13032

资料来源：IMF Country Report, *Islamic Republic of Iran: Statistical Appendix*, 1999, p.7; 2002, p.78; 2004, p.7; 2007, p.6.

---

① IMF Country Report, *Islamic Republic of Iran: Statistical Appendix*, 2007, pp.40-42.

这一时期伊朗的国际收支表现出极不稳定的特点。90年代国际收支逆差状况较多，1993/1994和1994/1995年度的逆差主要同外债支付有关，而1997/1998和1998/1999年度主要同亚洲金融危机有关。经常账户受到贸易逆差的很大影响，而服务和转移账户的长期逆差，表明资本外流仍是一个严重的问题，相应的资本流入却很少（外来直接投资很少）。资本账户有中长期和短期两种。短期资本在90年代前半期一度出现大量逆差，而在1995/1996年度之后才出现少量顺差；中长期资本长期处于严重逆差状态。但2000年之后，国际收支状况明显好转。经常账户的顺差主要是石油收入增加的结果；但是服务和转移账户逆差的局面却仍在不断扩大。这表明尽管经济有所改善，但资本外流的问题仍在加剧；而资本账户，不论是中长期还是短期都有明显的改善，特别是外来直接投资和有价证券增长幅度很大。

本章小结

伊朗经济在两伊战争后这段相对宽松的环境里，得到了恢复和发展。与80年代相比，伊朗在一定程度上摆脱了国际社会中孤立无援的境地，获得了一些外来投资和援助，通过调整经济政策、扩大开放，经济比80年代有了明显的起色。得益于财政的改善，市政建设、教育医疗、福利救济等制度都得到了发展。伊朗经济现代化在并不优越的环境里取得了明显的成绩。

遗憾的是，虽然伊朗进行了很多改革，但是改革成效却不尽如人意。实际上，伊朗的经济改革在很多时候都面临否定自身的危险，经济改革蕴涵的自由化、世俗化原则同宗教政治意识形态之间的矛盾是阻碍改革顺利进行的根本原因。而各派对待经济改革的态度并不一致，也使得经济改革无法稳定、持续地推行下去。

伊朗经济改革进程带有不成熟、缺乏稳定的特征，经常面临"进一步，退两步"的窘境。经济体制改革关系到经济领域深层次的矛盾及利益重新分配的问题，所以在正式付诸行动之前，需要进行认真的研究、论证及规划，并且一开始步伐也不能太快，否则很容易超出社会的承受能力，导致前功尽弃，使改革陷入僵局。拉夫桑贾尼时期的改革在最初快速推进后受挫，马上又停止了各项改革，引起了社会的剧烈动荡，并使以后的改革更加艰难。

另外，领导人不擅长经济问题或对经济问题不敏感成为影响伊朗经济改革的重要因素。迄今为止，拉夫桑贾尼可能是唯一一位熟悉经济问题的总统，而长期从事文化指导工作的哈塔米并不是一位擅长治理经济的总统。伊朗国家政治的特点决定了领导人的选取标准首先是宗教背景和政治素养，而不是专业素质。领导人的偏好和取向也会起到潜移默化的示范作用。长期以来，伊朗领导人热衷于地区博弈和政治意识形态输出，不能集中精力发展经济改善民生。这是阻碍伊朗经济现代化的重要主观因素。

1979年后，伊朗经济体制形成的"结构性病症"使这一时期的经济改革步履维艰。哈塔米在1998年的"经济复兴计划"中也称：伊朗经济是病态的，体现在生产、分配和消费各个领域。[1] 伊朗经济的结构性病症主要体现在三个层次：一是能源部门在经济中的主导地位；二是所有制结构的病症，国有经济仍然控制着大部分生产部门，以基金会为代表的准国有经济游离于体制之外；三是分配和消费领域的病症，如补贴、尤其是隐性补贴得不到削减。如果要实现经济的健康和持续发展，就必须解决这几大难题。到哈塔米离任之际，伊朗的经济发展及改革任务依然任重而道远。

---

[1] Akbar Karbassian, "Islamic Revolution and the Management of the Iranian Economy", *Social Research*, Vol. 67, No. 2, 2000, p. 640.

第五章
伊核危机以来的伊朗经济（2005—2017）

2005 年以后，伊朗政治生态发生了重大转向，强硬保守派取代改革派执政。伊朗国内外政策随之发生了重大变化：对内表现为加强社会舆论监督与控制；对外奉行强硬的外交政策，使得伊朗核问题成为美伊矛盾的焦点。内贾德政府致力于发展核武器的做法令伊朗面临越来越大的国际社会的压力，并导致联合国安理会的一系列制裁，同时还有来自美国和欧洲的单方面制裁。伊朗经济在这段时期遭受了巨大的创伤。2013 年温和保守派人物鲁哈尼当选为总统，扭转了内贾德任内僵硬对抗的外交政策，开始与西方接触谈判，并于 2015 年 7 月 14 日达成了伊核协议（《全面行动计划》）。鲁哈尼当政之后，伊朗的经济得到一定的恢复和发展。但是好景不长，2016 年 10 月特朗普当选为美国第 45 届总统，对伊朗百般指责，最后退出了国际社会经过了旷日持久的谈判才达成的伊核协议，并重新启动在伊核协议签署后豁免的对伊朗制裁。伊朗经济再一次面临衰退的前景。

第一节 伊朗政治转向及内贾德时期的内外政策

2002 年之后，伊朗政治发生了深刻的变化。2004 年的议会选举，保守派议员占据了多数，为下一年的总统大选强硬保守派人物上台打下了基础。以哈塔米为代表的改革派不仅失去了最高领袖的支持，也逐渐失去了民众的信任，导致改革无法推行下去。2005 年，在最高领袖哈梅内伊的支持下，强硬保守派人物内贾德当选伊朗总统，终结了自两伊战争后伊朗推进的务实改革的尝试，开始向革命最初的意识形态回归。

一、政治转向的背景

改革派在执政 8 年之后，被强硬保守派取代。这一巨变源于国内外局势的深刻变化及相互作用。

（一）宗教保守派对哈塔米改革的疑虑

随着时间的推移，哈塔米的改革思想与改革步伐大大超出了宗教保守派容忍的限度。哈塔米在竞选时提出了法治、制度自由化、人民主权三原则。他主张伊斯兰与西方共存、自由与宗教相调和。[①] 在政治上，他提倡民主与法治，认为所有人都有权利参与政治决策进程，允许不同观点的派别公开辩论。在社会领域，他推动伊斯兰文化的宽容与包容性，力图修正自伊斯兰革命以来宗教过度干预私人领域的做法。因此，他提出在国内构建"公民社会"的主张。在国际关系层面，哈塔米主张改善与美国等西方大国的关系，推动"文明对话"理念并付诸实践，一时受到了国际社会的热捧。

在哈塔米时期，伊朗社会经历了前所未有的思想觉醒与个性开放。哈塔米当选后不到一年时间里，全国出版物达到了 850 个。[②] 1998 年"伊朗媒体业协会"成立。当时著名的改革派报纸《萨勒姆》[③] 公开呼吁自由、民主与平等权利，将其使命定位为"捍卫法律主权，捍卫人民的权利，揭露行政腐败，反对暴力，捍卫革命和伊斯兰教，对事件进行深入的分析，

[①] Golnar Mehlan, Khatami, Political Reform and Education in Iran, *Comparative Education*, Vol. 39, No. 3, Aug. 2003, pp. 311–313.

[②] Farideh Farhi, "Improvising in Public: Transgressive politics of the Reformist Press in Postrevolutionary Iran", in Sapd Kamran, ed., *Intellectual Trends in the Twentieth-Century Iran: A Critical Survey*, University Press of Florida, 2003, pp. 153–154.

[③] Salam 的音译，波斯语"你好"。

与人民和读者建立有效的沟通。"① 在社会生活领域，宗教禁忌逐渐被年轻人打破。越来越多的人对宗教学者和宗教义务持漠视或反对态度。年轻人的服饰日益多元化。普通男子不再穿长袍（除了宗教人士），牛仔裤、衬衫、西装、T恤衫，已经成为伊朗男性的主要服饰。女子的服装更加多样化，头巾从必需品很大程度上变为了装饰品。最令宗教保守派无法忍受的是，年轻人的婚恋观也逐渐走向开放，婚前性行为越来越常见，也引起了一系列的社会问题。一项问卷调查显示，2003—2005年，约有54%—58%的男女大学生经历过婚前恋爱，有8%—12%的女大学生有婚前性行为。另有研究表明，大约13%—28%的德黑兰青少年男性有婚前性接触。② 堕胎现象逐渐增多。哈塔米执政时期还是女权主义兴起的高潮期。妇女要求提高自身的社会经济地位，不断向政府提出各种权利要求。

哈塔米的改革引起了包括最高领袖哈梅内伊在内的宗教保守派的警惕，后者认为哈塔米改革背离了伊斯兰革命的方向，危及现政权的合法性。由于保守派控制着司法、军事、安全、财政等关键部门，哈塔米为首的改革派缺乏实权，面对保守派的诘难与打压毫无反击之力。保守派首先向改革派报纸发难，《萨勒姆》曾经遭到两次强制性关闭。2000年后，保守派加强了反攻力度，对改革派报纸加以查禁。《萨勒姆》被迫在2001年停刊。道德警察（Basij）对不遵守宗教约束的年轻人加强了监管，不少年轻人被捕入狱。迫于保守派强大的压力，在哈塔米执政后期，他被迫放弃了政治与社会改革的努力。哈塔米逐渐失去了民众对他的支持。

（二）改革派失利的经济与社会因素

哈塔米任内实际上是伊斯兰革命后经济发展最好的一段时期，在伊斯兰革命后的40年里，很少有一段时期的经济增长率能保持在5%以上，而

---

① Farideh Farhi, "Improvising in Public: Transgressive politics of the Reformist Press in Postrevolutionary Iran", p. 155.

② Farideh Khalaj Abadi Farahani, John Cleland and Amir Hooshang Mehryar, "Associations Between Family Factors and Premarital Heterosexual Relationships Among Female College Students in Tehran", International Perspectives on Sexual and Reproductive Health, Vol. 37, No. 1, March 2011, p. 31.

第五章　伊核危机以来的伊朗经济（2005—2017）

且总体上比较平稳，没有出现大幅度的波动。① 但是改革派最后却因民生问题被民众抛弃，其中原因引人深思。虽然这一时期的经济有所增长，但是经济深层次的问题没有解决，使得普通民众缺乏获得感。

1. 哈塔米时期的高失业率成为突出的社会问题。哈塔米无力推动经济结构性变革。伊朗经济虽然在发展，但是主要受益于油价的上升及石油下游产业的发展，这些产业所需要的劳动力极其有限。由于哈塔米在竞选时主要得到了年轻人和妇女的支持，因此曾经对他们许下承诺。但是在失业群体的年龄构成中，20—29岁之间的城市青年的失业率是最高的，妇女的失业率远远高于男性。到哈塔米执政后期，年轻人失业的状况没有得到明显好转，对未来感到非常迷惘。他们对哈塔米也越来越失望。

2. 哈塔米时期的通货膨胀问题虽然有所缓和，但是仍然十分严峻。与90年代相比，2000年之后的通货膨胀有所缓和，2000/2001—2005/2006年度的通胀率下降到11%—15%左右。② 但是，通货膨胀的问题并没有得到根本的解决，货币里亚尔实际上一直在贬值。通货膨胀是抵消伊朗经济增长红利的最大杀手。民众缺乏购买力，从经济增长中感觉不到实惠，导致对改革派的失望加深。

3. 哈塔米政府无法解决既得利益阶层的特权问题，无法从根本上缩小贫富分化和减少社会的不平等现象。虽然哈塔米曾经试图将基金会下属的一些企业纳入私有化范畴，削弱基金会的独立性与经济实力，但因得不到最高领袖的支持，导致这一想法无法实现。哈塔米时期基金会参与经济活动的规模还在不断扩大，伊斯兰革命卫队也在参与经营活动，分享国家的财富。一方面是备受居高不下的生活成本及失业威胁的普通民众，另一方面是无法撼动的宗教军事政治利益集团，哈塔米在第二任期愈发感到无能为力。他的后期不作为是民众对他本人及他代表的改革派不满的主要原因。

---

① Central Bank of Iran: "National Product -At Constant 1997/1998 Prices", http://www.cbi.ir/default_en.aspx.
② IMF Staff Country Report, *Islamic Republic of Iran: Statistical Appendix*, 2007, p. 3.

(三) 核问题的爆发加剧了改革派的困境

2000年之后，伊朗所面临的外部环境逐步恶化。"9·11"事件之后，美国的国家安全战略发生了重大调整，打击恐怖主义成为美国最主要的外交安全战略。作为"9·11"事件的主要策源地的中东穆斯林国家和地区，成为美国打击和遏制的重点。而作为美国的宿敌——伊朗，尽管跟"9·11"事件没有直接的关联，也不可避免地受到了波及。

"9·11"恐怖袭击发生之时，小布什总统刚刚上台。小布什总统的鹰派执政风格再加上美国面临的前所未有的反恐压力，促使美国政界新保守主义崛起，其对外政策体现为对目标国频繁使用单边主义的军事打击。但是在反恐的最初时期，伊朗还并不是美国重点遏制的目标，甚至还是美国拉拢依靠的对象。尤其在阿富汗战争期间，美国需要伊朗的支持。因此，小布什政府一度对伊朗政府主动示好，而哈塔米政府的确配合了美国打击塔利班的行动，两国关系也一度改善。但是美伊之间的固有矛盾没有彻底消除，在美国取得打击塔利班的战争胜利之后，马上把矛头转向了伊朗，称伊朗支持恐怖主义，窝藏"基地"组织成员；支持哈马斯，反对中东和平路线图等。[①] 2002年1月，小布什在国情咨文中第一次将伊拉克、伊朗和朝鲜称为"邪恶轴心"，并称这些国家为"流氓国家"。美伊关系再度恶化。

2002年9月，伊朗地下核设施被境外反政府组织曝光，伊朗核问题受到了国内外的广泛关注，尤其引起了美国的高度警觉。伊朗面临的外部压力陡然增大。哈塔米政府对待核问题的基本态度是尽量与国际社会保持合作，希望以协商的方式解决问题。这也是2005年之前，伊朗核问题一直未提交联合国安理会审议并没有受到制裁的主要原因。

但是哈塔米政府的妥协合作姿态并没有换来西欧等国对伊朗发展核能技术的支持。在几番博弈之后，伊朗与西方各国之间的疑虑日增，伊朗核问题朝着更加复杂的方向发展。尽管哈塔米政府相对开明；但美国坚决遏制伊朗取得核技术（包括和平利用）的决心与伊朗捍卫民族利益的底线之

[①] 唐郦莉：《"内忧外患"下的伊朗政局走向》，《现代国际关系》，2003年第7期，第39页。

间仍然存在巨大的鸿沟。哈塔米的合作策略既没有取得美国的好感，在核问题上的软弱立场也导致改革派面临国内保守派的强大压力。与此同时，奉行对外强硬立场、坚决捍卫核权利的强硬保守派俘获民心。而伊朗政局的变化则使得美伊对话越来越遥不可及，伊朗面临制裁的风险陡升。

改革派的失利既有复杂的国内根源，也因核问题的爆发导致执政压力进一步加大。两伊战争后，强硬保守派人物曾退居幕后，在伊朗政坛上没有发挥主导作用，但却借助核问题再一次强势崛起。这既是核问题爆发以来在面对外部压力下民族主义抬头的结果，也是在国内政治斗争博弈中，最高领袖寻求政治平衡的需要。但是不论哪一派上台，都要面临伊朗经济发展问题、民生问题。然而在外患加深的背景下，经济发展不得不再一次退居次要地位。

二、内贾德时期的内外政策及制裁的加深

内贾德执政时期也是霍梅尼去世后强硬保守派影响力最强的时期。他将个人硬汉形象与民族主义、民粹主义的国家意识形态目标结合在一起，把伊朗自两伊战争后开启的渐进的改革开放之路迅速扭转为一场内向的、回归革命与伊斯兰宗教传统的、对抗西方"撒旦"的斗争。具体来说，内贾德的内外政策带有如下特点。

第一，内贾德将执政的重点放在外部博弈而不是内部建设，主要通过伊朗核问题对抗以美国为首的西方阵营。内贾德擅长利用民族主义煽动民众的情绪。内贾德在核问题上的强硬立场，使得伊朗不可避免地面临被制裁的命运。

第二，内贾德的内政乏善可陈，经济改革在这一时期逐渐陷入停滞。他谴责前两任总统背离了革命的初衷，认为拉夫桑贾尼和哈塔米的经济社会改革加剧了社会的不平等与腐败问题，而政治改革偏离了伊斯兰的正确方向。内贾德试图引导伊朗经济政策重新向革命时期的意识形态回归。

第三，内贾德以中下层民众的代言人自居，同时加强社会舆论的控制。他竞选时最著名的口号是"将石油放在人民的餐桌上"，上任之后以他的方式部分地兑现了承诺，但是存在严重的缺陷。内贾德政府还加强了对国内民众（尤其是年轻人）在恪守伊斯兰教法规范方面的要求。哈塔米时期一度活跃的"公民社会"——尤其是大量的非政府组织在内贾德时期遭到了政府的查禁。女权运动也陷入低潮。

在内贾德时期，对伊朗经济及社会领域影响最大的是外部制裁。制裁对伊朗并非新鲜事，美国的单方面制裁自伊斯兰革命之后一直存在，但是从制裁的强度、参与的国家数量来看，2006—2013年的制裁强度是最高的。2006年后，伊朗面临的制裁主要来自三股力量：一是美国的单方面制裁；二是联合国安理会通过的制裁；三是欧盟启动的制裁。在这三股力量中，以联合国安理会的制裁最具有法理基础，但制裁强度较轻，并没有针对伊朗与核无关的产业。而美国的单方面制裁最严厉，试图要借助伊朗核问题全面封杀伊朗。美国最乐意看到的结果是伊朗政权被颠覆。欧盟作为美国的传统盟友，有与美国保持立场一致的义务。但是欧盟各国与伊朗存在密切的经济联系，欧盟对制裁并不积极，即使口头迎合美国，也经常落不到实处。但是欧盟主要参与了后期对伊朗的制裁。

内贾德执政后，美伊关系不断恶化，美国单方面加紧了对伊朗的制裁，并将伊朗核问题正式提交联合国安理会。在伊核六国（P5+1）与伊朗谈判无果之后，联合国正式启动了制裁伊朗的1737号决议，决议要求伊朗马上停止铀浓缩等核活动，并禁止其他国家对伊朗出口核材料和相关核技术，对伊朗相关人员的出入境活动进行监督。① 该决议并没有令伊朗软化立场，内贾德的反应是加紧生产离心机。在随后的几年，联合国相继出台了制裁伊朗的1747号（2007）、1803号（2008）和1929号决议（2010）。尤其是1929号决议，大幅度增加了制裁伊朗的企业和个人名单，涉及到许多伊斯兰革命卫队成员。②

上述制裁均没有令内贾德政府立场软化。2010年后，联合国没有再出

---

① 联合国安全理事会：《第1737号决议》，2006年12月23日，https://www.un.org/zh/sc/documents/resolutions/06/s1737.htm。

② 联合国安全理事会：《安理会决议》，https://www.un.org/zh/sc/documents/resolutions/2010.shtml。

台新的制裁法案,但美国联合欧盟对伊朗展开了空前严厉的制裁。2010年7月1日,奥巴马总统签署了《2010伊朗全面制裁、问责和撤资法案》,标志着美国单方面加强了对伊朗的制裁力度。随后,欧盟通过决议,对伊朗油气投资、银行、保险、贸易等领域进行制裁,大大超出了联合国制裁的范围。2011年,制裁往更加深度的方向发展。2011年11月,奥巴马签署了禁止与伊朗发生任何石油贸易和金融往来的第13590号行政令。2011年12月,欧盟决定大量增加伊朗受制裁的个人和实体名单。2012年6月,美国开始对伊朗货币里亚尔实施制裁,同年7月份欧盟决定全面禁止从伊朗进口和转运石油。对伊朗金融打击最大的莫过于2012年3月环球银行金融电信协会(SWIFT)宣布对伊朗制裁,禁止伊朗使用其跨境支付服务,从而对伊朗的跨国金融业务造成沉重的打击,使得伊朗的进出口贸易无法正常运转。2013年,美国和欧盟的制裁继续扩大到船运、贵金属、钢铁、合资企业等领域。挪威、加拿大、澳大利亚也宣布参与对伊朗的制裁,最后日本、韩国、海合会和印度也加入制裁的行列。[①] 到此为止,国际社会对伊朗的制裁达到了顶峰。

2005—2013年,可以称之为伊朗的"制裁时期",也正是内贾德执政的8年。如果不是内贾德强硬的外交政策,伊朗不会面临如此严厉的联合制裁。内贾德利用核制裁激发的民族主义情感暂时掩盖了政权的危机,而且8年之后似乎也证明了制裁的"无效性"。但是制裁对伊朗经济带来的负面影响是非常深刻的。制裁到底在多大程度上影响伊朗经济,需要结合不同时段的经济表现进行综合分析。

第二节 民粹主义的回归——内贾德的经济政策

内贾德上台之初,伊朗经济面临的问题尽管很多,但是恰逢国际油价

---

① 邹志强:《联合国与对伊朗的经济制裁》,《国际研究参考》,2016年第8期,第2页。

的大幅度上涨，使得政府的财政收支大大改善，对伊朗维持经济的有限增长是十分有帮助的。但内贾德本人十分欠缺管理经济的经验，他本人也曾经公开承认过。[1] 在他上任之后，抛弃了拉夫桑贾尼时期和哈塔米时期专家治国的理念，强化用人的政治意识形态标准。为了加强对经济部门的控制，内贾德一上台就解散了原先制订五年计划的"计划和预算委员会"，其职责被转移到总统办公室门下。[2] 总的来说，内贾德时期的管理经济理念及经济政策缺乏科学性及长期规划，带有强烈的个人主观意志色彩。他治理经济的方式对宏观经济及普通民生都带来了十分负面的影响。

一、内贾德的主要经济观点

作为一位虔诚的穆斯林及强硬保守派成员，内贾德十分强调伊斯兰革命价值观的重要性。在他看来，伊斯兰革命价值观最主要的遗产就是尽可能地追求社会公正及国家的独立，体现在经济上就是追求经济的公正及独立。

第一，内贾德认为西方经济理念与伊朗经济体制是不相容的。他拒绝接受主流经济学观点，如过度流动性会导致通货膨胀，甚至他最信任的经济顾问提出的意见也遭到了他的拒绝。他对制订五年发展计划漠不关心，对财政预算也缺乏基本的规划。内贾德坚信，人们应该从政府石油收入中得到看得见的经济实惠，财政收入可以直接以现金或者食品的方式分配给需要的人。[3]

第二，相对于拉夫桑贾尼和哈塔米，内贾德更加重视分配领域，即关注经济公正秩序的构建。他尤其关心落后地区的民众生活状况。在其任

---

[1] 当被问到他的经济政策是否存在明显的不一致时，内贾德坦率地回答说："我向真主祈祷，我将永远不去了解经济学。"见《经济无能者内贾德》，搜狐网，http：//news.sohu.com/20090619/n264625587.shtml.

[2] Jahangir Amuzegar, "Ahmadinejad's Legacy", *Middle East Policy*, Vol. 20, No. 4, Winter 2013, p. 126.

[3] Nader Habibi, "How Ahmadinejad Changed Iran's Economy", *The Journal of Developing Areas*, Vol. 49, No. 1, Winter 2015, p. 306.

内，他多次去各省和偏远地区考察。他指责拉夫桑贾尼和哈塔米时期的经济不公正和腐败现象，认为前任的经济改革是失败的。尤其是私有化和取消对商品价格的限制，只令一小撮政治家和商人受益。在内贾德上任之初，私有化改革和补贴改革都被叫停了。但是随着伊朗面临的国际制裁的加深和财政收支状况的恶化，内贾德又转变了看法，开始支持私有化和补贴改革，不过是按照他坚持的兼顾公正的原则实施。

第三，内贾德充分运用政府的权力对经济进行干预，认为经济部门应该服从行政命令的管辖。但是他主张的政府对经济部门的管理不是基于宏观调控原则的考虑，而是粗暴的干涉性命令。内贾德时期是伊朗经济市场化、自由化改革退步的时期。

第四，与前两任总统主张和重视引进外资与技术相反，内贾德不认为引进外资和技术是必要的。内贾德对经济全球化持抵制态度。他多次批评过去16年的改革，"由于外交政策的消极被动，公众已经认为如果吸引外资，我们必须作出让步。"对他来说，政府的角色是"如果你想跟（一个外来投资者）签订合同，必须由你设定规则。"[1]他对"回购"合同都不认可，认为合同并不符合国家的利益，尽管回购合同已经被外来投资者认为条件极其苛刻。这也意味着在没有考虑清楚其他更好的替代方式之前，他不会盲目地支持石油工业引进外来投资。不过他也并非对外来投资持完全反对的立场，认为只要资本的流入能够帮助穷人和下层群体，就是可以接受的。实际上，内贾德政府里没有一个人曾经明确地反对过任何形式的外来投资。但是，由于拉夫桑贾尼和哈塔米时期主张寻求外来投资，使得在伊朗的外来投资比例不断增多，这被内贾德政府视为寻求西方化的发展道路。因此，他对外来投资总体上抱有很深的成见。而内贾德任期正是国际油价不断走高的时期，这一时期的石油收入要比哈塔米时期高得多，国家财政相对较好。因此，外来投资也不被视为优先考虑的选择。但随着制裁的加深，即使没有伊朗国内因素的抵制，外来投资也越来越少了。

---

[1] Evaleila Pesaran, *Iran's Struggle for Economic Independence*, p. 170.

二、内贾德时期的主要经济政策

内贾德虽然连任两届执政长达8年，但是并没有形成连贯的经济政策，期间只有一些零散的经济措施断断续续地发布实施。内贾德在一些经济政策上的态度前后也存在不一致之处。受政治环境所迫及现实因素的考虑，他不得不延续了一些本来并不认同的经济政策。

（一）内贾德时期的私有化改革

私有化改革开始于拉夫桑贾尼时期，但是推进的效果一直不理想。到2006年，伊朗大约70%的工业依然属于国有。尤其是绝大部分的重工业（石油上游和下游产业、钢铁、汽车等）都属于国有经济范畴。内贾德在竞选时曾激烈地批判私有化改革。在伊斯兰革命卫队的支持下，他一度要求最高领袖修改私有化法案，以防止国有资产出售时发生腐败问题，目的是确保经济体系的公正性。但是，最高领袖发声呼吁推进私有化改革，终结了内贾德执政后围绕是否推进私有化的争论。2006年7月，哈梅内伊签署了一项行政命令，对宪法第44条有关所有制成分的内容进行了修订，呼吁政府职能"从直接控制和经营企业向政策制订、监管和指导的方向转变"，使私人和合作部门拥有更大的权力，在全球市场更具竞争力。哈梅内伊指出，政府必须让出国有企业的80%的份额。[1] 哈梅内伊认为一个被政府较少控制的经济不仅更有利于社会公正，还可以在全球经济中站稳脚跟。

尽管最高领袖已经明确支持私有化，内贾德还是试图在私有化具体改革方案中施加自己的影响，以让私有化改革惠及到下层民众。他认为，私有化企业的50%份额应该让与省级的投资企业或者是收入最低的社会群体，以确保私有化的成果能够帮助那些最需要帮助的人，而不是大企业。他的这一冒险建议得到了最高领袖的批准。实际上，早在2006年2月份，

---

[1] Evaleila Pesaran, *Iran's Struggle for Economic Independence*, p. 178.

他就已经开始向公众发放所谓的"公正份额",后来又向4个最落后省份的指定群体发放被私有化的企业份额。用这种方式,内贾德把私有化与社会公正的目标联系在了一起。在内贾德看来,社会公正与伊斯兰价值观不能被忽视,西方式的私有化路径是完全行不通的。在最高领袖的支持下,内贾德第一任期推行经济政策的阻力要比前两任顺利得多。[1] 在最后的实施中,修改法案将40%的私有化企业的份额以折扣的价格分配给中低层收入家庭,即"公正份额"。大约2000家国有企业被纳入私有化的方案中,总额涉及1000—1400亿美元。[2]

作为一种调节社会分配的辅助性政策,"公正份额"主要面向支持政权的中低层收入者,尤其是向巴斯基民兵提供资助,目的是表彰他们对伊斯兰政权的忠诚和支持。另外,两伊战争的退役老兵、烈士家属和从政府福利机构领取救济的家庭,都有资格获得"公正份额"。在该计划实施的最初阶段,公正份额覆盖460万人,总额约23亿美元。而在私有化的法律里,政府试图将另外40%的被私有化企业的份额在股市上出售。[3]

内贾德时期的私有化改革得以继续推进,这意味着不论是保守派还是改革派执政,在私有化问题上已经达成了共识。从认知根源上讲,私有化符合伊斯兰教维护私权的传统价值观。革命之初的国有化运动在很大程度上是由当时的客观形势所推动的。但是,内贾德时期的私有化断断续续,虽然政策明确,落实却很不到位。尤其是被放在股市里出售的份额,对绝大多数的私人投资者都没有吸引力,基本上都被半官方的机构(慈善基金会)或者伊斯兰革命卫队下属企业买走。据统计,只有17%的国有企业被卖给了真正的私人企业,剩余的83%都被半官方机构买走了。[4] 这些机构的下属企业享有比国有企业更多的优惠和更大的自主权。[5] 在私有化改革中,他们不仅逃脱了私有化的命运,而且成为了私有化的受益者,使得伊朗的私有化改革在很大程度上是"伪私有化"的过程。

---

[1] Evaleila Pesaran, *Iran's Struggle for Economic Independence*, p. 179.
[2] Nader Habibi, "How Ahmadinejad Changed Iran's Economy", p. 307.
[3] Nader Habibi, "How Ahmadinejad Changed Iran's Economy", p. 307.
[4] Jahangir Amuzegar, "Ahmadinejad's Legacy", p. 130.
[5] 韩建伟:《解读伊斯兰革命后的基金会组织》,《西亚非洲》,2010年第8期。

（二）补贴制度改革

从内贾德的价值观来看，补贴制度符合他注重社会公正的价值观，因此在一开始他是反对进行补贴改革的。为了兑现在竞选时"将石油财富放在人民的餐桌上"的诺言，内贾德上任后不久还成立了"伊玛目礼萨爱心基金"（Imam Reza Love Fund），主要的目的是"为青年人提供社会支持及改善各省的经济与社会条件"，资金主要从"石油稳定基金"等流动性不强的项目中划拨。①

但是，随着制裁的一步步加深，政府财政日益吃紧。内贾德开始考虑进行补贴改革，以改善入不敷出的财政状况。2008年12月，内贾德正式向议会提交了一份补贴改革计划，由于补贴改革涉及的利益面太广，这项提案被议会讨论了将近一年，在2010年1月才获得通过。改革的正式实施是从2010年12月开始的，被内贾德政府誉为"伊朗经济最大的外科手术"。实际上到2010年之前，内贾德政府依旧维持着巨大的补贴开支，其中能源隐性补贴所占比重最大，大约每年开支600亿美元，占GDP的15%左右。②

补贴改革的目标是通过废止油气燃料补贴来达到限制国内燃料的浪费、节约资源、扩大出口、增加财政收入的目的。作为补偿，政府向每户家庭及企业发放现金补贴。③

这项改革最大的看点是虽然补贴数额减少、商品价格提高，但是国家要对民众进行现金补偿。现金补偿的范围最初仅限于经济困难的家庭。但在落实过程中，对穷困家庭的界定存在许多困难导致难以操作。许多上层精英出身的政治家倾向于将中产阶级也纳入补贴受益群体之中。现金补贴最终成为向所有公民按月发放的补充性收入。同时，为了提高企业的能源使用效率，政府向企业提供贷款和财政支持。补贴的取消带来了油品价格

---

① Evaleila Pesaran, *Iran's Struggle for Economic Independence*, p. 172.
② IMF Staff Country Report: *Islamic Republic of Iran*, 2011, p. 4.
③ Dominique Guillaume, *Iran – The Chronicles of the Subsidy Reform*, IMF Working Paper, 2011, pp. 3–4.

的提升，所得收入的50%都用来为用户直接发放现金补贴；30%为工农业提供财政补贴；另外的20%为政府企业和各部留用。[1]

能源及其他消费品价格的提高确实减少了国内的消费，但是很快引起了许多商品和服务业价格的上涨。而大量现金的发放使得伊朗陷入了严重的货币流动性危机，恶性通货膨胀愈演愈烈。根据相关新闻报道，内贾德任期内大约印发了500万亿里亚尔纸币并被投入到了流通领域。[2] 民众很快发现到手的现金补贴赶不上通货膨胀和货币贬值的速度。为了遏制通货膨胀的继续恶化，内贾德政府又采取了价格控制政策，这对企业来说是灾难性的，因为更加难以获得利润。价格控制和更高的生产成本迫使不少企业不得不削减产量、解雇工人。议会对这些变化作出了应对，迫使政府继续维持对农业和工业生产的大部分的补贴；另外取消价格控制，生产者被允许提高出厂价格。这项被视为内贾德时期最重要的改革政策，最后严重背离了改革的初衷，与国际制裁一起将伊朗经济推入严重的危机之中。这项改革还存在另外一个隐患，现金发放的方式使得民众对国家财政的依赖度有增无减，补贴下一步的改革阻力进一步增大。2012年6月，议会通过一项提案，决定暂停第二阶段的补贴改革。[3]

（三）加强对银行和财政系统的控制

内贾德对金融财政管理几乎一无所知。内贾德时期的银行在某种程度上变成了向政府及其他特权组织借贷和印钞的机构。内贾德一上任便解雇了中央银行的几名高管，原因是这些人对他的银行政策表示不满。国有商业银行逐渐成为内贾德操纵经济的工具。他对银行采取了两项重要的干预政策：

1. 命令国有商业银行向指定地区和经济部门以低利率的方式提供财政支持。同时，他大量增加了政府机构和国有企业从商业银行的贷款。公共部门的银行债务在内贾德时期大幅度增加。这一政策的严重后果是国有商

---

[1] Nader Habibi, "How Ahmadinejad Changed Iran's Economy", p. 307.
[2] Jahangir Amuzegar, "Ahmadinejad's Legacy", p. 127.
[3] IMF, *Islamic Republic of Iran: Selected Issues*, 2014, March 18, p. 18.

业银行的财力日渐枯竭，不得不从央行大量借贷。根据伊朗央行公布的财政数据，政府从国内银行系统中的债务在 2005—2011 年之间增长了 400%。与此同时，国有商业银行对中央银行的借贷增长了 12 倍。①

2. 加快非银行金融机构的发展。内贾德在第一任期冻结了新的私人银行的设立，同时允许非银行金融机构的发展，但大多数都是隶属于基金会及伊斯兰革命卫队的机构。然而在 2009 年，政策又发生变化，取消了对设立私有银行的限制，却为非银行金融机构的扩张打开了方便之门。一些非银行金融机构从四大筹备私有化的国有银行那里购买了大量股票份额。②

3. 扩张性的财政政策。内贾德试图将银行的信贷和主权财富基金直接用于支持国内生产和创造就业。他责令银行向农业、工业和旅游等部门提供优惠贷款，其中也包括资助农民、年轻人的社会项目。2010/2011 年度，"货币信贷委员会"（MCC）建议伊朗应该将储蓄的 80% 优先用于以下部门：37% 用于制造业和采矿业，25% 用于农业，20% 用于建筑和住房，10% 用于贸易，8% 用于出口。其余 20% 可以自由支配。③ 该建议希望内贾德政府将更多资金投向生产领域。但是，在制裁压顶的形势下，内贾德并没有成功地实践这一建议。

事实上，伊朗银行的真实利率④在 2007 年之后就是负数。随着通货膨胀的不断上涨，银行的低利率导致吸引储蓄的能力越来越弱，而却被总统要求提供各种信贷。银行资金大量亏空，最后沦落为"印钞的工具"。大量纸币进入流通领域，使得货币流动性大大加快，又推动了通货膨胀的上涨。另外，负利率还刺激了其他方面的投机活动，如购买不动产、黄金和

---

① Nader Habibi, "How Ahmadinejad Changed Iran's Economy", p. 308.
② Nader Habibi, "How Ahmadinejad Changed Iran's Economy", p. 309.
③ IMF, *Islamic Republic of Iran: Selected Issues*, 2011, p. 5.
④ 这里说银行利率，对伊朗来说不太准确，仅为了方便理解。因为伊朗是伊斯兰银行体制，明确反对利息，是没有国际通用的利率的。银行获取利润的方式主要是通过将储蓄进行投资，然后与投资方进行利润分成，因此利润随时存在变化。但实际上，伊朗银行依然是存在一定的利润分配标准的。如 2011 年规定银行分享利润的上限在 14%—17% 之间，而对于定期储户来说，一年期利润是 12.5%，五年期利润是 15%。虽然方式不同，但是银行盈利的实质依然是投资所得与储户利润之间的差额，与国际通行的利息并无太大区别。所引数据资料来源：IMF, *Islamic Republic of Iran: Selected Issues*, 2011, p. 7.

外汇活动日益猖獗。

（四）重新恢复了固定汇率制

伊朗自 2002 年开始实行政府管控下的浮动汇率制，但是里亚尔币值还是无法维持足够的稳定，其根源是外汇短缺及国内经济不振。政府也一直没有消除自由市场与官方市场汇率的差距。内贾德时期，制裁令外汇极端短缺，伊朗被迫恢复了固定汇率制。2006 年到 2012 年之间，伊朗的官方汇率（美元兑里亚尔）仅仅从 9100 调至 1.2 万左右，但自由市场汇率到 2012 年已经降到了 2.3 万左右。[①] 自由市场汇率与官方汇率的差距越来越大。内贾德施行固定官方汇率的主要目的是为了在制裁收紧的情势下，主要降低进口商品的成本。但是，这种政策带来了十分严重的后果：降低了国内产品的竞争力，将国内制造业处于更加不利的地位；恶化了非石油贸易的平衡，事实上补贴了外国进口商和生产者；对扩大就业十分不利。而自由市场汇率的下降反映了外汇短缺的事实，令大部分小生产者通过进口获取所需材料变得更加困难。内贾德时期，国内工业生产严重萎缩，跟汇率政策存在莫大的关系。[②] 这种状况致使民众对里亚尔失去了信心，加剧了币值的不稳定。

三、伊斯兰革命卫队经济参与活动的增强

内贾德时期，一个令人瞩目的现象是伊斯兰革命卫队在经济活动中的参与程度大大增强。伊斯兰革命卫队（Islamic Revolutionary Guard Corps，简称 IRGC）是 1979 年由最高领袖霍梅尼建立的准军事组织。建立的目的是为了防范与牵制长期受到巴列维王朝影响的正规军，捍卫革命的成果和新政权的稳定。其主要成员来自于社会中下层，尤其是那些对革命和宗教有深刻感情的人群。伊斯兰革命卫队主要由五部分组成：地面武装、空军、海军、巴斯基民兵和圣城武装。在两伊战争爆发后，伊斯兰革命卫队

[①] EIU, *Iran Risk Assessment*, London: Economist Group, October 2015, p.19.

[②] IMF, *Islamic Republic of Iran: Selected Issues*, 2014, March 18, p.6.

积极参与了对伊拉克的战争，实力得到了增强，逐渐发展成一个集政治、军事和意识形态功能为一体的组织。伊斯兰革命卫队习惯运用意识形态的说教和大众动员来扩大自身的影响，捍卫伊斯兰政权的合法性。伊斯兰革命卫队实际掌控着"国家安全最高委员会"，通过这一机构来实施其政治和经济的影响力。

（一）伊斯兰革命卫队参与经济活动的历史脉络

伊斯兰革命卫队对经济的参与早在两伊战争期间就已经存在。战争期间伊朗奉行自给自足和国家控制经济的政策，同时按照伊斯兰原则提倡互助合作和救济。伊斯兰革命卫队曾经创立了一种基于个人救助原则的合作组织，目的是向下属人员和退伍军人提供住房和无息贷款。该组织到90年代初发展成"伊斯兰革命卫队合作基金会"。[①] 这个机构一开始类似于其他基金会组织，成为伊斯兰革命卫队早期参与经济活动的重要证据。但在霍梅尼时期，伊斯兰革命卫队还主要是一个军事安全组织，霍梅尼也禁止革命卫队参与到派系之间的权力斗争。但是，霍梅尼去世之后，派系斗争成为伊朗政治的常态，而革命卫队一步步卷入其中，并在斗争中成为了受益者。

伊斯兰革命卫队大量参与经济活动是从拉夫桑贾尼时代开始的。两伊战争结束后，拉夫桑贾尼进行经济自由化、市场化改革，并鼓励引进外资，但逐渐与主张国家控制经济、自给自足的民粹主义派和坚持革命意识形态原则的传统保守派之间形成了尖锐的矛盾。当时民粹主义派已经式微，而传统保守派控制了实权部门，后者成为了改革道路上最大的障碍。为了平抑传统保守派的不满，拉夫桑贾尼对其采取了安抚政策，允许一大批准国家组织（包括基金会和伊斯兰革命卫队）参与经济活动，鼓励他们为经济重建作出贡献。而为了令巴斯基战士复员后能够重新融入日常生活，也鼓励巴斯基退伍士兵参与经济活动。借助经济重建的有利时机，基金会与伊斯兰革命卫队下属企业及个人开始大量地参与经济活动，凭借特

[①] Hesam Forozan and Afshin Shahi, "The Military and the State in Iran: The Economic Rise of the Revolutionary Guards", *Middle East Journal*, Vol. 1, Winter 2017, p. 73.

权和各种保护牟取利益。到1997年，伊斯兰革命卫队已经成为国内建筑业的主要承包商，最著名的下属公司是哈塔姆·安比亚（Khatam al-Anbiya）建筑总公司。①

伊斯兰革命卫队的主要经济活动涵盖石油天然气、建筑承包、金融、电信等几个领域，无不是关系国计民生的关键部门。而革命卫队政治地位的提高与经济活动的扩大也相辅相成，互为因果。在哈塔米当选总统之后，改革派明确提出了反对腐败、规范经济的目标，并将矛头对准了伊斯兰革命卫队，曾经指责其利用自己控制的港口走私消费品和物资供应黑市。改革派的反腐败活动引起了伊斯兰革命卫队越来越多的担忧，他们开始反击。在2004年议会选举中，革命卫队联合新保守派一举击败了改革派，为保守派重新执政扫清了障碍。

（二）内贾德对伊斯兰革命卫队的扶持

内贾德本人出身于伊斯兰革命卫队，对卫队有很深的情感及依赖心理。在上任之后，出于巩固本人权力地位和应付派系斗争的需要，内贾德加大了对伊斯兰革命卫队的扶持力度。伊斯兰革命卫队的经济势力在国家危机不断加深的背景下获得了迅速的扩展。

内贾德政府对伊斯兰革命卫队的所属企业优先授予政府合同和订单。如政策采购和招标都优先考虑伊斯兰革命卫队或者巴斯基下属企业或者与这些组织存在密切联系的企业。内贾德还将革命卫队和巴斯基的现任或前任成员任命在政府的关键部门或者担任国有企业的高管职位，不考虑这些人是否懂得管理经济。内贾德允许隶属于革命卫队和巴斯基的投资者优先获得购买被私有化的国有企业的资格，并命令银行优先为他们提供贷款和财政支持。除以上特权之外，伊斯兰革命卫队下属企业还拥有对外贸易优先的特权。在国际制裁打断了伊朗正常的贸易渠道的背景下，革命卫队更多地参与了进出口贸易活动。革命卫队在秘密采购制裁物资和走私方面发

---

① Hesam Forozan and Afshin Shahi, "The Military and the State in Iran: The Economic Rise of the Revolutionary Guards", p. 76.

挥了不可替代的作用。①

内贾德时期，伊斯兰革命卫队在获取及经营国家大型工程项目及其他公共项目方面大肆渗透。在2005—2011年之间，革命卫队共获得了约250亿美元的油气合同项目。② 迄今为止，虽然没有任何官方报道伊斯兰革命卫队控制伊朗经济到何种程度，但是其经济渗透能力不容小觑，而且带有以下几个特点。

1. 伊斯兰革命卫队所属企业独立于政府的监管之外，运作机制不够透明，容易衍生腐败和特权行为。伊斯兰革命卫队与其他基金会组织一样，直接隶属于最高领袖，不受政府和议会的监管，因此其下属企业长期获得荫蔽。在内贾德时期，有报道称伊斯兰革命卫队甚至可以挪用"石油稳定基金"的储备货币。

2. 伊斯兰革命卫队是从国际制裁中唯一获利的既得利益集团。在国际制裁步步收紧的背景下，伊朗的经济政策和主导思想更加趋于内向。而从国家安全的角度考虑，政府倾向于让伊斯兰革命卫队的下属企业承担更多的经济事务。因此他们比在正常的时期更加容易地获得政府订单。与此同时，外来资本的进入却越来越困难，本国私人企业纷纷破产，伊斯兰革命卫队在缺乏竞争对手的情况下获得了迅速的发展。

3. 伊斯兰革命卫队控制战略性关键部门，带有排他性的特点。为了进一步巩固已经获得的利益，伊斯兰革命卫队对引进外来投资一向是敌视和排斥的，经常不惜一切代价破坏政府引进外资的努力。在哈塔米执政后期，伊朗曾经与土耳其移动手机公司（Turkcell）和土耳其TAV航空公司签署合作协议，但遭到了伊斯兰革命卫队的坚决抵制，迫使政府提高了伊方在协议中的份额要求，致使土耳其投资者愤而离去。据报道，在原本与TAV合作的项目中，革命卫队在驱逐了外来投资者之后，从伊玛目霍梅尼机场的建设和通过提供自己的劳动力的方式获得更大的利润。③ 2009年，

---

① Nader Habibi, "How Ahmadinejad Changed Iran's Economy", p. 309.
② Hesam Forozan and Afshin Shahi, "The Military and the State in Iran: The Economic Rise of the Revolutionary Guards", p. 77.
③ Evaleila Pesaran, *Iran's Struggle for Economic Independence*, p. 157.

同样是革命卫队的下属企业 TEM 公司（Tose'e Etemad Mobin）在缺乏竞争对手的情况下，购买了伊朗电信公司（TCI）51% 的股票。①

除此之外，伊斯兰革命卫队利用 2006 年以后新一轮的私有化改革购买了大量被出售的国有企业，从反对私有化的急先锋迅速变成了私有化的受益者。内贾德时期广泛建立的独立于银行之外的非正式金融机构，不少掌握在革命卫队手中。革命卫队将这些机构延伸到各省和乡村，这些非正式的金融机构通常以优惠的贷款和较高的利率吸引民众。在伊朗，正规的银行体系之外允许存在非正式的金融机构。由于这是伊斯兰金融的传统特点，因此能被民众接受。但是，伊朗银行体系原本脆弱，革命卫队的这一行为损害了正规银行的利益，加剧了金融活动的不规范性，也降低了央行的权威和政府金融政策的有效性。

类似于伊斯兰革命卫队参与经济活动的情况在世界各国并不多见，这种状况根源于伊朗的政治体制。在内贾德时期，伊斯兰革命卫队逐渐成长为一个集军事、经济大权为一身，得到宗教保守派支持的独立力量，不仅对政府内外政策形成掣肘，还严重影响到伊朗的国际形象。实力强大的伊斯兰革命卫队主导了伊朗的导弹研发及试射活动，经常在没有得到政府正式许可的情况下发射导弹向外部示威，严重恶化了美伊关系。这也使得伊斯兰革命卫队下属成员及企业经常成为美国财政部制裁的重点目标。内贾德对革命卫队的过多保护与扶持也使得未来伊朗经济改革更加困难。

第三节 内贾德时期不断恶化的经济

内贾德时期的伊朗经济，外有制裁的步步收紧，内有内贾德缺乏经验的、简单粗暴的经济政策，将伊朗经济一步步推向深渊。第四个五年计划是哈塔米时期制订的，但是在内贾德第一任期内执行的。从该计划的目标

---

① Hesam Forozan and Afshin Shahi, "The Military and the State in Iran: The Economic Rise of the Revolutionary Guards", p. 81.

与实际表现的比较可以清楚地判断内贾德时期的经济政绩。从表5—1看出，第四个五年计划的实际表现大大低于计划目标。这一时期伊朗的实际增长率为5.1%，低于计划目标的8.0%；通货膨胀率达到15.3%，高于目标5.5%；流动性增长率远远高出目标的10%；失业率比计划高2%；平均劳动生产率只有1.9%，比计划低1.6%；资本及全部要素生产呈现出负增长。五年里投资增长大大低于计划目标，总投资仅仅增长了5.5%，外来投资仅增长0.9%。但是这一时期的伊朗经济也有亮点，如贫困指数的下降幅度要高于计划所设目标，石油及非石油出口都比计划要高，与此同时进口增长幅度也要大大高于计划。但是，在石油出口额增长大大超过预期的情况下，伊朗经济总体上却表现较差，说明虽有石油收入的增长，但是无法拯救伊朗经济陷入危机之中。由于第五个五年计划内贾德任内并未完成，计划后期是在鲁哈尼时期执行的，无法通过五年的平均指标衡量第五个计划的执行情况。但是第五个计划是在制裁阴云密布的时刻颁布的，没有得到充分的论证，甚至没有确定详细具体的目标，大部分目标只是简单复制了前一个计划的模板。内贾德政府也没有精力去执行这个计划。仅仅从2011/2012年度的数据来看，比计划要差很多。

表5—1 第四和第五个五年发展计划主要目标和实际表现

	第四个五年计划目标（2005/2006—2009/2010）	第四个五年计划实际表现	第五个五年计划目标（2011/2012—2015/2016）	2011/2012年度实际表现
GDP增长率（%）	8.0	5.1	8.0	3.0
通货膨胀率（%）	9.9	15.3	12.0	21.5
流动性增长率（%）	20.0	30.0	20.0	24.5
失业率（%）	9.9	11.1	7.0	12.5
劳动生产率（%）	3.5	1.9		1.2
资本生产（%）	1.0	-1.2		-0.2
所有要素生产率（%）	0.5	-0.1		0.5
全部要素生产率增长份额（%）	31.3	0.0	31.3	20.0

续表

	第四个五年计划目标（2005/2006—2009/2010）	第四个五年计划实际表现	第五个五年计划目标（2011/2012—2015/2016）	2011/2012年度实际表现
贫困减少指数（GINI）	0.38	0.40	0.35	0.37
石油出口（$B）	120	346.0		118.2
非石油出口（$B）	53	80.6		29.0
进口（$B）	185	287.8		77.8
投资（%GDP）	12.3	5.5		
外来直接投资（%GDP）	3.0	0.9	3.0	0.9

资料来源：Central Bank of Iran, Iran Statistical Center, International Monetary Fund, World Economic Outlook, April 2013, 转引自 Reza Ghasimi, "Economy of Iran under Fourth and Fifth Five-year Development Plans", *Money and Economy*, Vol.7, No.1, Fall 2012, p.164.

一、2005—2012年的基本经济指标

由于伊朗里亚尔的币值受通货膨胀的影响贬值速度过快，所以按照当前价格计算的GDP会大大高于实际数值，不能反映真实的经济状况（见图5—1）。因此，伊朗中央银行公布的数据一般按照1997/1998年度的不变价格为标准。不妨将按当前价格计算的GDP与不变价格的GDP做一对比，2011/2012年度按当前价格计算的GDP的增长率是41.8%，2012/2013年度是10.7%；而按照不变价格计算的GDP的增长率分别为3%和-5.8%。[①] 由此可见差距之大。但是2005—2013年之间伊朗中央银行披露的部分经济数据存在被有意歪曲、模糊化或者自相矛盾的问题。在内贾德的第一任期问题尤其严重，2008年的经济数据还一度停止发布。但总的来说，伊朗央行发布的数据依然是判断经济变化的最主要来源，尤其是不变价格的GDP可以反映伊朗总的经济发展趋势。

---

① CBI, "Annual Review", 1391, pp.44-45, http://www.cbi.ir/simplelist/AnnualReview_en.aspx.

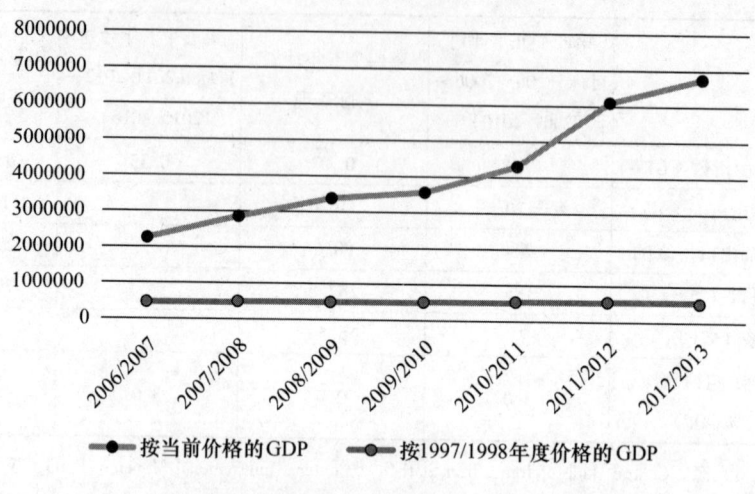

图 5—1 当前价格和不变价格 GDP 的比较

资料来源：Central Bank of Iran (CBI), "Annual Review", 1389, p. 43; 1391, p. 44, http://www.cbi.ir/SimpleList/AnnualReview_ en. aspx.

内贾德上任之初，伊朗经济总体上还算平稳，特别是有迅猛增加的石油收入的支撑。但是随后经济表现出较大的波动性。2007/2008 年度伊朗的 GDP 的增长率达到了 5% 以上。该年度国际石油价格上涨 3%（大约为 80.36 美元/桶），伊朗石油产量大约为 390 万桶/日，原油出口比上一年度下降了 4.4%（240 万桶/日）。[①] 油价的上升有效地弥补了出口量下降的损失。但是从 2008/2009 年度起，伊朗经济开始下降，该年度的 GDP 增长率仅 0.8%。这一年农业因受 2007 年以来干旱和霜冻的影响，农作物大量减产；石油产品的出口则下降了 50.8%。[②] 其他主要的经济指数也出现了明显的恶化。如财政赤字比上一年度增加了 50% 以上（表 5—3）；当前账户余额则比去年减少了 97 亿美元（表 5—4）。

[①] CBI, "Annual Review", 1389, p. 8.
[②] CBI, "Annual Review", 1389, p. 7.

表 5—2　1997/1998 年度不变价格①的国民产值

单位：10 亿里亚尔

	2006/2007	2007/2008	2008/2009	2009/2010	2010/2011	2011/2012	2012/2013
农业	61134	65062	57385	65132	70863	74265	78943
石油	49249	49867	48881	46969	47872	48501	31962
制造业和采矿业	121954	125868	132797	136532	149188	154121	135008
服务业	243832	258394	264520	270431	281201	288021	286951
GDP（基本价格）	467930	4910995	495266	509895	539219	555436	522957
变化率②	6.2%	5%	0.8%	3%	5.8%	3%	-5.8%
非石油 GDP（基本价格）	418681	441231	446386	462926	491347	506935	490995
国民总产出（市场价格）	506378	549604	546835	551663	593571	619886	540431
国民收入	450179	483123	477461	472914	509080	532079	445984

资料来源：CBI,"Annual Review", 1389, p.43; 1391, p.44.

2008/2009 年度伊朗经济状况的恶化与制裁本身还没有密切的联系。虽然到 2008 年，联合国已经通过了两个制裁伊朗的法案，美国的单方面制裁也在收紧，但是这两个法案都没有触及到伊朗经济的核心命脉——石油和金融，而大部分的进出口贸易渠道依然保持畅通。伊朗这一年经济的下降受到国际金融危机更加强烈的影响。2008 年的国际金融危机使得世界对能源需求急剧的萎缩，导致油价的大幅度下跌。自 2008 年 8 月份开始，欧佩克一揽子石油价格从峰值（131.2 美元/桶）一路狂跌，到 12 月份油价

---

① 以 2006/2007 年度为例，该年按照当前价格计算的 GDP 是按照 1997/1998 年度计算的价格的 4.83 倍。

② 这里计算的 GDP 增长率依然与伊朗中央银行公布的数据有差距。如伊朗中央银行公布的 2007/2008、2008/2009、2009/2010 年度的经济增长率为 6.9%、2.7%、4.9%，而笔者计算的结果是 5%、0.8%、3%。其中 2009/2010 年度的数据在 2010/2011 年度的报告中重新修改为 3%。在内贾德第一任期，经济数据存在较多的不准确性，包括前后不一致的矛盾现象。在其第二任期内，经济数据不准确的缺陷得到了一定的解决。

为38.6美元/桶，然后缓慢回升，2009年3月仅恢复至45.78美元/桶。①油价的大幅度下跌不仅影响到伊朗原油的生产和出口，对伊朗下游产业——炼油和石化产业的出口也造成了明显的负面影响。不过，伊朗经济也从金融危机中有所受益，由于国际商品价格的下跌，降低了部分进口商品的成本。

从2009年下半年开始，伊朗经济有所恢复并呈现出缓慢的增长。首先是农业表现有所好转。得益于2009年以来较适宜的气候条件，尤其是较多的降雨量，主要农作物的产量提高。其次是全球经济从金融危机走向复苏，带动了需求的增加，石油价格开始回升。2009年底，欧佩克一揽子石油价格恢复到74美元/桶，2010年底为88.5美元/桶，2011年底上升到117美元/桶。② 截至到2012年之前，伊朗的石油收入都是在增加的。油价的回升在一定程度上缓解了伊朗的经济危机，但是作用十分有限。

一方面，原油出口上限无法突破。2009/2010—2011/2012年度，伊朗的原油出口停滞不前，实际出口量有所下降。根据欧佩克分配给伊朗的石油生产份额，这三年伊朗的份额依次是12.7%、12.4%、12.1%。伊朗原油出口额分别为205万桶/日、202万桶/日、203万桶/日，略低于欧佩克所设的标准。除了原油产量无法提高之外，石油产品的出口在2009/2010年度达到109万桶/日之后，出口额也开始下降。③ 伊朗原油出口无法再实现突破，主要的原因是伊朗大多数油田开采年龄过长，不同程度地存在自然产量递减的问题，亟待升级改造，否则石油产量难以提高。伊朗本国技术与资本无法解决这个问题，多年制裁和对外资的排斥又限制了油气产业的外来投资和技术的引入。另一个不容忽视的因素是国内石油和天然气的消费大幅度增长。内贾德第一任期没有对补贴制度进行改革，油品的补贴开支非常浩大。尽管伊朗经济已经逐渐陷入了困境，但是国内油品的消费（最多的是汽油消费）却还在迅猛的增长。这是内贾德政府后来考虑实施补贴改革的主要现实因素。

---

① CBI, "Annual Review", 1387, p. 46.
② CBI, "Annual Review", 1388, p. 40；1389, p. 50；1390, p. 52.
③ CBI, "Annual Review", 1388, p. 3；1389, p. 4；1390, p. 3.

另一方面，制裁对伊朗经济施加的负面影响越来越明显。与美国相比，欧盟的制裁对打击伊朗经济的效果更强。伊朗油气行业的大部分投资商是欧洲公司，但是在 2010 年后，欧洲许多公司开始退出在伊朗的油气行业，宣布停止或者暂时中止了与伊朗的合作。道达尔、雷普索尔、壳牌、埃尼等这些著名的欧洲跨国石油公司相继宣布退出在伊朗的投资，即使一些公司没有退出（如中国、印度等国的公司）也放慢了在伊朗的投资活动。[①]

表 5—3 2005/2006—2012/2013 年度财政收入和支出

单位：10 亿里亚尔

	2005/2006	2006/2007	2007/2008	2008/2009	2009/2010	2010/2011	2011/2012	2012/2013
财政收入	200375	231131	298204	379339	466546	384288	544470	568203
财政支出	330884	415788	421334	564290	593784	659341	877702	889993
收支平衡	-130509	-184657	-123131	-184952	-127054	-275054	-333232	-321790

资料来源：CBI, "Annual Review", 1388, p. 54; 1392, p. 66.

表 5—4 2005/2006—2012/2013 年度国际收支平衡

单位：百万美元

	2005/2006	2006/2007	2007/2008	2008/2009	2009/2010	2010/2011	2011/2012	2012/2013
经常账户	15392	20585	32594	22903	10908	27554	58507	23423
货物	21143	26204	39427	31090	20936	37330	67779	28559
出口	64525	76190	97667	101289	87534	112788	145806	97271
石油出口	55791	64665	84505	86619	69825	90191	119148	68058
非石油出口	8734	11525	13162	14670	17709	22596	26658	29213
进口	43381	49987	58240	70199	66599	75458	78027	68712

[①] 方小美：《国际制裁将直接冲击伊朗油气生产》，《国际石油经济》，2010 年第 10 期，第 10 页。

续表

	2005/2006	2006/2007	2007/2008	2008/2009	2009/2010	2010/2011	2011/2012	2012/2013
天然气和石油产品	4093	6155	6248	7815	6600	6788	5726	2652
其他商品	39289	43832	51992	62384	59999	68670	72301	66060
服务	-5841	-6212	-8429	-9876	-10442	-10040	-9771	-7307
资本和金融账户	-14731	-17695	-28851	-18187	-6163	-24296	-38312	-18877
资本账户	-117	-185	-249	-383	-393	-986	-4050	-815
金融账户	-14614	-17510	-28601	-17804	-5770	-23310	-34262	-18062
非石油经常账户						-55849	-54915	-41983

资料来源：CBI，"Annual Review"，1388，p. 62；1392，p. 74。

从2011年起，伊朗的经济危机开始加深，但是在2011/2012年度还能保持3%的增长率。从2012/2013年度转化成负增长（-5.8%）。其中石油收入比上一年下降了34%，制造业和采矿业下降了12.4%（根据表5—1计算得出）。原油收入的下降对GDP的负增长有直接的影响，该年度仅仅贡献GDP的10%左右；其次是制造业和采矿业，制造业的下降主要是因炼油和石化产业受到制裁的冲击而引起的。另外服务业对GDP的下降也承担了0.2个百分点。

内贾德政府的财政赤字总体上呈增加的趋势，不过2009/2010年度之前上涨幅度不大，某些年份的财政赤字比上一年还有所减少。但是2010/2011年度的赤字比上一年度扩大了1倍多，此后的两年继续扩大。到2013年初，政府财政已经到了严重失衡的状态（表5—3）。从对外收支平衡来看，2011/2012年度的当前账户余额要明显好于上一年，因为该年伊朗的石油进出口还没有受到严厉的制裁。从表5—4看出，该年度的石油出口还在继续增加。但是2012/2013年度形势发生了根本性的逆转。该年度的当前账户余额明显减少，石油出口额大幅度下降；伊朗也被迫降低了进口商品的数量和额度。自2011/2012年度起伊朗的资本与金融账户逆差陡增，表明在制裁影响下，大量资本流出伊朗。与此同时，国内外投资严重萎缩，外来直接投资已经微乎其微，而本国投资也十分不足。总的来说，2012/2013年度是伊朗经济最困难的一年，这是国际联合制裁发挥效应的结果。

二、通货膨胀的再次恶化

内贾德时期，通货膨胀再一次飙升到极高的程度。除了受到总体经济形势恶化的影响外，内贾德的一些经济政策起到了推波助澜的作用。除了个别年份（如2009/2010年度）的主要商品价格指数一度下跌之外，其他的年份都在飞速上涨。2008/2009年度CPI已经突破25%，显然跟国际金融危机有关，2009/2010年度的通胀指数又有所好转。从2010年下半年开始，国内主要价格指数开始失去控制，通货膨胀向恶性的方向发展，到2012/2013年度达到了30%以上（表5—5）。在主要商品价格指数之中，房租、面包和谷物类上涨幅度最快，而在某些年份，肉类价格上涨幅度很大（2008/2009年度）。另外酒店、医疗、装修、衣服装饰类价格的上涨幅度也很大。

表5—5 2005/2006—2012/2013年度的主要价格指数
（2004/2005＝100）

	2005/2006	2006/2007	2007/2008	2008/2009	2009/2010	2010/2011	2011/2012	2012/2013
CPI	12.1	11.9	18.4	25.4	10.8	12.4	21.5	30.5
PPI	9.5	12.2	16.8	21.8	7.4	16.6	34.2	29.6
出口商品价格指数		17.4	23.3	22.1	-6.8	11	14.2	88.6

资料来源：CBI, "Annual Review", 1387, p.31; 1388, p.29; 1390, p.36; 1391, p.36.

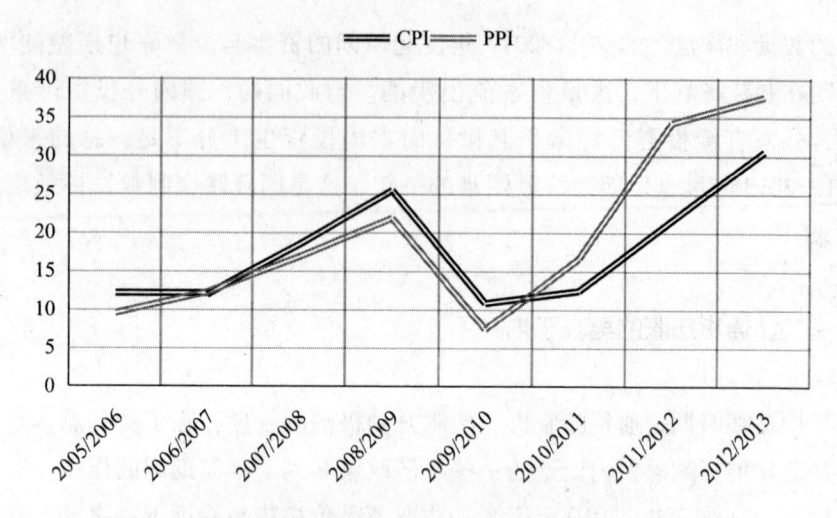

图 5—2　2005/2006—2012/2013 年度的 CPI 和 PPI 变化趋势图

资料来源：CBI，"Annual Review"，1387，p. 31；1388，p. 29；1390，p. 36；1391，p. 36.

伊朗中央银行 2012/2013 年度报告从供需两方面分析了通货膨胀的原因。在需求方面，自 2006/2007 年度以来的扩张性财政和量化宽松的货币政策明显地提高了国内总需求，导致货币流动性的大大增加，陷入了流动性陷阱。在 2006—2013 年之间，每年平均货币存量和流动性的增长率分别为 24.2% 和 26.1%，而真实的 GDP 增长率仅 2.6%。名义货币的迅速增加自然导致价格的同步上涨，尽管货币供应和价格上涨之间存在一定的时间差。而从供应角度来看，几个因素助长了生产成本的快速上升。2010 年底开始的补贴改革是最重要的因素，特别是改革并没有给能源密集型企业足够的补偿，使得这些企业的生产成本大幅度提高。另外里亚尔汇率从 2011/2012 年度下半年开始大幅度贬值，与此同时工人对工资的要求提高。生产成本提高的主要表现就是 PPI 指数的迅速上升，然后传导到消费端，引起 CPI 指数的相应提高。[①]

伊朗中央银行的分析是中肯客观的，但是还没有完全触及到通货膨胀问题的根源，尤其是刻意回避了内贾德时期的政策失误。从货币流动性来

---

① CBI, "Annual Review", 1391, p. 2.

说，内贾德时期的私有化和补贴改革，都是以发放现金的方式对民众进行补偿；银行则提供低息贷款；在他巡视各省期间也经常对地方进行大量拨款。为了弥补财政赤字，银行不得不大量印钞，这都是导致货币流动性加快的重要政策因素。另外，分析尽量淡化了制裁因素的消极影响。尽管报告不得不指出，"特别是针对石油出口收紧的制裁，减少了伊朗的外汇收入，导致了政府财政收入的大幅度下降，反过来影响到了经济发展和生产活动。"[1] 这是历年来伊朗政府第一次明确承认制裁的不利影响，但是并没有详细说明制裁对通货膨胀的推动作用。制裁会直接导致外汇短缺，引起自由市场里亚尔汇率的急剧贬值；制裁还造成进出口渠道不畅，无法按时进口所需物资满足内需，使得国内供应更加恶化（既包括消费供应不足，也包括生产原材料和中间品的供应不足）；制裁加重了民众的不安定和恐慌心理，容易哄抢商品，而商家也倾向于囤积居奇，投机牟利。制裁还衍生出了大量走私等地下贸易行为。这些因素都影响到国内物价的稳定，助长了通货膨胀。

内贾德的民粹主义经济政策外加制裁的效应，多重因素累加在一起，使得这个多年未解的难题"更上一层楼"。民众普遍深受其苦，不满之声随之增加，呼吁取消制裁和施行改革。

三、就业问题尖锐化

2012 年，伊朗人口已经增长到 7600 万左右，比伊斯兰革命前夕增加了一倍。虽然自 2000 年以来，伊朗的人口增长率已经比 20 世纪明显放缓，大约每年人口增长率为 1.5%，但是已经形成了庞大的人口基数，在中东地区是仅次于埃及的人口大国。年轻人的就业问题考验着历届政府的执政能力。妇女的失业率一直比男性高很多。内贾德政府同样面临高失业的挑战。在第四个五年计划（2004/2005—2009/2010）里，把失业率的目标锁定在 9.9%。但在内忧外患经济下行的压力下，这个目标只是一个不切实

---

[1] CBI, "Annual Review", 1391, p. 1.

际的幻想。

从表5—6看出，10岁以上劳动人口总参与率在2006—2012年之间呈不断下降的趋势，平均低于40%。这意味着60%以上的人口属于非积极活动人口。劳动人口参与率的性别差异很大，男性的劳动参与率一般在60%以上，而妇女仅有13%左右（表5—7）。在非积极活动人口中，在校学生占据了较大的比例。如2012/2013年度，在校学生占非积极劳动人口的18.3%，居家者占31.2%。但是男性的非积极劳动人口中学生占19.9%，居家者仅占0.4%；而妇女非积极劳动人口的学生比例是16.7%，家庭妇女比例是61.6%。①

表5—6　2006/2007—2014/2015年度主要劳动力指数　　（%）

	劳动参与率	失业率	15—24岁失业率	15—29岁失业率	不充分就业率
2006/2007	40.4	11.3	23.5	20.8	7
2007/2008	39.8	10.5	22.3	20	6.4
2008/2009	38	10.4	23	20.4	7.9
2009/2010	38.9	11.9	24.7	22.1	9.5
2010/2011	38.3	13.5	28.7	25.5	10.2
2011/2012	36.9	12.3	26.5	24	9
2012/2013	37.4	12.1	26.8	24.4	8.9
2013/2014	37.6	10.4	24	21.2	8.9
2014/2015	37.2	10.6	25.2	21.9	9.6

资料来源：SCI, "Iran Statistical Yearbook: Manpower", 1388, p.162; 1390, p, 163; "A Selection of Labor Force Survey Results", 1391, p.5, https://www.amar.org.ir/english/Statistics-by-Topic/Labor-force.

---

① SCI, "Iran Statistical Yearbook: Manpower", 1391, p.160, https://www.amar.org.ir/english/Iran-Statistical-Yearbook/Statistical-Yearbook-2012－2013

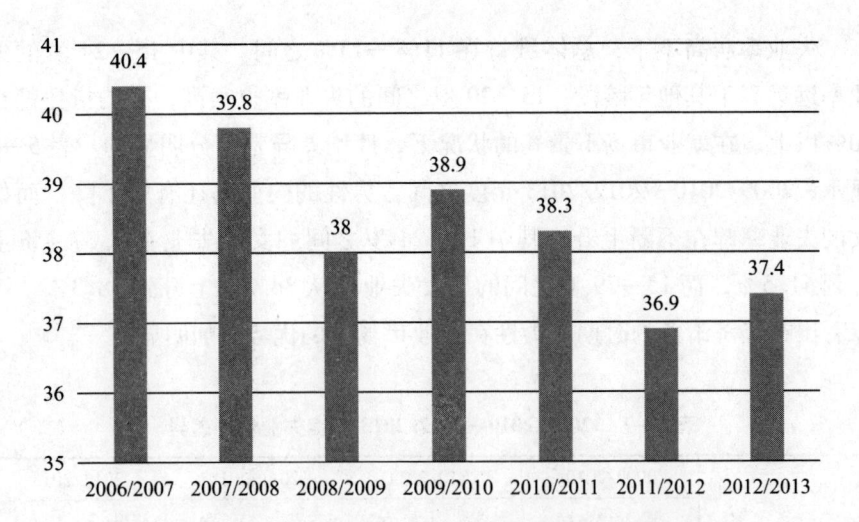

第五章 伊核危机以来的伊朗经济（2005—2017）
/ 207 /

图 5—3　2006/2007—2012/2013 年度的劳动参与率（%）

资料来源：SCI, "Iran Statistical Yearbook: Manpower", 1388, p. 162; 1390, p, 163; "A Selection of Labor Force Survey Results", 1391, p. 5.

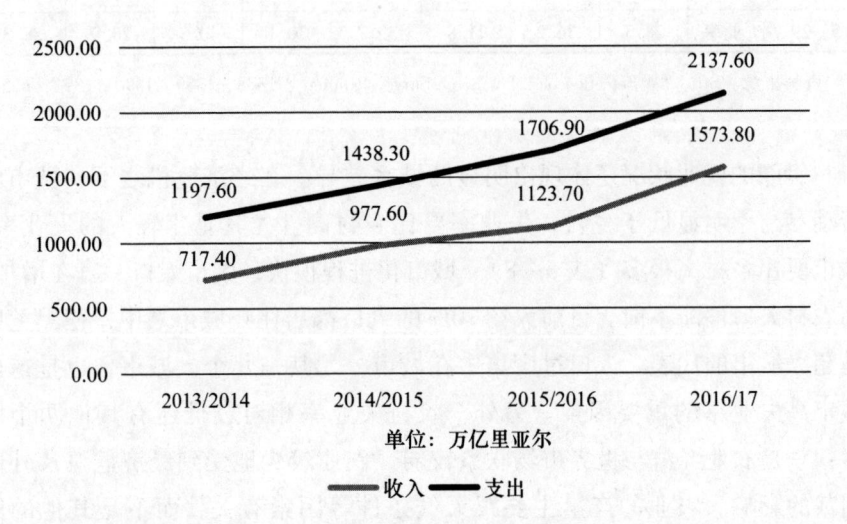

单位：万亿里亚尔
—— 收入　—— 支出

图 5—4　2006/2007—2012/2013 年度的失业率（%）

资料来源：SCI, "Iran Statistical Yearbook: Manpower", 1388, p. 162; 1390, p, 163; "A Selection of Labor Force Survey Results", 1391, p. 5.

失业率居高不下，总体维持在11%—13%之间。其中15—24岁的失业率远远高于其他年龄段；15—29岁之间的失业率也很高，平均指数都在20%以上。在就业市场不景气的状况下，性别差异是十分明显的。表5—7显示，2009/2010—2012/2013年度之间，男性的失业率还有所下降，而妇女的失业率却在不断上升，其中15—24岁之间妇女的失业率从37.4%上升到41.5%，而15—29岁之间的妇女失业率从36.2%上升到38.3%。可以看出在经济萧条的时期，男性在就业市场上的优势更加明显。

表5—7　2009/2010—2012/2013年度失业性别差异　　　（%）

	2009/2010 男	2009/2010 女	2010/2011 男	2010/2011 女	2011/2012 男	2011/2012 女	2012/2013 男	2012/2013 女
劳动参与率	60.9	12.3	62.1	14.1	60.7	12.6	61.6	13.8
失业率（10岁以上）	13.2	19	11.9	20.5	10.5	20.9	10.5	19.9
15—25岁失业率	28.7	37.4	25.5	41.3	22.9	42.7	23.4	41.5
15—29岁失业率	24.3	36.2	21.8	39.7	20.1	40.3	20.9	38.3

资料来源：SCI,"A Selection of Labor Force Survey Results", 1388, 1389, 1390, 1391, p.5.

伊朗的就业状况还体现出明显的城乡差异。在经济危机之下，城市的劳动参与率明显低于乡村，失业率要比乡村高。尤其是年轻人的失业率，城市要比乡村高很多（表5—8）。城市化进程很快，城市人口一直在增加，而农村人口停滞不前。目前大约70%的人口都居住在城市之中，德黑兰则是超大城市的代表。人口过度集中在城市，尤其是几个大城市，也是造成城市高失业率的重要因素。另外，农村失业率相对较低还有其他两个因素：一是农业经济与世界市场联系较弱，农业较少地受到经济危机及外部制裁的影响。农业的产量主要跟天气条件等因素有关，而不是其他的因素。二是农村的不充分就业人口或者无报酬的家庭劳动力居多，但是失业率相对于城市较轻。

表5—8　2009/2010—2012/2013年度就业城乡差异　　　　　　（%）

	2009/2010		2010/2011		2011/2012		2012/2013	
	城市	乡村	城市	乡村	城市	乡村	城市	乡村
劳动参与率	36	38.8	37.3	40.8	35.8	39.8	36.7	40.3
失业率（10岁以上）	15.3	11.4	15.3	9.1	13.7	8.9	13.8	8.2
15—25岁失业率	34.9	22	34	18.4	30	19.8	31.4	18.4
15—29岁失业率	29	21.2	29	17.1	26.5	17.7	27.4	17

资料来源：SCI, "A Selection of Labor Force Survey Results", 1388, 1389, 1390, 1391, p.5.

另外，表5—6显示，内贾德时期的不充分就业人口还有增多的趋势，显然这是受到了经济恶化的影响。一些人虽然拥有工作，但事实上并非全职在岗，这意味着不能获得足够的报酬。这部分人口数量不算少，对伊朗经济有相当程度的影响。

内忧外困的内贾德政府无力采取有效的措施来降低失业率。大量年轻人因找不到工作而陷入生活困境，促使他们成为推动改革的急先锋。内贾德政府面临越来越大的执政压力。

第四节　鲁哈尼政府的主要经济政策

2011年后，伊朗面临的制裁压力越来越大。与此同时，地区周边形势也给伊朗带来较多的挑战。自2010年底，受"阿拉伯之春"的影响，西亚北非地区发生动荡，不少国家出现政权更迭或者领导人下台。动荡局势对伊朗也产生了影响，部分民众因制裁及经济民生问题对当局不满，引发了一些小规模的骚乱。但是在伊朗政府严密的监控下，伊朗政局并没有出现剧烈的动荡。但这也给伊朗高层发出了警告，迫使最高领袖哈梅内伊不得不考虑任命一位务实的人物执政。在面临制裁和经济危机的紧急关头，2013年的总统大选给国民带来了希望——务实温和保守派人物鲁哈尼赢得了总统大选。他带领困境中的伊朗进入新的时期。

一、鲁哈尼政府面临的内外形势及新政改革

(一) 鲁哈尼上台的原因及内外形势

2013年对伊朗是关键且带有转折意义的一年。上自执政高层，下至普通民众，都认为制裁是导致经济危机的关键原因。要求与西方和解，协商解决核问题的呼声压倒了一切。这也是鲁哈尼意外当选的主要因素。鲁哈尼的上台，也令西方看到了和平解决伊朗核危机的希望。鲁哈尼曾经担任伊核问题的首席谈判专家，主张与西方对话和沟通，在西方世界的形象比较正面。而制裁发展到这个时候，尽管伊朗的经济受到了重创，但是美国颠覆伊朗政权的目标显然没有达到。伊朗政权的根基依然牢固。美国也认识到制裁越是严厉，似乎越是能激起伊朗民众同仇敌忾的抵抗决心，更加团结一致反而容易转嫁国内矛盾，使得政权更加稳定。到了2013年，奥巴马政府也急于解决伊朗核问题。一方面，美国看到在制裁时期，伊朗加快了生产离心机的速度，制裁不仅没有限制反而刺激了伊朗加快发展核能力；另一方面，西亚北非的混乱局势令美国的中东政策处处受掣，美国急于从中东地区战略收缩。伊朗核问题的解决有利于奥巴马施展撤出中东的计划。因此，鲁哈尼上台之时，虽然面临的危机十分深重，但是和平解决核问题的曙光已经显现。

鲁哈尼上任也得到了最高领袖哈梅内伊的支持。到制裁后期，哈梅内伊有感于国内危机的加深，也认可在一定程度上要与西方缓和关系，改善伊朗的国际环境。而内贾德过分僵硬的外交政策，哈梅内伊并不满意，二人分歧渐渐扩大。哈梅内伊转而寻求新的总统人选。鲁哈尼尽管不是强硬保守派人物，但是本人有在库姆神学院学习的经历，早年曾经追随过霍梅尼，是伊斯兰政权的坚定支持者，因此哈梅内伊认为他是政治体制内的一员。鲁哈尼在捍卫宗教政权合法性和意识形态方面基本符合哈梅内伊的要求。鲁哈尼的优势是没有鲜明的派系属性，他既可以成为改革派的一员，也可以归入保守派，是一位"中间主义者"。在伊朗特殊的派系政治中，

他力求在各派之间维持平衡，减少阻力，保证改革的一步步展开。

但是鲁哈尼政府也面临艰巨的挑战。自2014年底之后，国际油价大幅度下跌。受世界经济整体下行趋势的影响，尤其是以中国为首的新兴经济体进入了中高速发展期，世界对原油的需求量下降；而以美国为代表的页岩油等非常规能源的开发加大了国际市场的原油供应。从2014年下半年开始，国际油价开始大幅度的下跌。以欧佩克一揽子原油参考价格为例，在2015年1月跌至每桶44.38美元。[①] 到这一时期，国际能源市场已经发生了复杂而深刻的变化。低油价格局的形成不是短期事件，而带有长期性的特征。油价的大幅度下跌，对还没有完全恢复石油生产和出口份额的伊朗来说，是一个严峻的挑战。

作为一名资深的政治家，鲁哈尼对伊朗政治经济体制的弊端有着深刻的了解。鲁哈尼在上任之初对前任总统内贾德提出了尖锐的批评，"向人民告知我们的前任政府遗留下什么，而我的内阁是在怎样一种情况下工作的，是一件很关键的事。……所有的这一切都发生在一个拥有历史上最高的石油收入的时期的政府。……但是，我们历史上最富有的政府也是负债率最高的政府，欠债高达670亿。"[②] 针对内贾德政府遗留的混乱的经济"遗产"，鲁哈尼政府开始实施一系列的整顿与改革。从鲁哈尼的经济政策来看，他本质上属于改革派的一员。

（二）鲁哈尼对内阁的调整及重启核谈判

1. 任命"技术官僚"，实施"专家治国"

临危受命，鲁哈尼执政初期的效率是很高的。新总统上任首先要做的一件事，就是任命各部部长。他在极短的时间内任命了各部部长，并获得了议会的通过。他对内阁部长的挑选及任命既体现了"专家治国"的理念，也使用了政治平衡的策略。鲁哈尼挑选实用派技术官僚担任外交部、

[①] 杨光主编：《中东发展报告（2014—2015）：低油价及其对中东的影响》，北京：社会科学文献出版社，2015年版，第2页。

[②] Jeff Florian, "Rouhani blames former president for economic ills", *Middle East Economic Digest*, Vol. 57, Issue 48, 11/29/2013, p. 20.

石油部、工业部的部长，取代了内贾德时期伊斯兰革命卫队出身的许多官员。如任命赞加内（Zangeneh）为石油部长，取代了前革命卫队成员卡西米（Qasemi）。赞加内曾在哈塔米时期担任石油部长，并在两伊战争之后主管水电系统的重建，拥有丰富的管理经济的经验。任命扎里夫（Mohammad Javad Zarif）为外交部长。扎里夫长期在美国留学，十分擅长与西方国家打交道，被视为核谈判最理想的人选。[①] 而新工业部长内马特扎德赫（Nematzadeh）是一位工程师，曾经在美国获得环境工程和工业管理的学位。新任能源部部长哈米德（Hamid Chitchian）出身于伊斯兰革命卫队，是内贾德第一任期内的能源部副部长，但是在经济观点上属于新自由主义。新任财政部长阿里·塔耶比聂（Ali Tayebnia）是一位经济学家，曾经在哈塔米第二任期内的总统办公室供职。而鲁哈尼任命的第一副总统是改革派代表人物贾汉基里（Jahangiri），曾经担任哈塔米政府的工业和矿业部部长。鲁哈尼在任命以上技术官僚的同时，也保留了一些保守派和伊斯兰革命卫队出身的官员，尤其在安全、司法和情报部门留任较多。

鲁哈尼对新内阁和部长的任命富有技巧，充分体现了他的政治智慧，也可看出他最关心的两个领域——外交和经济。而安全、司法和情报等部门是强硬保守派和伊斯兰革命卫队的传统势力范围。鲁哈尼深知，在伊朗现有体制下，这些势力都不是短期内可以撼动的，也还不是最迫切的任务。现有情况下，只有与强硬保守派达成妥协甚至共处，才能解决眼下最迫切的任务——解除制裁和发展经济。新内阁很快改变了内贾德时期不重视制订经济计划和宏观经济稳定的严重弊端，开始制订中长期规划，并着手稳定日趋恶化的经济形势。

2. 解决核问题，将外交成果与稳定经济紧密相连

解决核问题是鲁哈尼竞选时最重要的承诺。这一承诺能否兑现，不仅衡量着鲁哈尼的执政能力，也是伊朗经济摆脱危机的前提。鲁哈尼政府把解决伊核问题作为重中之重，也把握住了当时伊朗面临的主要矛盾。

与西方国家实现对话、沟通与良性互动，而不是延续内贾德时期的僵

---

① 陆瑾：《鲁哈尼外交政策与地区稳定》，《西亚非洲》，2013年第6期，第66—67页。

硬对抗政策，是鲁哈尼政府的主要外交策略。西方国家也感受到了伊朗国内政治的积极变化，奥巴马政府也乐于抓住这个机会，寻求与伊朗达成新的协议。双方氛围在向友好的方向转变。在鲁哈尼执政的当年，伊核问题便出现了较大的突破。2013 年 11 月 24 日，伊核 P5＋1 六国与伊朗达成了一项初步的协议——《日内瓦协议》（又称《共同行动计划》）。该协议标志着伊核问题谈判已经步入正轨。2014 年，伊朗与伊核六国及国际原子能机构又进行了多轮会谈，具体谈判过程十分艰苦，在某些实质性问题上双方也会反复较量，谨慎妥协，使得原本计划在 2014 年便能全面解决的核问题又拖到了 2015 年。由于美伊两国敌对已久，猜疑甚深，两国国内分别面临强大的反对缔结任何协议的势力，因此在很长一段时间里，观察家们对伊核问题获得解决的前景并十分不看好，虽然并不排除全面解决的预期。但是，鲁哈尼政府以极大的耐心和意志力将谈判进行了下去，尤其是充分利用了美国奥巴马政府在对待伊朗问题上态度转变的有利时机。① 伊核问题在经历了旷日持久的博弈之后终于迎来了全面解决——2015 年 7 月 14 日《联合全面行动计划》（JCPOA）签署。虽然协议的签署并不代表制裁会一夜之间都被解除（全面解除制裁的时间延长至 2016 年 1 月），尤其是美国单方面依然保留着大量对伊朗制裁的法案文本，使得伊朗完全解除制裁的前景并不那么乐观。但是，协议的达成却为伊朗其他的贸易和外交伙伴重新打开了大门。

在制裁时期，尤其是制裁后期，大部分与伊朗存在密切经贸往来的国家都参与了制裁。参与制裁伊朗的国家也遭受了巨大的经济损失。有学者已经运用经济学理论——剩余需求曲线模型研究了美欧对伊朗石油业制裁的影响，认为制裁在短期内是有效的，但是从长期来看有助于伊朗恢复石油业，反而对制裁不利。② 尤其对欧洲、日本、韩国等对伊朗石油依存度较高的国家和地区来说，制裁成本是比较高的。美国对盟友参与制裁的要

---

① 李国富：《伊核问题谈判及前景展望》，《中国国际战略评论》，2014，总第 7 期，第 242 页。

② 孙泽生等：《美欧对伊朗石油业的制裁——基于剩余需求曲线和反事实法的评估》，《国际展望》，2013 年第 2 期，第 118 页。

求实际上提供了一种有害的公共产品。而从拒绝参与制裁的阵营来说，很有可能就是伊朗寻求替代市场的目标国。① 因此，制裁对双方来说没有真正的赢家，是"双输"。到制裁解除前夕，原先与伊朗断绝或者减少联系的国家开始表现出对伊朗的友好态度。而欧洲国家的表现也令人关注，英国、意大利、法国等国充分表达了与伊朗未来合作的愿望。②

随着伊朗外部环境的改善，国内民众的心理得到了较好的安抚。自内贾德执政以来，伊朗国内逐渐形成了一种压抑、恐慌和焦虑的情绪，无形中对政权稳定和宏观经济环境都带来了消极的影响。鲁哈尼上台之后，民众对核制裁解除的前景充满了乐观，民心逐渐稳定。民众对政府执政能力的信心也大大增强，这对经济走向稳定和复苏都是十分必要的心理支撑。

二、鲁哈尼第一任期的主要经济政策

在改善外部关系、解决伊核危机的同时，鲁哈尼政府针对国内突出的经济问题推行一系列改革措施，使得伊朗经济逐步走出衰退，开始复苏。这些政策主要包括以下几方面。

（一）抑制通货膨胀，调整利率政策

鲁哈尼上台伊始，面临异常严峻的通货膨胀形势。2013年，通货膨胀指数还在上升，到8月份，通货膨胀率已经超过了40%。③ 高物价和货币贬值成为影响人民日常生活的主要因素，而基本物资短缺是通货膨胀的根本原因。

鲁哈尼政府从供需两个方面采取措施。首先，畅通物资供应渠道，尤其是保证进口物资顺利通关。自2012年后，受制裁的影响，伊朗的进出口贸易得不到正常保障。尤其是全球银行电业协会（SWIFT）切断对伊朗的

---

① 孙泽生等：《美欧对伊朗石油业的制裁——基于剩余需求曲线和反事实法的评估》，第128—129页。
② 陆瑾：《试析鲁哈尼"重振经济"的路径和制约——兼论哈梅内伊"抵抗型经济"政策》，《西亚非洲》，2014年第6期，第132—133页。
③ CBI, "Monthly CPI and Inflation", http://www.cbi.ir/Inflation/Inflation_en.aspx.

第五章　伊核危机以来的伊朗经济（2005—2017）

资金结算渠道之后，伊朗基本上丧失了国际支付的能力，导致进出口商品不能跨境转账，令伊朗的进出口贸易受到了很大的影响。不少国家宣布暂时停止对伊朗的出口，如印度一度停止对伊朗的稻米出口。① 2013 年上半年，伊朗面临严重的小麦和药品供应的短缺。为了解决国内基本物资的需求问题，新内阁决定简化进出口程序，提高清关速度，快速解决了滞留海关的进口物资的入关问题。② 其次，根据市场供应情况调整汇率，减少货币投机，提振里亚尔信用，防止不断的贬值。再次，改革自内贾德以来的扩张性财政政策，实施货币紧缩，降低流动性。

随着市场供应的增加，对制裁解除的乐观心理预期上升，民众的恐慌心理得到了很大的安抚，使得市场的非理性行为大幅度减少。哄抢和投机的现象得到了有效的治理。另外，鲁哈尼政府高度重视小麦等农作物的生产，以确保自给自足。自 2014 年开始，伊朗的通货膨胀率出现了显著的下降。到 2016 年通货膨胀已经下降至 10% 以下。自伊斯兰革命以来，伊朗通货膨胀很少低于两位数，这是鲁哈尼政府最亮眼的经济政绩。

汇率改革与抑制通货膨胀的目标紧密相关，但稳定汇率本身对进出口贸易、吸引外来投资都具有重要意义。内贾德政府施行固定汇率制后，伊朗官方汇率与实际汇率严重背离，使得官方汇率基本失去了信誉，引发了汇率市场的疯狂投机行为。鲁哈尼上任之初便推行汇率改革。2013 年 7 月，伊朗政府将官方汇率下调至 25,000 里亚尔兑 1 美元，并允许汇率根据市场状况有限浮动。③ 改革令平行市场和官方市场的汇率差距缩小，有利于伊朗政府打击屡禁不止的外汇投机行为和恢复政府信誉。一直到 2017 年年底，伊朗货币保持小幅度的贬值状态，基本能够维持稳定。客观来看，通货膨胀率的下降、石油收入的增加、进出口贸易的扩大、外资的引入，使得伊朗外汇短缺的局面得到一定的缓解，为币值稳定提供了一定的

---

① 赵建明：《制裁、反制裁的博弈与伊朗的核发展态势》，《外交评论》，2012 年第 2 期，第 83 页。

② 陆瑾：《试析鲁哈尼"重振经济"的路径和制约——兼论哈梅内伊"抵抗型经济"政策》，《西亚非洲》，2014 年第 6 期，第 134 页。

③ Economic Intelligence Unit, *Country Risk Service*, London: Economist Group, October 2015, p. 11.

保障。不过，里亚尔稳定的基础依然脆弱，易受到突发政治事件的干扰。在2016年特朗普成功竞选为美国新总统之后，伊朗国内不安情绪加剧，一度出现了里亚尔抛售和挤兑风潮，从而引发了汇率的大幅度动荡。而在特朗普宣布退出伊核协议的前夕及之后，伊朗里亚尔又开始疯狂贬值，使得鲁哈尼政府稳定汇率的努力化为泡影。

（二）稳步推动私有化，谨慎推动补贴制度改革

到内贾德时期，不论是保守派上台还是改革派执政，私有化都已经是伊朗经济改革的必然趋势。在私有化的目标上各派之间并无差别，只不过在具体方式上存在不同。鲁哈尼执政后，在许多场合表达了对私有化的关切和继续推动改革的决心。2014年，政府计划将27家超大型企业（资产规模在10万亿里亚尔以上）、76家大型企业（资产规模在1万亿里亚尔以上）、31家中等企业和其他31家企业进行私有化。但是根据2016年"伊朗计划组织"（IPO）的统计，25%的企业股份被"公务员养老组织"买走，15%被纳入"农民、村民和牧民保险基金"，25%归入"社会安全机构"，只有5%流入真正的私人企业。① 2017年2月，鲁哈尼又一次表达了推进私有化的决心。他说："政府在国家和私人企业之间必须履行监督、指导和协调的任务……对于政府来说，无法承担既是计划者又是执行者的任务。"他呼吁银行向私人企业贷款，以使后者感觉到社会的支持。② 遗憾的是，鲁哈尼在推动私有化改革方面的成效不大。受伊朗政治体制的影响，鲁哈尼政府没有能够撼动阻碍私有化的势力；在又一次面临制裁压力的背景下，鲁哈尼政府无力制订详细的计划去推动艰难的私有化进程。

内贾德时期的第一轮补贴计划由于引起了恶性通货膨胀而于2012年12月被暂停执行。第二轮补贴计划又被议会一再推迟。但是从2014年起，鲁哈尼政府开始推行第二阶段的补贴改革。汽油价格提高了75%，从每升

---

① "Privatization in Iran", https://en.wikipedia.org/wiki/Privatization_in_Iran#Rouhani_government_.282013-.29.

② Islamic Republic News Agency (IENA), "Rouhani: Government decided to privatize economy", http://www.irna.ir/en/News/81520760/.

4000里亚尔提高到7000里亚尔（大约从0.16美元提高到0.28美元），但是距离0.9美元的目标还差很多。与此同时，油品走私和汽油进口又开始增加。① 2014年2月，鲁哈尼政府向几百万低收入家庭实施"食品篮子计划"。但该计划在执行过程中却发生了3人因为在等待救济之时因气温太低而死亡的意外事件。这件事情也促使政府进行更多的反思，认识到仅仅靠救济或者补贴的办法无法从根本上改善民众的生活。② 2015年，伊朗决定继续推进第二阶段的补贴改革，在第六个五年计划（2015/2016—2020/2021）中，补贴又作为重点内容进行规划。新的补贴计划决定部分中止内贾德时期向国民发放现金补贴的补偿方式，尤其对月收入900美元以上的公务员和已经享受社会福利的人群中止发放现金。③ 但是，改革遭遇了强大的阻力，被质疑不符合社会公正原则。鲁哈尼政府对推进补贴也非常谨慎，实际上到他第一任期结束，并没有落实削减补贴的计划。尤其是2017年是伊朗总统大选年，鲁哈尼为了寻求连任，也不敢轻易在补贴政策上有所动作，主要是担心失去中下层民众的支持。

（三）伊核全面协议达成后，全方位外交吸引外来投资

全面协议签署之后，伊朗积极展开外交活动。考虑到伊朗未来巨大的发展潜力和商机，许多国家与伊朗的关系迅速升温或者实现了正常化。从2015年下半年，伊朗主要跟以下几类国家加强了联系和合作。

1. 伊朗加强了以欧洲、大洋洲为主的发达国家集团的经济联系。2015年8月，伊朗和意大利签订协议，恢复石油、天然气和石化部门的贸易。随后，西班牙、澳大利亚、英国、法国、德国、新西兰等国家代表团纷纷来访，意大利埃及石油公司、英国石油公司、法国道达尔集团、澳大利亚石油和天然气公司等这些国际能源财团的代表都在随访之中，合作领域主

---

① "Iran Subsidy reform plan", https://en.wikipedia.org/wiki/Iranian_subsidy_reform_plan#2014.

② Elisheva Machlis, "the Islamic Republic: A Bastion of Stability in the Region?" *Middle East Critique*, Vol. 25, No. 4, p.354.

③ "Iran Subsidy reform plan", https://en.wikipedia.org/wiki/Iranian_subsidy_reform_plan#2014.

要包括石油勘探、石油化工、可再生能源等领域。另外，斯洛伐克、捷克、瑞典、荷兰也派代表团访问伊朗，表达了合作的意向。除了能源领域，在发展绿色高科技农业方面，伊朗与新西兰加强了合作。而韩国则试图进军伊朗的电力和汽车市场。① 2016年1月份，鲁哈尼总统访问意大利和法国，签订了多项巨额大单，一度引起外界的高度关注。2017年之后，虽然因特朗普执政使得美伊关系急剧恶化，美国退出伊核协议的风险上升，但是伊朗与欧洲的关系并没有受到影响。

2. 伊朗与俄罗斯加强了经济合作关系。伊朗与俄罗斯都面对来自美国的压力，在地缘政治、安全合作等方面都存在较多的共同利益。全面协议签署之后，两国也加强了经济联系和合作。俄罗斯能源部长在2015年10月和11月连续访问德黑兰，双方承诺每年贸易额不低于400亿美元。俄罗斯还计划要在班达尔·阿巴斯港（Bandar Abbas）的南部港口城市修建1400兆瓦的热电厂。② 除此之外，俄罗斯还是伊朗申请加入上合组织的积极支持者。2017年后，俄罗斯与伊朗共同面对美国的制裁压力，两国不断在政治、经济甚至军事层面加强合作。

3. 伊朗进一步密切了与周边国家的经济关系。伊朗与伊拉克、阿富汗、黎巴嫩等国家一直保持着密切的经济往来，这些国家也是伊朗非石油产品和天然气出口的重要对象国。2015年11月中旬，伊朗与伊拉克签署了天然气供应协议，伊朗将向伊拉克南部临近伊朗的城市巴士拉供应20百万立方米—35百万立方米的天然气。③ 伊朗还与卡塔尔、巴基斯坦、阿曼、科威特、土耳其都加强了联系和合作。另外，北非国家，像阿尔及利亚、利比亚等国也希望加强与伊朗的科技文化交流。

4. 大量新兴经济体要求与伊朗进一步发展经贸关系，而且有后来居上的势头。这主要是以印度、东南亚、南非为代表的新兴发展中国家。印度积极主动与伊朗接触寻找投资机会。伊朗对中国的"一带一路"倡议也极

---

① Iran Republic News Agency (IRNA), "2015 Energy Recap", http://www.irna.ir/en/News/81900905/.
② IRNA, "2015 Energy Recap".
③ IRNA, "2015 Energy Recap".

其关注，也是中东地区参与热情最高的国家之一。中伊关系在伊朗解禁之后面临更好的发展机遇。

5. 伊朗对外来投资政策的改革也使得国外投资者更加看好伊朗市场。为了改善外来投资环境，伊朗对石油开采领域长期奉行的"回购"合同进行了重大修改。2015年11月28—29日，伊朗举行了"德黑兰峰会——伊朗新石油合同（IPC）的说明"的会议，开放了52个石油和天然气项目，总价值1850亿美元，对新的石油合同框架进行了解释。与回购合同相比，"新石油合同"的成本回收期延长、合同期限从最高15年延长至20年，主体开发方案执行中可以灵活调整、投资上限被取消、取消了工期限制、产量要求被降低，而承包商的作业权有所扩大。[1]

鲁哈尼在2016年初向国会递交第六个五年计划时表示："为了实现8%的经济增长目标，伊朗需要吸收300—500亿美元的外国投资。"[2] 伊朗政府还出台了许多优惠投资政策，如由政府担保降低投资商的投资风险；在不同产业和地区实行程度不等的减税政策等。解禁之后伊朗在中东地区吸引外来投资的排名不断上升。2003—2015年，在吸引外资方面，伊朗在14个中东国家中排名第12位；至2016年4月已上升至第3位，占市场份额达11.11%，仅次于阿联酋和沙特。[3] 据伊通社2017年5月报道，自2016年1月伊核协议执行以来，伊朗共吸引外资110亿美元。[4] 虽然与伊朗设定的目标仍有很大差距，但这个数字创造了历年来吸引外资的新高。

（四）提高石油产量，扩大石油与非石油出口贸易

2012年以来，伊朗的石油产量越来越低，出口受到重重限制，严重影

---

[1] 邓子渊、申通、周汉梅：《伊朗新石油合同与回购合同差异及对经济效益的影响》，《国际石油经济》，2017年第9期，第33—34页。

[2] 中国驻伊朗大使馆经济商务参赞处：《伊朗总统向议会递交伊历明年预算和第6个五年发展计划》，http://www.mofcom.gov.cn/article/i/jyjl/j/201601/20160101237068.shtml。

[3] 中国驻伊朗大使馆经济商务参赞处：《2016年第一季度伊朗吸引外国投资出现明显增长》，http://ir.mofcom.gov.cn/article/jmxw/201606/20160601344044.shtml。

[4] 中国驻伊朗大使馆经济商务参赞处：《伊核协议达成后伊朗共吸收外资共110亿美元》，http://ir.mofcom.gov.cn/article/jmxw/201705/20170502575406.shtml。

响到伊朗的财政收入和收支平衡。因此，摆脱国际制裁的限制的一个重要目的就是提高石油产量，重新回归国际石油市场。

2016年初完全解禁之后，伊朗迫不及待地宣布要加大原油的开采力度。但当伊朗宣布增产计划之时，低油价格局已经给产油国造成了巨大的损失，欧佩克内限产保价的呼声渐高。伊朗重回世界原油市场的行动引起了产油国对油价继续下跌的担忧。因此，伊朗单方面增产的行动也使其与以沙特为首的阿拉伯产油国的关系进一步恶化。但是伊朗的战略是夺回失去的市场份额。从2016年2月起，伊朗的石油产量和出口量以惊人的速度上升。据欧佩克统计，伊朗日均石油产量从2015年315万桶增长至2016年的365万桶。截至2017年7月，伊朗石油产量达388万桶/日，① 该产量与2000年伊朗的石油产量基本持平，但还没有达到上限。

出人意料的是，伊朗向国际石油市场回归的同时，油价并没有因此继续下跌，反而有所上升。这表明，伊朗对世界原油市场的影响有限，伊朗的回归并没有导致原油市场供应的显著过剩。至2016年，低油价格局已经令剩余的石油库存得到了部分消解，国际原油供大于求的局面有所缓和。亚洲经济体尤其是中国加强了原油战略储备，增加了购买量，也是影响油价回升的一个不容忽视的因素。但油价回升的幅度仍然有限。其中一个很重要的原因是美国特朗普政府重视本国页岩油开发的政策加大了油市供大于求的局面和预期，制约了油价的大幅度上升。国际油价回升乏力不利于伊朗增加财政收入及为经济发展提供强大的财力支撑。

2014—2015年，伊朗对外贸易额大幅度下降。自2015年下半年开始，伊朗积极发展同周边及欧亚国家的关系，旨在促进伊朗的非石油贸易。自2016年以来，伊朗对外贸易出现好转，进口额比上一年明显增加，但是非石油出口依然低迷。2017年后，伊朗非石油出口贸易出现了大幅度的增长，这跟鲁哈尼政府扩大非石油出口的努力密不可分。

---

① OPEC, "Monthly Oil Market Report," July 2017, p. 54, http://www.opec.org/opec_web/static_files_project/media/downloads/publications/MOMR%20July%202017.pdf.

（五）改革开始触及既得利益阶层

有专家认为，在伊朗经济危机的影响因素中，制裁大约只占20%的比例。而伊朗经济有效的管理才是经济复兴的关键。[①] 有效的管理取决于政府对经济良好的干预能力、经济制度的公正性和透明度等。但是以伊朗伊斯兰革命卫队为首的利益集团在内贾德时期的经济活动得到了迅猛的扩张。大量下属企业游离于国家监管之外，影响了政府对经济的管理和干预力度，更不利于政府税收的提高，阻碍了真正的私有化进程。这类企业容易滋生腐败问题，加剧社会的贫富分化，增加社会的不满。

鲁哈尼深知要想推动伊朗经济健康良性快速的发展，必须对经济腐败和既得利益阶层宣战，但他也懂得与保守派和平共处的重要性和必要性。鲁哈尼曾经在公开场合表扬伊斯兰革命卫队在保卫伊斯兰共和国方面的功绩，并认可其在承建大型公共工程方面所发挥的积极作用。但他也暗示过革命卫队应该超脱于政治斗争之外。鲁哈尼的这些举措也得到了最高领袖的首肯。哈梅内伊也曾经表扬过伊斯兰革命卫队的功绩，但是也强调革命卫队没有必要介入政治。哈梅内伊深刻地理解革命卫队权力过大会打破各种政治力量之间微妙的平衡。[②]

从2014年起，鲁哈尼政府陆续处理了一批经济领域的犯罪案件。2014年2月，伊朗亿万富翁巴拉克·赞加尼（Babak Zanjani）因挪用公款和腐败而被逮捕；同年10月，曾经在内贾德政府任职的20名官员因经济欺诈罪被逮捕。在该案件的两个月后，鲁哈尼亲自主持了一个反腐败的会议，呼吁对垄断开战。[③] 鲁哈尼也开始削弱伊斯兰革命卫队的经济势力，曾经取消了伊斯兰革命卫队最大的建筑公司——哈塔姆·安比亚公司承包的大型公路项目，并迫使革命卫队放弃了"伊朗海事工业公司"的所有权。而在油气领域，新任石油部部长赞加内曾经取消了15项石油和天然气合同，

[①] Dale Sprusansky, "Iran's Economy after a Nuclear Deal", *Washington Report on Middle East Affairs*, Aug2015, Vol. 34, Issue 5, p. 52.

[②] Elisheva Machlis, "the Islamic Republic: A Bastion of Stability in the Region?" pp. 355–356.

[③] Elisheva Machlis, "the Islamic Republic: A Bastion of Stability in the Region?" p. 358.

包括3项属于革命卫队下属企业的合同,理由是经营管理不善。①

但是,鲁哈尼撼动伊斯兰革命卫队的力量是有限的。从政治技巧上来看,鲁哈尼也并没有对革命卫队诉诸全力,他还在政治自由、文化解放和是否释放"绿色运动"的领导人等问题上对后者作了妥协。长期的经营令伊斯兰革命卫队不仅在国内保守派之中拥有很大的影响力,重要的是还获得了圣城库姆神学家们的支持。而虽然鲁哈尼获得了民意的广泛支持,但是库姆神学家对他的支持并不多。另外一个重要的因素是,伊斯兰革命卫队是捍卫伊朗政权不受侵犯的必不可缺的柱石。在中东复杂多变的政治形势和严峻的反恐背景下,伊斯兰革命卫队在伊朗政治外交中的地位得到了进一步的提升,独立性也在增强。这对鲁哈尼政府试图削弱革命卫队经济实力的目标是不利的。

最高领袖的态度也是至关重要的。哈梅内伊尽管也深知要改善经济不仅仅依靠解除制裁,还需要提高经济效率。他的"抵抗经济",明确提出要增加经济的透明度、打击腐败,对国内非正式经济施加更严厉的监管等。但是,他又不允许政府对基金会及伊斯兰革命卫队施加过大的压力,因为这是他的主要支持力量。他对鲁哈尼召开的反腐败会议的态度也有所保留。② 因此,在伊朗现有体制下,鲁哈尼政府在反腐败问题上不可能走得太远。

(六)提出"创造性经济"的设想

鲁哈尼试图在拥护哈梅内伊"抵抗经济"的前提下,寻求一种国家、社会、经济与文化发展之间的良性互动,一度提出了"创造性经济"的设想。"创造性经济"意味着充分动员国内外一切积极因素,囊括社会、文化、自然环境及创造性智力活动等因素,为经济的发展营造一个良好的氛围,从而实现经济良性健康发展的目标。与"抵抗经济"相比,"创造性经济"更加包容,淡化了意识形态色彩,本质上体现为

---

① Hesam Forozan and Afshin Shahi, "The Military and the State in Iran: The Economic Rise of the Revolutionary Guards", p. 82.

② Elisheva Machlis, "the Islamic Republic: A Bastion of Stability in the Region?" p. 358.

从内向型的发展战略走向内外联动。鲁哈尼的智慧体现在尽量避免提及西方与伊朗的关系问题。"创造性经济"的理念有助于与美国、欧洲开展建设性的对话，最终目标是使得伊朗重新融入全球经济。"创造性经济"内容里还包含了建设更加温和的包容性文化的思想。他试图在效忠最高领袖与开展外交对话之间保持一种平衡。① 但是，从意识形态角度来看，鲁哈尼的"创造性经济"与哈梅内伊的"抵抗经济"存在明显的差异。遗憾的是，在伊朗重新面临美国制裁的背景下，"创造性经济"失去了施展的前提条件与空间。"抵抗经济"的影响力要大大超过鲁哈尼的"创造性经济"的构想。

综上所述，鲁哈尼执政之后，将稳定经济、发展经济列为头等大事，并且与外交目标直接挂钩。以外交的成果促进经济稳定，以经济的改善稳定民心，民心稳定反过来又促进了经济的良性发展。但是，伊朗经济中的不少问题是日积月累而成。鲁哈尼也仅仅是清除了阻碍经济发展的暂时性因素，深层次的问题难以解决。

第五节 鲁哈尼第一任期经济主要表现

鲁哈尼执政以来伊朗经济就逐步走向复苏，并非是2015年全面核协议签订之后才开始改观的。这与鲁哈尼政府推行的经济改革措施密不可分，只是全面解禁后伊朗经济整体向好的趋势更加突出。

一、基本经济指数在波动中整体利好

2013/2014年度的上半年，伊朗经济延续了上一年的衰退格局。但是从下半年开始，经济明显出现好转，宏观经济走向稳定。从GDP指数来

---

① Elisheva Machlis, "the Islamic Republic: A Bastion of Stability in the Region?" p. 359.

看，2013/2014 年度比 2012/2013 年度有所起色，实际增长率为 -1.9%。虽然经济还在衰退，但比上一年的负增长（-6.8%）减少了 4.9 个百分点。这表明经济衰退速度正在减慢。[①] 其中"石油""服务业""制造业和采矿业"分别下降 1%、0.9%、0.8%，是 GDP 中最主要的衰退部门。制造业里下降最明显的是建筑业，服务业中下降最明显的是"酒店"和"金融货币机构"。[②] 2014/2015 年度，伊朗经济明显好转，GDP 的增长率为 3%，基本恢复了 2011 年之前的增长速度。从经济部门来看，对该年度 GDP 贡献最大的是服务业、制造和采矿业、石油业。服务业中发展最快的是"金融货币机构"。[③] 2014 年伊朗还处在被制裁之中，但是制裁力度已经减轻。在制裁最严厉的时期衰退最严重的产业也是制裁减轻之后发展最快的部门，通常也是与外部经济联系较密切的部门。

但是，经济发展本身是一个多因素综合作用的结果。在 2015 年伊核协议签署之后，伊朗经济并没有立竿见影的改善。据伊朗《金融论坛报》报道，伊历 1394 年（2015/2016 年度）伊朗国内生产总值与上年持平，经济增速为零。[④] 据 MEED 的报道，2015/2016 年度伊朗的 GDP 增速为 0.5%。[⑤] 而根据后来伊朗中央银行发布的 2015/2016 年度报告，该年度不变价格的 GDP 增长率为 -1.6%。[⑥] 不论数据存在怎样的差距，2015/2016 年度的经济表现是低于预期的。尽管制裁的解除发生在这一年度，但伊朗经济显然受到了国际石油价格下降更强烈的影响。2015 年 11 月，国际油价跌至每桶 40.5 美元；2016 年 1 月为每桶 26.5 美元。[⑦] 与此同时，伊朗石油生产和出口仍然受到国际制裁没有完全解除的深刻影响。2015 年，伊

---

① CBI, "Annual Review", 1392, p.3.
② CBI, "Annual Review", 1392, p.3.
③ CBI, "Annual Review", 1393, p.3.
④ 中国驻伊朗经商参赞处：《伊历去年伊朗经济零增长》，http://ir.mofcom.gov.cn/article/jmxw/201605/20160501316047.shtml.
⑤ MEED, "Islamic Republic yet to benefit from sanctions relief", *MEED Business Review*, p.46.
⑥ CBI, "Annual Review", 1394, p.47.
⑦ OPEC, "Monthly Oil Market Report", December 2015, p.5; March 2016, p.6, http://www.opec.org/opec_web/en/.

第五章 伊核危机以来的伊朗经济（2005—2017）

朗原油产量每日平均仅286万桶，出口在每天110万桶左右。① 低油价和低产出，使得伊朗石油部门继续蒙受巨大的损失。2015年伊朗虽然迅速改善了与许多国家的关系，但是大部分投资商还在持观望态度，只是签署了合作备忘录，实质性的投资没有兑现多少。尤其是欧洲国家，迫于对美国态度的考虑，对伊朗的外交基本停留在口头上，进入伊朗的跨国公司还不太多。外来直接投资低于预期。

但是制裁解除带来的红利在2016/2017年度得到了充分的展现。根据伊朗央行的统计，2016/2017年度经济增长率为12.5%，大大高于包括2015/2016年度之前的几年。② 但非石油经济增长明显低于整体增长速度，缺乏国内外投资和结构性缺陷仍然制约着伊朗的非石油经济。③ 石油收入的增长对GDP的贡献是明显的。从2015/2016年度的最后一个季度开始（相当于公历2016年的1—3月），受完全解禁的影响，伊朗的石油产量迅速提高。2016年3月，伊朗向亚洲主要的石油买家——中国、印度、日本、韩国每日出口石油156万桶，比上一年同期增加了50%。④ 中国则从2016年5月起加大了从伊朗进口石油的规模。⑤ 到2016年10月，伊朗日产原油已经达到369万桶，与2012年前的水平大体相当。⑥

图5—5显示，大型制造业在制裁前后经历了大起大落的过程。2013/2014年度产量下降最严重，然后在2014/2015年度迅速复苏；但增长的势头没有在2015/2016年度维持下去，生产指数又出现了下降。2016年后，

---

① OPEC, "Monthly Oil Market Report", March 2016, p. 56.
② 中国驻伊朗经商参赞处：《伊历去年伊朗经济增长8.3%》，http://ir.mofcom.gov.cn/article/jmxw/201706/20170602586052.shtml.
③ 中国驻伊朗经商参赞处：《国际货币基金组织报告显示伊朗经济恢复程度乐观》，http://ir.mofcom.gov.cn/article/jmxw/201703/20170302526343.shtml.
④ IRNA, "Iran's Crude Oil Exports to Asia up by 50%", May 10, 2016, http://www.irna.ir/en/News/82068856/.
⑤ IRNA, "Iran, China to Boost Co-op in Post Sanctions era", May 16, 2016, http://www.irna.ir/en/News/82076665/.
⑥ OPEC, "Monthly Oil Market Report", November 2016, p. 57, http://www.opec.org/opec_web/en/publications/338.htm.

制造业指数有所增长，接近于 2011/2012 年度的水平。[①] 总的来说，伊朗制造业基础薄弱，深受外部经济环境变化的影响，尤其是受到进出口能否畅通及外来资本能否顺利引进的影响。其发展不是一朝一夕之功。在极不稳定的国际环境下，很难获得健康的发展。

图 5—5 2012/2013—2015/2016 大型制造业生产指数（2011/2012 = 100）

资料来源：CBI, "Economic Trend", 1395 Q2, p. 8, https://www.cbi.ir/category/Economic-Trends_en.aspx.

表 5—9 2013/2014—2016/2017 年度财政收支平衡

单位：万亿里亚尔

	2013/2014	2014/2015	2015/2016	2016/2017
财政收入	717.40	977.60	1123.70	1573.80
财政支出	1197.60	1438.30	1706.90	2137.60
收支平衡	-480.30	-460.40	-592.9	-563.8

资料来源：CBI, "Economic Trend", 1395, Q2, p. 13.

[①] CBI, "Economic Trend", 1395, Q2, p. 8.

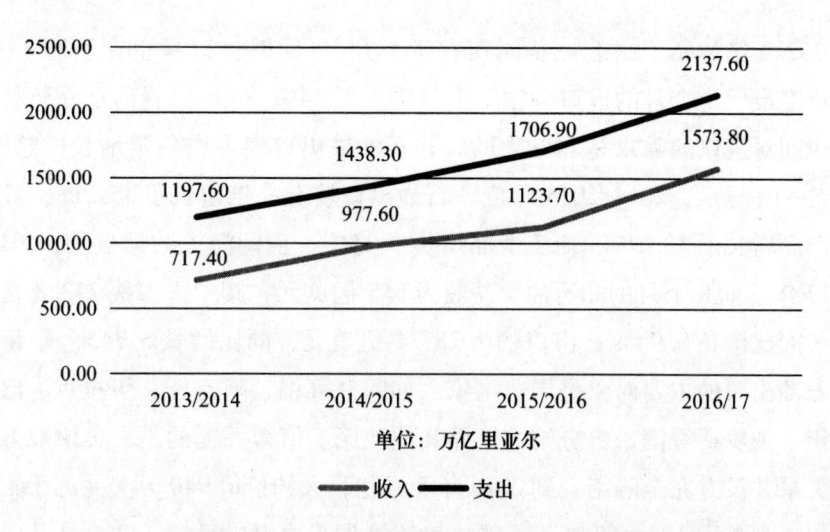

图 5—6 2013/2014—2016/2017 年度财政收入和财政支出趋势

资料来源：CBI, "Economic Trend", 1395, Q2, p. 13.

从表 5—9 看出，鲁哈尼第一任期的财政赤字有所扩大。虽然财政收入在增加，但是支出也在增加，而且大大超出了收入的增加幅度。这一时期财政赤字的扩大主要是发展经济客观需要大量资金投入的后果。而受石油价格偏低的影响，石油收入没有及时增加也是导致财政赤字扩大的重要因素。2012/2013 年度，伊朗外债大约为 76.8 亿美元，虽然在鲁哈尼执政的最初两年内有所减少，但是 2015/2016 年度重新达到了 75.8 亿美元。2016/2017 年度伊朗的外债规模约 79 亿美元。外债增加的主要原因是短期贷款的增加。[①] 外债的增加通常意味着用于国内投资的需要增加，并非全是坏事，但是需要防范短期债务增多带来的风险。

二、进出口贸易与国际收支改善

2015 年后，除了石油的生产和出口迅速扩大之外，伊朗的非石油出口也获得了相应的增长。2015/2016 年度的前 9 个月，伊朗的非石油出口额

---

① CBI, "Economic Trend", 1395, Q2, p. 14.

为232.9亿美元，比上一年同期有所上升。① 同时进口量也在不断上升，该年度最后1个月的进口额比上个月增加了24%。② 可以看出全面解禁之后伊朗对进口的需求是非常大的。非石油进出口表现出稳定增长的趋势。表5—10显示，2014/2015年度非石油出口较上一年增长了15.9%，其中农产品增长了33.2%，而工业品增长了16%。伊朗海关数据显示，2016/2017年度前8个月的非石油贸易额为555亿美元，其中进口额273.8亿美元，同比增长0.94%；出口额为281.1亿美元，同比增长5.74%。③ 伊朗非石油出口的主要对象是周边国家，如阿塞拜疆、阿富汗、伊拉克、巴基斯坦、俄罗斯等国，部分销往世界其他地区。值得一提的是，美伊双方经贸关系并没有完全隔绝。到2016年5月初，大约价值940万美元的手工地毯出口到美国。④ 伊朗制订了雄心勃勃的非石油出口目标，这也是其经济多元化和建设"抵抗经济"的重要内容。

表5—10　2010/2011—2015/2016年度非石油出口

单位：百万美元

	2010/2011	2011/2012	2012/2013	2013/2014	2014/2015
农业和传统商品	5056	5181	5560	4594	6119
金属矿砂	1298	1035	1169	1749	1287
工业品	20194	27590	25137	25121	29132
其他未分类	2	13	700	89	17
全部	26551	33819	32567	31552	36555

资料来源：CBI, "Annual Review", 1393, p.71.

进入2017年以来，伊朗的对外贸易表现强劲，尤其是与欧洲的贸易呈

---

① CBI, "Economic Trend", 1394, Q3, p.13.
② CBI, "Balance of Payment", Eshand, http://www.cbi.ir/category/3393.aspx.
③ 中国驻伊朗经商参赞处：《前8个月伊朗非石油出口达280亿美元》，http://ir.mofcom.gov.cn/article/jmxw/201611/20161101957552.shtml.
④ IRNA, "Iran Exports Handmade Carpets to US Worth $9.4million", May 8, 2016, http://www.irna.ir/en/News/82065557/.

现爆炸式增长。据伊朗塔斯尼姆通讯社报道，2017年前三个月伊朗与欧盟28个国家贸易额达53亿欧元，较上年同期增长了265%。其中伊朗对欧盟出口创下新高，较上年同期增长7倍；伊朗从欧盟进口较上年同期增长了57%。[1] 中国是伊朗的第一大贸易伙伴，截至2017年5月，伊朗同中国贸易额较上一年同期增长40.7%。其中，伊朗对中国出口同比增加58.5%，中国对伊朗出口同比上涨24.9%。[2]

表5—11 2013/2014—2015/2016年度国际收支状况

单位：百万美元

	2013/2014	2014/2015	2015/2016
经常账户	26440	15861	9016
货物	31970	21392	12178
出口	93124	86471	64597
石油出口	64882	55352	33569
非石油出口	28243	31119	31028
进口	61155	65079	52419
天然气和石油产品	3111	3948	2233
其他商品	58044	61131	50186
资本账户	-9321	559	-2513
外汇储备	13189	8561	2223

资料来源：CBI, "Annual Review", 1393, p.74; "Economic Trend", 1395, Q2, p.13.

表5—11显示，2015/2016年度之前的对外收支状况，尤其是经常项目没有得到明显的改善。一方面主要是由于石油出口没有迅速恢复导致的；另一方面非石油出口的增长不是太快。为了节约开支，伊朗一度还削减了预算，减少了进口。但是这种状况很快在2016/2017年度得到了改观，

---

[1] 中国驻伊朗大使馆经济商务参赞处，《2017年一季度伊欧贸易增长265%》，http://ir.mofcom.gov.cn/article/jmxw/201705/20170502580164.shtml.
[2] 中国商务部亚洲司网站，《2017年1—5月我国对亚洲国家（地区）贸易统计》，http://images.mofcom.gov.cn/yzs/201707/20170704134836751.doc.

该年度前两个季度的经常账户盈余达到106.5亿美元，已经超过上一年度一年的水平。①

与经常账户相较，资本账户波动很大。虽然在2014/2015年度一度扭转逆差而有所盈余，但在2015/2016年度很快又出现逆差，而且逆差在2016/2017年度不断扩大。该年度的第二个季度，资本账户逆差达到了108.4亿美元。② 资本账户波动很大，是许多不确定因素综合作用的结果。逆差的暂时消除跟解禁之后部分资本得以释放有关，但是资本流出总体上仍然大于流入，使得资本账户逆差一直存在。伊朗的资本账户通常伴随着政治形势的变化表现出极大的不确定性，尤其在特朗普时代来临之后，资本流出的趋势进一步增加。

三、下行的通货膨胀与相对稳定的汇率

鲁哈尼政府通过供需两个方面加强对市场的治理，使得多年未能解决的通胀问题在短期内得到了较好的解决。

从图5—7和图5—8看出，2011—2013年是通货膨胀恶性发展的时期，至2013年10月份达到了峰值（40.4%）。但是从2014年开始，还在全面协议签署之前，通货膨胀就结束了飞涨的时代，指数开始下降。从2014年的下半年起，通货膨胀基本上呈直线式下降趋势，中间几乎没有再出现反弹，至12月份下降到17.2%。2015年和2016年，通胀走势总体良好。在2016年6月之后，通胀率多年来首次降至个位数。这种相对低通胀态势一直保持至2017年的上半年。

与通货膨胀存在直接关系的货币流动性增强的趋势也有所下降。2013/2014年度，流动性货币比上一年度增加29.1%，同比下降0.9个百分点；2014/2015年度，流动性货币增长22.3%，比上一年度下降了6.8个百分点。③ 但是货币流动性增强的趋势没有发生根本性变化，反映出保

---

① CBI, "Economic Trend", 1395, Q2, p.13.
② CBI, "Economic Trend", 1395, Q2, p.14.
③ CBI, "Annual Review", 1392, p.24; 1393, p.25.

持通货膨胀下行的任务还是很艰巨。

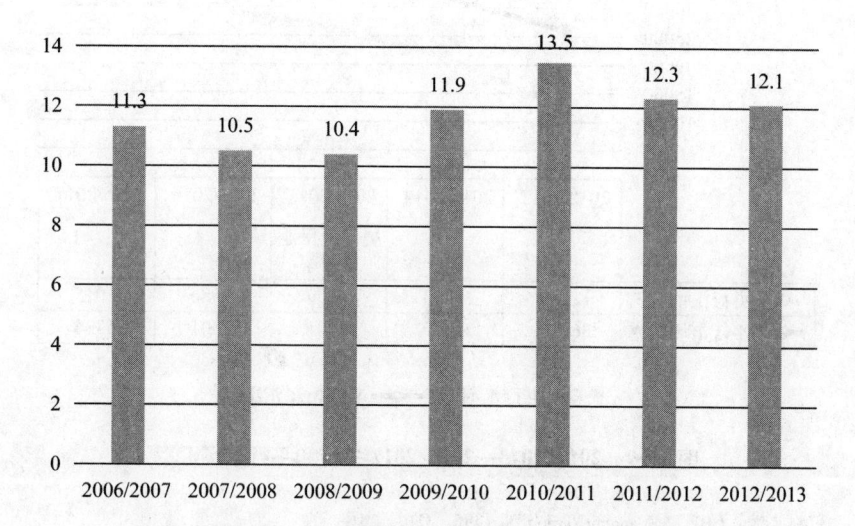

图 5—7　2011/2012—2016/2017 年度的通货膨胀率（%）

资料来源：CBI,"CPI and Inflation", http：//www.cbi.ir/Inflation/Inflation_en.aspx.

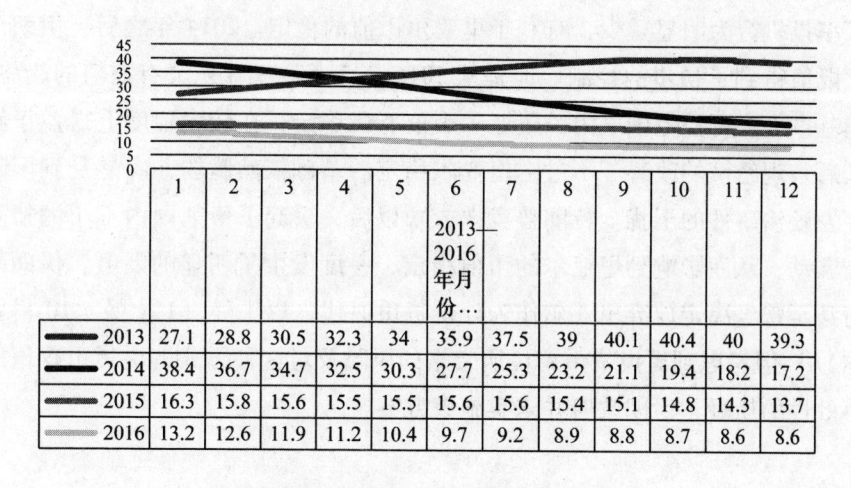

	1	2	3	4	5	6 2013—2016 年月份…	7	8	9	10	11	12
2013	27.1	28.8	30.5	32.3	34	35.9	37.5	39	40.1	40.4	40	39.3
2014	38.4	36.7	34.7	32.5	30.3	27.7	25.3	23.2	21.1	19.4	18.2	17.2
2015	16.3	15.8	15.6	15.5	15.5	15.6	15.6	15.4	15.1	14.8	14.3	13.7
2016	13.2	12.6	11.9	11.2	10.4	9.7	9.2	8.9	8.8	8.7	8.6	8.6

图 5—8　2013—2016 年度的通货膨胀率（%）

资料来源：CBI,"CPI and Inflation", http：//www.cbi.ir/Inflation/Inflation_en.aspx.

	2012/2013	2013/2014	2014/2015 美元兑里亚尔汇率	2015/2016	2016/2017
央行汇率	12260	21253	26509	29580	31015
平行市场汇率	26059	31839	32801	34501	35334

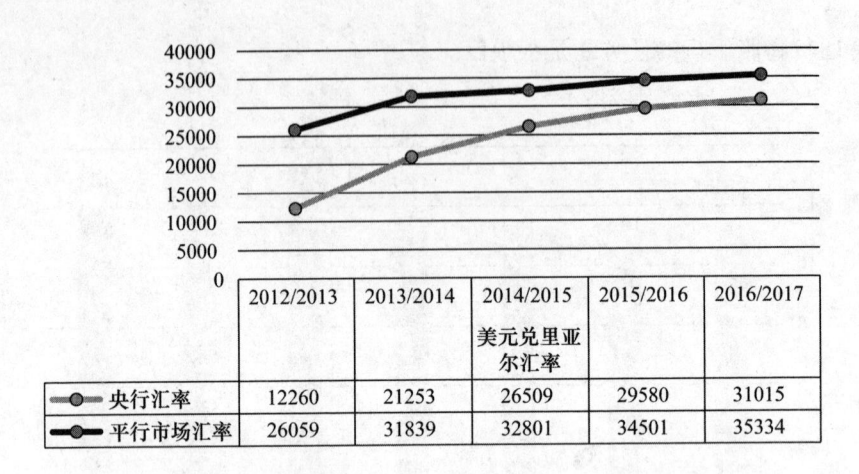

图5—9　2012/2013—2016/2017 央行和平行市场汇率

资料来源：CBI, "Economic Trend", 1395, Q4, p.16.

图5—9所示，鲁哈尼执政后的这段时期，两个汇率市场一直在接近。汇率投机行为明显减少，有利于里亚尔币值的稳定。2014年之后，伊朗汇率贬值得到了初步的控制。但是从2016年3月，里亚尔又有贬值的趋势，但基本上在可控范围之内。里亚尔币值有所稳定，在较大程度上得益于解禁后宏观经济的改善。不过，里亚尔稳定的基础依然脆弱，容易受到国际突发政治事件的干扰。特朗普竞选成功以后，引起了伊朗国内不小的猜测与骚动，从而影响到里亚尔的币值稳定，一度发生了明显的贬值。伊朗政府甚至曾经决定放弃里亚尔作为计价货币而代之以土曼（1土曼=10里亚尔）。[①] 但考虑到更换货币单位所带来的风险及对这种方式解决货币贬值的有效性的质疑，伊朗政府并未实施该方案。

---

① 中国驻伊朗经商参赞处：《伊朗将废除里亚尔计价货币》，http://ir.mofcom.gov.cn/article/jmxw/201612/20161202103161.shtml.

四、就业形势依然严峻

鲁哈尼政府把降低失业率、扩大就业作为一项重要的任务来抓。但是受制于伊朗经济的结构性问题,鲁哈尼时期的就业状况改善不是特别明显。劳动力市场并没有随着伊朗经济形势有所向好而立即出现回暖的迹象。从表5—12主要的就业指数发现,劳动参与率、失业率指标甚至还有所恶化;年轻人的失业率继续上升;不充分就业率也有所提高。这与经济正在恢复的状况不符。

表5—12　2012/2013—2015/2016年度主要就业指数　　　　(%)

	劳动参与率	失业率	15—24岁失业率	15—29岁失业率	不充分就业率
2013/2014	37.6	10.4	24	21.2	8.9
2014/2015	37.2	10.6	25.2	21.9	9.6
2015/2016	38.2	11	26.1	23.3	9.8

资料来源:SCI, "A Selection of Labor Force Survey Result", 1392, p.5; 1393, p.5; 1394, p.5.

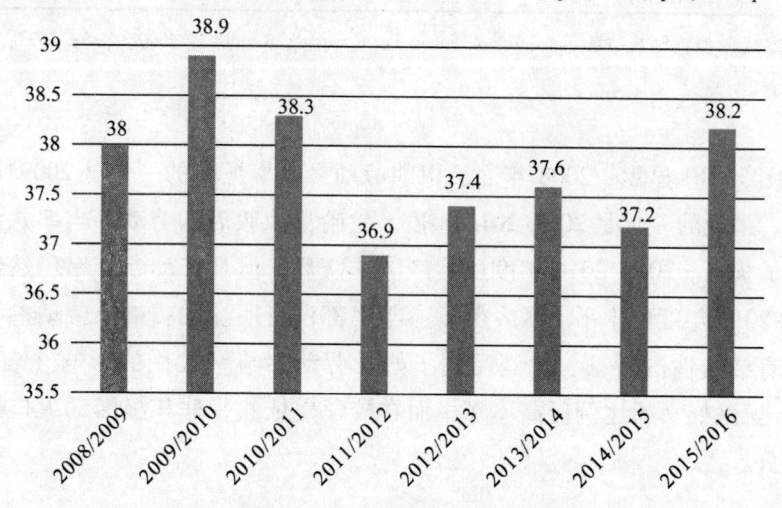

图5—10　2008/2009—2015/2016年度劳动参与率(%)

资料来源:SCI, "A Selection of Labor Force Survey Result", 1392, p.5; 1393, p.5; 1394, p.5.

表 5—13　2013/2014—2015/2016 年度就业和失业的城乡差异　　（%）

	2013/2014		2014/2015		2015/2016	
	城市	乡村	城市	乡村	城市	乡村
劳动参与率	36.9	39.7	36.5	39.1	37.5	40.0
失业率（10 岁以上）	11.8	7.0	11.6	7.9	12.2	8.1
15—25 岁失业率	28.2	16.1	28.5	18.8	29.3	20.0
15—29 岁失业率	24.1	14.2	24.0	16.5	25.5	17.6

资料来源：SCI,"A Selection of Labor Force Survey Results", 1392, p.5; 1393, p.5; 1394, p.5.

表 5—14　2013/2014—2015/2016 年度就业和失业的性别差异　　（%）

	2013/2014		2014/2015		2015/2016	
	男	女	男	女	男	女
劳动参与率	63.0	12.4	62.5	12.0	63.2	13.3
失业率（10 岁以上）	8.6	19.8	8.8	19.7	9.3	19.4
15—25 岁失业率	20.0	41.8	21.3	43.8	22.3	42.8
15—29 岁失业率	17.0	39.1	17.8	40.1	19.1	40.2

资料来源：SCI,"A Selection of Labor Force Survey Results", 1392, p.5; 1393, p.5; 1394, p.5.

图 5—10 显示，2008 年之后伊朗劳动参与率最高的一年是 2009/2010 年度，最低的一年是 2011/2012 年度。鲁哈尼执政后的劳动参与率并没有显著的提高。2015/2016 年度虽然经济在恢复，但是劳动参与率仍然低于 2009/2010 年度的水平。城乡劳动参与率都没有明显的提高。劳动参与率低带有结构性的特征，尤其受到了妇女劳动参与率太低的影响（表 5—13）。家庭妇女的比例居高不下，而在校学生依然是非积极活动人口的重要部分。

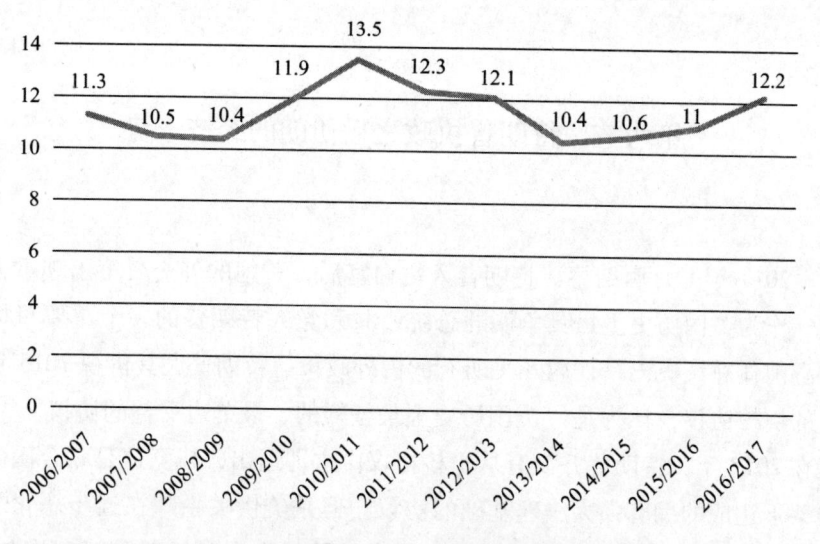

图 5—11　2006/2007—2016/2017 年度失业率（%）

资料来源：SCI, "A Selection of Labor Force Survey Result", 1394, p. 7; 1395, p. 5.

图 5—11 显示，与内贾德时期的就业状况相比，鲁哈尼执政时期的失业率略有下降，从性别到城乡标准大致都符合这一特征。但是政府没有找到解决失业问题的根本途径，尤其是没法为年轻人提供更多的就业机会。年轻人的失业率与内贾德时期相比改善不多。困扰前几届政府的问题依旧是鲁哈尼政府的烦恼。失业率无法下降需要结合解除制裁之后促进伊朗经济增长的主要原因来分析。这一时期促使伊朗经济增长的主要因素包括：解除制裁的外部推动；石油生产和出口的增加；进出口渠道的畅通等。前文多次述及，石油产业链（包括上游和下游产业）能容纳的就业人口十分有限，而且也排斥妇女就业。最具有就业潜力的服务业和制造业，还需要较长一段时间的调整和发展。伊核协议签署后，伊朗仅仅是外部环境与部分宏观经济有所改善，实体性经济部门并没有出现明显的改善，因此对就业的积极影响不够明显。但是农村年轻人的失业率明显低于城市，是伊朗就业结构的突出特点。这并不能证明农村经济好于城市，而是基于过多的年轻人涌入德黑兰为代表的大中城市所造成的城市就业机会更加稀缺的残酷现实。

第六节 特朗普执政之后伊朗的经济形势

2017年1月唐纳德·特朗普入主白宫后,美国的外交政策出现重大调整。作为美国历史上最具争议的总统,共和党人特朗普的一个重要目标是推翻前任总统奥巴马任内几乎所有的内外政策。特朗普尤其仇视2015年达成的伊核协议,认为是"美国历史上最糟糕的、最单边受益的协议"。[1] 但是在2017年,特朗普并没有从伊核协议中立即退出,毕竟这是联合国多边框架下达成的拥有强大法理基础的协议。但是美伊关系却在逐步恶化。自2017年2月以来,特朗普以伊朗发展弹道导弹为由对伊朗重新实施制裁。而随着特朗普5月份访问中东沙特、以色列、巴勒斯坦三国,特朗普政府的中东政策轮廓开始成形,即改善并加强与传统盟友沙特、以色列的关系,遏制伊朗的崛起。在美伊关系日趋紧张的情势下,伊朗政府忙于应付不断增大的外部压力,对内治理经济越来越有心无力。而最令人担忧的是,伊朗为了抵制美国、沙特及以色列的威胁,采取强硬对抗的策略,不断扩大对叙利亚、黎巴嫩及也门的干涉,引发了一系列的恶性循环,不仅给本国经济带来了沉重的负担,更引发了美、沙、以更多的遏制行动。2017年10月,特朗普向国会表示不再承认伊朗遵守核协议,使得外界对特朗普最终撕毁协议的预期加大。这对伊朗国内经济与社会稳定造成不容忽视的消极影响。2018年以来,伊朗形势朝着不利的方向发展。特朗普为了履行竞选时期的承诺,提高国内支持率,经过了一年多的思量,2018年5月8日不顾国际社会反对之声,一意孤行地退出了伊核协议。经过数十年的艰苦谈判才达成的伊核协议,顷刻间化为泡影。在特朗普政府不断施压及重启制裁的背景下,2017年后的伊朗经济终止了恢复发展的势头,许多经济指标开始恶化。

---

[1] The Times of Israel, "Full Text of UN President Trump's UN Speech", Sept. 19, 2017, http://www.timesofisrael.com/full-text-of-us-president-trumps-un-speech/.

一、2017年伊朗经济的主要特点

（一）石油生产与出口达到上限

图5—12显示，到伊历1395年（2016/2017年度）第三季度，伊朗石油生产和出口达到最高值，比上一季度分别增长8.8%和12.5%。但是从第四季度开始，伊朗原油生产和出口分别下降了1.4%和4.5%。这表明伊朗石油生产已经达到了上限。受外资和技术引进限制的影响，尽管仍有潜力挖掘，但在现有条件下伊朗石油进一步增产困难重重。2017年上半年，世界原油价格又一度跌至每桶50美元以下。但随着世界经济的复苏，尤其是发展中国家经济增长强劲对石油的需求增加，从2017年下半年开始石油价格逐渐走出低迷态势。至2018年1月，世界每桶原油布伦特价格达到66.85美元。[①]

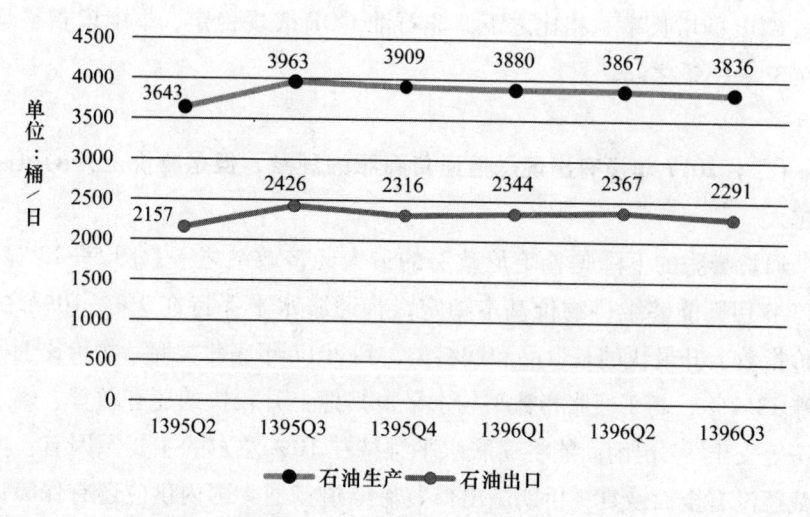

图5—12　2017年伊朗按季度的石油生产和出口

资料来源：CBI, "Economic Trend", 1395, Q4, p. 7; 1396, Q1, Q2, Q3, p. 2.

[①] OPEC, "Monthly Oil Market Report", February 12, 2018, p. 1, http://www.opec.org/opec_web/en/publications/338.htm.

表5—15 2017年伊朗按季度的石油和非石油GDP

单位：万亿里亚尔

	1395Q4	1396Q1	1396Q2	1396Q3
石油GDP	12.5%	4.4%	4.6%	1.0%
非石油GDP	3.5%	4.0%	4.3%	3.6%
总固定资本形成	2,664	484	845	697
私人消费支出	6,495	1,781	1,785	1,734
公共消费支出	1752	384	531	477

资料来源：CBI, "Economic Trend", 1395, Q4, p.1; 1396, Q1, Q2, Q3, p.1.

但是油价的有限上升对伊朗石油收入的增加帮助不大。这对2017年伊朗GDP变化趋势产生了很大的影响。从表5—15看出，受石油GDP增长的影响，伊历1395年第四季度的GDP增长十分强劲。但从伊历1396年开始，石油GDP的贡献率急剧下降，到第三季度仅仅贡献了1%，直接拉低了总GDP的增长率。相比之下，非石油GDP表现稳定，季度增长平均维持在3%—5%之间。

（二）2017年没有出现恶性通货膨胀的现象，但是物价上升的风险越来越大

通货膨胀的下降是鲁哈尼政府的最大经济政绩之一。图5—13显示，2017年伊朗能够维持物价基本稳定，将通胀水平保持在9%—10%之间。物价指数上升最快的是食品和饮料类，到2017年底此类商品物价比上一年上涨13.2%，高于通胀指数平均水平，其他上升较快的还有教育、娱乐及住房等支出。[①] 伊朗尚能将通胀水平维持在10%左右的主要原因有：美国制裁还没有全面恢复，伊朗进出口贸易渠道畅通，国内供应还有保障；国内经济尚能保持一定的活力，也能在一定程度上满足市场供应；民心还比较稳定，没有出现哄抢及蓄意抬高物价等投机行为。

---

① CBI, "Economic Trend", 1396, Q3, p.11.

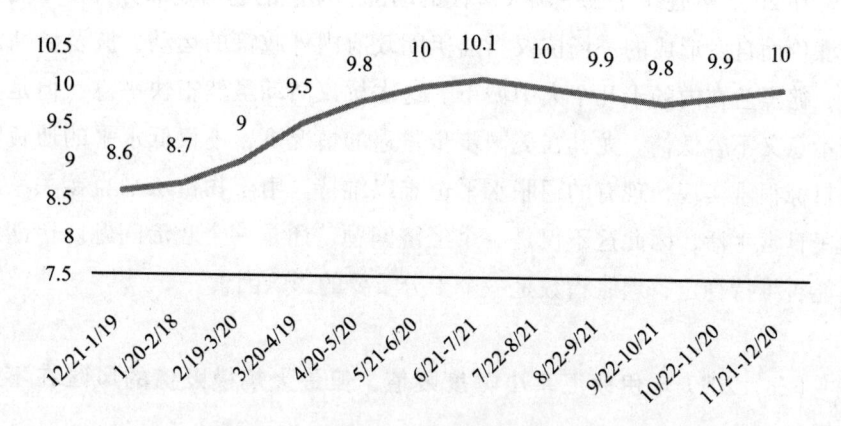

第五章 伊核危机以来的伊朗经济（2005—2017）

图 5—13 2017 年通货膨胀率（%）

资料来源：CBI, "CPI and Inflation", https：//www.cbi.ir/Inflation/Inflation_en.aspx.

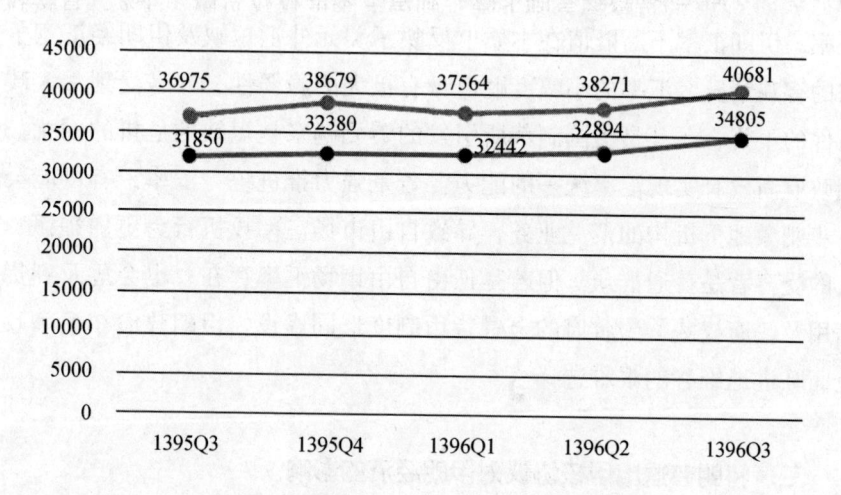

图 5—14 伊历 1395 年第三季度至伊历 1396 年第三季度美元兑里亚尔汇率

资料来源：CBI, "Economic Trend", 1396, Q3, p.16.

但是，通胀指数继续下降的可能性几乎不存在，这是由伊朗经济并没有获得快速稳定发展的事实所决定的，供应与需求之间的矛盾十分尖锐。另外，受外部制裁压力增大的影响，伊朗民众的焦虑感也在增加，经过一段时间会传导到经济层面，使得通货膨胀的突然上扬成为可能。这一潜在风险在 2017 年底演化成一场大规模的动乱。动乱的起因是部分民众不满鸡蛋涨价而自发形成的一场抗议当前伊朗政府内外政策的运动，波及伊斯法罕、德黑兰在内的十几个大中城市。这次抗议活动虽然很快平息，但是其警示意义不容低估。尤其在美国步步紧逼的情况下，不仅低水平的通货膨胀目标很难实现，现有的通胀水平也难以维持。由于物价水平直接关系到人民日常生活，因此这不仅是一个经济问题，还是一个政治问题。伊朗政权能否维持稳定，通胀指数是一个十分重要的影响因素。

（三）2017 年伊朗汇率小幅度贬值，但是大规模贬值的风险在不断上升

2017 年，伊朗的外汇政策没有太大变化，外汇格局也没有出现较大的调整。一方面是政府管制下的浮动官方汇率；另一方面是活跃的自由市场汇率。伊朗汇率不断贬值在本质上反映了美元外汇短缺及伊朗经济竞争力差的客观情况。汇率的小幅度贬值带有极大的脆弱性，容易受到重大政治事件的干扰，尤其是美国制裁所引发的美元越来越短缺的危机的困扰。伊朗政府尚没有实现汇率统一的能力。若是强力推进统一汇率，有可能会进一步刺激地下机构的汇兑业务，导致自由市场汇率投机行为更加猖獗，最大的受害者是普通群众。但若是任由自由市场汇率存在，也会危及到货币信用及政府权威，令政府的金融货币制度形同虚设。伊朗政府在汇率政策上面临进退维谷的艰难选择。

二、特朗普退出伊核协议对伊朗经济的影响

（一）宏观经济重新恶化

特朗普退出伊核协议并重启制裁对伊朗经济最明显的影响是货币里亚尔的疯狂贬值。伊核协议签署之后，伊朗货币能够保持微弱的平衡，贬值幅度得到了有效的控制。但是自特朗普当选以来，里亚尔又开始频繁波动。2018 年 4 月，里亚尔突然疯狂下跌，尽管政府自 4 月 10 日起采取了

固定汇率制（美元兑里亚尔官方汇率定为1∶42000），但无法阻止自由市场汇率的继续下跌。到特朗普宣布退出伊核协议之时，自由市场美元兑里亚尔已经跌至1∶62000。但是货币贬值的噩梦还没有结束，到9月26日，自由市场美元兑里亚尔汇率跌至1∶163,130。① 伊朗里亚尔疯狂贬值，本质上反映了在美国强大制裁压力下人们对本国经济信心的丧失。里亚尔贬值的直接后果是人民实际购买力大幅度下降，特别是进口商品价格明显升高。民生受到了较大影响。伊朗央行报告显示，截止2018年10月22日，十二个月的通货膨胀率达到15.9%，与截至到9月22日的前一期13.5%通胀率相比增加了2.4%。平均商品和服务消费者物价指数（CPI）为148.4，比上个月增长了4.6%。② 国际货币基金组织预测未来伊朗的失业率会继续上升，2018年预计为12.8%，2019年则有可能达到14.3%。③

（二）严重打击了伊朗吸引外资的信心

伊朗吸引外资的成果面临重新制裁的威胁。2017年后，尽管伊朗政府表现出对外资的热烈欢迎态度，但是外资进入的规模明显下降。受特朗普退出伊核协议预期的影响，国际社会对伊朗形势的担忧加深。在特朗普退出伊核协议之后，宣布重启对伊朗的制裁。大批在伊朗企业开始纷纷撤离伊朗。到2018年6月17日，法国能源巨头道达尔（Total）、欧洲飞机制造商空中客车（Airbus）、全球最大集装箱航运公司马士基（Maersk Line）、法国汽车制造商PSA集团（Groupe PSA）、德国第二大银行中央合作银行（DZ Bank）都退出了在伊朗的业务。④ 在8月6日第一轮制裁启动后，大

---

① Financial Tribune, "Tehran Market: Euro and USD Keep Climbing", September 25, 2018, https://financialtribune.com/articles/economy-business-and-markets/94047/tehran-market-euro-and-usd-keep-climbing.

② 中国驻伊朗经商参赞处，《伊朗央行公布最新通货膨胀率为15.9%》，http://ir.mofcom.gov.cn/article/jmxw/201809/20180902791897.shtml.

③ Financial Tribune, "IMF: Growth Prospects for Iran to Decline over Sanctions", October 9, 2018, https://financialtribune.com/articles/economy-domestic-economy/94343/imf-growth-prospects-for-iran-to-decline-over-sanctions.

④ Shareamerica,《外国公司退出同伊朗的往来》，https://share.america.gov/zh-hans/foreign-companies-pull-back-from-business-with-iran/.

量在伊中小企业也在撤离，俄罗斯、印度、中国的一些公司也暂停或者有意退出在伊朗的项目。美国制裁为外资企业在伊朗的生存增添了很多障碍，资金转账、人员往来都会面临极高的风险。鲁哈尼政府吸引外资的努力陷入僵局。

根据伊朗中央银行的统计，2017/2018年度伊朗经济增长率仅为3.7%。[①] 而2018/2019年度第一季度伊朗的经济增长率继续下降，为1.8%。[②] 国内私人投资在2017年前三个月下降了30%，此后更加萎靡不振。[③] 外来投资停滞不前。美国制裁引起的对伊朗市场风险的担忧是阻碍国内外融资的主要因素。最击中要害的是，特朗普退出伊核协议后，一些国家迫于压力削减或者停止了从伊朗进口石油，伊朗石油出口量大幅度下降。石油无法正常出口对伊朗经济的打击十分沉重。未来伊朗经济陷入负增长的可能性很大。

本章小结

伊核危机爆发后的伊朗经济发展历程充满了波折与艰险。内贾德时期的伊朗经济饱受摧残，强硬外交引发了外部制裁的不断强化，政府本身缺乏管理现代市场经济的经验。尤其是内贾德政府直接分发现金的方式将复杂的经济问题简单化，不仅没有达到改革的目标，而且引发了新的通货膨胀。内外交织的困境令经济的表现越来越不尽如人意。到内贾德执政后期，伊朗经济彻底陷入了衰退的深渊。2009年，由伊朗大选所引发的"绿色运动"，民众将不满的矛头直指内贾德本人。

内贾德的经济政绩并非全无值得称赞之处。他的补贴改革虽然漏洞百

[①] CBI, "Economic Trend", 1396 Q4, p. 3, https://www.cbi.ir/category/EconomicTrends_en.aspx.

[②] CBI, "Economic Trend", 1397 Q1, p. 3.

[③] CBI, "Economic Trend", 1396 Q3, p. 10.

出，但是提高了许多消费品的价格，为下一步的改革奠定了前提；他重视下层民众和普通人的生活水平的改善，使得社会贫富差距有所缩小。但是相比于越来越深重的经济危机，这些成绩太过于有限。到内贾德下台之时，不仅民众抛弃了他，连最高领袖哈梅内伊和保守派也抛弃了他。内贾德离职时十分凄凉，"没有欢送宴会，没有感激之词，甚至没有关于他任期的任何表扬。"①

为了挽救经济危机，确保政权的平稳运行，鲁哈尼通过外交促和谈，解决了纷争纠结的核问题，稳定了民心；通过一系列富有成效的改革措施，成功地将伊朗经济带出了衰退。在稳定通胀的前提下，实现了经济实质性的增长。这也是鲁哈尼得以连任的重要原因。不过这种增长在较大程度上还是一些暂时性因素促成的，深层次的结构性问题没有得到解决。但是就在伊朗经济有所恢复的关键时刻，伊朗面对来自美国特朗普政府不断增加的压力。在美国退出伊核协议及重启对伊制裁之后，伊朗经济再一次遭遇了严重的打击。

未来伊朗政府的主要着力点还是反制裁，在经济上将会彻底地执行哈梅内伊的"抵抗经济"思想。强硬保守派批评鲁哈尼，认为他不该轻信西方尤其是美国的承诺，也不应该将经济发展过度依赖于外部资本的路径上，导致了伊朗在面临美国制裁的时候十分被动。在严厉的制裁之下，维持民众的基本民生，确保政权的稳定又一次成为伊朗政府经济工作的重要任务。这会令一些改革政策无法推进，如补贴制度的改革可能会一再延期，甚至不会实施。

---

① Jahangir Amuzegar, "Ahmadinejad's Legacy", p. 132.

第六章
伊斯兰革命后伊朗各经济部门的发展

作为对宏观经济研究的必要补充，本章从中观层面研究伊朗各个产业部门在伊斯兰革命后的发展状况。本章大体按照传统的三大产业划分标准，但是基于能源部门在伊朗经济中极其重要的地位，所以将伊朗产业大致划分为四类：农业、能源产业、非石油制造业及服务业。另外，由于伊斯兰革命后伊朗开展了大规模的基础设施建设，与三大产业都存在密切的关联，因此本章将对基础设施的发展进行单独研究。

第一节 伊斯兰革命后伊朗的农业

一、伊朗地理环境与农业地位的变化

（一）伊朗发展农业的地理环境

从自然地理环境因素来看，伊朗发展农业的条件并不优越。伊朗地形复杂多变，大部分国土位于海拔在900—1500米之间的伊朗高原上。伊朗高原的形状像一只碗，周边地势很高，将一个不整齐的、相对低的内部盆地（中央盆地）包围起来。其中西南部的扎格罗斯山系与北部的厄尔布尔士山山脉海拔最高，地势广阔，绵延数千里，阻挡了暖湿气流进入伊朗腹部，导致中央盆地大部分地区都是荒漠。而南部和东部的山链较窄，平均高度也低，且多被低盆地所切断。高大复杂的山系、广大平坦的荒漠、封

闭的盆地及里海沿岸平原的湖泊、海洋，一并构成伊朗高原的基本地貌。

伊朗大部分国土属于干旱、半干旱地区，降雨量不足且在季节上高度集中。伊朗北部紧靠里海南岸有一条唯一拥有充足降水的狭长地带，年降水量超过1000毫米。山区的降雨量稍多于盆地荒漠。就全国范围而言，伊朗年均降水量仅252毫米，不足世界年均降水量的1/3。①

伊朗大约有1/3的土地属于可耕地。1991年，伊朗农业用地6150万公顷。② 但是由于土壤贫瘠和灌溉能力不足，大部分土地不适合种植作物。但即使可耕种土地中，仅有1/3的土地可以灌溉，而其他的则为旱地农业。伊朗西部和西南部拥有较肥沃的土地。由于伊朗地域和气候差异很大，使得农产品也因地区存在较大的差别，在各个季节也很不相同。伊朗是传统的农牧国家，主要农产品包括：小麦、大米、大麦、棉花、茶叶、甜菜、水果、干果、奶制品、鱼子酱、羊毛等。伊朗的地理环境决定了农业的发展潜力不大。

（二）农业在伊斯兰革命前后经济地位中的变化

20世纪60年代初，伊朗大约75%—80%的人口生活在农村，而"除了人口300万的德黑兰和其他5个重要的城市外，大部分城市的居民也间接与农业相连。"③ 但仅仅十几年后，农业人口下降到不到全国人口的一半，农业在整个国民经济中的比重急剧下降到8%左右。与此同时，农业生产越来越无法满足国内的需要，大量农产品、基本食品都要依赖进口。1973/1974—1979/1979年度，谷物进口从95.6万吨增加到217.6万吨，糖的进口增长了257%，肉类进口增长42%，动植物油进口增长了70%。④ 在巴列维王朝时期，虽然"白色革命"的一个主要任务就是发展农业，但

---

① 杜林泽：《伊朗农业发展现状与前景》，冀开运主编，《伊朗发展报告（2015—2016）》，北京：社会科学出版社，2016年版，第86页。

② FAOSTAT, "Iran land", http://www.fao.org/faostat/en/#country/102.

③ W. B. 费舍尔主编，北京大学地质地理系经济地理专业译，《伊朗》，北京：人民出版社，1977年版，第239页。

④ Asghar Schirazi, *Islamic Development Policy: the Agrarian Question in Iran*, Boulder & London: Lynne Rienner Publisher, 1993, p. 8.

农业在工业现代化的进程却被不断地边缘化了。农业的落后也成为伊朗经济的软肋,是巴列维经济现代化只重视工业和城市而忽视农业与农村的有力证明。但是农业的相对地位在革命后得到了某些改善。尤其在革命后的最初10年里,农业成为所有产业中表现最好的一个。但这并不意味着农业获得了特别突出的发展,而是与其他几近停滞甚至倒退的产业进行比较的结果。

伊斯兰革命后,发展农业上升为国家战略。新政权对巴列维长期忽视农业的做法给予了猛烈批判,认为农业不仅关系到国计民生,而且农村是保持传统伊斯兰文化的主要阵地。巴列维做法的根本目的是使伊朗完全沦为帝国主义的附庸,不断增加的对进口农产品和基本食品的依赖就是最重要的证据。要完全摆脱帝国主义控制的基本前提就是实现经济的自给自足,只有在保证粮食和基本食品供应的前提下经济的独立才能实现。因此,许多革命领袖在不同场合都强调农业的重要性,并制订了雄心勃勃的目标,而发展农业实现自给自足也被列入了宪法之中。农业逐渐成为所有经济部门中最受重视的部门。

二、土地改革和农村管理机构的重组

(一)对土地所有制遗留问题的有限解决

巴列维时期的"白色革命"的重要内容就是解决土地所有制问题,但是这次改革并不彻底,改革之后仍存在大量无地少地的农民。革命后的土地问题在本质上是巴列维时期不彻底的土地改革的延续。但是,土地问题在伊斯兰革命后反而变得更加错综复杂,导致最后也没有获得有效的解决。伊斯兰革命后伊朗土地改革很大程度上反映了伊斯兰经济思想在落实到实践的过程中所遭遇的现实困境。

伊斯兰革命胜利后,土地所有制发生了较大的变化。当时主要存在两类互相矛盾的现象:一类是许多无地少地的农民自发抢占荒地或者逃逸地主的土地,并立即耕种以示所有权;第二类是一些在巴列维时期被没收土地的地主以伊斯兰保护私有权的原则为由要求收回土地的所有权。由此引起的混乱现象使得土地问题成为影响伊朗农村稳定及农业恢复发展的主要障碍。第一类现象受到了主张平等公正的激进革命派的支持，第二类现象得到了伊斯兰保守派宗教人士的默许。伊朗伊斯兰政府应该立即制订一项明确的土地政策，使农村秩序安定下来，确保农业生产的顺利开展。但是，土地所有制问题很快成为各派争论的焦点，导致进一步分配土地的问题没有得到妥善的解决。

伊朗伊斯兰政府对待土地改革的态度摇摆不定，这在很大程度上取决于各派力量的对比。最先面对土地问题的是巴扎尔甘临时政府。临时政府希望发展商业化的资本主义农业，保护土地私有权，尽量维持土地所有制现状，反对激进的土地改革。但是临时政府很快倒台，为实施激进的土地改革提供了可能。以新任农业部副部长伊斯法罕尼为代表的、主张激进土地改革的派别起草了一个土改法令，并于1980年3月正式颁布实施。该法令将全部土地分为四类：废弃的土地和牧场；由公司或个人开发但后来被伊斯兰政府收归国有的土地；被前王朝承认合法的大地主土地；正在耕种的土地。其中前三类被认为是优先考虑分配的土地，但在第三类土地问题上引起了激烈的争论。该条令规定，如果土地拥有份额超出了按照当地习惯法认为的一个普通农户赖以维持生计的土地的3倍，便被认为是大地产所有制，多余的土地要被收归国有，然后分配给无地少地的农民。另外，"不在乡地主"只能拥有赖以维持生计的土地的两倍份额。① 这本质上是一种"有限的土地私有权"原则，基本反映了民粹—国家主义派的所有制观念。为了实施该法令，革命委员会成立了"七人委员会"具体负责各地的土地改革工作。这七人由农业部的2位代表、内务部1位、建设部1位，乡村理事会和伊斯兰法庭的各1位代表组成。②

但是，该法令很快遭到地主阶层的强烈反对。他们得到了以监护委员会为首的保守伊斯兰势力的支持。在几个月的时间内，该法令因被指不合伊斯兰教法而被责令多次修改，如将三年内没有任何正当理由而弃耕的土

---

① Ali Shakoori, *The State and Rural Development in Post-Revolutionary Iran*, Basingstoke; Hampshire; New York: Palgrave, 2001, p. 65.
② Ali Shakoori, *The State and Rural Development in Post-Revolutionary Iran*, p. 66.

地视为荒地的规定延长至五年期限。但不论如何修改都得不到监护委员会的批准,最后连霍梅尼都不支持这项法令。1980年10月,在法令出台的7个月后被终止执行。

但是就在这7个月的时间内,"七人委员会"积极组织各地的土地分配工作。到法令被终止时,委员会已经分配了15万公顷的抛荒土地和3.5万公顷的可耕地、非耕地及被没收的土地给无地少地的农民。另外,"七人委员会"负责对农民自发占领的80万公顷的土地进行监督。[1]

法令终止后,伊朗土地改革进入了新的阶段:激进色彩逐渐褪去,而保守因素上升。"七人委员会"继续对国有土地和"被压迫者和伤残者基金会"的部分土地进行分配,但是可分配土地已经很少;同时围绕着土地改革问题,两派继续展开激烈的争论。1983年1月,另一项更加保守的土改方案又遭到了监护委员会的否决。土改问题随后被搁置起来。

但是革命初期自发占领土地的农民开始要求政府承认其合法耕种权,成为推动新的土改法令出台的主要动力。不少民粹—国家主义派的领导人向监护委员会施加压力,当时的议长拉夫桑贾尼[2]曾说,监护委员会的做法会令整个伊朗和伊斯兰的利益受损,议会需要更多的权力。而"七人委员会"也威胁要放弃对擅自占用土地的监管,如此一来势必引起农民的不满甚至反抗。到1985年,承认擅占土地合法性的问题不能再拖延下去,而更广泛和普及的土地改革运动也被认为不太可能。1986年,议会终于通过一项法令,将在革命胜利后不论以何种形式擅自占用的土地都转归到在耕农民手中。[3] 这项法令是以2/3多数在议会通过的,是在"必要原则"的前提下才通过的。按照伊斯兰教法原则,法令只有三年有效期。另外,法令能够得到监护委员会的批准,主要是因为这一法令只适用于擅占土地,并不要求分配更多的土地。法令的通过也体现了政府主要是出于现实考虑而不是对伊斯兰原则的恪守。如果不尽快承认这些土地的合法性甚至考虑

---

[1] Asghar Schirazi, *Islamic Development Policy: the Agrarian Question in Iran*, Boulder & London: Lynne Rienner Publisher, 1993, p.178.
[2] 此时他还是民粹—国家主义派的重要代表人物。
[3] Ali Shakoori, *The State and Rural Development in Post-Revolutionary Iran*, p.70.

第六章　伊斯兰革命后伊朗各经济部门的发展
/ 249 /

收回，不可避免会伤害到部分农民的直接利益，可能引起骚乱。很多农民都参加了对伊拉克的战争，一旦出现这种状况势必会动摇军心。另外，革命领袖已经在许多不同的场合允诺会解决这些农民的土地问题，因此兑现承诺成为当务之急。而法令的通过也有利于平息库尔德斯坦地区的自治运动，运动本身也包含重新分配土地的要求。如果政府还不能在土地问题上表明积极态度，会让库尔德人感觉政府实际上代表地主的利益，从而加剧自治运动。[1]

但是，除了完成将擅占土地转移到农民手中的法定程序外，土地改革已经终止。受人为干扰及制度障碍等因素的影响，土地移交的过程也颇费周折。在三年有效期将要结束之时，移交仅仅完成了很小的一部分，法令后来又被延长了两年。1990年2月，土地移交也仅仅完成了1/3（27万公顷）。但是在1990年之后土地移交的进程加快了，1992年终于完成了全部的移交任务。[2] 1991年中期，根据"土地移交委员会"的统计，大约有60.2万公顷的非耕地、国有土地和牧场被分配到10万农户手中，另有68.1万公顷的临时耕种土地被分配到13万户农民手中。土改受益人群不到全部农村人口的6%。[3] 这些土地的移交并非是无偿的，需要农民支付一定的费用。费用一般根据当地市场的价格计算，主要对农民在擅自占用的几年内使用土地、水、机器和工具等进行收费。

伊斯兰革命后，土地改革经历了从激进到保守的转变，最后只承认既定的土地所有权现状。有限的土地改革既没有满足激进派的革命要求，也违背了宗教保守派完全反对土地改革的立场。但是，它基本上代表了宗教保守派的胜利，激进派力量却在不断地被削弱。革命引起的农民骚乱逐渐归于沉寂，人们的关注点很快被两伊战争所取代。致力于全局稳定成为伊

---

[1] 法令规定库尔德斯坦地区只要是在1985年3月之前擅自占用土地都将被转移到在耕农民手中，其余地区只截至到1980年3月。

[2] Asghar Schirazi, *Islamic Development Policy: the Agrarian Question in Iran*, Boulder & London: Lynne Rienner Publisher, 1993, p. 191.

[3] Ali Shakoori, *The State and Rural Development in Post-Revolutionary Iran*, p. 70. 不同文献提供的数据不尽相同，但是总体来讲，革命后伊朗土地改革涉及土地的总数额在120万—140万公顷之间。

朗政府的重点，这也是政府无意再推行激进土地改革的重要原因。90年代后，土地改革已经成为历史，再也没有被正式提及。但不论如何，革命后有更多的农民成为土地的实际拥有者，特别是保护了擅占土地农民的生产积极性，有利于农村秩序的恢复及农业自身的发展。

从巴列维时期到革命后初期，伊朗的土地改革造就了一个广泛分散的小农阶层。一般性观点认为，改变农村封建土地所有制关系是发展现代农业的前提，因而土地改革范围越大，越多的农民成为土地拥有者，就越能解放生产力并促进农业的发展。但是，仅仅拥有土地并不能保证伊朗农民的处境获得根本的改善。在伊朗，受恶劣的气候条件和水资源缺少的限制，小农的处境通常十分恶劣。个体小农在水源利用、先进技术的获取上都存在较大的困难。当政者也认识到仅仅靠土地改革不能从根本上解决发展农业的问题。

（二）重组农村组织机构

1. 建立各级"农业、农村和牧业中心"

巴列维王朝时期，负责农业和农村事务的主要机构是农业与农村建设部。但是伊朗伊斯兰政府认为这一机构主要设立在首都和几个大城市，在农村地区几乎没有下属机构，这一状况必然导致对农村和农业问题的忽视。该部门只关注少数商业化的大农场，对普通农民的状况缺乏了解，"那高耸在最繁华地段的（农业和农村建设部）的摩天大楼正是同其真实职能相分离的标志。"[1] 改组后的农业部要以农村为工作中心，这一理念的集中体现是从中央到农村基层都设立了各级的"农业、农村和牧业中心"。

"农业、农村和牧业中心"的主要职能是为农村和游牧地区提供技术和基础设施服务，包括信贷、培训、研究、福利、营销、顾问等各种服务；同时协助成立"伊斯兰服务委员会"，调查当地土地所有权，引导农民形成合作社或者建设小型的农产品加工企业。目的是发展农业生产，实现自给自足，使发展规划能与农业部门的基本需要相协调；提高农民生活

---

[1] Ali Shakoori, *The State and Rural Development in Post-Revolutionary Iran*, p.71.

水平，减少城乡社会经济差距，实现社会公正。另外，设立中心的一个相当重要的宗旨是调动农民参与的积极性。中心的建设分四个层次：国家中心，是由农业部监督的中央组织；省级中心；县级中心；乡级中心，由各乡的中心和村民理事会组成。而村民理事会是沟通普通农民和各级中心的纽带和桥梁，成员需要由村民以秘密投票的方式选举，每个理事会都应包括农民、无地者、牧民等农村各层劳动者。因此，设立这些中心的目标是将农业和牧业打造成一个密不可分的整体。中心的决策过程应该是自下而上的，村民的意见是制订政策的主要依据。在初期，主要由各级中心牵头负责各种工程项目，但是随着农民参与意识和能力的提高，将逐渐由村民亲自参与工程建设。国家则从承担者变成引导者，并配合村民的行动。

建立该中心的指导思想和行动宗旨都充满了进步意义，反映了伊朗伊斯兰政府反思巴列维王朝机构设置的弊端，试图扩大农民参与农业发展与农村建设的途径。但是在革命后艰难的环境下，真正建立的中心数量远远低于预期目标。农业部计划到1983年建立1703个乡级中心和190个县级中心，但是到1988年，仅730个乡级中心建立起来，比计划低58%。[1] 中心的建立为农村建设发挥了一定的作用，如分配资金、修建基础设施、提供农业机器等。

但是各级中心在促进农业发展方面并没有取得预想的效果。在执行过程中，各级中心的决策仍然是自上而下的，很少征求普通村民的意见。大多数中心机构都建在了各省最繁华的地区，与其他政府机构没有多少差别，同巴列维时期也没有明显的不同。村民理事会曾被视为中心的最基层组织，但是这一组织并没有得到很好的运作。一方面理事会的成员往往不是普通农民，他们对农业和农村事务缺乏了解；另一方面并不是所有的乡村都建立了理事会。据考察，很多偏远地区的农村理事会成立不久就被解散。即使没有解散的理事会也缺乏正常的选举机制，不能发挥应有的管理组织能力。

"农业、农村和牧业中心"的命运也揭露了伊朗伊斯兰政权试图发挥

---

[1] Ali Shakoori, *The State and Rural Development in Post-Revolutionary Iran*, p. 74.

人民自决权的主客观条件还都不够成熟。各级中心的官员缺乏让人民当家作主的意识与实际经验，普通村民也缺乏行使权利的意识。相关制度很不健全。有的学者批评"国家并没有表现出任何转移工作或职权的愿望，而是直接参与工农业活动，如水、天然气、电的分配，建筑工程、交通、物资交易、健康服务、教育活动及产品制造，那么（民众）就不能很好地参与经济与社会活动，这是一个自然的结果。"①

2. 吉哈德（Jihad）组织的建立

吉哈德组织的建立是对伊斯兰革命后伊朗农业管理机构变化影响最大的因素。"吉哈德"是"奋斗""进步"之意，是伊斯兰文化十分重要的精神思想，也是广大穆斯林行动的重要力量源泉。以这一名字命名的组织充分表达了要以奋斗的精神推进国内建设的决心。吉哈德组织本来是伊斯兰革命后建立的众多基金会组织中的一个，因此它区别于一般的政府机构，并主要负责农村地区的事务。吉哈德组织建立的出发点是动员大众，实行民主运作方式，提高人民的参与程度；主要途径是通过团结广大知识分子、高校学生，同无产者联合起来，促进农村经济的发展，提高农民的受教育程度，并传播伊斯兰文化，扩大伊斯兰革命在农村的影响。在农村扩大伊斯兰革命的影响是吉哈德组织建立的最初目的，因为伊斯兰革命是一场以城市为中心的运动，主要局限在德黑兰地区。大部分农村对伊斯兰革命的了解比较滞后，农民也没有积极地参与到革命中去。吉哈德的主要任务就是向农村宣讲伊斯兰革命和文化，而通过对农村经济社会事务的积极参与，显然达到了这些目标。

在成立之初，吉哈德充其量是一个辅助性的革命组织，但随着巴扎尔甘临时政府的倒台，民粹—国家主义派逐渐占据优势，这一组织的职权不断扩大。它逐渐取代了农业部的许多职能，修建农村公路、坎儿井，生产和分配农业机器和其他要素（如化肥、杀虫剂等）都成为吉哈德的重要职责。吉哈德组织还把其他部门的一些职能也包揽过来，如教育和培训部负责修建农村学校的职能。另外，它也建立了各层管理机构，也分中央、

---

① Gholamreza Ghaffary, "The State and Rural Development", *Critique: Critical Middle Eastern Studies*, Vol. 15, No. 3, 2006, p. 291.

省、县、乡四个层次，与农业部各级中心的设置十分相似。

随着吉哈德各级组织的发展，其实际职能越来越像农业部。在很长一段时期里，吉哈德组织与农业部职能重叠，互不管辖但又相互竞争。但是，吉哈德组织逐渐超越了农业部并获得了更大的发展。吉哈德组织顺应了伊斯兰革命后初期激进的政治形势，特别在两伊战争期间，在农村积极宣传伊斯兰革命和文化，发动农民参军，修建被战争破坏的桥梁、公路，并在后方募捐供应前线，维修战争设施和武器等。吉哈德组织在支援战争方面发挥了重要作用，在农村的影响力也大大超过了农业部，不少领导人都对其在战争中的贡献给予了高度评价。1985年，报道称吉哈德向前线捐赠了500亿里亚尔并派遣了15万名专家，而其中至少有2800人在战争中殉难。① 因此，它比农业部更容易获得政府的资金支持。

同农业部的服务中心相比，吉哈德组织对农业和农村的建设发挥了更重要的作用。尤其在80年代，吉哈德以极大的热情投入到农村建设之中，修建农村学校、公路、灌溉系统，分发资金，建立农村福利体系，创建农业工业区，鼓励游牧民定居等。在10年时间里，农村的砾石公路从1980年的不到8000千米增加到1990年的5万千米，柏油路增加到6400千米；而同期共有10680个村庄通上了电，比伊斯兰革命之初仅有的5000个村庄增加了66%；另外，能够获取饮用水的村庄从6611个增加到18139个。农村的公共设施总体上有了很大的改善。② 尽管伊斯兰革命后伊朗的经济十分不景气，但农村的生活条件却有了明显的提高，吉哈德的确功不可没。普通农民一般都对吉哈德充满了好感，认为它才是真正代表农民利益的机构，这同对农业部服务中心的态度形成了鲜明对比。

随着吉哈德地位的不断上升，同农业部的矛盾也越来越尖锐。两部门的斗争不仅造成人力、物力资源的浪费，而且导致行政效率的下降，因此关于两个部门的合并也被提上议程。但是合并遭到了各自派别的反对。在80年代，主要倾向于把吉哈德合并到农业部中，但激进派强烈反对此建议，认为如此一来会使一个重要的革命组织消失并被官僚化；90年代后，

---

① Asghar Schirazi, *Islamic Development Policy: the Agrarian Question in Iran*, p. 159.
② Ali Shakoori, *The State and Rural Development in Post-Revolutionary Iran*, p. 89.

人们又开始讨论将农业部合并到吉哈德中去，但是又遭到了支持农业部存在一方的反对。但不论在政绩表现还是在合并斗争中，吉哈德一直占上风。2001年，两部门终于实现了合并，改称农业吉哈德部。历经20多年的争吵终告一段落。

吉哈德从最初的革命组织演变为政府部门，同伊斯兰革命卫队的发展历程有相似之处。它们是革命后初期特殊政治条件下民粹主义的产物，而且都在与具有相似职能的政府组织或军事部门的斗争中占据优势，并都对伊斯兰政权保持着强大的影响力。

三、农业政策导向

（一）发展合作经济，建立合作社

创立新型的合作社代替原来的合作社和农业公司是革命后伊朗采取的另一项比较重要的农业政策。伊斯兰政府批判巴列维时期建立的农业公司破坏了传统伊斯兰社会合作组织（boneh）。在革命胜利后不久，巴列维时期成立的合作社基本上都被解散，并代之以具有伊斯兰色彩的合作形式（mosha），后者主要是在"七人委员会"移交土地的同时建立起来的。其特点是以5到20家农户组成一个合作单位，最重要的资源——土地归合作社所有，每个农户都能获得维持生存的土地份额，选举经验丰富的农民作核心人物，共同使用水、机器等个体农户无法负担的资源。建立这种类型的合作社体现了国家从伊斯兰革命前的支持农业大公司到革命后支持小农发展的战略转变。到80年代中期，大约有1.2万个合作社建立起来，总共涵盖了8.9万农户。[1] 但这些合作社的实践效果并不理想，最重要的原因是土地归集体所有，导致农民失去了生产积极性。很多农民对这种所有制形式并不理解。另外制约合作社发展的因素是缺乏资金。很多合作社分到的土地相当贫瘠，需要大量资金投入才能提高产量，但是合作社获得的资金一般不能满足需要。不仅贷款短缺，经常连种子、农药、化肥、机器等

---

[1] Asghar Schirazi, *Islamic Development Policy: the Agrarian Question in Iran*, p.239.

投入也严重不足，从而影响了农业的正常生产。另外，经营管理不善也是重要的障碍。很多农民后来被迫离开合作社进入城市谋生，另有不少合作社将土地分成小块让农民自己耕种。合作社成为了一个个松散的联盟。

政府还提倡建立另一种类型的农业合作社，本质上是独立农业公司的松散联合体。这类生产组织在伊斯兰革命前就已经存在，在伊斯兰革命后获得了进一步的发展，数量从1984年的80个增加到1989年的500个，大约涵盖了15万人。① 这类合作社很少从事农作物或园艺作物种植，大部分从事家禽饲养业。它们的发展主要得益于国家政策的鼓励。合作经济受到了政府的保护，因此与纯粹的私人企业相比，它们很容易越过政府的各种障碍，而且较容易地获得农业银行的贷款。与其说是合作社，更像是卡特尔性质的资本主义企业组织，因此曾受到了激进派的质疑。但是这类性质的合作社的发展也反映了虽然政府批判发展商业化大农场会导致对农民整体利益的忽视，但是也会从经济效益出发探索农业发展的多样化途径。因此，伊朗伊斯兰政府口头批判但又不自觉地继承并发展了巴列维时期的某些经济政策。

除以上两种类型外，政府还试图建立第三种形式的合作社——自助型生产组织。这种组织的特点是挑选村民中的部分农户组成，优先享受国家的各种服务，引导他们互相帮助发展生产。目的是提高组织成员的收入，鼓励他们留在农村。但是这类合作社没有得到广泛的实践，也没有取得明显的效果。

表6—1 1996/1997—2013/2014年度之间在建的合作社

	数量	成员	雇佣人数	资本（百万里亚尔）
1996/1997	136	1388	790	5295
2001/2002	965	35531	9504	51407
2006/2007	4613	72303	37474	140032
2011/2012	5664	62125	51341	739081

① Asghar Schirazi, *Islamic Development Policy: the Agrarian Question in Iran*, p. 243.

续表

	数量	成员	雇佣人数	资本（百万里亚尔）
2012/2013	8628	101351	98241	816951
2013/2014	8802	106296	118455	774698
2014/2015	7791	82900	110736	1513966
2015/2016	7574	82224	91245	1526950

资料来源：Statistical Center of Iran, "Iran Statistical Yearbook, Agriculture, Forestry & Fisheries", 1394, p. 269, https://www.amar.org.ir/english/Iran-Statistical-Yearbook.

表 6—2　1996/1997—2013/2014 年度之间运作中的合作社

	数量	成员	雇佣人数	资本（百万里亚尔）
1996/1997	3218	47787	31602	446559
2001/2002	8006	118595	69787	804515
2006/2007	14119	190318	109659	1063415
2011/2012	16485	211851	134807	1869834
2012/2013	16773	216142	135623	2167894
2013/2014	16017	217580	140253	3668305
2014/2015	16394	220123	138064	2336731
2015/2016	16096	222799	153372	5802381

资料来源：Statistical Center of Iran, "Iran Statistical Yearbook, Agriculture, Forestry & Fisheries", 1394, p. 269.

两伊战争后，合作社经济在农村地区继续得以推广。90 年代后的合作社规模扩大，每个合作社要包括 250 个农户，并拥有 2500 公顷的土地。[①]"三五"计划将发展更多的合作社列入重要目标，走合作社道路已经成为伊朗农业与农村发展的既定路线。表 6—1 和表 6—2 显示，1996/1997—2013/2014 年度期间，新增合作社的数量非常迅速，而运营中的合作社也从 3218 个增加到了 1.6 万多个，数量增长了 5 倍还多，合作社的人数也有明显的增长。不过在 2011 年后，合作社的数量与人数没有特别大的增长，

---

① Philip Dew, ed., *Doing Business with Iran*, p. 76.

甚至还有所减少。而从合作社覆盖的人口可以发现，合作社普及到的农业人口数量还不能占大多数。以 2012/2013 年度为例，伊朗农业人口为 214 万，[①] 农业合作社覆盖的人口大约为 35 万（合作社成员＋雇佣人数），仅占人口的一小部分。尽管合作社是政府一直提倡鼓励的发展模式，但是农业合作社缺乏足够的吸引力，在发展农业现代化经济中的作用似乎比较有限。农业合作社还需要更多的探索，才能与农业产业化、规模化的发展模式接轨。

政府通过建立各种类型合作社的方式促进农村和农业的发展，目的是调动农民参与的积极性，克服小农经济的弱点，发挥集体合作的精神。但是不少合作社没有取得预期的成果，有些甚至没有付诸实践。但合作社为农民提供了一个同集体、国家交流并获取帮助的桥梁，或多或少都有所裨益。

（二）政府对农业的投资政策

伊朗伊斯兰政权对农业的投资力度有所加大，但是并没有提高到预想的水平。面对资金短缺的现实，政府不得不承认无法像巴列维王朝那样通过大量修建水坝、扩大灌溉面积的方式提高产量。与其他产业部门相比，对农业的投资一直徘徊在三到六位左右，大多数年份对电力、工业、交通、油气产业的投资都要高于农业。在 80 年代，1983/1984 年度是伊朗对农业投资最多的一年，投资总额为 1505 亿里亚尔，但仍然低于对工矿业、水电、交通部门的投资。1988/1989 年度，对农业的投资下降到 834 亿里亚尔。在所有经济部门中，仅仅高于对油气的投资。战争结束后，"一五"计划加大了对农业的投资，1991/1992 年度达到历史最高水平（1240 亿里亚尔）。[②] 但是从 1994/1995 年度后，农业投资又出现下降，这与重视工业而对农业有所轻视的国家政策导向有密切关系。投资还受到通货膨胀的较大影响，90 年代后的投资被通货膨胀抵消掉一部分。从 1994/1995 到

---

① Statistical Center of Iran, "Iran Statistical Yearbook, Population", 1393, p. 129, https://www.amar.org.ir/Portals/1/yearbook/1393/03.pdf.

② Ali Shakoori, *The State and Rural Development in Post-Revolutionary Iran*, p. 108, p. 111.

1996/1997年度，农业投资增长率分别为12%、11.2%、23.6%。[①] 2000年后，国家对农业的投资一度出现好转，但是在遭受制裁后，伊朗经济陷入困境，国家财政吃紧，对农业的投资不得不再次减少。

农业银行负责向农民提供各种优惠贷款，但也受到一些因素的限制：一是贷款的实际购买力被通货膨胀抵消大半；二是贷款数额较小，大约80%的贷款都在50万里亚尔以下，基本上都是短期贷款，一般需要在两年内偿还，贷款给小农户的比例并不高。银行贷款主要有两种形式：一种是无息贷款，但要收取2.5%的手续费；另一种是一般性贷款，一般收取6%—9%的利息。[②] 不论哪种形式的贷款，银行还要从中扣除税收和保险费用。很多农民感叹与革命前相比，革命后的贷款更加困难。这是由国家财政吃紧、无法为农业提供足够的资金支撑的现实所决定的。

伊朗的农业发展并非全然封闭，尤其是伊朗农业与世界粮农组织一直保持着长期密切的合作，争取后者的投资与技术支持。据统计，1983—1989年期间，伊朗共获得世界粮农组织37项技术合作项目（TCP），涉及渔业、旱地农场保护、土壤治理、森林保护、病虫害治理等。两伊战争后，伊朗越来越认识到引进外资发展现代农业的必要。1990—2010年期间，伊朗与世界粮农组织在110多个项目中开展合作。[③] 但是在制裁最严厉的时期，发展农业的国际合作变得非常困难。伊核协议签署之后，伊朗大力鼓励外资投资农业。2017年，国际粮农组织与伊朗在国家层面开展了多项合作项目，如虹鳟鱼基因发展项目、油籽作物可持续发展项目、小型家庭农场整合项目、卫星图像农业检测项目等。国际粮农组织还与伊朗地方政府在水资源保护、防止病虫害、加强粮食安全等领域展开合作。[④] 伊朗政府也重视与欧洲国家、中国、俄罗斯等国在农业技术与研究领域的合作，加快农业现代化的进程。

---

① Ali Shakoori, *The State and Rural Development in Post-Revolutionary Iran*, p. 110.
② Asghar Schirazi, *Islamic Development Policy: the Agrarian Question in Iran*, p. 279.
③ FAO, "FAO Achievement in Iran", pp. 29 – 33, http: //101.96.10.47/www.fao.org/3/a-ba0017e.pdf.
④ 杜林泽：《2016—2017年度伊朗农业发展与粮食安全问题》，冀开运主编《伊朗发展报告（2016—2017）》，社科文献出版社，2018年版，第116页。

(三) 农业补贴和农产品价格政策

伊斯兰革命后,政府对农民购买农机、化肥、种子、农药等生产要素实施补贴政策,目的是减轻农民负担,激发生产积极性。补贴通常与国家发展战略密切相关。政府将小麦种植视为头等大事,因而对小麦的补贴最多,其次补贴较多的是大麦、玉米等主要农作物。

80年代,在政府补贴政策的刺激下,农业机械化有了较大的发展,购买农机设备的农户明显增加。1981/1982—1983/1984年度期间,农民的农机购买出现了高潮,投入使用的拖拉机数量从14727台增加到32918台,联合收割机数量也增长了15%。[1] 但是从1984/1985年度后,随着进口的下降,政府补贴的减少,农机购买的数量明显下降,其他生产要素也面临类似的情况。80年代中后期,种子、化肥都出现了供应短缺问题,特别是一些化肥厂在战争中遭到破坏,严重影响了化肥的正常供应。政府补贴政策的效果也受到严重影响。

但是,80年代农产品定价机制对农业发展产生了负面影响。主要农产品都采取国家定价、政府统购的方式,特别是小麦。政府小麦价格从1978年的每千克10里亚尔提高到1980年的21里亚尔,到1988年又提高到57里亚尔。[2] 尽管政府将小麦价格提高了将近6倍,但是仍然远远低于国际小麦价格,与此同时政府将更多的补贴转向了消费者。1989年,政府规定的面粉厂进厂小麦价格每千克仅17.5里亚尔。[3] 政府通过压低农产品价格的方式来补贴消费者,目的是解决城市中下层居民的生活保障问题。但是这一政策令不少农民感到种植小麦无利可图,不如放弃务农转向其他行业,甚至进城成为国家廉价食品的消费者。

---

[1] Ali Shakoori, *The State and Rural Development in Post-Revolutionary Iran*, p. 117.

[2] Kaveh Ehsani, "Rural Society and Agricultural Development in Post-Revolution Iran: The First Two Decades", *Critique: Critical Middle Eastern Studies*, Vol. 15, No. 1, 2006, p. 90.

[3] Ali Shakoori, *The State and Rural Development in Post-Revolutionary Iran*, p. 120, p. 260.

表6—3　主要农作物保护价格　　单位：每千克里亚尔

农作物	1996/1997	2001/2002	2006/2007	2009/2010	2010/2011	2011/2012	2012/2013	2013/2014	2014/2015	2015/2016
小麦	410	1050	2050	3300	3600	3950	5500	10500	11500	12705
大麦	317	800	1520	2600	2900	3400	4500	7800	9200	10028
玉米	348	890	1620	2760	3000	3500	4650	8700	9600	10368
豌豆	727	1870	5000	6480	6800	7900	10200	19000	22200	24640
菜豆	870	2240	4500	×	×	7000	9000	18000	21000	23940
四季豆	808	2065	4500	5820	6000	7000	9000	17800	21000	24150
花豆	1030	2650	4500	5960	6200	7200	9500	18000	21000	23940
小扁豆	895	2285	5000	6480	6800	7900	10200	20000	23000	26450
糖用甜菜	97	252	460	750	900	1050	1350	2100	2700	2916
棉花	1600	2820	5000	7500	9000	10500	14000	22000	25500	29325
大豆	683	1770	3200	5350	5200	6620	8700	17000	19700	22655
向日葵	870	2035	3400	5700	6000	7000	9500	18500	21500	24510
马铃薯	174	437	883	1350	1450	1470	1900	3000	3600	3888
洋葱	137	377	627	900	900	1050	1350	2000	2400	2592

资料来源：Statistical Center of Iran, "Iran Statistical Yearbook, Agriculture, Forestry & Fisheries", 1392, p. 231; 1394, p. 260.

　　90年代后，伊朗政府的农业政策几经调整，变化很大。90年代初放开了农产品价格，同时削减了农业补贴。农产品价格有了很大提高，如每千克小麦价格在1993/1994年度为225里亚尔，1996/1997年度为410里亚尔，到2004/2005年度提高到1700里亚尔；同期每千克大米的价格依次上涨至715里亚尔、1056里亚尔、4750里亚尔；每千克大麦价格分别上涨至173里亚尔、317里亚尔、1250里亚尔。[①] 但生产成本也大幅度增加，农机、化肥、农药的价格飞涨，甚至超过农产品价格上涨速度。这大大加重了农民的负担。但是哈塔米政府很快调整了政策，继续对农业提供大量补

[①] IMF Country report, *Islamic Republic of Iran: Selected Issues*, 1999, p. 17; 2006, p. 17.

贴，同时对农产品价格进行相应调整，以满足通货膨胀恶化的背景下生产者对增加成本的需要。表6—3显示，主要农产品国家保护价格到2015/2016年度都有了大幅度提高，尤其是小麦的价格上涨幅度最大，大麦、玉米、棉花、大豆等主要农作物的政府价格也被大幅度上调。

比较而言，生产要素的补贴对农业的促进作用不太显著，而农产品价格的变化对农业生产的影响更加明显。80年代，尽管小麦得到了大量补贴，但由于小麦价格低，很多农民仍然不愿种植小麦，小麦产量仅仅增长了5%—20%。[①] 农民更倾向于种植大麦、大米等不太受政府保护价限制的作物。因为这些农产品可以在自由市场出售，能够获取更多的利润。90年代后，小麦价格的迅速上涨使得农民种植的热情增加，小麦产量也获得了较快的增长。实际上，政府对农作物的补贴经常被农民挪为他用，导致补贴效果不佳。农民经常用补贴所得来满足基本生活所需或者其他用途，如购买家电、建造房屋等，而没有全部用于扩大种植农作物。

四、农业的发展及问题

经过多年的努力，伊朗农业在革命后获得了明显的发展，但是存在的问题也很突出。

（一）农业发展的主要成就

1. 耕地面积扩大，灌溉技术提高

伊朗全部土地面积大约有16500万公顷，但其中52%的土地是沙漠和荒地，只有1/3的土地适合耕种。但由于土壤贫瘠或缺乏水源，这1/3的土地中有很大部分也存在实际耕种的困难。[②] 伊朗存在很多有潜力发展成可耕地的土地，但开发难度很大。

伊斯兰革命后，伊朗耕地面积出现不断扩大的趋势。根据阿斯加·斯

[①] Kaveh Ehsani, "Rural Society and Agricultural Development in Post-Revolution Iran: The First Two Decades", p. 90.

[②] Jahangir Amuzegar, *Iran's Economy under the Islamic Republic*, p. 177.

奇拉齐的研究，1974/1975 至 1988/1989 年度，伊朗可耕地面积增加了 45 万公顷左右；1988/1989 年度，可耕地面积为 1687.1 万公顷。[①] 而根据贾汉吉尔·阿穆泽加尔的研究，到 90 年中期，可耕地面积增加到 1780 万公顷，2000 年扩大到 1870 万公顷。[②]

伊斯兰革命后初期耕地面积扩大较快，主要原因是农民自发抢占土地风潮和"七人委员会"不断地将一些国有荒地分配给农民；另外不少牧场也被开垦为耕地；而政府为了实现自给自足的目标，鼓励战略性农作物的种植，也导致了农作物种植面积的扩大。但从长期来看，耕作技术的进步，特别是灌溉系统的发展对扩大耕地面积具有决定性的作用。

表6—4　现代灌溉及排水系统覆盖的耕地面积及每年用水量

伊历	可耕地面积（公顷）	可用水（百万立方米）
1380	778694	7464
1387—88	738009	7657
1388—89	747074	10507
1389—90	702119	11864.3
1390—91	1602440	14412
1391—92	1460052	13709.2
1392—93	924612	12894
1393—94	982267	12063

资料来源：Iran Statistical Yearbook, "Agriculture, Forestry & Fisheries", 1392, p.227；1394, p.256, https：//www.amar.org.ir/english/Iran-Statistical-Yearbook.

注：伊历1380年即公历2001/2002年度（2010年3月—2011年3月），伊历1387年即2008/2009年度，1388年即2009/2010年度，以此类推，伊历1394年为2015/2016年度。

在伊朗这样一个半干旱的国家，除了降雨量充沛的里海沿岸和西北地区外，其余地区的农业发展只能依靠灌溉。在80年代，战争使得一些水坝的修建被一再拖延。但是在战后，政府加大了对水利灌溉建

[①] Asghar Schirazi, *Islamic Development Policy: the Agrarian Question in Iran*, p.281.
[②] Jahangir Amuzegar, *Iran's Economy under the Islamic Republic*, p.178.

设的投资力度。代表性的如位于伊朗西南部地区的胡泽斯坦卡尔黑大坝（Karkheh），该大坝高127米，拥有59亿立方米的蓄水能力，能灌溉32万公顷的土地。该项目本来在1956年就由美国的资本和技术投入研究，但是受伊斯兰革命的影响无法继续下去。项目长期面临资金短缺的问题，但是在1990年又重新启动，2001年完工。① 但是表6—4显示，2001—2011年期间，伊朗现代灌溉与排水系统覆盖的可耕地面积有所减少，可利用的水资源也没有明显增多。2011之后，水利灌溉建设停滞不前的状况才有所改善。表6—4中显示的另一个明显特征是，能够得到灌溉的土地面积十分不稳定，经常发生剧烈的波动，可以推测灌溉系统受到每年气候变化的较大影响。

但两伊战争后的一些因素也导致耕地面积增加的潜力越来越小。人口的迅速增加与城市化进程对农业用地构成了越来越大的威胁。一些工业用地及其他用地的比例明显增多，导致可耕地面积被侵占的可能性越来越大。未来伊朗可耕地增长的潜力十分有限。

2. 主要农作物产量有所增加

表6—5显示，即使在两伊战争时期，主要农作物的产量不仅没有下滑，反而都有不同程度的增加，农产品种类也日益多样化。其中大麦、马铃薯的产量最快，小麦、大米、植物油的产量虽然在个别年份有所波动，但是基本上也保持了比较稳定的增长。但是战争时期棉花的产量下降明显。农业的相对稳定发展，特别是主要农作物产量的增加对战争时期的伊朗是十分珍贵的，不仅具有经济意义，还具有重要的政治意义。

90年代后，在安定的环境下，政府有更多的精力发展经济。主要农作物的产量大幅度增加。从表6—5可看出，小麦产量的增加比较明显，到1998/1999年度，小麦的产量比10年前翻了将近一倍，这也是政府重点扶持小麦种植的结果。但是小麦的产量极不稳定，在1999—2002年之间，产量又急速下降，直到2003年之后才又恢复增长。这次产量的下滑主要受到了2001年旱灾的影响。

---

① Marhdas Irannian, "Karheh Dam &Powerhouse", http://mahdas.com/karkheh-dam-powerhouse/

表6—5　1977/1978—2004/2005年度主要农作物产量　　单位：千吨

年度	小麦	大麦	大米	甜菜	植物油	棉花	马铃薯	洋葱	烟草	阿月浑子
1977/1978	5517	1230	1399	4187	105	557	697	392	15	27
1979/1979	5660	1217	1527	3660	126	427	735	393	13	69
1979/1980	5946	1262	1271	3814	99	322	998	515	20	9
1980/1981	5744	1265	1181	3917	110	219	1270	631	24	23
1981/1982	6610	1700	1624	2331	105	275	1540	675	27	122
1982/1983	6660	1903	1605	4321	138	358	1814	965	25	95
1983/1984	5956	2034	1215	3648	188	300	1740	736	21	84
1984/1985	6207	2293	1474	3392	118	351	1784	844	22	94
1985/1986	6631	2297	1772	3924	137	324	1725	719	28	100
1986/1987	7556	2505	1784	4965	137	359	2349	824	28	110
1987/1988	7600	2731	1803	4456	229	341	2348	923	25	114
1988/1989	7265	3394	1419	3454	298	380	1443	612	21	126
1989/1990	6010	2847	1854	3535	236	395	2033	692	15	131
1990/1991	8012	3548	1681	3641	145	437	2516	1213	19	163
1991/1992	8793	3102	2357	5000	137	412	2612	1200	20	…
1992/1993	10179	3065	2364	6005	267	330	2708	1125	22	…
1993/1994	10732	3058	2281	5408	316	276	3222	957	20	229
1994/1995	10870	3045	2259	5295	288	387	3185	1112	10	195
1995/1996	11228	2952	2301	5521	234	523	3074	1130	14	239
1996/1997	10015	2736	2685	3687	210	598	3140	1200	17	260
1997/1998	10045	2499	2350	4754	267	451	3284	1157	24	112
1998/1999	11955	3301	2771	4987	329	460	3430	1210	23	314
1999/2000	8673	1999	2348	5548	271	441	3433	1677	22	131
2000/2001	8088	1686	1971	4332	247	497	3658	1344	21	304
2001/2002	9459	2423	1990	4649	248	412	3486	1419	20	112
2002/2003	12450	3085	2888	6098	339	345	3756	1529	27	249
2003/2004	13440	2908	2931	5933	393	352	4211	1574	22	235
2004/2005	14568	2940	2542	4916	402	420	4454	1627	13	185

资料来源：1996/1997年度之前数据来自 Ali Shakoori, *The State and Rural Development in Post-Revolutionary Iran*, p.123；该年之后数据来自 IMF Country Report, *Islamic Republic of Iran: Statistical Appendix*, 2003, p.19；2007, p.16。

3. 农业现代化程度有所提高

伊斯兰革命后农业现代化程度提高的第一个表现是机械化。表6—6显示，在1996/1997—2006/2007年度的10年时间里，农业的机械化得到了普及和推广。拖拉机的产量和销售量增加了6倍，而联合收割机的产量和销售量增加了4倍。农业现代化取得了较大的进步。但是在2006/2007年度以后，农业机械的产量和销售量都大幅度下降。这与伊朗开始遭受制裁，内贾德时期混乱的经济形势有着密切的关系。2011/2012年度后，农业机械化生产有所增长，但是幅度有限。

表6—6 部分农业机械的生产和销售

年份	拖拉机 生产	拖拉机 销售	联合收割机 生产	联合收割机 销售	铧 生产	铧 销售
1996/1997	5452	4727	240	225	6856	6688
2001/2002	12208	12560	523	537	7031	4644
2006/2007	32929	27351	968	968	6010	5858
2010/2011	18403	19184	229	257	4451	4479
2011/2012	23688	23985	163	164	4406	4081
2012/2013	29979	32953	263	386	6417	6365
2013/2014	26101	23193	376	210	4385	4171
2014/2015	23931	22671	1014	931	6278	5809

资料来源：Statistical Center of Iran, "Iran Statistical Yearbook, Agriculture, Forestry & Fisheries", 1394, p. 266, https://www.amar.org.ir/english/Iran-Statistical-Yearbook.

农业现代化程度提高的第二个表现是现代化农庄有所发展。1996/1997—2006/2007年度期间，专业养牛场的数量从9042个增长到14645个，在2000—2004年之间增长速度最快。牛的饲养数量从1996/1997年度的53.9937万头扩张到2007/2008年度的115.8904万头，数量增长了一倍还多。而牛奶的产量也明显增加。专业养鸡场的数量在1997/1998—2009/2010年度期间增长了12%，饲养家禽的数量增长了58%。养鸡场的规模也得到了扩大。① 畜牧业养殖场的发展解决了部分农村劳动力人口的就业问题。据统计，1995/1996 年度，伊朗畜牧业农场（主要是养牛场和养鸡场）雇工人数为 29844 人，在 2006/2007 年度增长至 55711 人，2009/2010 年度为 66236 人，其中 55% 左右为领取工资的工人，还有 45% 为不领取工资的劳动力。②

农业现代化程度提高的第三个表现是农作物种植的多样化与专业化。伊朗的气候适合种植不同种类的农作物。从 1993 年起，伊朗同联合国粮农组织合作实施橄榄树种植和开发项目，在较为贫瘠的土地上种植橄榄，同时改良退化的林地。到 1998 年，橄榄的种植面积已经从 1992 年的 4500 公顷增加到 42000 公顷。③ 1991 年，伊朗开始发展制糖及其副产品加工业。食品加工在伊朗起步很晚，但是发展较快，主要包括椰枣包装、生产果汁、制作薯条等。部分农民不再依靠种植农作物为主要收入来源，而是发展果树、家禽、农产品加工等多种经营。农民的收入不仅有所增加，也使农业结构从单一农作物种植向复合型方向发展。

伊斯兰革命后至今，伊朗的牧业、林业和渔业都有不同程度的发展。畜牧业是除种植业外最大的农业部门。同巴列维王朝强制游牧民定居不同，伊斯兰政府主张维护游牧民的地位并鼓励牧业的发展，革命后的牧业经济因此有所恢复并获得发展，特别是肉、奶制品的产量提高很快。到 1991/1992 年度，精肉的产量达到 575000 吨，比革命之初增加了 35%。④ 牛、羊、骆驼、马、骡等动物的饲养明显增加。伊朗渔业资源也比较丰富，仅里海就有 80 多种鱼类，而波斯湾有 200 多种。⑤ 特别是里海出产的鲟鱼是制作鱼子酱的基本原料。自 2001 年以来，伊朗捕鱼业获得了稳定的发展。伊朗总的捕鱼量从 2001/2002 年度的 39.9 万吨增长到 2012/2013 年

---

① Statistical Center of Iran, "Iran Statistical Yearbook, Agriculture, Forestry & Fisheries", 1391, p. 252, p. 267, https://www.amar.org.ir/english/Iran-Statistical-Yearbook.
② Statistical Center of Iran, "Iran Statistical Yearbook, Agriculture, Forestry & Fisheries", 1391, p. 262.
③ Philip Dew, ed., *Doing Business with Iran*, p. 77.
④ *Middle East and North Africa*, Europa Publication, 1994, p. 404.
⑤ Jahangir Amuzegar, *Iran's Economy under the Islamic Republic*, p. 179.

第六章　伊斯兰革命后伊朗各经济部门的发展

度的83.9万吨。但是捕鱼业的发展也令里海鱼类资源面临枯竭，导致90年代中后期以来里海捕鱼业得明显下降。尤其是鲟鱼的捕捞大幅度下降，1996/1997年度捕捞量为1600吨，而在2012/2013年度仅仅为68万吨。[1]因此，渔业资源的保护与可持续开发是伊朗亟待解决的重要课题。伊朗有17.6万公顷的土地被森林覆盖，林木开采和保护在革命后特别在两伊战争后受到重视。1996/1997—2001/2002年度，伊朗的造林面积增长迅速，从3.9万公顷增长到11万公顷；幼树苗从7377万棵增长到1.4亿棵。但是2001年后，伊朗对造林植树的重视程度明显不够。造林面积和幼苗树种培育率都大幅度下降。[2]

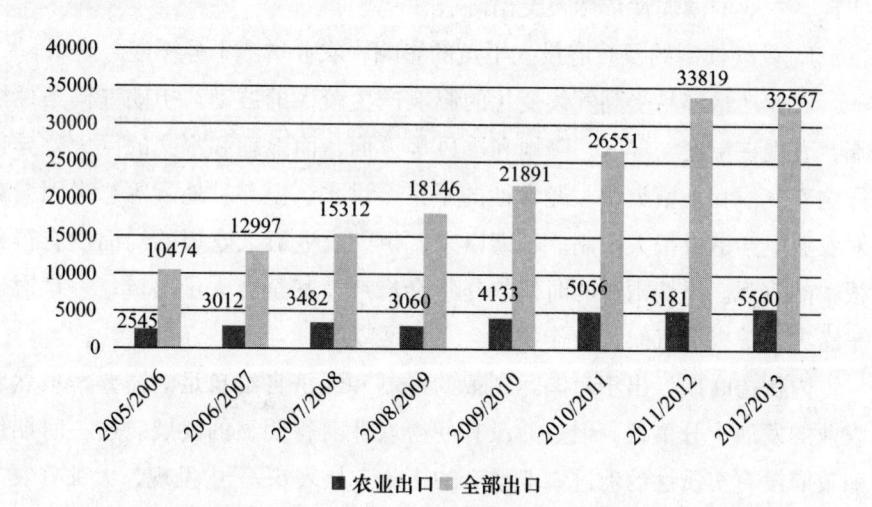

图6—1　2005/2006—2012/2013年度农产品出口和全部出口额（百万美元）

资料来源：CBI, "Annual Review", 1387, p. 67; 1391, p. 71.

革命后的伊朗除了出口石油外，最重要的出口创汇产品就是农产品。伊朗的果类（最有名的是阿月浑子）、皮毛、鱼子酱、藏红花等都享誉世

---

[1] Statistical Center of Iran, "Iran Statistical Yearbook, Agriculture, Forestry & Fisheries", 1391, p. 283.

[2] Statistical Center of Iran, "Iran Statistical Yearbook, Agriculture, Forestry & Fisheries", 1391, p. 281.

界，属大宗出口商品。2000年后，伊朗农业出口创汇能力有所增强。图6—1显示，农业出口是伊朗非石油出口的重要组成部分，而且受国际制裁与经济危机的影响比较有限，是比较稳定的伊朗出口创汇的来源。

总之，相比于其他产业，革命后伊朗农业得发展成绩是不容否认的，其基础性地位也有所增强，对稳定国内政治经济局势也发挥了重要作用。但是，伊朗农业发展面临的问题也很多。

（二）农业发展的问题

尽管农业在革命后受到了较多的重视，但是农业的现代化远远还没有实现，农业的薄弱性依然很突出。

1. 受气候制约及政府投入不足的影响，农业增产十分缓慢

农业产量容易受到气候变化的影响产生较大的波动。伊朗气候条件极端，表现在温度、湿度、降雨和季风等方面，而地理和水文的巨大差异也影响着气候和土壤类型。经常性的干旱、洪水、温差、地震等恶劣因素都对农业生产造成很大限制。长期以来，伊朗农业靠天吃饭的局面没有得到根本的改观。风调雨顺的时候农作物会增产，甚至会大量出口；一旦遭遇旱涝灾害等极端气候，农作物就会大幅度减产。

内贾德时期，出于对国际制裁的抵制和经济自给自足的需要，虽然对农业的发展十分重视，但是并没有使得农业获得明显的发展。这一时期伊朗政府没有实质性的促进农业增产的措施。从表6—7中发现，大部分农产品产量在内贾德执政时期没有增长，带有明显的起伏性。2012年后，农作物、园艺作物、牲畜、鱼类都开始减产。表6—8显示，2006年后主要农作物小麦、大麦、大米、玉米、棉花等的产量没有多少提高。尤其是2012年，主要农作物产量都出现了明显的下降。农业减产加剧了伊朗因伊核制裁而引发的经济危机。

表6—7　2006/2007—2013/2014年度农产品产量　　单位：千吨

	2006/2007	2007/2008	2008/2009	2009/2010	2010/2011	2011/2012	2012/2013	2013/2014
农作物	71265	73618	54378	64434	75367	65437	65506	68075
园艺作物	15206	16116	13365	15540	16570	14456	14903	15502
牲畜	10655	11335	11975	12861	13609	10961	11554	12292
鱼类	576	562	563	600	664	652	744	814
总计	97701	101632	80281	93435	106209	91506	92707	96683

资料来源：CBI, "Annual Review", 1389, p.6; 1392, p.7.

表6—8　2005/2006—2012/2013年度主要农作物产量　　单位：千吨

	2005/2006	2006/2007	2007/2008	2008/2009	2009/2010	2010/2011	2011/2012	2012/2013
小麦	14308	14664	15887	13484	15029	13500	15098	8816
大麦	2857	2956	3104	3446	3580	3580	3796	2768
大米	2737	2612	2664	2253	3013	3013	3437	2360
玉米	1995	2166	2361	1643	2145	2145	2390	1798
棉花	363	284	313	254	167	167	357	210
糖用甜菜	4902	6709	5407	2823	5685	5685	6500	5361
甘蔗	5530	4959	5315	2016	4096	4096	4578	4047
含油种子	551	331	629	442	429	429	745	480
烟草	22	16	12	9	14	14		462
豆类	639	678	711	508	716	716	787	20
土豆	4830	4219	4026	4108	4274	4274	4656	5069
洋葱	1685	2038	2014	1512	1923	1923	1966	1938

资料来源：CBI, "Annual Review", 1385, p.41; 1387, p.42; 1389, p.54; 1391, p.55.

总的来说，伊朗在革命后长期遭遇孤立与封锁，使其无法充分接触到世界农业的先进科技，伊朗政府也没有足够的精力投入农业技术的相关研发活动。伊朗农业的专业化与现代化程度还是比较低的。伊朗农业发展越来越受到了生态环境恶化的制约。随着不少牧地、林地被开垦种植农作物，生态环境遭到了严重破坏。每年伊朗都有不少耕地退化或者沙漠化，这同农民不正当的耕作方式紧密相关。另外，大量修建水坝工程对生态环境的负面影响也十分显著。因而，保护现有耕地，实现发展农业和保护生态环境并举，日益成为伊朗政府面临的重要课题。

2. 粮食安全问题一直没有得到妥善的解决

伊斯兰革命后的伊朗政府一直在寻求农业的自给自足。但是长期实行的农产品价格控制政策打击了农民的生产积极性，农产品出口补贴政策也拖累了伊朗经济。① 尽管主要农作物总产量有所提高，但是仍然没有达到自给自足的目标，伊朗进口粮食和食品的数量还在不断增多。受人口迅速增长的影响，虽然有一半以上的耕地用于种植小麦，伊朗人均小麦产量在1976/1977到1988/1989年度期间却下降了70千克，其他主要农作物的人均产量也明显下降。1977/1978年度，伊朗谷物进口为266万吨（其中小麦进口为119.7万吨），到1991/1992年度增加到822万吨（其中小麦进口为478万吨）。90年代小麦产量稳定增长，但是在2001年，在历经4年的干旱之后，伊朗小麦进口超过了700万吨，成为当年世界上最大的小麦进口国。② 而其他农产品的进口，如糖、食用油、精肉等都一直保持很大数量。2007年，伊朗小麦丰收，这一年大约出口了60万吨小麦。但是2008年遭遇旱灾，伊朗大约从15个国家进口了600万吨小麦供应国内，成为世界上进口小麦最多的国家之一。③ 2012年，伊朗农作物产量大幅度减产，又因国际制裁无法正常进口基本食品和粮食，使得伊朗一度陷入严重的民生危机。

3. 专业化农场发展缓慢

虽然伊朗政府鼓励发展现代农场，但是并没有务实的政策去推进这一目标。尤其到内贾德时期，专业农场的发展速度十分缓慢。果园和苗圃的

---

① 中国驻伊朗经商参赞处：《伊朗农业发展缓慢》，2009年7月25日，http://ir.mofcom.gov.cn/article/jmxw/200907/20090706420049.shtml.

② Jahangir Amuzegar, *Iran's Economy under the Islamic Republic*, p. 395; Kaveh Ehsani, "Rural Society and Agricultural Development in Post-Revolution Iran: The First Two Decades", p. 92.

③ Iran Daily, "Trade With PGCC to Improved", https://web.archive.org/web/20080307100713/http://iran-daily.com/1386/3029/html/economy.htm.

数量从2006/2007年的206.3万公顷下降到2015/2016年度的170.8万公顷。① 养鸡场在2004/2005年度数量大约为17267个，但是随后的年份增长缓慢，在2012/2013年度仅仅增长到18097个。养鸡场的经营管理良莠不齐。2015/2016年度有大约5520个养鸡场停止经营，占全部鸡场数量的31%。② 到2010/2011年度，养牛场数量达到24660个，饲养129万头牛。但是之后养牛场的数量有所下降，2013/2014年度只有18299个。③ 总的来说，受伊斯兰传统消费习惯的影响，饲养牛的农场经营要稍好于家禽饲养农场。

4. 农村仍然是最落后的地区，农民仍然十分贫困

虽然政府一直强调发展农业的重要性，而且对改善农民生活状况也做出了很多努力，但农业、农村和农民落后的问题没有得到妥善的解决。城乡二元化的格局十分明显。虽然在革命后城乡差距有所缩小，但国家发展的重点还是在城市和工业领域，对农业的补贴政策也是以城市消费为导向的。虽然政府希望农民留在乡村，但是城市化速度依旧很快。为了改善自身的处境，大批农民涌入城市。1990/1991年度，农村人口为2364万，此后农村人口缓慢下降，2013/2014年度农村人口为2145万人。④ 与伊朗全国人口稳步增长的趋势明显不符。随着农村人口的减少，农业无法获得充足的劳动力。城市经济反哺农村的局面没有形成。农民依然是伊朗最穷困、最落后、教育程度最低的阶层。

---

① Statistical Center of Iran, "Iran Statistical Yearbook, Agriculture, Forestry & Fisheries", 1394, p. 246, https://www.amar.org.ir/english/Iran-Statistical-Yearbook.

② Statistical Center of Iran, "Iran Statistical Yearbook, Agriculture, Forestry & Fisheries", 1394, p. 247.

③ Statistical Center of Iran, "Iran Statistical Yearbook, Agriculture, Forestry & Fisheries", 1394, p. 252.

④ Statistical Center of Iran, "Iran Statistical Yearbook, Population", 1393, p. 129, https://www.amar.org.ir/Portals/1/yearbook/1393/03.pdf.

第二节 能源产业

根据欧佩克统计，截止2017年，伊朗石油可探明储量为1556亿桶，排在委内瑞拉（3028亿桶）、沙特（2663亿桶）和加拿大（1750亿桶）之后，居世界第四位。伊朗当前是欧佩克第三大石油生产国。而探明的天然气储量为338100亿立方米，仅次于俄罗斯（506170亿立方米），居世界第二位。① 伊朗石油集中在西南部扎格罗斯山系、中央盆地及南部里海沿岸，胡泽斯坦是伊朗最主要的油田分布区。

能源是伊朗经济的支柱产业。能源部门包括上游的石油与天然气开采，还包括下游的炼油及石化产业。伊朗是中东地区最早开采石油的国家。1908年在伊朗发现了第一口油井，到现在已经有100多年的开采历史。石油与伊朗的经济现代化进程密不可分。巴列维王朝的现代化很大程度上就是依赖迅猛增加的石油收入而实现的，但是这一部门在革命后的发展却相当曲折。

一、能源产业的演变和革命后的政策调整

虽然伊朗石油开采历史悠久，但是开采权最初掌握在英波石油公司（1935年改称英伊石油公司）手中，伊朗只能从中收取少量的租金。50年代初摩萨台一度将石油国有化，虽然受制于国内外政治形势的变化而最后失败了，但却跟英国人达成了由国际石油财团取代英伊石油公司的协议。伊朗国家石油公司保留名义上的所有权。在第四次中东战争之中，中东产油国运用石油武器，通过提高油价的方式在政治上赢得了胜利。这次事件也促使中东产油国争取本国石油权益最后斗争的胜利。1973年，伊朗终于

---

① OPEC, "Data Download", https://asb.opec.org/index.php/data-download.

第六章 伊斯兰革命后伊朗各经济部门的发展

收回了国际石油财团的所有特权，完全实现了石油国有化。但在伊斯兰革命之前，伊朗国家石油公司一直聘请外国技术顾问帮助提高采油技术，同西方石油公司也存在千丝万缕的联系。伊斯兰革命爆发后，伊朗驱逐了所有的外国技术专家，将该部门完全置于国家控制之下。国有化运动后，能源部门完全控制在国家手中，外国资本和本国私人资本都不得进入。

伊朗伊斯兰政府对巴列维国王的石油政策给予了猛烈的批判，认为他不计后果地增加石油开采，造成石油资源的迅速枯竭。宗教领袖们认为石油是安拉赐予伊朗人民的珍贵财富，政府有义务谨慎地利用这一资源，造福子孙后代。真正合理的石油政策是降低石油开采量，提高石油价格，增加石油收益，同时促进本国非石油产业的发展，实现经济多样化。

1979年2月，伊朗国家石油公司单方面宣布终止同西方石油财团的销售合同，并降低了石油产量，提高了石油价格。到1981年1月，伊朗轻质原油价格上升到37美元/桶，而重质原油价格上升到36美元/桶。[1] 但是，伊朗石油很快面临滞销的局面，不仅美国不再购买，而且日本、英国也相继停止了购买。在80年代，伊朗一直面临石油销售的难题，两伊战争则加剧了这一危机。战争不仅使伊朗的很多油田遭到了破坏，而且不少输油管道和港口被炸毁，使得运输石油面临极大的危险。很多国家考虑到这种情况也不再从伊朗进口石油。

为了克服石油滞销的困难，在战争需要更多的资金和国内经济凋敝的情况下，政府又开始重新寄希望于扩大石油生产和出口。从1982年起，伊朗开始将本国石油打折销售，日本等国重新恢复了从伊朗进口石油。伊朗也一直在欧佩克内为争取更多的石油生产配额而斗争，1982—1986年是伊朗石油产量逐渐恢复的时期。但是，1986年油价大幅度下跌严重打击了伊朗低产出、高油价的政策。以沙特为首的阿拉伯国家故意增产，压低油价。残酷的现实迫使伊朗清醒过来，认识到仅凭伊朗一国是无法左右国际石油市场的走向的。1986—1989年，伊朗被迫限产保价，降低了石油生产量。石油收入的减少将伊朗推入经济衰退的深渊。

---

[1] *Middle East and North Africa*, Europa Publication, 1994, p. 405.

战争结束后，经济重建需要大量的资金投入，最大限度开发利用石油资源又被提上议事日程。伊朗完全放弃了保护石油资源、仅仅维持有限开采量的政策。为了提高油田利用率，必须引进外资与技术，特别是海上油田的开发需要更先进的技术做支撑，仅靠伊朗本国是无法解决的。但是，伊朗的民族主义情结阻碍了能源部门的开放，宗教保守派念念不忘西方石油公司控制伊朗石油产业的历史。伊朗开放能源产业是比较谨慎的。直到2000年后，外国石油公司才能够重新进入伊朗投资，前提是必须按照伊朗设置的回购合同执行。2007年，伊朗国家石油公司宣布24家国外和国内公司竞标17个油田的开采项目。[①] 但是内贾德时期很快面临国际社会的制裁，美国加大了对伊朗的单边制裁，禁止国际资本进入伊朗开展业务。伊朗一些上游企业的开发项目受到了较大的影响。2011年之后，伊朗面临国际社会空前严厉的制裁，欧洲也不再从伊朗进口石油，甚至伊朗被切断了与国际金融系统（SWIFT）的联系，国际保险公司停止了向伊朗提供保险及再保险服务。[②] 伊朗的生产和出口被大幅度减少。2015年，伊核协议达成之后，鲁哈尼政府高度重视能源部门的复兴，经过长期的讨论，修改了长期备受诟病的回购合同。2015年年底，伊朗正式出台了"新石油合同"。但是，新石油合同遭到了一些保守派官员的反对，落实过程遭遇了一些挫折，其中也存在一些模糊条款。外资进入的风险依旧存在。

伊朗伊斯兰革命后的能源政策服务于本国民族主义的目标，但是作为在国际间流动的大宗战略性资源，石油的价格并不能由一个产油国决定。这是伊朗能源政策的内在矛盾。油价时常被地区对手（如沙特）作为打击伊朗的政治工具，而国际的制裁也通常将伊朗的能源部门视为主要目标。因此，伊朗的能源产业与伊朗伊斯兰革命后动荡起伏的政治命运紧密捆绑在一起。

---

① The Economic Intelligence Unit, "Country Report November 2007: Iran", p. 27, http://www.eiu.com/.

② 廖林：《伊朗能源行业现状及发展趋势》，冀开运主编《伊朗发展报告（2015—2016）》，北京：社科文献出版社，2016年版，第69页。

二、80年代能源产业的衰退

20世纪80年代,伊朗的石油管道、油井因战争受到了严重的破坏。西方石油公司被禁止在伊朗从事上游勘探活动。伊朗能源部门的正常发展受到了严重制约,原油生产和出口能力都明显下降。油价的下跌使得伊朗的石油收入大幅度减少。

与石油生产及出口下降相伴随的是炼油能力的严重衰退。在伊斯兰革命前夕,伊朗的炼油工业已经初步建立,并开始出口部分石油产品。然而伊斯兰革命后,很多炼油厂不能正常经营。1980年底,伊朗仅仅拥有120万桶/日的炼油能力,已经无法满足内需。阿巴丹炼油厂本来拥有62.8万桶/日的生产能力,占全国生产能力的一半以上。但是该炼油厂被伊拉克炸毁,使得伊朗的油品短缺更加严重。伊朗炼油能力因此在1981年下降到了55.5万桶/日。1981年,原有的6家炼油厂只有3家还在运营。1985年,伊朗炼油能力大约为57.4万桶/日。主要的炼油厂有伊斯法罕炼油厂,生产能力为20万桶/日;德黑兰炼油厂,25.4万桶/日;大不里士炼油厂,8万桶/日;设拉子炼油厂,4万桶/日。[1] 从表6—9可看出,从1983/1984年度起,伊朗从一个油品出口国变成净进口国,进口总额逐年呈不断扩大的趋势。1988年,伊拉克又对伊斯法罕、设拉子和大不里士的炼油厂进行轰炸,伊朗炼油能力再一次下降。

表6—9 1977/1978—1988/1989年度伊朗石油生产、出口和国内消费

单位:百万桶/年

年度	1977/1978	1979/1979	1979/1980	1980/1981	1981/1982	1982/1983
原油年产量	2038.8	1551.9	1253.0	540.9	538.0	979.7
日产量	5.58	4.25	3.43	1.48	1.47	2.68
原油年出口	1757.8	1261.0	960.6	278.1	289.4	615.4

---

[1] *Middle East and North Africa*, Europa Publication, 1994, p. 409.

续表

年度	1977/1978	1979/1979	1979/1980	1980/1981	1981/1982	1982/1983
日出口量	4.81	3.45	2.63	0.76	0.83	1.98
油品年出口	77.3	74.0	85.7	51.4	30.1	35.4
委托出口	—	—	—	—	12.2	106.5
国内年消费	186.2	190.7	200.3	192.0	199.0	213.0
年度	1983/1984	1984/1985	1985/1986	1986/1987	1987/1988	1988/1989
原油年产量	988.8	865.4	914.0	794.2	897.9	933.3
日产量	2.71	2.37	2.50	2.17	2.46	2.55
原油年出口	746.4	586.5	532.9	456.2	564.3	601.6
日出口量	2.06	1.64	1.71	1.25	1.55	1.65
油品年出口	-32.6	-26.9	-45.6	-60.5	-71.5	-69.2
委托出口	7.5	13.4	91.3	98.7	75.9	85.0
国内年消费	263.0	284.4	309.6	287.9	294.2	304.8

资料来源：Ministry of Petroleum; Bank Markazi, 转引自 Jahangir Amuzegar, *Iran's Economy under the Islamic Republic*, London; New York: I. B. Tauris & Co Ltd, 1997, p. 400.

伊朗的石化工业是从1963年开始建立的。到革命前夕，石化工业已经初具规模。伊朗生产的石化产品主要包括化肥、杀虫剂、塑料、油漆、橡胶、洗涤剂、聚氯乙烯（PVC）、建筑材料、食品添加剂和化学纤维等。最早的石化厂是1963年建成的马尔夫达什特化肥厂（Marvdasht Fertilizer Company），后来扩建成伊朗国家化肥厂。其他大型石化厂有：分四期完成的设拉子化肥厂（最后一期到1985年竣工），生产氨肥、尿素、苏打灰、硝酸肥，主要供应国内市场；1971年建成的阿巴丹石化厂，主要生产聚氯乙烯、十二烷基苯（DDB）、烧碱等产品，是伊朗国家石化公司和美国古德里奇公司合资的项目，也主要供应国内市场；1969年建成的哈尔克石化厂（Kharg Chemical Complex）是同英国阿莫科石油公司的合资项目；1972年建成的伊朗—立邦石化厂是与日本三菱集团的合资项目；1975年建成的伊朗碳素厂是与美国波士顿卡波特公司的合资项目。[1]

---

[1] Jahangir Amuzegar, *Iran's Economy under the Islamic Republic*, pp. 260-261.

伊斯兰革命后，伊朗石化工业陷入了停滞。造成石化厂不能正常经营的主要原因是这些企业大部分都是外资或合资企业，外资股份在国有化运动中都被收归国有，它们很快面临资金与技术的问题。另外，这些石化厂多数位于战争区，因此遭到了战火的严重破坏，不少工厂完全丧失了生产能力。80 年代的伊朗面临化肥、聚乙烯、氯化物等物品的短缺，后来甚至连合成纤维的原材料都需要进口。战争结束后，伊朗石化企业百废待兴。

伊朗国家天然气公司成立于 1965 年。伊朗天然气储量虽然丰富，但在很长时期内没有得到充分的利用，大部分都被空放燃烧，只有很少一部分用于油田回注和炼油原料。1983 年，石油部称，尽管伊朗拥有丰富的天然气资源，但是对天然气出口没有兴趣，天然气将主要用于国内工商业发展和生活所需。[1] 由于这一时期的天然气开发大多是伴生性的，所以石油开采量的下降必然导致天然气产量的下降。1990/1991 年度的天然气产量（544 亿立方米）要低于 1977/1978 年度（595 亿立方米）。[2] 由于经济的凋敝，国内天然气的消费也没有明显的增长。但是从 1986 年以后，天然气消费开始稳定的增长，这是政府开始鼓励民间使用天然气替代石油等其他能源的缘故。

伊朗天然气从 70 年代初开始出口，同苏联签有长期输送合同，而承担输送任务的是"伊朗天然气输气管线"，一条长达 1100 千米的输气管。伊朗也向联邦德国、法国和奥地利等国家出口天然气。到革命前夕，伊朗开始筹建"伊朗天然气输气管线"的二期工程。但伊斯兰革命后，伊朗终止了同上述国家的天然气输送合同，同时终止了"伊朗天然气输气管线"二期工程的修建。终止与苏联的合同既有价格纠纷的因素，也有天然气本身产量下降的原因。但从 1986 年开始，伊朗又重新考虑天然气的出口，尤其是重新协商向苏联的出口计划，不过这一计划一直拖延到战后才实施。[3]

---

[1] *Middle East and North Africa*, Europa Publication, 1994, p. 410.
[2] Jahangir Amuzegar, *Iran's Economy under the Islamic Republic*, p. 256.
[3] *Middle East and North Africa*, Europa Publication, 1994, p. 411.

三、两伊战争后能源部门的恢复及发展

20世纪80年代能源产业的严重衰退,是这一时期伊朗发生经济危机的主要原因之一。战争结束后,恢复并发展能源产业成为政府工作的重中之重。拉夫桑贾尼的"一五"计划实现的基础就是建立在对石油收入增加的预期之上的,因此确保能源业的发展变得更加迫切。首先,伊朗开始对在战争中受到严重破坏的油田进行修复。一些重要的钻井平台,如萨勒曼(Salman)、纳斯尔(Nasr)等都得到了重建。其次,伊朗开始实施大规模天然气回注工程,提高油田的采油能力。很多油田在战时没有得到及时维护与足够的保养,随着开采时间变长,井下压力减少,生产能力衰退。再次,加强勘探工作,开发新油田。"一五"计划要求开发300个新油井。1993年,伊朗已经拥有47个油田,600个油井,超额完成了"一五"计划的目标。[1]

表6—10　1993/1994—2004/2005年度伊朗国内原油生产、出口及消费

单位:千桶/日

年度	1993/1994	1994/1995	1995/1996	1996/1997	1997/1998	1998/1999
原油生产	3609	3603	3600	3610	3623	3666
原油出口	2464	2405	2440	2441	2400	2300
油品出口	-31	29	24	9	56	113
国内消费	1125	1159	1136	1155	1161	1250
汽油	185	197	194	201	220	212
煤油	185	185	182	187	183	173
柴油	378	392	386	390	405	376
燃料油	245	265	264	263	230	310
液化气	56	53	53	55	58	44
其他产品	76	65	57	59	65	135

---

[1] *Middle East and North Africa*, Europa Publication, 1994, p. 408.

第六章 伊斯兰革命后伊朗各经济部门的发展

续表

年度	1999/2000	2000/2001	2001/2002	2002/2003	2003/2004	2004/2005
原油生产	3373	3661	3572	3248	3754	3918
原油出口	2079	2345	2206	1952	2396	2551
油品出口	197	147	218	265	300	261
国内消费	1131	1099	1132	1049	1121	1215
汽油	212	202	226	237	359	348
煤油	157	151	161	149	154	174
柴油	364	348	363	343	276	335
燃料油	225	231	208	151	145	177
液化气	43	42	52	54	55	54
其他产品	130	125				

资料来源：IMF Country Report, *Islamic Republic of Iran: Statistical Appendix*, 1999, p. 12; 2002, p. 85; 2007, p. 12.

表6—10显示，伊朗石油产量比80年代有了显著的提高。1990年得益于海湾战争油价飙升的机会，伊朗迅速提高了石油开采量。虽然石油价格后来有所回落，但是没有影响伊朗石油生产量的增加。90年代伊朗平均石油日产量保持在360万桶左右，但是低于政府制定的日产量400万桶甚至500万桶的目标。出口能力也随之提高，平均日出口量约240万桶。

战后伊朗扩大炼油能力的努力也取得了显著成效。伊朗重建了阿巴丹炼油厂。1989年完成了第一期的重建工作，1993年该厂部分地恢复了生产能力。石油部声称随着阿巴丹炼油厂重新投产，进口炼油产品的时代将终结。但在1993/1994年度，伊朗进口各种炼油制品达到了8979百万升（其中柴油最多，为5031百万升，其次是煤油和汽油）。1994/1995年度进口6210百万升，1996/1997年度为4381百万升。[①] 1998年，伊朗国家石油公司计划通过回购方式吸引外来资本与技术投资阿巴丹炼油厂。伊朗政府的

---

① IMF Country Report, *Islamic Republic of Iran: Statistical Appendix*, 1999, p. 13.

目标是不仅要使阿巴丹炼油厂重新恢复到革命前的生产能力，还要将其生产能力扩大至原来的两倍。另外大不里士和伊斯法罕炼油厂的重建工作也同时展开，对德黑兰和克尔曼沙赫炼油厂的扩建工作也在进行。"二五"计划要求到计划结束将阿拉克炼油厂的生产能力提高到30万桶/日，阿巴丹厂提高到37万桶/日，在阿巴斯、阿拉克等地开始建设新的炼油厂。在政策刺激下，伊朗的炼油能力获得了稳步的提高。1991/1992—2005/2006年度，炼油产量从3.62亿桶增加到5.3亿桶。其中，阿巴丹炼油厂的产量从8786万桶增加到1.46亿桶，占全部炼油产品的1/4，伊斯法罕、巴达尔阿巴斯及赫尔曼沙赫炼油厂的产量都有所提高。但是有些炼油厂，如伊斯法罕、阿拉克、大不里士、德黑兰的炼油厂的产量出现了不同程度的下降。[①]

伊朗炼油产业的地区差异也越来越不平衡。在这段时期内，伊朗的炼油产品日生产量从149343立方米提高到250987立方米，其中液化天然气、车用汽油、柴油、燃料油的产量都大幅度提高，不过航空燃料、润滑油的产量不同程度的下降。[②] 至2005年，伊朗能够供给本国油品需求的很大一部分，但是仍不能满足内需，尤其是车用汽油、燃油、柴油每年都需要进口，如2006/2007年度伊朗进口炼油产品共119亿升，其中车用汽油进口最多，超过了1亿升，占全部进口的95%以上。[③] 伊朗的炼油能力需要进一步的提高。

两伊战争后，许多被战火破坏或因其他原因被迫停产的石化工厂开始重建。1989年，伊朗国家石化公司开始制订石化产业的长期发展战略，被称为"伊朗石化工业发展战略计划"。该计划对伊朗石化产业面临的国内外因素，如当地市场状况、石化出口潜力、原料供给及利润前景都作了详细的规划与预测。[④] 在"一五"计划实施期间，阿拉克石化厂开始投产，

[①] Statistical Center of Iran, "Iran Statistical Yearbook, Oil & Gas", 1392, p. 295, https://www.amar.org.ir/english/Iran-Statistical-Yearbook/Statistical-Yearbook-2013-2014.

[②] Statistical Center of Iran, "Iran Statistical Yearbook, Oil & Gas", 1392, p. 297.

[③] Statistical Center of Iran, "Iran Statistical Yearbook, Oil & Gas", 1392, p. 301.

[④] "National Petrochemical Company", http://en.wikipedia.org/wiki/National_ Iranian_ Petrochemical_ Company.

主要生产烯烃原料；而班达尔地区的伊玛目霍梅尼石化厂完工。另外，伊斯法罕生产芳香剂的石化厂、大不里士生产橡胶和塑料的工厂、设拉子生产甲醇和氯碱的工厂等都在兴建之中。到1992年，伊朗已经出口大约150万吨的石化产品，共计1.5亿美元。① 到"二五"计划结束，伊朗石化年生产能力已经达到1200万吨。

石化工业本身属资本与技术密集型产业，因而成为伊朗引进外资与技术的主要部门。为了使外资能够更多的投入，伊朗国家石化公司建立了两个经济特区，一个在马赫沙赫尔港的班达尔·伊玛目，名为"石化经济特区"；另一个在阿萨鲁耶，名为"帕尔斯经济/能源特区"。② 在以上两个经济区，外来投资享受特别优惠。另外该部门也是私有化的重点领域，所有石化公司战后都被要求向股份制转变。

天然气资源得到进一步的勘探和开发。1991年10月，伊朗宣布在南帕尔斯地区发现一个新气田。该气田是卡塔尔北部油田向伊朗延伸的部分，而伊朗部分的天然气储量占世界总储量的10%，是伊朗全部气藏的60%左右，总储量约436兆立方米。③ 开发该气田要分30期工程才能完成。由于需要大量投资，伊朗已经在寻求很多国家的合作，挪威国家石油公司、日本丰田公司、韩国LG公司、荷兰壳牌、西班牙雷普索尔及中石油都对投资该气田表现出浓厚的兴趣。另外，北帕尔斯气田是伊朗第二大气田；塔布纳克气田是最大的陆上气田。随着勘探的进展，伊朗天然气田的数量还在不断增多。伊朗天然气的开发潜力要超过石油资源。表6—11显示，1990年后伊朗天然气的产量总体上呈上升趋势，但是60%以上用于国内消费，基本上不出口，其中油田回注占了天然气利用的较大比例。

---

① *Middle East and North Africa*, Europa Publication, 1994, p. 414.
② "National Petrochemical Company", http://en.wikipedia.org/wiki/National_Iranian_Petrochemical_Company.
③ "South Pars, Qatar North Field, Iran", http://www.offshore-technology.com/projects/southpars/.

表 6—11　1993/1994—2004/2005 年度伊朗天然气产量和消费

单位：10 亿立方米

年度	1993/1994	1994/1995	1995/1996	1996/1997	1997/1998	1998/1999	1999/2000	2000/2001	2001/2002	2002/2003	2003/2004
总产量	48.4	54.9	59.4	64.2	69.5	72.5	80	83.2	67.2	96.1	110.8
国内消费	36.9	35.5	39.0	42.4	47.6	47.6	51.5	58.7	67.2	76.0	86.6
出口	0	0.1	0	0	0	0	0	0.5	1.3	3.4
燃烧	11.5	11.6	11.8	13.2	11.5	11.1	13.5	13.8	13.3	10.8	14.8
本地消费	0	7.7	8.6	8.6	10.4	9.9	7.8	6.6	5.5	8.0	1.6
回注	0	22.5	19.9	21.4	22.3	24.9	24.7	26.0	27.5	26.4	28.4

注：①总产量不包括天然气回注部分。②燃烧是指开采过程中因空燃未能利用的天然气部分。③本地消费中包括损耗。

资料来源：IMF Country Report, *Islamic Republic of Iran: Statistical Appendix*, 1999, p. 16; 2002, p. 88; 2007, p. 16.

伊朗政府越来越强调天然气的消费，目的是最大限度地保证石油出口，降低油品的进口。以天然气做动力的发电厂从 1990/1991 年度的 15 家增加到 1994/1995 年度的 23 家。主要的输气管道被延长，大大小小的城市被一个庞大的输气网络连接起来。1990—2006 年之间，伊朗的城乡天然气消费量都在逐年上升。供应天然气的城市从 223 个增长到 615 个，城市覆盖率达 60% 以上。2006 年，共计 4199 个村庄通上了天然气，但是农村覆盖率不到 1/10。[1] 2007 年，伊朗是世界上天然气第四大生产国和第三大消费国。[2]

除了供应国内消费，伊朗开始重新扩大天然气的出口。1989 年，伊朗与苏联签署了一个期限 10 年的经济合作计划。从 1990 年起，伊朗正式恢复对苏联出口天然气。苏联也同意伊朗通过其境内向欧洲六国输送天然气；而"伊朗天然气输气管道"二期工程将天然气的输送从南部的气田一

---

[1] Statistical Center of Iran, "Iran Statistical Yearbook, Oil & Gas", 1392, p. 305, https://www.amar.org.ir/Portals/1/yearbook/1394/2007.pdf.

[2] U. S. Energy Information Administration, "Iran", http://www.eia.doe.gov/cabs/Iran/Natural-Gas.html.

直扩展至伊斯法罕。土耳其也表示可以让该输气管通过其境内直达欧洲。1990/1991 年度，大约 21 亿立方米的天然气出口到苏联；在苏联解体后，1992/1993 年度伊朗出口天然气至阿塞拜疆共和国，主要目的是换取该国的轻柴油以供应伊朗北部省份。[①] 另外，伊朗还向巴基斯坦、日本、韩国、台湾等国家和地区出口天然气。不过天然气出口增长的势头因国内消费的迅猛增加而不能维持。

四、遭受制裁以来的能源产业

2006 年后，伊朗开始遭受国际社会的制裁。但是制裁一开始并没有触及到伊朗的能源产业，只是制裁与核设施、核材料相关的产业。因此，到 2010 年，伊朗的石油生产与出口没有受到特别明显的影响，但是表 6—12 显示伊朗的原油出口从 2008 年已经开始下降。2011 年后制裁逐渐收紧，许多国家不再从伊朗进口石油，伊朗石油面临滞销的困境。图 6—2 显示，从 2012 年开始，伊朗的石油生产不再增长，随后两年产量迅猛下跌，同时出口量也大幅度下跌。这一状况延续到 2015 年。伊核协议签署之后，伊朗开始努力恢复生产份额，到 2016 年底，伊朗石油生产恢复到 396 万桶/日，出口达到了 243 万桶/日，基本恢复到了 2008 年之前的水平。[②] 但是，伊朗原油增产的空间越来越小。

表 6—12　2006/2007—2012/2013 年度伊朗原油和石油产品出口

单位：千桶/日

	2006/2007	2007/2008	2008/2009	2009/2010	2010/2011	2011/2012	2012/2013
原油	2433	2480	2371	2056	2021	2033	1803
石油产品	266	200	98	109	81	88	104
全部	2699	2680	2469	2165	2102	2121	1907

资料来源：CBI, "Annual Review", 1388, p. 41；1392, p. 53.

[①] Jahangir Amuzegar, *Iran's Economy under the Islamic Republic*, p. 258.
[②] CBI, "Economic Trend", 1395, https：//www.cbi.ir/category/EconomicTrends_ en. aspx.

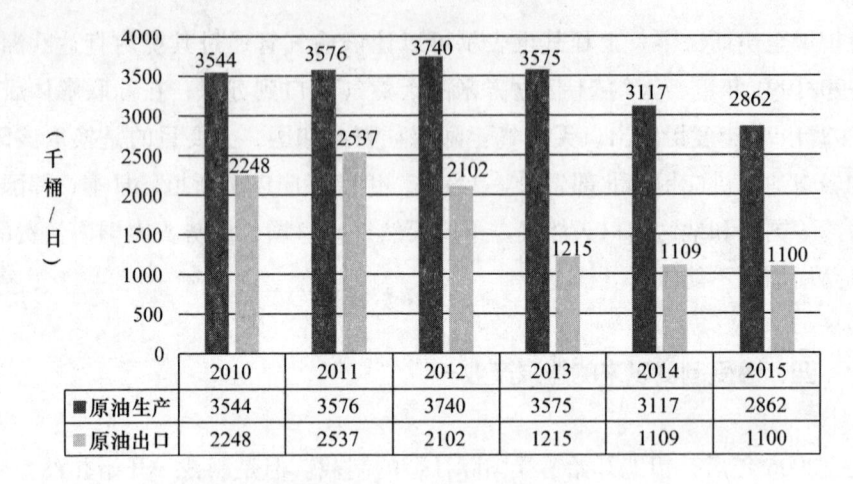

	2010	2011	2012	2013	2014	2015
原油生产	3544	3576	3740	3575	3117	2862
原油出口	2248	2537	2102	1215	1109	1100

图6—2　2010—2015年伊朗原油生产和出口

资料来源：OPEC, "2015 Annual Statistical Bulletin", p.28, p.48.

表6—13　2006/2007—2015/2016年度伊朗炼油能力

单位：千桶

年度	2006/2007	2011/2012	2012/2013	2013/2014	2014/2015	2015/2016
全部	491655	570130	570130	666125	666125	653350
阿巴丹	127750	127750	127750	142350	142350	142350
阿拉克	54750	91250	91250	91250	91250	83950
伊斯法罕	73000	73000	73000	136875	136875	131400
班达尔阿巴斯	84680	116800	116800	116800	116800	116800
大不里士	40150	40150	40150	40150	40150	40150
德黑兰	80300	80300	80300	91250	91250	91250
设拉子	14600	14600	14600	21170	21170	21170
克尔曼沙赫	9125	8030	8030	8030	8030	8030
拉万	7300	18250	18250	18250	18250	18250

资料来源：Statistical Center of Iran, "Iran Statistical Yearbook, Oil & Gas", 1394, p.305, https://www.amar.org.ir/Portals/1/yearbook/1394/07.pdf.

内贾德时期，不仅石油生产与出口受到了很大的限制，而且下游石化及炼油产业几乎没有获得发展。从表6—12可看出，2007年以后，伊朗石油产品的出口总体上在不断下降。但表6—13显示，这一时期伊朗炼油能力并没有明显的下降，保持了稳定的增长。个别炼油厂在2012—2014年间产量还有很大的提高，如阿巴丹、伊斯法罕及设拉子炼油厂。炼油行业与国际经济联系程度并不高，主要供应国内需求，因此受制裁影响不大。伊核协议签署之后，伊朗的炼油能力获得了比较快的发展。截至2017年，伊朗的炼油项目在稳定的扩展和升级。一方面，对原来的炼油厂进行升级改造，完成了南帕尔斯油田1—21期的炼油项目，阿巴丹炼油厂的3期升级项目，德黑兰炼油厂的升级项目等。[1] 另一方面，开发新的炼油项目，如开发南帕尔斯岸上油田22—24期项目，伊斯法罕炼油厂升级项目等。[2]

表6—14　国家石化公司生产的主要石化产品

单位：千吨

年度	2006/2007	2011/2012	2012/2013	2013/2014	2014/2015	2015/2016
全部种类	18000	42736	41063	40574	44511	46408
聚合物	1396	4182	4637	4923	5325	5708
化学药品	5178	13779	12933	13097	14782	15458
芳香剂	1241	3283	3323	3390	3086	2825
烃	5787	12837	11734	11471	12622	13680
化肥杀虫剂及其他材料	4398	8655	8436	7693	8696	8737

资料来源：Statistical Center of Iran, "Iran Statistical Yearbook, Oil & Gas", 1394, p. 316.

这一时期伊朗石化产业发展十分迅速。石化产业受到制裁影响的时间较晚，持续时间也不是很长。表6—14显示，伊朗国家石油公司的生产能力在在2006/2007—2011/2012年度之间增长了1.4倍，在2011—2015年

---

[1] IranOilGas Network, "Completed Projects", http：//www.iranoilgas.com/projects/? view = completed.

[2] IranOilGas Network, "Iran's Ongoing Refineries Projects", http：//www.iranoilgas.com/projects/ongoing? view = refineries.

之间增长趋缓。伊朗石化工业总产量从 2005/2006 年度的 1576 万吨增长到 2011/2012 年度的 4274 万吨，增长了 1.7 倍。受制裁的影响，2012/2013 及 2013/2014 年度连续两年石化工业的产量出现下降，但是从 2014 年开始恢复，并取得了较快的发展。2016/2017 年度伊朗的石化产品总量为 5061 万吨。通常情况下石化产品中大约 1/3 出口创汇，石化产品出口额占全部出口额的 50% 以上。但是 2012/2013 年度伊朗石油出口占全部工业出口的 48%，首次低于 50%，此后几年比例进一步下降，大约为 35%。[1] 可以看出，虽然制裁对石化产业造成的影响较小，但是对石化产品的出口影响还是很大的。

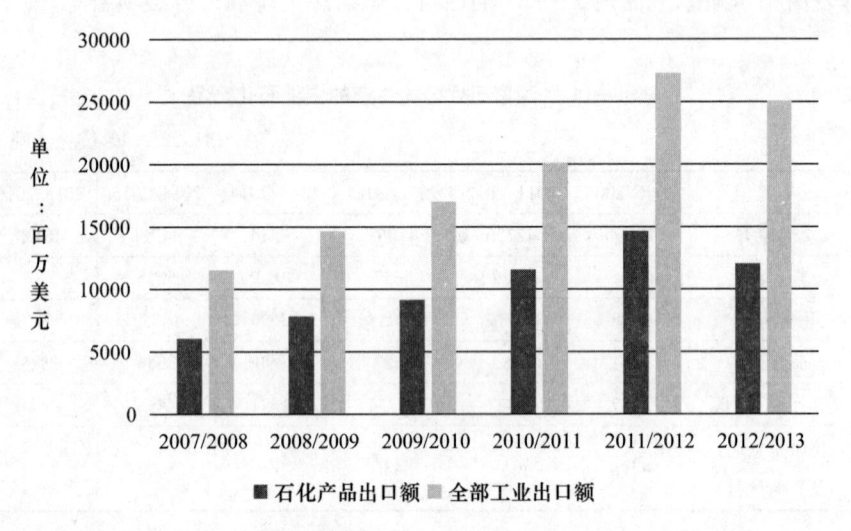

图 6—3　2007/2008—2012/2013 年度石化出口与全部工业出口额
资料来源：CBI, "Annual Review", 1390, p.58; 1391, p.58.

伊朗天然气产量在 2006 年之后能够保持一定的增长，但是比 1990—2006 年的增长速度有所放缓。2006/2007—2009/2010 年度期间，富煤气的产量从 4.6 亿立方米增长到 5.8 亿立方米；无硫气的产量从 3.6 亿立方米

---

[1] Central Bank of Iran, "Annual Review", 1388, p.46; 1391, p.58; 1394, p.59.

增长到 4.7 亿立方米。① 2011/2012—2013/2014 年度期间天然气产量增长停滞。但是在 2015 年伊核协议达成之后,伊朗的天然气产量又出现了迅速的增长。② 伊朗城乡供应天然气的数量继续上升。到 2015/2016 年度,伊朗共有 1063 个城市通上了天然气。农村通天然气的数量达到了 20408 个,比 10 年前翻了 5 倍。③ 这是内贾德时期重视改善农村基础设施状况的结果。

综上所述,伊朗凭借其巨大的油气资源,在战后国际环境缓和的背景下,通过吸引外资和部分的私有化,使得能源部门特别是下游产业获得了相对迅速的发展。伊朗长期未开发的丰富天然气资源在过去 20 年里的利用率也明显提升,逐渐成为伊朗城乡居民生活的主要能源。2000 年以来,国际油价不断上涨,也为扩大投资注入了强劲的动力。但是,伊朗能源业始终没有获得与伊朗石油大国地位相称的发展,这跟伊朗在伊斯兰革命后所面临的复杂国内外政治形势密不可分。

五、能源产业发展面临的问题

(一)能源产业的发展受到伊朗面临的复杂国际形势的直接负面影响

能源产业因与国际市场联系密切,最容易受到国际风险因素的干扰。油价取决于国际石油市场的供需状况,油价的浮动直接影响到产油国的收益。伊朗在 20 世纪 80 年代、90 年代初及 2014 年后都因油价的下降导致本国石油收入大幅度减少,严重影响了对这一部门的投资。伊朗能源产业是美国制裁伊朗的主要目标之一。美国惯于通过制裁伊朗石油进出口,限制第三国对伊朗能源产业投资等方式对伊朗施加压力。因此,能源产业成为伊朗与美国博弈的牺牲品。

---

① Statistical Center of Iran, "Iran Statistical Yearbook, Oil & Gas", 1392, p. 302, https://www.amar.org.ir/Portals/1/yearbook/1392/07.pdf.

② Statistical Center of Iran, "Iran Statistical Yearbook, Oil & Gas", 1394, p. 312, https://www.amar.org.ir/Portals/1/yearbook/1394/07.pdf.

③ Statistical Center of Iran, "Iran Statistical Yearbook, Oil & Gas", 1394, p. 314.

(二) 原油增产潜力越来越小

伊朗大部分油田开采时间都超过了30年，有的甚至已经超过60年，开采率下降是不可避免的。这是伊斯兰革命后大部分年份伊朗石油生产达不到理想产量的根本原因，而战争破坏、设备年久失修、投资不足、外国技术专家撤离等因素加速了油田生产能力的下降。在1977—1987年间，天然气回注减少了3/4，从2570万立方米/日下降到620万立方米/日。[①] 虽然战后伊朗实施了一个较大规模的天然气回注工程，但是因缺乏资金而耽搁。1994年海上气田的延迟开发造成国内天然气短缺，阻碍了回注工作的进展。实际上，90年代之后平均360万桶/日已经是伊朗最高的石油生产水平。根据美国能源资讯部的估计，伊朗陆上油田的自然衰退率为8%，海上油田为11%。因为油田老化严重，每日大约损失40—70万桶石油。[②] 这个估计有些夸大了伊朗石油产业的衰退程度，但是也揭露了伊朗能源产业面临的产量瓶颈问题。2007年全球能源顾问分析报告称："伊朗将需要每日100亿立方英尺—110亿立方英尺的天然气回注量，相当于卡塔尔每日的天然气出口量。"[③] 但从长期来看，即使广泛应用天然气回注的办法也无法阻止油田开采量的不断下降。

(三) 国内能源需求量的不断上升给能源产业造成了沉重压力，导致出口能力下降

国内需求上升主要取决于两个因素：一是人口的迅速增加；二是政府对国内油气燃料的大量补贴。廉价石油燃料不仅是伊斯兰政府的一贯政策，在很大程度上也是巴列维时期政策的延续。在90年代之前的30年，伊朗国内石油产品价格几乎没有太大变化。补贴主要分两个层次：首先对供应炼油厂和石化厂的基本原料原油进行补贴，然后对消费者进行补贴。革命后初期，

[①] Djavad Salehi-Isfahani, "The Oil Sector after the Revolution", in Saeed Rahnema and Sohrab Behdad, eds., *Iran after the Revolution: Crisis of an Islamic State*, London; New York: I. B. Tauris, 1995, p. 154.

[②] "National Iranian Petrochemical Company", http://en.wikipedia.org/wiki/National_Iranian_Petrochemical_Company.

[③] The Economist Intelligence Unit, "Iran county report 2007", p. 25, http://www.eiu.com/.

政府提高了汽油价格，1991年汽油价格为50里亚尔/升，比1979年提高了10倍，是同期柴油价格的5倍、燃料油的10倍、煤油的12倍。① 表6—15反映出在90年代中期之后，伊朗大幅度提高了石油产品的价格，其中高辛烷汽油提价幅度最大。尽管如此，同国际价格标准相比，汽油价格仍然十分低廉并远远低于成本。1994年，对伊朗消费者来说，1加仑汽油的成本为10美分（1美元兑2000里亚尔），是美国消费者的1/10，欧洲的1/40；而煤油、柴油、燃料油的价格都低于每加仑5美分，也远远低于它们各自成本。② 燃料价格的提高远远无法弥补每年政府大量的能源补贴。

表6—15　1994/1995—2003/2004年度伊朗国内石油产品零售价格

单位：里亚尔/升

年度	1994/1995	1995/1996	1996/1997	1997/1998	1998/1999	1999/2000	2000/2001	2001/2002	2002/2003	2003/2004
汽油										
高辛烷	70	140	180	220	280	420	500	600	665	900
常规	50	100	130	160	200	350	385	450	500	650
煤油	15	20	30	40	60	100	110	120	130	160
柴油	10	20	30	40	60	100	110	120	130	160
燃料油	5	10	15	20	30	50	55	62	70	88

资料来源：IMF Country Report, *Islamic Republic of Iran: Statistical Appendix*, 1999, p.15; 2002, p.87; 2007, p.15.（注：汽油分为高辛烷和常规两类。）

廉价燃料对国内消费的影响是深刻的。即使在80年代经济停滞的时期，能源消费也以每年4.8%的速度增长；在战争结束后，能源需求增速提高至每年8%。③ 石油出口面临越来越沉重的压力。另外，国内需求的不断上升对天然气出口造成的压力更大，天然气的出口微不足道。国内需求的持续旺盛和大量天然气回注老油田成为扩大出口的主要障碍。

---

① 从政治因素考虑，汽油价格是最容易调整的。
② Djavad Salehi-Isfahani, "The Oil Sector after the Revolution", p.162.
③ Djavad Salehi-Isfahani, "The Oil Sector after the Revolution", p.163.

（四）伊朗能源产业面临吸引外资缓慢的问题

伊朗国内一直有强大的反对开放能源部门的保守派势力。他们认为开放石油领域将会令伊朗重新陷入被殖民的覆辙，会损害伊朗的主权和利益。但是现实困境迫使伊朗当局逐渐改变了对外资的看法，开始努力吸引先进的外资与技术。然而伊朗本身因遭遇制裁而成为投资风险较高的国家，使得国际资本经常需要承受高昂的代价。鲁哈尼政府是革命以来最重视引进外资的一届政府，但是又因特朗普政府退出伊核协议并重启制裁迫使国际资本望而却步。伊朗的能源业备受打击。未来伊朗能源产业的复苏，将严重依赖于国际资本的重新进入。

第三节　非石油制造业与采矿业

伊朗的非石油制造业是所有产业中发展最缓慢的部门。虽然在产油国公布的数据中，通常会把石化工业列入非石油制造业，使得表面看上去非石油制造业在 GDP 中所占份额不小，但事实远非如此。这里的非石油制造业指的是与石油几乎不存在任何联系的各种制造业的总称。本节还按照广义的第二产业的标准，将非石油制造业与采矿业放在一起进行考察。

一、非石油制造业

（一）非石油制造业的政策导向和发展面临的困难

非石油制造业是革命后伊朗实现自给自足战略的重要部门，特别在石油收入下降的背景下，促进非石油制造业的生产和出口成为政府的工作重点。但是，该产业在伊斯兰革命中遭遇了沉重打击，大批资本家外逃使很多工厂管理陷入混乱或者负债累累。为了避免形势的进一步恶化，1979 年革命后政府通过了《保护和发展伊朗工业》的法令，将国内工业分为四类：第一类是重工业和战略性部门，第二类是同前王朝紧密联系的企业，第三类是破产和负债企业，第四类是归"合法"经营者所有的企业。① 前三类企业都要被收归国有，但是第四类企业的经营权要受到保护，不属于国有化的范围。最后，绝大多数的工厂都被收归到国家和基金会的手中。同时，政府鼓励资金周转快、附加值高的工业尽可能利用国内资源，减少对外汇和进口的依赖。

为了顺应新形势的发展，政府建立了"伊朗国家工业局"（NIIO），主要负责对国有化企业的监管。1981 年，又将原来的"工矿业部"分解为三个组织：重工业部，主要负责基础的、战略性的重型工业，而"工业发展和革新局"（IDRO）② 是其主要执行机构；工业部，负责消费品和半制成品工业的发展，而新成立的"伊朗国家工业局"和"伊朗国家手工业署"（NIHI）成为其执行机构；矿业和金属部，负责采矿、冶金等工业，主要由"伊朗国家钢铁公司"（NISC）和"伊朗国家铜业公司"（NICI）等机构负责具体事务。另外大型基金会，特别是"被压迫者和伤残者基金会"也下辖一大批非石油制造业企业。机构改组的后果导致管理权力趋于分散。这些机构经常缺乏协调，十分影响正常的管理工作。所以到 1994 年，重工业部和工业部又重新实现了合并。

先天不足，后天失调是伊朗非石油制造业发展的重要特点。现代伊朗非石油制造业是在巴列维时期通过贸易保护主义政策发展起来的，虽然获得了一定的发展，但存在的问题却很严重。到伊斯兰革命前夕，伊朗大部分非石油制造业产品不论从价格到质量都无法同进口商品竞争，而且缺乏竞争力导致出口十分困难。其基本特点是过度依赖进口半制成品和资本货物，而本国制造业之间缺乏有机的联系。伊斯兰革命后政府在盲目追求自给自足的过程中却忽视了这一点。

伊斯兰革命后，非石油制造业发展不仅因外汇短缺和进口严重不足或中

---

① Saeed Rahnema, "Continuity and Change in Industrial Policy", in Saeed Rahnema and Sohrab Behdad, eds., *Iran after the Revolution: Crisis of an Islamic State*, London; New York: I. B. Tauris, 1995, p. 138.

② 这是 1962 年巴列维王朝时期建立的机构，主要由战略性的重工业企业组成，实际上成为王朝时期最大的工业联合体。此机构在伊斯兰革命后被允许继续行使其职能，说明新政府也认识到它存在的重要性。

断陷入困境，而且面临其他几个因素的制约：首先，多重汇率制下配给外汇政策的影响。同迫切需要进口大量食品、基本消费品相比，生产物资的进口变得无足轻重，导致非石油制造业被分配到的外汇份额越来越少。工业部获得的外汇从1983年的40亿美元下降至1984年的27.5亿美元。在1985年短暂回升后，到1986年又降至7.5亿美元，1988年仅3.1亿美元。重工业部也出现类似情况，1983年获得外汇是24亿美元，到1986年下降至16亿美元，1987年仅有2.3亿美元，而1988年更少，为1.1亿美元。[1] 这点外汇对非石油制造业来说是杯水车薪。其次，私人资本不愿意投资制造业。革命后的伊朗社会存在强烈的反资本氛围，国有化对私人资本的界定标准十分模糊，而立法经常变动，这些都极大地威胁着资本所有者的利益。为了自身的安全，很多人宁愿藏匿资产，也不愿进行投资。与此同时，大量资金转向了投机性商业活动。第三，性别歧视和隔离政策使一些传统手工业部门发展受到严重影响，如在地毯、纺织等传统优势部门，与男性相比，妇女更擅长这类技术。但随着大批妇女（其中有很多熟练技工）被赶出工作岗位，男性成为这些行业的主要劳动者，使得一些传统工艺的质量及生产效率受到了负面影响。另外，经营管理不善也是主要原因。80年代，大部分工厂都面临严重开工不足问题，开工率平均仅在30%左右。[2]

拉夫桑贾尼和哈塔米时期，振兴工业成为政府经济工作的重点，私有化、吸引外资、管理机制改革同时展开。虽然改革没有取得很大的成效，但相对来说，这段时期是伊朗社会环境相对安定宽松、国际形势缓和的时期，非石油制造业在新建厂规模、投资成本、雇佣人数、贷款数量等方面都有不错的表现，总体上体现为稳定持续的扩张。但是内贾德执政之后，非石油制造业的发展受到了制裁的较大影响。制裁对非石油制造业的影响主要有：国家财政吃紧影响了对非石油制造业的贷款支持力度；部分非石油制造业严重依赖进口国际中间品和资本品，制裁使得进口所需物资面临严重障碍；地毯等出口创汇产业的出口途径受到了较大的制约；国内消费不振影响了非石油制造企业在国内扩大市场。在伊核协议签署之后，非石

---

[1] Saeed Rahnema, "Continuity and Change in Industrial Policy", p. 139.
[2] *Middle East and North Africa*, Europa Publication, 1994, p. 412.

油制造业的发展条件有所改善。但是，非石油制造业依旧是国民经济中不发达的一个部门，发展面临障碍比较多，尤其是与石化能源产业相比更显落后。非石油制造业的落后性主要体现在现代化程度不高。不少非石油制造企业还使用过时的工艺技术及设备，生产效率不高或者产品质量与国际水平差距较大；该部门的劳动力素质与训练水平普遍较低；生产设计与营销理念大大落后于世界先进水平；私有化进展缓慢，国有和基金会企业占了很大比例；地区分布十分不均匀，大型非石油制造业主要集中在德黑兰和大中城市，既不利于扩大就业，同时对生态环境也造成消极影响。

（二）非石油制造业的具体发展状况

具体到不同类型，伊朗的非石油制造业水平又各有差异。该行业主要分为传统手工业、现代轻工业、重工业等类型，前者主要是指家庭作坊或者雇佣人数在10人以下的小企业，而后两者基本属于国有和基金会企业，属大型或垄断性组织。90年代后，私有化的进行使得这种两极分化的局面有所改善，特别是中小企业的数量有所增多。不过，总的来说私人企业的规模依然很小。

1996/1997—2006/2007年度期间由工业和采矿部批准的非石油制造企业的数量从9182家增加到54288家，其中食品与饮料加工企业增长最快，其次是金属制造、机器制造、非金属矿业、纺织业等类别；非石油制造业的投资额从53650亿里亚尔增长至771710亿里亚尔。[1] 2001/2002—2006/2007年度之间，伊朗10人以上的制造业企业增长了46%。[2] 2007/2008年度，非石油制造业的企业规模结构大致如下：10—49人的中小型企业数量占74.2%，50—99人之间的中型企业占12.4%，而100人以上的企业占13.4%。从2014/2015年度的统计数据来看，非石油制造企业的规模有所扩大，构成比例为：10—49人的中小型企业数量占67.6%，50—99人之间的中型企业占14.8%，而100人以上的企业占17.6%。[3]

---

[1] Statistical Center of Iran, "Iran Statistical Yearbook, Manufacturing", 1388, pp. 328 – 331.
[2] Statistical Center of Iran, "Iran Statistical Yearbook, Manufacturing", 1388, p. 336.
[3] Statistical Center of Iran, "Iran Statistical Yearbook, Manufacturing", 1388, p. 337.

私有化在非石油制造业取得了明显的进展，2000年以后90%以上是私人企业。虽然10人以上的企业数量有所增加，但是无法改变小规模生产的总体状况。在1996/1997年度，伊朗全部制造企业（含10人以下的企业）的数量是319890个，是解决人口就业贡献最大的行业，该年度共容纳了161万人口就业。但如果剔除10人以下的小企业，非石油制造企业的数量和容纳的就业人口都会明显得减少。如2006/2007年度10人以上的非石油制造企业容纳了107万人就业。① 不过，尽管100人以上的大型企业数量较少，但是在缴纳税收上的贡献最大，通常高达92%。②

表6—16 非石油制造业的主要产量

分类	1996/1997	2001/2002	2003/2004	2004/2005	2005/2006	2006/2007	2007/2008
鱼罐头（吨）	8088	18180	26390	29888	30228	31049	30031
巴氏牛奶（吨）	575429	801395	1264915	1475309	1735333	1777833	1656136
植物油（吨）	789344	852353	1179139	1299061	1314200	1439754	1263244
糖（千吨）	637	1113	1495	1375	1590	1319	1841
非酒精碳酸饮料（百万瓶）	3768	4818	4976	5084	4896	4930	4252
纸烟（百万）	11962	13359	13873	21117	23796	27050	17387
成品布（百万米）	442	551	396	382	385	344	325
机造地毯（千平方米）	20218	51875	41195	56600	55119	41472	30583
机织绒面毛毯（千平方米）	29994	43014	81286	67961	56098	54508	68510
纸张（吨）	250721	315502	390210	413933	378311	490815	455153
洗衣粉（吨）	226845	306249	360017	397561	521961	562027	584465
水泥（千吨）	16442	24755	28241	31105	33049	32831	40189
瓷砖（千立方米）	47090	76827	103867	117515	128652	147919	194482

资料来源：Statistical Center of Iran, "Iran Statistical Yearbook, Manufacturing", 1388, p. 356.

---

① Statistical Center of Iran, "Iran Statistical Yearbook, Manufacturing", 1388, p. 340.
② Statistical Center of Iran, "Iran Statistical Yearbook, Manufacturing", 1388, p. 353.

但是在 2006 年遭受制裁之后，非石油制造业的经营和产出都受到了较大的影响。从表 6—16 看出，几乎所有的制造业产品在 2007 年之后的产量出现了不同程度的下降或者停滞。比如 2013/2014 年度，鱼罐头的产量仅有 18353 吨，比 2006/2007 年度下降了 41%；牛奶、碳酸饮料、机织地毯的产量下降也十分剧烈。一些耐用消费品，如洗衣机、客车、货车、公交车、迷你巴士等的产量也大幅度下降。但也有一些制造业没有受到制裁的明显影响，如造纸业、水泥业、无线收音机、彩电等的生产规模还有所扩大。这些行业主要面对国内消费，技术比较成熟或者所需工艺不高，因此制裁的影响相对有限。①

伊朗传统手工业不仅具有实用性，而且有较高的艺术成就和欣赏价值，在历史上便享有很高的声誉，并大量出口国外。手工业品种类主要有：波斯地毯，丝、棉、毛纺织品及毛毡，刺绣衣饰，彩色玻璃器具，金银铜器，镶嵌木器，瓷器，珐琅器，皮革制品等。这些部门的重要特点是原材料基本取自国内，并附属于农业，大部分都是小作坊生产，尤其以家庭作坊为主。其中纺织品，特别是波斯地毯以其绚丽多变的色彩、精巧的设计和复杂独特的织纹享誉世界。而手工业特别是地毯行业也是增加农民收入的重要途径。但到底有多少人从事这一行业，不同的估计差异较大，多则 400—500 万人，少则 120 万人左右。但是传统手工业制品产量很低，所以一直无法在国民经济中占很大比例。特别 90 年代中后期以来，地毯出口面临不断下降的趋势：1994/1995 年度的出口额为 21.3 亿美元，而 1996/1997 年度仅为 6.43 亿美元，2000 年之后的大多数年份降至 5 亿美元左右。② 国际竞争的加强是主要原因，特别是一些新兴国家机织地毯质量的提高和种类的增加越来越对传统手工地毯形成强烈冲击。在 2000 年以后，政府加强了对手工地毯业合作社的引导，使得伊朗该行业的雇佣人数、企业数量、资本规模都有增加。1991/1992 年度，伊朗仅有 100 家手工地毯合作社，但是到 2006/2007 年度增加到 1954 家，雇佣的人数增加了

---

① Statistical Center of Iran, "Iran Statistical Yearbook, Manufacturing", 1394, p. 359.
② IMF Country Report, *Islamic Republic of Iran*: *Statistical Appendix*, 1999, p. 53; 2006, p. 46.

4倍，资本规模从当初的28亿里亚尔增长到562亿里亚尔。① 与此同时，伊朗机织地毯业也获得了一定的发展。

小型制造业也得到一定程度的发展，主要包括使用现代技术生产的非耐用消费品行业，如食品加工（面包房、饮料加工厂等）、木工、制鞋、纺织、金属制作等。此类制造业虽然不在国民经济中占很大比例，但却是满足人民日常需要不可或缺的部门。

大中型制造业一般雇佣人数在50人以上，主要采用现代技术生产耐用型消费品，产品包括食品、饮料、烟草、纺织品、衣服、皮革、木器、纸张等类型。1991年，在大约35.2万个城市工业企业中，只有不到1.3万个属大中型企业，但是它们的产量却占全部制造业的最大比例。② 90年代后，非耐用型消费品的生产规模有所扩大，但是远远不能满足内需。每年伊朗都要进口大量纸张、纺织品、加工食品等，仅纸张进口在1995/1996年度达到5亿美元以上，而纺织品进口达2亿美元。③

重工业是革命后政府比较重视的部门，尤其是钢铁业，但钢铁业的发展受到革命和战争的严重影响。伊朗最大的钢铁厂是1973年投产的伊斯法罕钢铁厂，革命后该厂一直受制于技术和经营问题，无法完全达到生产能力。阿瓦兹钢铁厂、穆巴拉克钢铁厂、阿拉克铝业公司都是在革命前开始兴建的工厂，但是革命后均处于严重开工不足或者停建状态。在战后，钢铁业才得到较快发展，特别是外来投资为该部门注入新的活力。1992年，意大利丹奥利公司投资伊斯法罕厂，同年日本立邦钢铁公司与伊朗国家钢铁公司签署合作协议，另外，墨西哥也参与了对伊朗钢铁业的投资。除了上面提及的工厂恢复并扩大生产外，另外还新建了一些钢铁厂。90年代后伊朗钢铁产量增长较快。到"二五"计划结束时，钢铁年产量已经达到600—700万吨，2000年之后更有了飞速增长，2009年钢铁产量已经达到1000万吨。伊朗终于结束了进口钢铁的历史，实现了自给自足的目标。另外，铝和铜等金属的生产也受到重视，到2009年，二者产量分别达到

---

① Statistical Center of Iran, "Iran Statistical Yearbook, Manufacturing", 1388, p. 359.
② Jahangir Amuzegar, *Iran's Economy under the Islamic Republic*, p. 198.
③ IMF Country Report, *Islamic Republic of Iran: Statistical Appendix*, 1999, p. 59.

24.5万吨和38.3万吨。① 从90年代末起，钢铁、铝、铜制品的出口在非石油出口中已经占了很大比例。

汽车制造日益成为伊朗重要的工业部门，尤其在两伊战争后。伊朗从西欧和日本引入生产线，如尼桑等型号。到2001年，伊朗共有13家国有和私有的汽车制造商，其中忽德鲁（Khodro）和赛帕（Saipa）两家制造商占国内汽车市场的94%，而其他6家厂商仅生产其余的6%。伊朗本国已经能够生产摩托车、客车、货车（微型、中型、大型）、巴士等一系列车型。到2006年，伊朗汽车制造在世界排行第16位。② 但是在遭受制裁之后，伊朗的汽车业无法获得外国投资，发展深受限制。

另外，在伊斯兰革命前伊朗已经有一些机器制造工厂，主要位于阿拉克和大不里士地区。阿拉克的机器厂主要是在苏联的帮助下建立的，而大不里士地区的工厂得到了捷克斯洛伐克、罗马尼亚的帮助。在两伊战争后，伊朗又新建了一些机器厂，但每年仍需进口大量机器设备。

伊核协议签署之后，伊朗致力于摆脱对石油资源的依赖，非石油制造业是引进外资和技术的重要领域。伊朗的重工业，如钢铁、水泥、汽车都积极引进外资与技术。在汽车制造行业，2016年法国标致雪铁龙公司与伊朗合办企业，签订了年产20万辆的合同。法国雷诺公司在德黑兰市郊开设了一家年产15万辆汽车的公司。2017年，伊朗本土生产汽车150万辆，比上一年增加了14%。③ 2017年11月，"伊朗投资、经济与技术支持组织"（OIEAI）批准了31个价值7.1亿美元的外来投资项目，大部分都是非石油制造业的工业园项目。④ 但是，特朗普上台后退出了伊核协议及重启对伊朗制裁，令伊朗非石油制造业的发展计划再次搁浅，尤其是汽车业遭受了沉重的打击。

---

① "Economy of Iran", http：//en.wikipedia.org/wiki/Economy_of_Iran#Mines_and_metals.
② "Economy of Iran", http：//en.wikipedia.org/wiki/Economy_of_Iran#Automobile_manufacturing.
③ Nassar Karimi, "Iran's domestic car market stalls as nuclear deal falters", https：//www.yahoo.com/news/irans-domestic-car-market-stalls-nuclear-deal-falters-061731819.html.
④ Tehran Times, " $712m of Foreign Investment Projects Ratified", November 5, 2017, http：//www.tehrantimes.com/news/418240/712m-of-foreign-investment-projects-ratified.

军事工业也是伊朗重工业的重要部门,但具体情况很难为外界知晓。两伊战争爆发后,国际孤立和西方制裁的加强使伊朗面临武器严重短缺的局面,政府不得不花费很大精力发展本国的军事工业。在战后,伊朗不仅没有放松军事工业的发展,还尽可能维持庞大的军费开支。伊朗的军事工业在过去的30年里取得了较大的进步。从1992年起,伊朗可以独立生产坦克、装甲车、导弹、雷达系统等先进武器。而由于伊朗没有空军,转而大力发展导弹技术,伊朗现在已经拥有数量不小的中程导弹。据一些报道,伊朗制造的武器已经出口到周边一些国家和地区。

二、采矿业

伊朗不仅拥有丰富的油气资源,其他矿藏也很丰富。伊朗已经发现了大约20种金属矿物和30种非金属矿物。根据1999年的报告,伊朗煤储量为20亿吨,铜13.45亿吨,长石26亿吨,石膏24亿吨,铁矿石27亿吨,石灰岩45亿吨,明矾矿10亿吨。除此之外,伊朗还拥有储量不等的石棉、铝土矿、膨润土、硼、铬矿、镁矿、铅锌矿、瓷土、金、银、滑石、锰、云母、盐、硅、钼、锶等,另有5000吨的铀矿。① 伊朗还拥有可广泛用于建筑材料的砂石和砾石、装饰性石料等,在克尔曼省的萨尔切什梅地区则蕴藏着世界上第二大铜矿资源。伊朗最大的铅矿是在那赫拉克(Nakhlak)地区,而在厄尔布士山附近的铬矿及内沙普尔(Nishapur)的绿松石都长期对外出口,靠近波斯湾的阿巴斯港出产的硫和盐矿在1985/1986年度已经出口10.5万吨。同年伊朗也是世界上继墨西哥之后锶矿的第二大出口国。

到伊斯兰革命发生时,绝大部分矿藏都没有得到充分开发,巴列维并没有对开采稀有矿藏给予太多关注。主要的矿产(石油、天然气、铁、铜、铀等)都被国有化,其他一些矿产则由私人小规模开采。伊斯兰革命后,除了油气资源和铀矿外,其他矿产都归矿业和金属部管辖。根据1983

---

① Philip Dew, ed., *Doing Business with Iran*, London: Kogan Page Ltd., 2002, p.40.

年的矿业法，矿产都归国家所有，大型和具有战略意义的矿产由国家开采，而小矿山可以出租给个人开发。① 虽然80年代的动乱阻碍了正常开发进程，但是煤的开采量在1985年已经达到革命前水平，不过伊朗仍然需要进口一定量的煤满足内需。而铜的开采在此时也获得了发展。

战后，非石油矿藏的开发受到较多重视。1992年，伊朗宣布发现国内最大的磷酸盐储藏，它的开发将会解决伊朗长期依赖磷肥进口的问题。据官方统计，1992/1993年度大约有1344个矿山处于开发中。丰富的矿产资源吸引了不少外来投资。1992年，德国/加拿大财团在赞兼地区赢得了2.5亿美元的合同，负责当地锌矿的开发，年产量为6万吨；1991年，日本一家公司投资铁矿开采，年产量为500万吨。② 澳大利亚也对霍腊散地区的丰富铁矿资源进行投资。随着私有化的展开，日本、法国、意大利、捷克斯洛伐克和其他欧洲国家开始同伊朗私人公司合作开发矿产资源。到1993年，绝大部分矿产开发都由私营公司负责。1999年，伊朗确定了100多个关于矿产资源开发的项目，全部向外资开放，涵盖了从勘探、开发到加工等所有领域。2001年伊朗《吸引和保护外来投资法》明确鼓励外来资本投资矿业，并享受一系列优惠条件，不过必须经过工矿部的允许。在这一政策感召下，有不少国际矿业公司投资伊朗，如澳大利亚力拓矿业集团（Rio Tinto）、澳大利亚矿业工会组织（Union Mining）、加拿大扎坎矿业公司（Zarcan）、英美资源集团（Anglo American）等，而大部分公司热衷金矿和铜矿的开采。③

1998年，伊朗生产铝土矿15万吨、铜12.8万吨、金600吨、铁矿1280万吨、铅1.82万吨、银60吨、锌8万吨。④ 表6—17显示，2000年以后，伊朗的采矿业产量获得了稳定的提高，尤其是采煤、铁矿石、石灰石、硅等矿物原料。2008年，伊朗本国煤产量不仅能够满足内需，而且有少量出口。但是在被制裁之后，采矿业不同程度地受到了影响，如煤矿的

---

① Jahangir Amuzegar, *Iran's Economy under the Islamic Republic*, p. 222.
② *Middle East and North Africa*, Europa Publication, 1994, p. 411.
③ Philip Dew, ed., *Doing Business with Iran*, p. 44.
④ Philip Dew, ed., *Doing Business with Iran*, p. 45.

产量还出现了下降，其他的矿石产量也没有显著的提高。造成这种状况的原因既有国内经济危机而导致消费下降的因素，也由于采矿业对外资技术比较依赖，在遭受制裁后无法获得更多的先进技术及资本注入。2008年之后，如果扣除通货膨胀因素的话，伊朗对采矿业的实际投资额在下降。数据显示，采矿业在勘探开发、计算机软件及机器设备等方面的投资都出现了不同程度的下降。[①]

表6—17　伊朗主要矿石产量　　　　　　　　单位：吨

	1996/1997	2001/2002	2005/2006	2006/2007	2007/2008	2008/2009	2011/2012	2013/2014
采煤	1211	1380	1899	2413	2565	2636	2327	2576
铁矿石	5236	11441	20145	20648	24738	28474	35873	47792
铅和锡	322	579	991	1072	677	571	955	1900
铜矿	370	453	553	790	852	1115	2094	2113
碎石和沙子	53869	46147	56484	76102	68488	68708	126386	86982
装饰性石材	6120	10325	9396	9908	11143	13104	14327	15253
毛石	7683	9359	11688	16441	21373	16265	25622	23313
石灰石	31961	43498	50160	62959	72768	89926	115269	132181
石膏	7696	8347	11145	11878	13379	12566	15353	18582
盐	1411	1538	2032	2618	2755	2301	2776	3251
硅	1244	1687	2103	2252	2909	2508	3133	3854

资料来源：Statistical Center of Iran, "Iran Statistical Yearbook, Mining and Quarrying", 1388, pp. 295 – 296; 1393, pp. 279 – 280.

伊朗虽然拥有丰富的矿业资源，但遗憾的是受国内外不稳定的政治经济形势的影响，没有获得很充足的开发，在国民经济中的比重也很小。伊朗未来矿产资源的开发需要进一步引进外来技术与资本，仅靠本国落后的产能不能满足矿业开发的需要。虽然在伊核协议签署之后，采矿业的对外合作一度打开了局面。但是特朗普退出伊核协议之后，该部门的发展又受到了很大的冲击。

---

① Statistical Center of Iran, "Iran Statistical Yearbook, Mining and Quarrying", 1392, p. 287.

第四节　基础设施的现代化

基础设施既属于第二产业，比如道路交通的修建都涉及到制造业，但是其目的主要是为了服务民生，因此也可归入第三产业。由于其性质的模糊性和功能的独立性，本节单独考察伊斯兰革命后伊朗的基础设施状况。伊朗在伊斯兰革命后致力于社会公正，增加社会福利，提高人民的生活水平，因此高度重视基础设施的建设。两伊战争结束后城市化进程加速，带动了水、电、道路等设施的兴建。由于伊朗将大量财力用于基础设施修建，从而大大推进了整个国家的现代化进程。

一、水利、电力部门的发展

伊朗是个极度缺水的国家，水资源分布极不均匀，水的供应一直是很严重的问题。直到两伊战争后，除了德黑兰几个大城市外，绝大多数城市都没有污水处理系统。从90年代开始，伊朗在各省建立了供水和污水公司，具体负责各地供水和排水事务，并逐渐将这项服务私有化，城乡供水和排水系统获得了迅速的发展。在20年时间里，供水量和质量都有了明显改善。2008年，政府宣布在全国批准建设177个水坝。[1] 水坝的基本用途是灌溉、发电和防洪，但另一主要目的是供应饮用水，并向一些城市供应工业用水。2009年，大坝水资源消费比例为：农业用水60.4%，饮用水24.2%，制造业3.8%，其他用途11.6%。[2] 1996/1997—2006/2007年度，伊朗的蓄水能力从673.6万立方米增加到1091万立方米。但是在2006年后蓄水能力增长速度放缓，到2014/2015年度共有1414万立方米的蓄水能

---

[1] "Water Supply and Sanitation in Iran", http://en.wikipedia.org/wiki/Water_supply_and_sanitation_in_Iran.

[2] Statistical Center of Iran, "Iran Statistical Yearbook, Water and electricity", 1388, p. 377.

力。在这将近20年里，水资源分配管道网从66557千米增长到144084千米。城市水最大供应能力增加了67%，水生产能力增加了58%。① 另外，农村的供水系统也有明显改善。2005/2006—2014/2015年度，农村最大供水量从5124万立方米增加到7562万立方米，水资源的生产量和销售量都有明显的增加，输送管道大大延长。② 不过，古老的供水设施——坎儿井仍然在一些地区发挥作用。

伊朗的污水处理能力也获得了很大的发展。1996/1997—2006/2007年度，污水处理管道从9930千米延长到了30443千米，污水处理装备的数量增加了4倍。③ 水资源的便利化是伊朗经济现代化的重要成果。但是，伊朗的水资源十分稀缺。水资源在被不断开发利用的同时，也面临越来越严重的水资源短缺、水位下降及污染问题。如何确保水资源的安全是伊朗政府的重要任务。

伊朗的电力部门主要控制在能源部手中，另有一小部分属于其他公共机构及私有部门管辖。发电主要通过蒸汽、水力、天然气、柴油等方式。在能源部下设国家发电和配给中心、伊朗电力开发公司和伊朗电力制造公司，具体负责相关事务。1977/1978年度，伊朗已安装的发电能力7105兆瓦，共发电180亿度，销售130亿度。革命后，伊斯兰政府特别重视对农村和小城镇的电力供应，所以尽管处于战争时期，伊朗总的发电能力却获得了较大的发展。截止1991/1992年度，伊朗已安装的发电能力将近1.9万兆瓦，其中65%来自蒸汽机发电，15%来自燃气涡轮，11%来自水力，而2%来自柴油。这一时期，人均电的生产和消费都提高了70%以上。④ 与城市相比，农村的用电量增长较快，这同吉哈德在农村基础设施建设上的贡献分不开。但由于缺乏资金维护和战争因素，照明不足和长期停电现象也屡有发生，电力输送往往达不到全部的运营能力。值得一提的是，革命后初期电力消费结构出现了较大的变化：在伊斯兰革命前，工业用电占

---

① Statistical Center of Iran, "Iran Statistical Yearbook, Water and electricity", 1393, pp. 373 - 374.
② Statistical Center of Iran, "Iran Statistical Yearbook, Water and electricity", 1393, p. 376.
③ Statistical Center of Iran, "Iran Statistical Yearbook, Water and electricity", 1388, p. 378.
④ Jahangir Amuzegar, *Iran's Economy under the Islamic Republic*, p. 208.

最大比例，其次是家庭、商业用电，农业用电微不足道；革命后，由于经济生产活动的下降，特别是工业的萎缩，导致家庭消费用电的比例成为最高的，而工业用电退居其次。不过到了战后，随着经济重建的展开，工业用电上升很快，重新成为最主要的电力消费来源。[1]

90年代后，伊朗的发电能力增长很快。1999年，伊朗已安装发电能力23582兆瓦，实际发电920亿度，其中80%是用天然气发电。另外，水力发电也有明显的增加，90年代末共建有12个水电站，发电2500兆瓦。[2]图6—4显示，一直到2010年，伊朗的发电能力都有较快的增长。2010年后，伊朗的电力增长速度放缓，但还是表现出稳定的增长态势。从90年代中后期开始，伊朗能够将多余的电力出口到邻国，如亚美尼亚、阿塞拜疆、巴基斯坦、土耳其、伊拉克和阿富汗等国。[3]

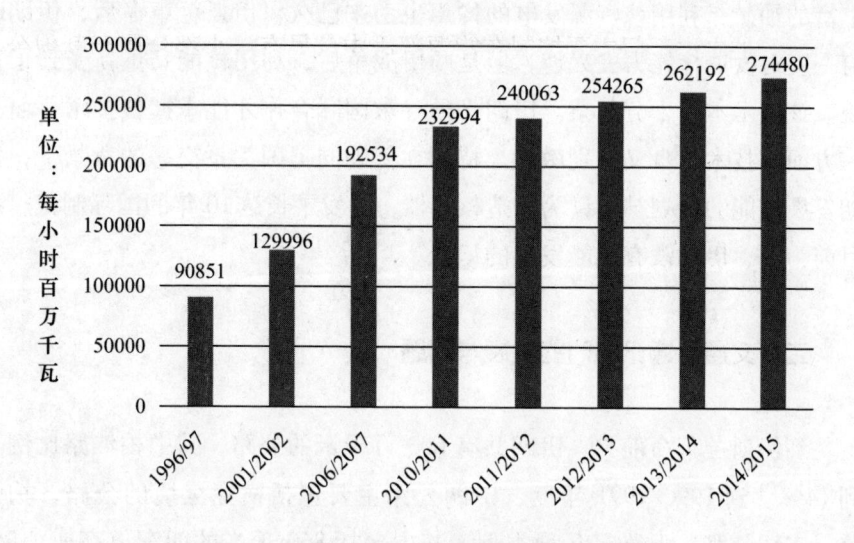

图6—4　1996/1997—2014/2015年度发电量

资料来源：Statistical Center of Iran, "Iran Statistical Yearbook, Water and electricity", 1393, p.378.

---

[1] Statistical Center of Iran, "Iran Statistical Yearbook, Water and electricity", 1393, p.389.
[2] Philip Dew, ed., *Doing Business with Iran*, p.58.
[3] Statistical Center of Iran, "Iran Statistical Yearbook, Water and electricity", 1393, p.392.

经过多年的努力，伊朗电力供应基本能够满足国内的需要。两伊战争后初期照明不足的现象有了较大改善。伊朗的城市供电系统已经比较完善，而且大部分农村地区也通上了电。2014/2015年度，伊朗通电的农村达到了55664个，比1996/1997年度增加了2万多个。用电的农户从332万户增加到429万户。农村铺设的电线也大大延长。① 电力基础设施获得了极大的改善。

但是，伊朗电力供应仍然面临严重挑战，主要体现在：第一，国内消费量不断上升，电力供应面临很大压力。伊朗长期补贴消费者的低廉电价政策造成了消费量不断上升。内贾德时期虽然进行补贴改革，电价有所提高，但仍然低于成本。这给政府造成十分沉重的财政负担。第二，伊朗试图利用核能发电的努力引发了核问题，酿成了严重的国际危机。伊朗拥有丰富的铀矿，利用该资源发电的构想也由来已久。伊斯兰革命后，伊朗政府一度对发展核能失去兴趣，但是两伊战争后，利用核能又重新受到了重视。该技术本身十分复杂。伊朗必须寻求国际合作才能掌握核技术，而另一方面核技术本身又特别敏感。特别在伊朗同美国关系交恶的背景下，伊朗发展核能的计划被解读为制造核武器，引发了长达10年的国际制裁。到目前为止，伊朗没有核能发电的记录。

二、交通、通讯部门的发展与问题

到伊斯兰革命前夕，伊朗共有6.3万千米的公路，其中柏油路比例不到14%。到1990/1991年度，伊朗公路主要包括横穿全境的公路、柏油路、支线公路、土路等几种类型。其中包括860千米的四车道高速公路、2.5万千米的大路、4.3万千米的农村道路、6万千米的土路，另有500千米的城际高速公路。可以看出，在革命后的困难时期，伊朗公路建设仍然取得了一定进展，而农村公路增长速度最快。铁路一直由伊朗国家铁路公司负责，下辖于道路和交通部。伊朗铁路逐渐将国内和邻国较大的城市及

---

① Statistical Center of Iran, "Iran Statistical Yearbook, Water and electricity", 1393, p. 391.

港口与德黑兰连接起来,如国内的波斯湾港口及大不里士、马什哈德,阿塞拜疆的巴库、土耳其的安卡拉等中亚国家的城市都有通往德黑兰的铁路。1991/1992 年度,伊朗的 24 省中有 14 省建有铁路,客运量为 820 万人,货运量为 1700 万吨,大约占全部客运量的 7%,货运量的 15%。到革命前夕,航空运输主要由伊朗国家航空公司和 4 家私人公司经营;伊斯兰革命后,4 家私人公司合为一家,即"伊朗阿斯曼航空公司"(Aseman)。战争期间,由于获取原材料困难,空运能力大幅下降。到 1992 年,空运能力仅能满足需求的 40%。①

以上提到的三种运输方式仅占货运量的 20% 左右,伊朗的货物主要还是通过港口运输。所有的非石油出口都由在 1960 年建立的港口和船运局负责。1978/1979 年度,伊朗共有 42 艘货轮,年运输能力为 52.5 万吨。但到 1990/1991 年度,港口只有 70% 的运输能力。② 许多港口不仅遭到战争的严重破坏,而且设施严重失修,部分或者全部停止运营;另外港口运输缺乏有效管理,特别是港口与铁路缺乏协调及聘用人员缺乏技能。上述因素共同导致了港口运输能力的下降。

在革命后的最初 10 年里,交通通讯设施虽然有一些发展,但总体上构成了经济发展的瓶颈,因而在战后该部门迫切需要大量的投资。

表 6—18 1996/1997—2015/2016 年度期间道路与交通部确认的公路里程

单位:千米

年份	总长度	城际公路					城市道路
		全部	快速路	高速路	干道	辅道	
1996/1997	164060	79183	615	2024	21698	43694	11152
2001/2002	174559	80720	717	4267	21595	42050	12091
2006/2007	176186	72611	1429	5468	21788	41129	2797
2011/2012	206092	79829	2052	11652	22052	43258	815
2012/2013	210717	81642	2166	12969	21234	44454	819

---

① Jahangir Amuzegar, *Iran's Economy under the Islamic Republic*, pp. 216 – 218.
② Jahangir Amuzegar, *Iran's Economy under the Islamic Republic*, p. 219.

续表

| 年份 | 总长度 | 城际公路 ||||| 城市道路 |
		全部	快速路	高速路	干道	辅道	
2013/2014	215157	85623	2203	14155	21628	46485	1151
2014/2015	217901	85893	2401	14488	24886	43323	795
2015/2016	214560	86166	2401	15462	23879	43628	795

资料来源：Statistical Center of Iran, " Iran Statistical Yearbook, Transport and Storage", 1394, p. 480.

在"一五"计划中，伊朗对基础设施建设给予了高度重视，并开始允许私人投资兴建高速公路。表6—18显示，伊朗的城际公路建设取得了较明显的进步，尤其在1996—2011年之间增长最快，2011年之后增长缓慢。其中最具代表性的公路建设工程包括加兹温—赞兼—大不里士（Qazvin-Zanjian-Tabriz）到北部地区，德黑兰—萨维赫（Tehran-Saveh）及库姆—卡善—伊斯法罕—设拉子（Qom-Ksahan-Isfahan-Shiraz）的几条高速公路。但是90年代经济改革不顺利及国家财政吃紧的状况限制了对该部门的投资。2000年之后，公路建设速度明显加快。以东阿塞拜疆省为例，到2008年，主要公路干线扩张了58.3%，主干公路从1978年的642千米增加到2005年的987千米，而到2008年已经增长至1016.1千米。[1]农村的公路建设也取得了不小的进步。农村公路总里程在2006/2007年度为103575千米，比10年前增加了22%，而到2015/2016年度又增加了2万千米。其中柏油路比例明显增加，1996/1997年度仅占农村公路的26.6%，到2015/2016年度达到81%。这是大量碎石路被升级改造为柏油路的结果。[2]伊朗已经建立了一个辐射全国的公路交通系统，不仅大城市可便利到达，中小城市和农村的交通也比以前有了很大的改善。

表6—19显示，伊朗的铁路建设在90年代增长速度很快，到2012年主要干线已经超过10000千米，比1996年增加了82%。主要的铁路干线

---

[1] *Tehran Times International Daily*, February 2, 2009, p. 7.
[2] Statistical Center of Iran, "Iran Statistical Yearbook, Transport and Storage", 1394, p. 481.

有：横贯伊朗铁路，从波斯湾的霍梅尼港到里海沿岸的土库曼港，全长1392千米，被誉为20世纪最伟大的建筑工程之一；德黑兰——克尔曼铁路，全长1106千米；德黑兰（经库姆）——阿瓦兹铁路，全长937千米；德黑兰——马什哈德铁路，全长812千米；阿巴斯港——巴夫格铁路，全长730千米；德黑兰——大不里士铁路，全长736千米；德黑兰——高艮铁路，全长499千米。① 另外，连接伊朗与中亚国家的铁路也有所延长，通过土耳其可直达欧洲。德黑兰还建成了地铁系统。从2009年开始，伊朗开始修建德黑兰——伽姆萨郊区地铁（Tehran-Garmsar Suburban Railway）。② 截止2015/2016年度，伊朗铁路货运能力达到了3565万吨，比1996/1997年度增加了57.4%。主要运送矿石、石油产品、工业品、农产品、食品等。③ 但是从2012年后，伊朗修建铁路的速度明显放慢，跟国际社会的制裁、国内经济危机、政府财政吃紧无力投资铁路修建有着密切的关系。

表6—19　1996/1997—2015/2016年主要铁路干线长度

单位：千米

	1996/1997	2001/2002	2006/2007	2011/2012	2012/2013	2013/2014	2014/2015	2015/2016
主要干线	5612	7159	8595	9992	10223	10407	10376	10459
调车线	1467	1308	1597	1827	1839	1889	1869	1873
工业—商业干线	609	788	945	966	949	945	972	1016

资料来源：Statistical Center of Iran, "Iran Statistical Yearbook, Transport and Storage", 1394, p. 478.

两伊战争后伊朗下大力气扩充了空运能力。目前伊朗共有30多家商业化机场，除了德黑兰梅赫拉马德机场（Mehramad Airport）外，另外7家机场——伊斯法罕、马什哈德、设拉子、阿巴斯、阿瓦兹、大不里士、扎黑

---

① Philip Dew, ed., *Doing Business with Iran*, p. 51.
② *Tehran Times International Daily*, February 8, 2009, p. 5.
③ Statistical Center of Iran, "Iran Statistical Yearbook, Transport and Storage", 1394, p. 479.

丹机场，也具备国际空运的能力。而在德黑兰的另一个国际机场——伊玛目霍梅尼国际机场（Tehran Imam Khomeini International Airport），在 1981 年便开始兴建。该机场在完全建成后会逐渐取代原来的梅赫拉马德机场，同时也是世界上最大的国际机场之一。由于工程建设一再延期，直到 2004 年 5 月才正式开放使用。但迄今为止，机场的全部建设工程还未完成。①

经过多年发展，伊朗航空基本满足了经济发展的需求，但是也存在严重的问题。受多年制裁的影响，伊朗航空国际业务的开拓空间受到了很大的限制。多年来伊朗航空主要致力于国内不同地区间的人员物资运输，国内客流量占比 80% 以上。在 2011 年后，国际客流量在不断减少。伊朗的航空能力高度集中在德黑兰、马什哈德、阿瓦士、设拉子等几个地区，其他城市的覆盖率不高。② 伊朗航空面临的主要问题是现有机型急需更新换代。伊朗的航空系统主要是革命之前在美国帮助下建立的，飞机全部依赖进口，主要购买的是美国波音 747 客机。革命后，伊朗无法再从美国购进飞机，一度设法从欧洲购进空中客车及福克 100 等少量机型以满足需要。此外，缺乏资金也是无法实现飞机更新换代的主要原因。在伊核协议达成后，鲁哈尼政府立即前往欧洲签署了购买飞机的订单，甚至重新计划从美国波音公司进口飞机。但在特朗普退出伊核协议后，美国波音公司的订单被迫取消。目前伊朗飞机普遍面临高龄化及缺乏零部件维修问题。伊朗航空存在空难多发、故障不断的突出安全隐患。

伊斯兰革命后，伊朗港口运输获得了发展。在航运方面，波斯湾沿岸的霍拉姆沙赫尔港（Khorramshahr）在战后得到重建，而阿巴斯港（Bandar Abbas）、布什尔港（Bandar Bushehr）、霍梅尼港（Bandar Khomeini）、沙赫德拉贾伊港（Bandar Shahid Rajai）也都是波斯湾上的重要港口。另外，里海沿岸的阿扎里港（Bandar Anzali）和土库曼港（Bandar Turkman）是连接伊朗同北部和中亚地区的重要港口。伊朗还有内陆水道，如卡鲁恩

---

① 该机场的开放时间因很多问题被一再拖延，而在 2004 年 5 月 8 日开放后，又因安全问题被伊斯兰革命卫队和伊朗武装力量封锁。在重新开放后，又遭到英国和加拿大对其设备质量的质疑。

② Statistical Center of Iran, "Iran Statistical Yearbook, Transport and Storage", 1394, p. 494.

河（Karun）和乌尔米耶湖（Lake Orumiyeh）也承担内地客运和货运的一些业务。一直到国际社会对伊朗制裁之前，伊朗的海上航运业务发展很快。1996/1997—2011/2012年度，伊朗的商业船只从3334艘增长到9172艘，运输货物的能力从247万吨增长到529.6万吨。其中伊朗国家船运公司、伊朗—印度船运公司、瓦尔法基赫船运公司、里海船运公司承担了主要的航运任务。这一时期的国际业务也有所拓展。① 港口业务在遭受制裁之前也发展迅速。伊玛目霍梅尼港口在2006/2007年度运输石油165万吨，比1996/1997年度增长了1.6倍；非石油产品1559万吨，增长了将近1倍。而北部港口运输石油的能力增长了3倍。② 但是在遭受制裁之后，伊朗的船运公司业务受到了很大的影响。几乎所有船运公司的船只数量不同程度的下降。2013/2014年度，伊朗船只总量下降到8512艘。受西方国家石油禁运的影响，大多数港口的货物吞吐量都急剧下降。2011/2012与2012/2013年度，伊玛目霍梅尼港口的石油运输量仅剩21万吨、19万吨。③ 这一局面在伊核协议签署之后得到了改善，但是伊朗很快又面临特朗普政府的制裁挑战。伊朗船运公司又一次面临制裁的命运。另外，伊朗港口运输长期存在的问题是港口缺乏成熟完善的配套基础设施服务，造成进出口物资常常滞留，带来不可避免的损失。

自伊斯兰革命以来，伊朗通讯业一直处在国家控制之下，直到90年代末，才允许私人投资。邮政、电信和电话部负责提供国内外的各种通讯服务，而具体业务主要归伊朗电信公司和邮政公司负责。从革命后到90年代初，伊朗电话线增加了3倍。到1990/1991年度，全国共有220万部电话，而1984/1985年度仅有120万部；同年全国还有138个广播台，706个电视台；邮政局下辖213个分支机构，负责对620个城市和858个农村邮局进行监管。④ 但总体来说，80年代通讯事业的发展跟不上人口增长和不断增加的需求。从90年代起，特别是90年代后半期以来，伊朗通讯业逐渐领

---

① Statistical Center of Iran, "Iran Statistical Yearbook, Transport and Storage", 1394, p. 488.
② Statistical Center of Iran, "Iran Statistical Yearbook, Transport and Storage", 1394, pp. 490 - 491.
③ Statistical Center of Iran, "Iran Statistical Yearbook, Transport and Storage", 1394, p. 489.
④ Jahangir Amuzegar, *Iran's Economy under the Islamic Republic*, p. 221.

先于中东地区的平均发展速度。1994年仅有509万条电话线，1.5万手机用户；到1999年，伊朗有837万条电话线和49万手机用户。① 2000年，伊朗每1000个居民便有252台收音机和158台电视机；平均每1000户居民有219条电话线。2000年以后，电话在伊朗全国得到了普及。到2011/2012年度，伊朗共安装了3138万部电话，但是农村地区的电话普及率较低，该年仅安装了52704部电话。②

2000年以后，伊朗互联网技术发展迅速。虽然这一技术90年代初才在伊朗起步，但到2005年，伊朗互联网用户已经突破500万。③ 2008年，伊朗有近2300万互联网用户，占全部人口的32%；2009年，互联网用户增加到2790万，占全部人口的34%，而该年伊朗有3020万手机用户。④ 2010年以后，受国际制裁和经济衰退的影响，伊朗互联网和移动通讯技术增长乏力，但依旧有小幅度的提升。相关数据显示，至2015年6月，伊朗互联网用户达2958万人，约占总人口的38.7%。德黑兰及其周边是电子设备普及率最高的地区，该地区移动互联网用户达764万人。而库姆省、厄尔布尔士省及霍尔木兹甘省是伊朗其他几个移动互联网普及率高于47%的省份。⑤

伊朗还是世界上拥有数目众多博客网站的国家。伊朗普通民众长期受国内伊斯兰教义的束缚，缺乏自由交流的空间，不少人借助于互联网技术的发展，开设博客抒发个人情感、搭建社交平台。到2005年，伊朗拥有70万个博客网站，大部分带有娱乐性质，时政新闻类的网站数量非常少。半官方性质的宗教组织及工会也利用博客传播消息。⑥ 伊朗的移动手机用

---

① Philip Dew, ed., *Doing Business with Iran*, p.53.
② Statistical Center of Iran, "Iran Statistical Yearbook, Communications", 1394, p.521.
③ Babak Rahimi, "The politics of the Internet in Iran", in Mehdi Semati ed., *Media, Culture and Society in Iran: Living with Globalization and the Islamic State*, London; New York: Routledge, 2008, p.38.
④ Sara Beth Elson, Douglas Yeung, etc., *Using Social Media to Gauge Iranian Public Opinion and Mood After the 2009 Election*, RAND Corporation, 20, p.11.
⑤ 中国驻伊朗经商参赞处：《伊朗互联网普及率在过去两年内翻三番》，http://www.mofcom.gov.cn/article/i/jyjl/j/201511/20151101161469.shtml.
⑥ 罗炯杰，冀开运：《伊朗互联网发展历程及其影响》，冀开运主编《伊朗发展报告（2016—2017）》，北京：社科文献出版社，2018年版，第212—213页。

户增长十分迅速。截止2015/2016年度，伊朗的移动手机用户达到了7591万，略低于全国人口总量，基本实现了普及的目标。[1] 因此，虽然是一个政教合一的保守国家，但是伊朗现代通讯技术的发展并不滞后，伊朗民众更多地接触到了多元文化与广阔的国际社会。

综上所述，伊朗的基础设施建设在伊斯兰革命后的40年里获得了非常迅速的发展。虽然从总的经济表现来看，伊朗的经济发展并不顺利。但是，伊朗的市政交通、供水供电、互联网通讯等基础设施建设却并没有那么落后，比革命前有了很大的进步。虽然一些基础设施项目受到了制裁的影响施工速度有所下降，但是并没有停止继续发展的步伐。伊朗的基础设施建设的成就在某种程度上更能体现经济现代化的成果，尤其是从服务于民生的角度衡量，比革命前要进步得多。但是，伊朗的基础设施建设还存在较大的不足，不能充分满足民众的基本需要，尤其是未来需要大量的资金与技术投资。

第五节　服务业的发展与局限性

从三大产业构成来看，伊朗的服务业是占比最高的产业。以2006/2007年度为例，服务业占全部GDP的52%。而在伊朗被制裁时期，服务业的比例进一步升高。[2] 一般来说，服务业占比越高，一国的经济发展程度会更现代化。但是，伊朗服务业的高比例并不能表明该产业的发展程度很高。

---

[1] Statistical Center of Iran, "Iran Statistical Yearbook, Communications", 1394, p. 524.
[2] CBI, "Annual Review", 1389, p. 43, http://www.cbi.ir/simplelist/AnnualReview_en.aspx.

一、公共服务业的发展

教育、卫生、医疗、福利又被称为社会基础设施，它们的发展对一国的经济现代化具有不可替代的意义。这些部门的扩大是导致革命后伊朗服务业在国民经济中比重上升的主要因素。

伊斯兰革命后，伊朗的教育发生了深刻的变化，从巴列维王朝时期的世俗化教育完全转向了宗教意识形态的教育，具体事务由教育和培训部负责。1980—1983年之间，伊朗发动了一场自上而下的伊斯兰化运动，重点集中在军队、政府机构和教育领域。[①] 自 1980 年夏天，陆续有 200 所大学被勒令关闭整改，直到 1983 年春天才重新开放招生。[②] "文化革命委员会"负责全部教育系统教科书的修订工作。修订教科书的两条基本原则是：轻视前伊斯兰文化的历史而强调伊斯兰文化遗产；西方文化观被伊斯兰文化观取代。[③] 重开后的学校在教师队伍、教材、学生录取标准等方面都严格按照伊斯兰政府的规定执行。革命后的伊朗教育实行男女隔离授课制度，并规定从小学到大学的教育全部免费。

伊斯兰革命后的教育大体分为五个层次：学前教育，大体针对 5 岁儿童的为时 1 年的教育；小学教育，分 5 个年级，对象为 6—11 岁的学童；初中教育，为时 4 年，对象为 11—14 岁的学生；中等教育，又分为纯粹理论性的学习和初级职业技术教育，对象为 14—17 岁的学生；后高中教育，包括普通高等教育和各种职业教育培训。

80 年代，由于人口的过快增长，入学人数激增，基础教育设施面临巨大压力，教师也严重短缺。1979 年共有 500 万男生和 300 万女生在读，而到 1989 年分别上升为 700 万和 500 万；到 1992 年，学生注册总人数达到

[①] Annabelle Sreberny-Mohammadi and Ali Mohammadi, *Small Media Big Revolution: Communication, Culture and the Iranian Revolution*, University of Minnesota Press, 1994, p. 164.

[②] Mehrdad Haghayeghi, "Politics and Ideology in the Islamic Republic of Iran", *Middle Eastern Studies*, Vol. 29, No. 1, 1993, p. 41.

[③] Mehrdad Haghayeghi, "Politics and Ideology in the Islamic Republic of Iran", p. 42.

了 1700 万左右。① 而学校的数量并没有相应的增加。实际上，很多学生最终无法入学，而能够入学的孩子挤在狭小的教室中。由于教师缺乏，一些学校被迫实行轮班制上课。大学教育面临更严重的衰退。在"文化革命"之后，很多学校并没有立即复课。1979 年，伊朗有 1.7 万大学生，女生占40%；而到 1983 年，仅有 4500 名，女生仅占 10% 左右；教师人数也从8000 名减为 6000 名。但是从 1983 年起，伊朗开始迅速扩大高等教育的规模，到 1988 年，大学生数量已有 6 万人。② 在 1985—1989 年，另有 8 所高等院校建成开放。实际上，新增学生基本都被私立高校吸收。政府虽然名义上实行免费教育，但却无力承担全部的教育开支，所以只能允许私人设立高校。另外，由清真寺主办的宗教教育获得了较大的发展，成为很多人接受扫盲教育的重要场所。

90 年代之后，政府增加了教育开支。1990 年，伊朗的教育开支为9516 亿里亚尔，1995 年为 71410 亿里亚尔，2000 年达到 238110 亿里亚尔。教育开支基本保持在 GDP 的 3% 左右。③ 虽然这一比例低于发达国家对教育的投资水准，但是却高于不少发展中国家。教师队伍不断扩大。截至到2015/2016 年度，伊朗共有 569457 名教师，在德黑兰、库姆、马尔卡兹、雅兹德地区的教师与学生比例为 27：31，即使在教师学生比例最低的南霍拉桑、库尔德斯坦等地，比例也达到了 13：17。④

经过 30 年的发展，伊朗教育的成绩是显著的，整体国民的教育水平有了很大的提高。到 2011/2012 年度，全国平均识字率为 84.8%，其中城市的识字率为 88.6%，农村为 75.1%。男性略高于女性。不过从纵向来看，女性的受教育程度得到了极大的提高。⑤ 伊朗国民教育水平的提高，不仅仅体现在初级教育，而是各级教育规模的扩大与完善。学前教育也受到了

---

① Homa Omid, *Islam and the Post-Revolutionary State in Iran*, New York: St. Martin's press, 1994, p. 158.
② Homa Omid, *Islam and the Post-Revolutionary State in Iran*, p. 163.
③ IMF Country Report, *Islamic Republic of Iran: Statistical Appendix*, 1999, p. 24; 2002, p. 96.
④ Statistical Center of Iran, "Iran Statistical Yearbook, Education", 1394, p. 684.
⑤ Statistical Center of Iran, "Iran Statistical Yearbook, Education", 1394, pp. 676-679.

政府的高度重视，在 2006 年，全国就有 2 万多所学前教育机构。① 接受教育已经成为伊朗普通国民的基本诉求，高等教育也逐渐不再是精英教育。伊朗的高等院校数量及规模增长很快。高校教师的数量在 2015/2016 年度有 81934 名，而在 1996/1997 年度仅有 23882 名，女性教师的数量增长速度超过了男性，大约占了高校教师比例的 1/4。② 2011/2012 年度，伊朗高校录取人数超过了 119 万，男性略高于女性；在校总人数超过 440 万，男女生比例持平。在本科和博士阶段，女生明显高于男生；但是在硕士阶段，男生高于女生。③ 伊朗的职业教育机构也获得了发展的空间。2015/2016 年度，伊朗共有 698 家教育培训机构，而在 1996/1997 年度仅有 140 家。④

伊斯兰革命前夕，伊朗卫生医疗事业十分落后，大多数的普通民众无法享受到基本的医疗服务。居民平均寿命较短，婴儿死亡率也很高。革命后初期，很多优秀的医生出于经济或者政治原因离境，造成医护人员、特别是高层次医生队伍的严重短缺。但是，伊斯兰政府以社会公正为宗旨，致力于打造福利型国家，而两伊战争导致伤残人员急剧增加。革命精神与现实因素使得政府对医疗卫生事业给予了较多的关注。

首先，政府迅速扩大了医校的招生规模。医校的数量从 1978 年的 8 所增加到 1988 年的 19 所，到 1992 年已达到 80 所；医护学生的数量从 2.2 万增加到了 10 万左右。⑤ 其次，建立广泛的初级医疗保健系统（PHC）。1985 年，议会通过了一项 350 亿美元的预算，作为各城镇建立该系统的初始资金。⑥ 再次，将医疗教育纳入公共健康系统中。1986 年，成立健康和医疗教育部。除了医疗事务，该部同时负责医校的管理工作，重点是管理

---

① Statistical Center of Iran, "Iran Statistical Yearbook, Education", 1394, p. 687.
② Statistical Center of Iran, "Iran Statistical Yearbook, Education", 1394, p. 701.
③ Statistical Center of Iran, "Iran Statistical Yearbook, Education", 1394, pp. 713 – 714.
④ Statistical Center of Iran, "Iran Statistical Yearbook, Education", 1394, p. 722.
⑤ Asghar Rastegar, "Health Policy and Medical Education", in Saeed Rahnema and Sohrab Behdad, eds., *Iran after the Revolution: Crisis of an Islamic State*, London; New York: I. B. Tauris, 1995, p. 223.
⑥ A. Mesdaghinia, et al, *Country Studies on Health and Welfare Systems: Experiences in Indonesia, Islamic Republic of Iran and Sri Lanka*, Kobe, Japan: WHO Kobe Centre, 2003, p. 14.

在各省建立的医学院校。这些院校既负责医护人员的培养，同时附属医院负责对周边地区提供医疗服务。最后，扩大边远和落后地区免费诊所的数量，并对一些即将毕业的医校学生实行强制性服务边区的政策。

这些努力取得了一定的成效，但伊朗伊斯兰革命后的医疗质量和效率都下降了，医护人员的素质比伊斯兰革命前低多了。虽然医校数量增加，但是并没有足够的合格在岗教师，毕业生大多只掌握初级医疗知识，无法适应复杂多变及更高级的医护要求。另外，伊朗虽然建立了一个庞大的医疗卫生系统，但是缺乏合理的设计规划，导致分配资源不公正问题突出。表6—20显示，1984年伊朗的婴儿死亡率较高，平均寿命不长，产妇死亡率较高，同时存在医生负担人数太多、农村PHC覆盖率低的问题。

表6—20　伊朗1984—2000年的主要健康指数

年份	1984	1997	2000
婴儿死亡率（‰）	51	28	28.6
5岁以下人口死亡率（‰）	60	35	36
男性平均寿命（岁）	67.7	70.7	—
女性平均寿命（岁）	71	73.4	—
农村获得PHC率（‰）	20	80	90
人口年增长率（‰）	3.2	1.4	1.34
医院床位数（千）	1.50	1.58	1.64
公共医院床位占用率（‰）	48	51	58
医生人均负担人口数	2915	1078	955
获得洁净用水的人口比例（‰）	71	83	95
产妇死亡数（每10万人）	140	37.4	

注：PHC是指初级医疗保健系统。

资料来源：A. Mesdaghinia, et al, *Country Studies on Health and Welfare Systems: experiences in Indonesia, Islamic Republic of Iran and Sri Lanka*, Kobe, Japan: WHO Kobe Centre, 2003, p. 15.

20世纪90年代后，医疗卫生事业获得了进一步发展。从表6—20可以看出，1997年婴儿死亡率明显下降，居民平均寿命延长，农村获得PHC的比例大幅度增加，产妇死亡率也明显下降。但是医生负担的人口数量依然很高。这些问题在 2000 年以后得到了进一步的改善。经过多年的发展，伊朗的医院、医护人员数量逐年上升。2015/2016 年度，伊朗共有医护人员 405910 人，比 1996/1997 年度增长了 50%；其中专职医生占比 10.4%，护理人员占 58.8%，另外还包括从事医疗运输服务的人员等。专任医生的比例仍然相对较少。在专任医生的构成中，全科医生占比 36.2%，专科医生占 40%，另有小部分牙医、药剂师等。拥有博士学位的医生专家仅占 7.9%。[1] 伊朗的医生数量还是相对较少，在人口稠密的德黑兰与库尔德斯坦地区，平均 10000 人中仅有 15—35 名医生。其他人口密度低的地区医生所负担人口相对较少，但是存在医生水平不高的问题。医护人员中获得学士及更高学位的人员仅占 30.9%。[2]

虽然伊朗的医疗卫生事业取得了明显的进步，但是也面临很多的挑战：第一，卫生医疗开支占全部财政的比例较低。2001 年，公共医疗开支大约为 12.7 亿美元。根据世界卫生组织的估计，伊朗公共卫生开支大约为全部卫生开支的 42.8%，其中 7.3% 用于社会保障。不过实际数字可能不超过 34.5%。[3] 这低于中东北非地区的平均水平。国家不愿负担更多的开支，鼓励越来越多的私人机构参与医疗事业。第二，医疗服务存在明显的地区差异，发达与落后地区的医疗卫生水平明显不同。第三，虽然伊朗大部分人口都处在各种保险公司或公共福利组织的覆盖之下，但是这些机构与医疗保健的提供者（主要是医院）缺乏有效的合作。国家强制性的低药价政策使医院感到无利可图，许多保险项目因此经常不能兑现，信誉度较低。第四，初级医疗保健系统在城市底层人口中的覆盖率很低。伊朗还需要做更多努力提高其医疗卫生水平。

为了兑现建立公正社会的承诺，建立健全的社会保障与福利制度是革命后政府的一项重要工作。伊朗的社会福利系统是一个由政府机构与众多

---

[1] Statistical Center of Iran, "Iran Statistical Yearbook, Health and Treatment", 1394, pp. 731 – 732.

[2] Statistical Center of Iran, "Iran Statistical Yearbook, Health and Treatment", 1394, pp. 733 – 734.

[3] A. Mesdaghinia, et al, *Country Studies on Health and Welfare Systems: Experiences in Indonesia, Islamic Republic of Iran and Sri Lanka*, p. 20.

的准政府组织组成的联合体。负责社会福利事务的最高部门是健康和医疗教育部(MOHME),其下设伊朗健康保险组织(IHIO)①、社会保障组织(SSO)、红十字会及急救中心(RCS & Emergency Centers)以及福利组织(Behzisti Organization)等职能部门。政府机构之外,准政府组织——众多的基金会组织也在社会保障方面发挥了重要作用,影响最大的是伊玛目霍梅尼救济基金会,还有"被压迫者和伤残者基金会""殉道者基金会""住房基金会""圣战重建基金会"等也为特定人群提供救济福利。共计超过29个组织和保险基金直接为不同群体提供保险和福利服务。

伊朗的社会福利一般分为两类:一种是向就业人口提供的健康和社会保险,受益人需要支付一定比例的费用;另一种是无偿性资助,主要向特定弱势群体,如穷人、残疾人、老人、在战争中受伤的退役军人及烈士家属提供资助。

政府主要负责第一类社会福利事务。到2001年,为2600万人提供12种不同的保险服务,大约覆盖66%的城市人口,后者占全部人口的42%。② 主要的福利基金有:公务员保险基金、军队保险基金、革命卫队保险基金,还有专门为特殊政府组织和机构提供保障的基金,如银行、国家石油公司、国家广播局、国有企业等。

而第二类服务主要由基金会负责。"被压迫者和伤残者基金会"常年向伤残和退役军人及家属提供资助,受益人数大约为50万。1996年,该基金会的常规福利支出为720亿里亚尔,1997年增至1400亿里亚尔。2000年,其总的福利支出达到8370亿里亚尔(相当于1亿美元)。"烈士基金会"向退役军人和烈士家属提供包括教育、培训、医疗保障、住房、工作职位甚至结婚费用等一系列的资助。在上世纪90年代,大约21万户家庭收到该基金会的常规性资助,共约50万人从中受益。而对社会慈善事业贡献最大的是"伊玛目霍梅尼救济基金会"。该基金会致力于向贫困家庭提供日常生活补贴和特殊费用,以维持基本的生活需要;同时还向穷人

---

① 2012/2013年度之前叫做医疗服务保险组织(TSIO)。
② A. Mesdaghinia, et al, *Country Studies on Health and Welfare Systems: Experiences in Indonesia, Islamic Republic of Iran and Sri Lanka*, p. 38.

提供教育和医疗帮助，资助老人和因意外伤害死亡者的家属。所以，该组织成为穷人尤其是农村人口的主要资助者。2000 年，该基金会的"农村老龄人口资助计划"（Rural Older Men Assistance Program）覆盖了 160 万人，另有将近 250 万人在其各种家庭资助计划之内，还有 170 万人在其各种一次性资助计划之内。到 90 年代末，以上 3 个基金会每年共向大约 500 万人提供超过 55 亿美元的资助，几乎等同于每年政府社会支出的财政预算总额。① 其他一些基金会也向某些特定人群提供资助。

  2001 年后，伊朗各类福利保险机构得到了进一步的发展。到 2015/2016 年度，由"国家福利组织"覆盖的照顾无监护人孩童的机构 575 家，负责社会伤害的机构 1142 家，日托机构 14758 家，相关职业培训中心 1015 个。② "国家社会保障组织"覆盖的人群也越来越多。1996/1997 年度有 2221 万人口被纳入社会保障范畴，到了 2015/2016 年度人数达到了 4138 万人。其中被保险人 3599 万，领取养老金的人为 538 万。大约 68.7% 的人口是被强制性的纳入保险系统，28.8% 的人属于专门保险范畴。③ 另外，"伊朗健康保险组织"将更多的人纳入医疗保险的范畴，尤其纳入的农村人口不断增加，2012/2013 年度，农村人口占比 56.7%。④ 另外，伊朗建立了为残疾人提供各种康复服务的训练中心，社会养老体系也不断完善。

  与政府下辖的机构相比，伊玛目霍梅尼基金会似乎在社会福利方面的作用更加突出。2015/2016 年度，该基金会共有 1125 个下属机构，为超过 193 万的家庭提供无偿资助，重点资助没有男性成年人而由妇女供养的家庭；覆盖人口 399 万，其中有 152 万老人，25 万孤儿，共提供 35 万亿里

---

  ① Mahmood Messkoub, "Constitutionalism, Modernization and Islamization: the Political Economy of Social Policy in Iran", in Massoud Karshenas and Valentine M. Moghadam, eds., *Social Policy in the Middle East: Economic, Political and Gender Dynamics*, London: Palgrave Macmillan, 2006, pp. 214 – 215.
  ② Statistical Center of Iran, "Iran Statistical Yearbook, Welfare and Social Security", 1394, pp. 609 – 610.
  ③ Statistical Center of Iran, "Iran Statistical Yearbook, Welfare and Social Security", 1394, pp. 644 – 647.
  ④ Statistical Center of Iran, "Iran Statistical Yearbook, Welfare and Social Security", 1394, p. 653.

亚尔的资助。伊玛目霍梅尼基金会的社会保险服务也十分广泛，2013/2014年度，基金会向11万低于50岁的以女性为家长的城市家庭、9万村民游牧民家庭及9万寻求工作的人提供保险业务，共计18657亿里亚尔。基金会的医疗保险服务覆盖面同样广泛。2014/2015年度，大约有124万人受益于该基金会的医疗保险业务。基金会还向社会提供各种就业机会，创立了"伊玛目霍梅尼基金会就业基金"，2015/2016年度提供资金26014亿里亚尔，大约近29万人接受了基金会组织的培训课程。① 另外，基金会还对年轻人提供结婚、教育等方面的费用。仅次于伊玛目霍梅尼基金会向社会提供资助与保险服务的是"殉道者和捐赠者事务基金会"，但是该基金会资助的规模有所缩小，如1996/1997年度向49.8万人口提供资助，到2015/2016年度下降到40万人；领取养老金的人数从21.6万人下降到了18.4万人。但是该基金会在提供就业、教育技能培训方面的投资有所增加。② 除此之外，"农民、村民及游牧社会保障基金"主要负责向农牧民提供保障服务。

　　社会福利与保险事业的发展是一国现代化惠及民生的集中体现。伊朗的社会保障与福利事业是在革命后经济条件十分艰难的条件下发展起来的，应该给予高度的评价。社会保障事业的发展在一定程度上践行了革命领袖当初的诺言，对保障普通民众的基本生活发挥了一定作用，也为维护和巩固伊斯兰政权起到了"稳定器"的效果。但是一些缺陷也不容忽视：第一，伊朗还没有实现全民享受社会福利的目标，到目前为止，还有一部分人口没有享受任何保险或福利。第二，整个福利系统职权分散，各自独立，相关机构缺乏协调，相互竞争。第三，政府财政无力承担巨额福利支出，导致实际支出数额经常小于目标。第四，受经济危机和恶性通货膨胀的长期影响，福利补贴通常无法满足民众的基本需要。

　　据伊朗《金融论坛报》报道，伊朗中央保险公司总经理赫马提（Ab-

---

① Statistical Center of Iran, "Iran Statistical Yearbook, Welfare and Social Security", 1394, pp. 628 – 630.

② Statistical Center of Iran, "Iran Statistical Yearbook, Welfare and Social Security", 1394, pp. 636 – 638.

dolnasser Hemmati）在参加第八届投资和金融系统发展会议时发表演讲，对人寿保险和其他险种在伊朗和全球的渗透率作了对比，他说："世界非寿险保险渗透率为2.7%，而伊朗为1.8%。这表明在非寿险保险领域，我们与世界其他国家相比落后很多。"他表示，人寿保险在世界范围的平均渗透率为3.8%，而伊朗仅为0.25%。他指出，根据第六个五年发展规划（2017年—2022年），保险业最高委员会有义务把寿险占保费总收入的比重提升至50%。"这项政策被一些人认为是不可能的。"他补充说，"伊历今年前10个月人寿保险收入增长了40%，其他保险收入只增长了20%。"①

二、传统商业、旅游业的有限发展

在政府和公共服务迅速扩展的同时，私人服务业并没有完全萎缩，而是获得了有限的发展。私人服务业中最重要的部分是巴扎经济。巴扎本是"市场"之意，在市场中从事各种批发零售业的人一般被称为巴扎商人。对伊斯兰世界来说，巴扎不仅仅是一个地理概念，也是一种社会经济形式，还是一种文化类型。巴扎商人一直是一个很有影响力的社会阶层。巴扎经济本质上属私有（个体或小规模雇佣的）商业性服务业。巴列维王朝将其视为现代经济的重要阻碍，试图进行打击并消灭，导致巴扎商人成为推翻王朝的一支重要力量。伊斯兰革命后，尽管革命领袖多次声称要尽全力保护巴扎经济，将其视为伊斯兰文化的象征，但却起到了相反的效果。巴扎经济本来是一个高度独立、具有自组织性的社会经济系统，长期垄断了伊朗绝大部分的国内外贸易。但是国有化和政府配给制度的广泛建立，特别是国家对国内外贸易的垄断，极大地破坏了巴扎经济的传统组织和独立地位，使其在进出口、国内批发零售业中的地位急速下降。伊朗的巴扎经济走向了两个极端：少数同政府有密切联系的商人逐渐成为政府配给物品的中间人或代理商，而广大中下层商人则逐渐陷入困境。巴扎也日益成

---

① 中国驻伊朗经商参赞处："伊朗概述保险业发展规划"，http：//www.mofcom.gov.cn/article/i/jyjl/j/201702/20170202514899.shtml.

为黑市和走私贸易集中的场所。巴扎经济比革命前更加衰落了。

中低层次的个体服务业有所扩大。经济危机和人口的增加导致大量人口无法充分就业。为了维持生计，不少人开始经营个体商业。另外，很多涌入城市的农民一般从事底层且报酬低的服务业。小商小贩一度成为伊朗城市底层经济的明显特征，这一状况到现在也没有完全改变。

90年代后，包括巴扎经济在内的私人商业获得了一定的发展。在2011/2012年度之前，伊朗的批发零售、机动车等个人家庭用品维修行业获得了较快的发展，其增长速度高于伊朗平均经济增长率。如1996/1997年度增长率是10.74%，2001/2002年度增长率是11.12%，2011/2012年度是8%，平均贡献GDP附加值的15%。但在2012年后，这一行业受到了制裁的较大影响，2012/2013年度成为负增长（-4.62%）。随后几年有所恢复，但没有恢复到2011年之前的繁荣。① 酒店餐饮业在1996/1997年度占GDP的0.82%，在2014/2015年度比例增长到1.06%；房地产市场在服务业中的比例较高，"不动产、租赁及商业活动"在GDP中的比例是11.85%。② 总的来说，伊朗的私人服务业比较落后，传统服务业较多，缺乏现代化的高附加值服务。而房地产市场相对火爆，很大程度上是伊朗城市化发展过快导致大量人口涌入城市的结果。

伊朗具有得天独厚的发展旅游业的条件。伊朗多样化的气候及地形使其拥有很多美丽的自然风光及种类众多的珍禽异兽，而其悠久的历史也为后人留下了大量文化遗产。伊朗被列入世界十大旅游观光国家之一。著名的旅游胜地有：德黑兰地区的萨德阿巴德王宫建筑群、涅瓦兰宫建筑群、格尔斯坦王宫建筑群、伊朗国家博物馆，伊斯法罕省的四十柱宫博物馆等。旅游业虽然在80年代严重萎缩，但是在战后很快重新崛起。图6—5显示，伊朗著名历史文化景点所接待的游客在2011年之前呈不断上升的趋势。但是在2011年后，深受制裁的伊朗旅游业受到沉重打击。

---

① Statistical Center of Iran, "Iran Statistical Yearbook, National Account", 1394, p. 906.
② Statistical Center of Iran, "Iran Statistical Yearbook, National Account", 1394, p. 903.

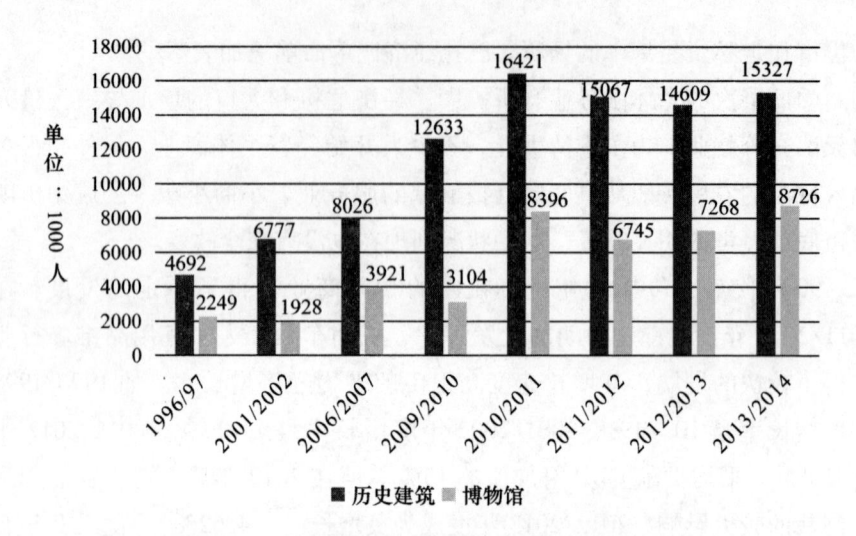

图 6—5　伊朗著名历史建筑与博物馆历年参观人数

资料来源：Statistical Center of Iran, "Iran Statistical Yearbook, Culture and Tourism", 1394, p. 778.

制约伊朗旅游业发展最主要的因素是政治环境的不稳定性。受美伊关系长期交恶的影响，很少有美国及美洲的游客在伊斯兰革命后敢于赴伊朗旅游。赴伊朗旅游的游客主要来自亚洲国家，还有一小部分来自欧洲。受经济不景气及政府投入不到位的拖累，伊朗旅游业相关的配套服务明显滞后。但是，两伊战争后伊朗政府越来越重视旅游资源的开发，试图将其打造成外汇收入的另一个重要来源。在"三五"计划里，明确将发展旅游业作为带动经济发展的重要产业，加快发展与旅游相关的服务行业，如提高宾馆、餐饮业的服务质量，简化签证手续等。对不少外国游客来说，伊朗旅游具有价格优惠、景点丰富的特点，因此十分具有吸引力。但是，伊朗国内外政治环境的高度不稳定性，尤其是反复被美国制裁的风险使得不少想去伊朗旅游的人望而却步。

总的来说，在伊斯兰革命后，伊朗的服务业取得了较大的进步。国家重视教育、医疗、福利保险等公共服务业的发展，使得伊朗逐渐成为一个具有现代化社会基本特征的国家。以 1990/1991 年度为参考基数，1999/

2000年度服务业产值增长了31.8%，而2007/2008年度增长了57%。[①] 革命后的伊朗在教育卫生福利等方面的进步也向世人展示了一个跟随时代变化，并力图将现代化的成果惠及民众的国家形象。

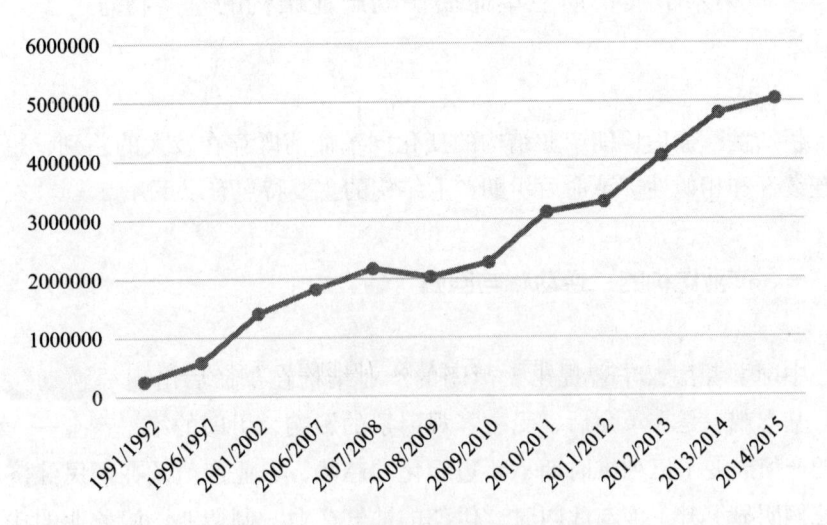

图6—6 历年赴伊朗的游客人数趋势

资料来源：Statistical Center of Iran, "Iran Statistical Yearbook, Culture and Tourism", 1394, p. 782.

但是服务业内部各行业之间的发展存在明显的差异。如果把交通通讯部门放入服务业中，它的发展是最快的。2007/2008年度交通通讯部门的产值在服务业中占23.8%，而在1990/1991年度仅占14.4%。公共服务业的比值没有很明显的变化，甚至有所下降，1990/1991年度其产值在服务业中为27%，到2000/2001仅为20%；私人服务业发展严重不足。[②] 服务业也是伊朗寻求解决高失业问题的主要突破口之一，但是目前服务业的发展程度还不能提供更充分的就业机会。因此，如何进一步提高服务业的质量，将服务业的发展与解决就业问题更密切地结合起来，应该是伊朗政府

---

① 根据伊朗中央银行数据计算得出。Central Bank of Iran, "National Product at Constant Prices", http://www.cbi.ir/simplelist/5796.aspx.

② 根据伊朗中央银行数据计算得出。Central Bank of Iran, "National Product at Constant Prices".

的重要着力点。

第六节 伊斯兰革命后伊朗产业结构的基本特征

伊斯兰革命后伊朗产业结构的变化同革命前既存在较大的差别，也具有连续性和相似性。革命后伊朗产业结构的主要特点有以下几点。

一、产业结构的"逆动"与回归

中国学者岳云华曾提出，伊朗的产业结构在革命后出现"逆动"趋势。基本观点是在革命后，受主客观因素的影响，伊朗的第一产业——农业的产值改变了巴列维时期不断边缘化的趋势，农业产值及在国民经济中的比例明显上升。但与此同时，伊朗的油气产业、制造业、服务业的比重都出现了下降。这一趋势总体上与当代世界各国经济现代化的规律不符，本质上体现了伊朗在伊斯兰革命后经济整体衰退的特点。[1] 这一结论符合伊斯兰革命后初期伊朗产业机构变化的客观状况。但是在两伊战争结束后，由于伊朗重新重视工业及服务业的发展，所谓的"逆动"趋势出现了逆转。

表6—21显示，到20世纪70年代中期，农业在GDP中的比重不断下降，1974/1975年度仅仅不到GDP的3%，与此同时工业和服务业的比重不断扩大，但扩张最多的是油气产业，油气产业的产值一度达到了GDP的60%。虽然巴列维时期的产业结构已经体现出一定的现代化因素，但是服务业与工业的产值比例还不够高。

---

[1] 岳云华：《伊朗20世纪90年代产业结构问题与转型思路探讨》，《世界地理研究》2001年第3期；《简论伊朗产业结构成长阶段特征》，《世界地理研究》2001年第1期。

表 6—21　伊朗各产业产值的变化

（2004/2005 年度为不变价格）

	1969/1970	1974/1975	1979/1980	1984/1985	1989/1990	1994/1995	1999/2000	2004/2005	2009/2010	2013/2014
农业	4.0	2.9	4.4	6.1	8.0	8.0	7.9	7.2	5.9	6.6
油气	65.1	60.2	34.2	24.4	30.6	31	25.1	22.2	17.4	10
制造及采掘业	7.6	9.4	14.1	16.7	15.4	17.2	19.7	23.2	25.5	25.9
服务业	25.9	34	54.5	55.2	46.8	46.2	49.5	50.2	54.8	60.6

资料来源：CBI, "National Product at Constant Price", https://www.cbi.ir/simplelist/5796.aspx.

在革命后，农业的比例在两伊战争时期有一定的增加，但是增加幅度并不是特别明显。出现这一现象的原因并不是因为农业发展过快，而是其他产业发展相对滞后。在 90 年代之后，农业的比重又开始下降。尽管农业的稳定关系到伊朗经济独立的战略目标，但是已经不可能在国民经济中起主导作用。

革命后，伊朗油气产业的产值明显下降。从表 6—21 看到，油气产业的比重到 1988/1989 年度已经下降到 30% 左右。两伊战争后油气产业虽然得到了恢复与发展，但是在国民经济中的比重仍然在下跌。但这并不能代表伊朗已经摆脱了对油气资源的依赖。伊朗在进行国民产值的统计时，往往只包括上游产业及炼油部门，而石化产业通常是不包含在统计之内的。因此，这一比例不能反映油气产业在伊朗国民经济中的真实地位，虽然在一定程度上也能反映出伊朗的产业结构多元化比革命前有了明显的进步。油气产业在国民经济中的占比如果出现非常低的状况，如 1984/1985 年度、2013/2014 年度，一般是因为油价大幅度下跌或者伊朗遭受制裁无法正常出口石油所致，因此不具有典型性。

革命后，伊朗的服务业获得了稳定的扩张。伊朗服务业的发展在很大程度上得益于公共服务业的扩张，尤其是公共交通、通讯、教育、医疗卫生等行业的发展。伊朗的制造业和采掘业在国民产值中的比例也有所提升。

从表面上看，伊朗的产业产值比例似乎与发达国家的产业比例构成有类似之处，即农业产值最低、工业产值其次、服务业占比最高。但是二者之间有着本质的差别。伊朗制造业、服务业的现代化程度不高，资本与技术密集程度较低。伊朗伊斯兰革命后长期孤立于世界，很难从发达国家获取先进发达的技术、管理模式及经验，导致伊朗经济缺乏活力，在封闭的环境中无法实现自身的创新。国家也缺乏将国内企业引入国际竞争的导向意识，致使伊朗虽然拥有丰富的人力资源，甚至比较发达的现代化基础设施，却无法实现产业自身的优化升级。迄今为止，伊朗依然没有摆脱对油气部门的依赖，经济多元化的目标还远远没有实现。

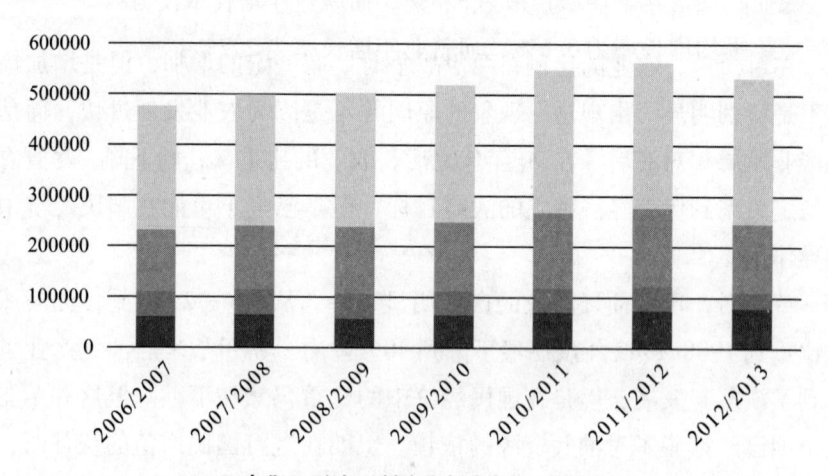

图 6—7　2006/2007—2012/2013 年度各产业部门 GDP 构成

资料来源：CBI, "Annual Review", 1389, p. 43；1391, p. 44.

二、就业人口产业比重的变化

总的来说，伊朗的劳动力就业流向呈现出城市化与现代化的特点。即随着农业机械现代化的推进，农村不再需要大量劳动力从事种植或者畜牧业。与此同时，随着城市化进程的不断加速，大量农村人口涌入城市，进入制造业或者服务行业就业。

虽然在伊斯兰革命后初期农业产值比重有所增加，但是农业就业人口比重却一直在减少，在90年代后的下降更加明显。制造业就业人口比例较低。伊朗的制造业虽然在两伊战争后有所发展，但是无法容纳太多的劳动力。到2012/2013年度，伊朗的农业、工业、服务业中的就业率依次是18.9%、33.6%、47.5%。[1]

产业附加值的增长率一般高于就业增长率，是伊朗产业结构的重要特点。1990年，伊朗农业、工业（含能源部门）、服务业就业人口比例依次是26%、27%、47%；2000年依次是22%、29%、49%。1990—2000年间，农业附加值年平均增长率为3.8%，而就业年增长率仅为0.4%；工业附加值年平均增长率为3.8%，而就业年增长率为2.7%；服务业附加值与就业增长率分别为5.0%和2.7%。[2] 1990年，非石油制造业就业人口比例是12%，2000年为11%。在这10年的时间里，伊朗的非石油制造业附加值增加了6%，但是劳动力附加值几乎是零。相比之下，建筑业对劳动力的吸纳能力更强一些，1990和2000年，建筑业就业人口比例占全部就业人口的7%和10%。由于建筑业与其他部门联系十分密切，大约工业中2/3的就业机会都直接或间接与建筑业的发展有关。[3] 可以看出，90年代之后的战后重建，大量基础设施的兴建在解决就业问题上发挥了一定的作用。但是在2000年之后，大规模重建时代结束，建筑业促进就业的作用逐渐减弱。在伊朗遭受制裁之后，基础设施建设对就业的拉动作用更加不明显。

更多的劳动力转移到服务业中，尤其是公共服务部门。教育卫生系统专业人员队伍的扩大是导致服务业就业人数增加的主要原因。另外，中低层次的服务业成为底层就业人口的主要流向。90年代之后，随着私有化改革的推进，从事贸易、零售、运输等行业的人数也在增多。

---

[1] Statistical Centre of Iran, "A Selection of Labor Force Survey Results", 1391, p. 5.
[2] IMF County Report, *Islamic Republic of Iran: Selected Issues and Statistical Appendix*, 2002, p. 64.
[3] IMF County Report, *Islamic Republic of Iran: Selected Issues and Statistical Appendix*, 2002, p. 64.

农业就业人口的减少、服务业就业比重的增加是一个合理的现象，反映了伊朗产业结构比革命前有所优化，但是从事第二产业的人数比例偏低。作为一个发展中国家，如果不能在制造业及就业方面出现突破性发展，是很难步入经济高速增长之列的。这也是伊朗失业率居高不下的根本原因。

三、产业间的关联性较弱

产业结构是一个动态联系的整体。各个产业之间并不孤立，而是相互存在复杂广泛的联系。产业关联是指产业间以投入品和产出品为连接纽带的经济技术联系，其本质是产业之间相互的供给与需求关系。[①] 产业关联分前向关联、后向关联及环向关联几种类型。前向关联主要是通过供给关系与其他产业发生联系；后向关联主要是通过需求关系与其他产业发生联系；而环向关联则指各产业通过前向、后向关联形成了产业链。

虽然能源产业是伊朗的支柱产业，但是除了向其他产业提供资金支持外，该产业与其他产业的直接性联系非常少，尤其体现在技术、人员流动等方面。而即使存在资金的关联，也不是直接性的，而是通过国家再分配手段产生的间接关联。能源上游产业唯一的前向联系是炼油、石化产业等下游产业。相比之下，石化产业与其他产业的前向联系是最多的。

伊朗农业本身带有自然经济的内向型特点，与其他产业的联系较少。但实际上农业越发达，对制造业的促进作用就会越大。农业的前向联系主要向其他产业提供原料，如食品加工、传统手工业等部门；而后向联系主要是对化肥、农药、农机设备、基础设施的需求。但是，伊朗农业的落后性导致其与其他产业没有形成密切的供需关系，发生联系也大多是间接性的。间接性主要体现在影响农业发展的最主要因素是国家的政策导向，而不是农业与其他产业之间的供需关系。革命后的伊朗农业发展主要依靠国家扶持，主要农作物从购买各种生产要素到种植再到出售都在国家的高度

---

① 唐晓华主编：《产业经济学教程》，北京：经济管理出版社，2007年版，第217页。

控制之下。而农业较低的生产率也限制了与其他产业间的联系。在满足自身基本需要之后，农民往往没有更多的产品可以出售。但是90年代后，政府放开了价格控制，农业越来越多地受到市场供求关系的影响。特别是随着农业专业化、商品化程度的提高，尤其是农业产业园的发展，对其他产业也起到了一定的拉动作用。从长期趋势来看，农业与其他产业间的联系正在加强。但是要建立一个与工业、服务业互相促进、良性互动的农业产业，还是面临很多障碍。

非石油制造业是前向与后向联系都十分紧密的一个部门，因为必须从其他产业获取原料所需，生产的产品也必须销售到各个产业中去。但是伊朗的非石油制造业的国内产业关联度比较弱。从后向联系看，除了一些传统手工业、非耐用消费品制造业外，大型、耐用消费品工业都离不开从国外进口中间品和资本货物，另外也要进口部分原材料。技术关联其实是后向联系的重要内容，非石油制造企业多数不能从国内其他产业获取所需的技术支持。与非石油制造业相比，建筑业是前后向联系比较密切的行业。但是，建筑业受经济起伏波动的影响较大，没有获得稳定的发展，导致该行业在产业关联中的作用没有得到充分的发挥。

与农业、能源产业及非石油制造业相比，服务业是前后向关联度较高的产业。服务业的发展能够扩大内需、刺激消费，能够带动相关制造业及服务业子门类的发展。80年代的伊朗服务业一度呈现发展滞后的特点，限制了其产业关联效应的发挥。但是在90年代后，伊朗的服务业对其他产业的带动作用越来越明显。如旅游业可以带动交通、餐饮、建筑等许多行业，并对拉动就业产生积极影响；而公共服务业的进一步发展也会对其他产业产生更大的促进作用。因此，如何进一步发展服务业，使其产生更显著的产业关联效应，是伊朗政府面对的重要任务。

四、产业结构的能源型特征

虽然经过了多年的努力，但是伊朗经济多样化在很大程度上还是一种表象。伊斯兰革命后，虽然伊朗建立了门类齐全的国民经济体系，但从财政收入到支出都高度依赖能源产业。除了农业之外，其他的产业几乎都随能源产业的波动而波动。

表 6—22　1978—2002 年伊朗的经济繁荣与萧条周期　　　　　（%）

项目	GDP 年均变化率	非石油 GDP 年均变化率	石油收入年均变化率
繁荣期			
1982—1983	12.9	8.2	51.2
1989—1991	8.6	7.7	21.0
1996	6.1	7.1	27.6
1999—2002	4.3	5.3	27.9
萧条期			
1978—1981	-3.7	-9.0	-9.9
1984—1986	-2.3	-0.6	-31.1
1988	-3.5	-5.8	-10.1
1994	0.5	1.8	1.9
1998	2.9	3.0	-35.8

资料来源：Massoud Karshenas and Hassan Hakimian, "Oil, Economic Diversification and the Democratic Process in Iran", *Iranian Studies*, Vol. 38, No. 1, 2005, p. 73.

从表 6—22 可以看出，在石油收入增加之时，GDP 和非石油 GDP 都有明显增长；而在石油收入锐减之时，GDP 和非石油 GDP 又都会明显下降。在油价上升的时期，石油收入在总财政收入中的比例较高（基本在 60% 以上）；而在油价下跌的时期，石油收入在财政总收入中的比例较低。如 1994/1995 年度，石油收入占财政收入比例高达 71.4%，而 1998/1999 年度则下降到 36.9%。[1]

对产油国来说，如何摆脱对石油天然气这类不可再生资源的依赖，是一个极其重要的课题，但也是一个很难解决的问题。伊朗的经济现代化基本上是靠石油收入的增加才进入快速发展通道的，石油收入是现代化的母体。虽然伊朗曾经借此一度超越了很多发展中国家按部就班的发展步伐，

---

[1]　IMF Country Report, *Islamic Republic of Iran: Statistical Appendix*, 1999, p. 27.

但是经济的可持续性发展问题越来越严峻。依靠能源产业建立起的产业结构表现出很强的惯性，会使产业结构缺乏弹性和活力，调整起来相当困难。尤其在油价上升时期，国家财政收入增加，会使得缺乏产业结构调整的紧迫感和危机感，甚至会进一步加深对油气资源的依赖，成为阻碍产业结构优化升级的障碍。

本章小结

伊斯兰革命后，伊朗政府没能形成明晰的产业政策。虽然提出了经济多样化的目标，尤其在伊斯兰革命后的初期，致力于摆脱对石油的依赖，削减石油产量，重视提高农业的自给率，但是在两伊战争后，伊朗很快又走上了依靠石油收入支撑其他产业发展的老路。80年代产业结构调整的尝试以失败而告终。90年代之后，伊朗政府并非认识不到世界产业结构的日新月异发展，因此才会将现代化的重点重新转向工业，并大力发展能源下游产业。但是，由于总体上经济没有获得良性的发展，使得到现在为止伊朗也没有发展出典型意义上的主导产业。能源部门虽是支柱产业，但是不具备成为主导产业的全部条件。一般来说，主导产业必须具备以下几个条件：一是必须具备技术创新能力；二是保持较高的增长率；三是具有良好的市场潜力和发展前景；四是对其他产业有很强的关联效应。四个条件缺一不可，否则不能称之为主导产业。[①] 从以上四个条件衡量，只有石化工业还可以算得上是伊朗的主导产业。近年来伊朗的石化工业也表现出很强的发展势头。但是，仅仅石化工业还不能完全承担主导产业的重任。主导产业本质上是一个具备较大增长潜力的产业群，如机械、电子、汽车制造等都可以共同构成一国的主导产业。但是伊朗的类似行业都比较落后，短期内很难发展成主导产业。

---

① 赵玉林主编：《产业经济学（第2版）》，武汉：武汉理工大学出版社，2008年版，第286页。

伊朗政权并非不重视科学技术，但是受长期制裁的影响，伊朗很难获取世界最新的产业技术并有足够的资本去及时更新，更缺乏与世界先进企业的足够沟通与关联。这些不利因素不仅限制了伊朗对主导产业的选择，而且还使其缺乏战略产业。战略产业又被称为先导产业，是有望在未来成为主导产业的新兴产业。随着世界各国产业结构升级的加速，一国通常设立战略产业以保证经济的可持续快速发展，如很多国家将生物技术、信息技术、航空航天、新能源新材料开发等作为本国的战略产业。与世界上许多国家相比，伊朗在先进技术的获取与创新方面还是落后的。虽然伊朗的通讯信息及互联网产业在2000年后获得了迅速的发展，但是在很大程度上还处于引进阶段，缺乏本国的自主品牌。要建立起真正的战略产业，必须在引进外来技术的基础上进一步消化吸收，开发并提升本国的创新能力，形成科技优势。但是，在伊朗不断地卷入各种地区纷争及与大国博弈的斗争之后，如何发展经济，如何实现本国产业的升级改造，已经成为一个很大的未知数。

第七章
伊朗经济现代化进程的社会公正问题

伊朗伊斯兰政府对经济不公正问题的重视既是现代经济发展的内在需要，也是维护政治合法性的必要手段。在建立"公正经济"的指导思想下，伊斯兰革命后历届伊朗政府的经济政策——除了拉夫桑贾尼时期不太重视社会公正而注重经济发展外，都不约而同地将社会公正放在了十分重要的地位。哈塔米主张经济发展与社会公正齐头并进，而内贾德则直接将石油美元向民众进行分配。鲁哈尼继续强调要削减贫困、减少腐败等。虽然伊朗的经济政策一直与现实实践之间存在明显的差距，但是伊朗经济发展中的不公正性在革命后得到了一定的改善。本章从革命后的贫富差距、城乡差距、省际差距、性别差距来考察伊朗在伊斯兰革命后经济现代化中的公正问题。

第一节　伊斯兰革命后伊朗贫富差距的变化

伊斯兰革命被称为"穷苦人的革命"，革命的目的是为了打破以巴列维王室为首的一小撮贵族精英，让平民大众都能够享受到经济与社会发展的果实。革命后，伊朗在减贫方面取得了较大的成绩，但是并没有有效地缩小贫富分化，同时也出现了新的特权阶层。

贫富差距问题本质上既是经济问题，也是政治与社会问题。个体或家庭的贫困或富有程度往往是由在社会中的地位决定的。社会学家习惯运用比喻的方法形容一个社会的分层结构。如最理想的社会结构是"橄榄形"或"纺锤形",即高收入与低收入阶层人数很少,而中产阶级人数最多。这种社会结构是最稳定最合理的。但是与理想状态相比,国际社会中最常见的是金字塔形或"倒丁字形"社会结构。[1] 金字塔形社会结构意味着一国社会底层人口占大多数,越往上的社会阶层人数越少,极少数精英掌握国家权力,同时垄断各种资源。"倒丁字形"社会结构则指的是虽然并没有少数精英掌握大量资源的绝对不平等问题,但是绝大多数人口都处于贫困或半贫困状态。巴列维王朝时期,社会阶层趋于固化,上层少数精英垄断了政治经济权力,使得中下层群体失去了上升的渠道,因此是典型的金字塔形社会。金字塔形社会贫富分化悬殊,社会不平等程度很高,政权被推翻的可能性也最大。巴列维王朝被推翻本身就是不合理的社会结构导致中下层民众反抗的结果。

一、伊斯兰革命后伊朗社会阶层的重组

伊斯兰革命在一定程度上打破了巴列维时期的社会不合理结构,使得社会阶层重新分化组合。但是,随着政权的稳固,社会的分层重新出现了固化趋势,从而奠定了伊朗贫富差距的基本格局。

(一)影响伊斯兰革命后伊朗社会分层的主要因素

伊朗伊斯兰革命后的社会分层,既受到革命本身的影响,也受到革命后建立的政治体制、社会经济政策、经济危机及教育等多重因素的制约。

1. 革命本身的因素。伊斯兰革命具有广泛的群众基础。尤其是城市的中下层民众,大部分都参与了这次革命。革命使得原有的王室精英失去了权力,地位下降被边缘化甚至消失,世俗中产阶级被极大的削弱,原先一些边缘化群体,如宗教人士、革命激进分子借助革命地位上升。

2. 政教合一的政治体制对社会结构的重组产生了很大的影响。伊朗确

---

[1] 李培林、李强、马戎主编:《社会学与中国社会》,北京:社会科学文献出版社,2008年版,第211页。

立的最高领袖治国的法基赫体制，权力高度集中在少数宗教学者手里。在这样一种政治体制下，与掌权的宗教阶层存在密切联系的人容易获得较高的社会资源及地位，反之若是与宗教阶层没有多少关联，则获得较高社会地位的可能性较小。

3. 革命后不同时期社会与经济政策的变化也影响到社会分层结构。革命后初期，伊朗施行民粹—国家主义式的经济社会政策，建立了旨在降低社会不公正的再分配体制，虽然起到了社会安全阀的作用，却也成为少数人牟利的工具。伊朗出现了新的既得利益阶层。战争结束后，伊朗经济政策从过度强调经济公正转向经济发展，但是受政策调整影响最大的不是上层利益集团，而是中下层民众。

4. 持续性经济危机的影响。伊朗在伊斯兰革命之后，长期处在经济危机或停滞的状态。恶劣的经济形势导致无法孕育足够的中等收入群体，高失业率和高通货膨胀率长期困扰着中下层民众，使得伊朗社会分层呈现出某种危机的特征。

5. 教育对社会分层变化的影响不断增强。接受的教育越多意味着改变自身地位和处境的机会越多，尤其是受过高等教育的人。20世纪90年代后，教育因素在社会流动中起的作用越来越大。但是随着教育的普及，仅仅依靠教育越来越不能保证完全改变人们的地位。在高等教育人群中，贫困人口的比例也在上升。

（二）伊斯兰革命后伊朗社会阶层的重组与变迁

1. 取代旧的特权阶层的是新的统治集团，重新构成了所谓的上层社会。革命前，王室成员、政府官员、获得政府支持的大工业金融资产阶级及大地主，是巴列维王朝的主要社会基础。革命在很大程度上消灭了这个阶层，大部分成员或逃亡国外，或遭监禁、杀害。革命后，伊朗伊斯兰政权形成了以什叶派宗教领袖为首的比较封闭的统治集团。高级神职人员，尤其是阿亚图拉，享有很高的社会地位；各级乌勒玛也享有较多的政治经济权力。另外，与之有密切联系的政府官员、大商人、基金会组织以及军事组织，尤其是伊斯兰革命卫队的上层，共同构成了统治集团的核心部分。这些慈善或军事组织都直接从事经济活动，利用政治资源牟取经济利益，很多都是垄断性企业的代理人，从而成为新兴官僚资产阶级的主要部分。这个阶层人数不多，却握有巨大的政治与经济资源并享受特权，是社会不公正的主要体现。

2. 出现了一个人数相对较多，但实力相对较弱的中产阶级群体。"中产阶级"是现代经济发展导致的社会分层复杂化的产物，这个阶层的出现和人数增多一般代表社会矛盾走向缓和。这个阶层一般接受过良好的教育，大多从事脑力劳动，主要靠工资及薪金为生，具有较强专业知识和职业水平，并有一定的消费能力，能够在解决生存问题的前提下进一步提高生活的质量。所以，中产阶级人数的增多往往意味着社会稳定性的加强。但是，中产阶级本身是一个相当模糊的概念，关于其划分标准也存在较大的歧义。

伊斯兰革命后，伊朗逐渐出现了一个既不属于少数特权群体，又不同于传统企业家与工人的中产阶级阶层。这一阶层的重要来源是企业的经营管理人员及政府的行政管理人员。在巴列维时期，随着技术人员的增多及国家职能的扩大，中产阶级已经开始出现；在伊斯兰革命后，这一群体的人数有所增加。但是在革命后初期，私有部门中产阶级人数大幅下降，而国有部门的人数比例上升。这是国有化的必然后果。到1986年，私有部门的经营管理人员和科技人员减少了37.2%，人数从10.2万减少到6.4万；同时国有部门的同类人员数量从37.6万增加到71万。到90年代，形势又发生了明显的改变，私有部门中产阶级人数和比例有所回升。与1986年相比，1996年私有部门中产阶级的总人数增加了2倍多（21.9万），是全部中产阶级人数的14.7%。[①] 显然这是在国家进行私有化改革后，私有经济的比重明显增加的结果。但是，国有经济的中产阶级仍占主要地位，主要集中在教育医疗系统，如教师、医生和护士等。其次是国有企业的技术性人才及政府的中层行政管理人员，人数最少的是私有企业的雇员。这些群体又都可称为现代中产阶级，大量神职人员构成了传统中产阶级群体。伊

[①] Farhad Nomani & Sohrab Behdad, *Class and Labor in Iran: Did the Revolution Matter?* Syracuse, N.Y.: Syracuse University Press, 2006, pp. 106 - 115.

斯兰革命后，神职人员的地位明显上升。他们一方面依靠清真寺获得较高的收入，另一方面也经常成为各地司法、行政、教育文化及社会慈善事业的负责人。另外，基金会、伊斯兰革命卫队下属企业的部分员工也属于中产阶级行列。

中产阶级一般拥有技术专长或在政府部门任职，有较稳定的地位和收入，处境要好于普通劳动阶层。但是与少数特权精英相比，中产阶级基本上是自食其力的劳动者，容易受到国家经济危机或国际制裁的直接影响。伊朗的中产阶级普遍存在贫困化的问题，经济能力不能跟发达国家的中产阶级相提并论。

3. 城市资产阶级和产业工人的数量在革命后初期大量减少，但是在两伊战争后又有所增加。研究伊朗经济的著名学者苏赫拉布·贝赫达德认为，伊斯兰革命后初期的伊朗经历了一个"去工业化"的过程，资本主义生产关系急剧萎缩，小商品经济迅速扩张。[1] 在90年代后，虽然伊朗重新恢复了工业化进程，但是非正式的小商品经济（包括黑市经济）广泛存在。经济结构的变化对社会结构也产生了明显的影响。这里的资产阶级主要指私营企业主，区别于上面提到的官僚化的少数精英群体。革命基本上消灭了原来的大资产阶级，但并没有培育出一个新的成熟的资产阶级队伍。随着大量企业被收归国有，尤其是大型企业基本上都成为国有企业，私营企业主失去了赖以生存的经济基础。革命后初期的资产阶级主要是中小企业主，而小企业主又居多数。从企业规模上可以看出，1976—1986年间，小企业（1—9个工人）不论在数量、产量还是人均产出方面的比重都有所增加，而中等企业（10—49个工人）的数量及比例在下降。企业家人均拥有的雇员人数从1976年的16.9/人下降至1986年的5.5/人。与此同时，私有企业的工人数量急剧下降，减少了大约64.8万人，而且大多数分散在不超过10人的小企业中；但国有企业工人的数量却增加了32.6万人，增长率达57.6%。[2] 国有企业工人的增加并没能抵消产业工人比例总体下降的趋势。

---

[1] Farhad Nomani and Sohrab Behdad, *Class and labor in Iran: Did the Revolution Matter?* p. 34.
[2] Farhad Nomani & Sohrab Behdad, *Class and Labor in Iran: Did the Revolution Matter?* p. 102.

90年代后，随着资本关系在一定程度上的恢复，资产阶级和产业工人的数量有所增加，企业规模有所扩大。资产阶级的数量从1986年的34.1万人增加到1996年的52.8万人，而私有企业的工人数量增加了将近一倍，从188万增加到333万。但是不论资产阶级还是私企工人阶级的比例都没有恢复到革命前的水平，这是私有经济在革命后没有获得充分发展的自然结果。国企工人仍是工人阶级的主体部分。90年代个体经营者人数从440万增加到520万人，但是在总就业人数中的比例明显下降。[1]

可以看出，在革命后的大多数时期，不论在国有化还是私有化时期，资本关系的萎缩都是十分严重的。大多数资产阶级的处境恶化，处在不稳定的状态中。很多资本家相当贫困，处境并不好于个体经营者或工薪阶层。而国有企业的工人的处境一般要好于私有企业。虽然90年代后私人企业获得了一定的发展空间，但是受经济危机及国际制裁的长期拖累，伊朗从事私人经济的群体普遍存在贫困化的问题。

4. 城市贫民的大量存在。城市化进程的加速也使得城市贫民数量上升。底层城市居民包括：半失业群体，如从事清洁工、服务生、小摊贩等行业的人，很多属于季节性打工，不能算作充分就业人员。这些人一般没有接受足够的教育，也没有较高的生活技能，一大部分是从农村流入城市的人口。这些人生活在城市的边缘，居住生活条件恶劣，需要依赖政府与基金会的救济才能生活。另外伊朗还存在大量隐性失业人口，如无报酬的家庭工人、离家出走的妇女、残障者、毕业后失业的学生等，这些人也成为这个阶层的组成部分。

（三）非正式经济的存在与社会分层的模糊性

非正式经济指的是什么？到底包括哪些行业？在一国经济中能占多少比重？因为非正式经济本身的复杂性、模糊性、流动性的特点，迄今为止，国际上并没有形成统一的认知标准。但是，越是在欠发达和经济体制

---

[1] Sohrab Behdad & Farhad Nomani, "Workers, Peasants, and Peddlers: A Study of Labor Stratification in the Post-Revolutionary Iran", *International Journal of Middle East Studies*, Vol. 34, No. 4, 2002, p. 676.

不完善的国家，非正式经济所占的比重往往越大，而且通常是吸纳劳动力人口的重要途径。

伊朗社会与经济在80年代的一个明显转向是，受经济危机及人口增多的影响，大量人口找不到稳定的工作，因此衍生出了大量的非正式经济活动。为了维持生计，伊朗下层社会出现了一个庞大的个体经营者阶层，主要从事小规模商贩经营活动。大约新增加劳动力的2/3都成为自食其力的个体经营者。"非正式劳动力市场的扩张是伊朗经济中的一个突出特征，它包括大量的小商品生产和个体经营的迅速增加。这些部门大部分不在政府监控的范围之内。"①具体来说，街头贩卖、家庭小作坊、黑市和各种非法活动（包括武器走私、毒品走私、性工作者及其他非法工作）都属于非正式经济的范畴。2003年，联合国国家评估报告指出伊朗的GNP中65%的构成属于非正式经济成分。②

大量非正式经济的存在及就业人口使得区分伊朗的社会结构变得复杂化。在个体经营者队伍中，并不是所有人都是低收入的劳动者，也有少部分人从事律师、医生等现代职业。伊朗还存在大量出租车司机，也属于个体劳动者。如果从收入水平来看，这部分人应该归入中产阶级。在非正式经济中，还有为数众多的人从事传统行业，如批发零售、手工制作等，收入水平可能低一些。另外，伊朗的社会分层结构受到两伊战争的较大影响。80年代不少人应征入伍服兵役，但是战后大量军人复员。虽然少部分人能够获得不错的职位，但是大部分人需要重新找工作。伊朗90年代后失业率的上升也跟军人复原转业有关。不少复原军人不得不从事非正式经济。非正式经济的存在，使得从细节上理解伊朗的社会分层状况更加困难。

农村社会分层也呈现复杂化趋势。革命后国家对农村事务的积极介入及其他一些农业政策导致了农村社会分层的复杂化，主要体现在：（1）土

---

① Hamideh Sedghi, *Women and Politics in Iran: Veiling, Unveiling and Reveiling*, p. 237.
② Roksana Bahramitash and Shahla Kazemipour, "Veiled Economy: Gender and the Informal Sector", in Roksana Bahramitash and Hadi Salehi Esfahani, (eds.), *Veiled Employment: Islamism and the Political Economy of Women's Employment in Iran*, p. 227.

地改革的不彻底使不少地主得以保留原来的土地，并继续成为农村中的权势阶层。（2）农业资产阶级的队伍有所扩大。一部分获得土地的农民以及保留土地的地主，在政府优惠政策的刺激下，进行机械化耕作、雇工及商品化生产，成为农村中的资产阶级。在城市资产阶级数量锐减的情况下，农村资产阶级的数量却相对有明显的增长。（3）由于土改的有限性，仍有为数不少的农民无地或者仅有少量土地，他们构成农村的贫困阶层。（4）农业工人队伍有所壮大。革命后政府支持农村发展，修建大量基础设施，很多农民因此找到了新的职业（主要指建筑等行业）。他们同农场工人共同构成农村的工人阶层，而一般不完全脱离农业生产。（5）出现了一个由服务于当地农村的行政管理人员、教师、医生等国家雇员组成的阶层。他们的收入一般高于本地农民，严格来说属于农村的中产阶级。农村社会分层的复杂化为其内部的贫富分化奠定了基础。

通过对革命后伊朗社会分层结构及变化的剖析，可以看出在革命后不久，伊朗重新形成了相对稳定的社会分层结构，到90年代后社会结构很难在国家政策的干预下出现实质性的变化。伊朗的社会分层结构本质上还是金字塔形，但是比巴列维王朝时期有所缓和，特别是中产阶级的队伍有所壮大，使得伊朗社会现代化的程度有所提高。另外，教育、福利等基础社会服务的普及化帮助一部分人能够得到向上流动的渠道。但政治权力的高度集中在社会分层中起到了十分关键的作用。最富有的阶层往往也是最有权势的阶层，陷入贫困的阶层往往是那些被政治排斥或者无法得到政治庇护的人群。

二、伊斯兰革命后伊朗贫富差距的量化分析

迄今为止，衡量贫富分化最基本的指标还是基尼系数。[①] 本小节以研究伊朗经济社会问题的著名学者萨勒尼·伊斯法罕尼的数据为基础，以世界银行及其他相关资料为补充，旨在对革命后伊朗的社会贫富分化状况进

---

① 基尼系数是指由意大利经济学家基尼提出的，根据劳伦斯曲线来判断收入分配公平程度的指标。它是一个在0到1之间的比例数值，0代表居民收入完全平均，而1代表完全不平均。一般来说，超过0.4（百分制下超过40）被认为社会贫富差距明显拉大。

行量化分析。

表7—1　1971—2004年伊朗收入和支出基尼系数

年份	人均支出 总体	人均支出 城市	人均支出 农村	家庭支出 总体	家庭支出 城市	家庭支出 农村	人均收入 总体	人均收入 城市	人均收入 农村	人均薪水 总体	人均薪水 城市	人均薪水 农村
1977				0.500	0.440							
1979				0.470	0.480							
1980				0.404								
1984	0.452	0.424	0.380	0.453	0.421	0.430	0.451	0.414	0.432	0.529	0.453	0.558
1985	0.452	0.429	0.374	0.455	0.425	0.425	0.479	0.453	0.430	0.544	0.485	0.538
1986	0.461	0.436	0.406	0.459	0.425	0.455	0.462	0.431	0.428	0.511	0.450	0.521
1987	0.448	0.450	0.365	0.447	0.439	0.412	0.489	0.488	0.449	0.522	0.476	0.536
1988	0.430	0.418	0.348	0.431	0.412	0.403	0.431	0.432	0.425	0.497	0.452	0.523
1989	0.438	0.430	0.366	0.440	0.425	0.422	0.453	0.458	0.416	0.527	0.502	0.514
1990	0.435	0.416	0.422	0.430	0.403	0.453	0.483	0.465	0.481	0.528	0.499	0.533
1991	0.461	0.439	0.435	0.449	0.421	0.463	0.504	0.496	0.476	0.552	0.539	0.531
1992	0.448	0.428	0.407	0.434	0.410	0.435	0.503	0.494	0.468	0.546	0.530	0.521
1993	0.436	0.411	0.390	0.426	0.399	0.424	0.477	0.460	0.434	0.525	0.502	0.486
1994	0.433	0.413	0.395	0.421	0.395	0.429	0.476	0.469	0.448	0.524	0.516	0.498
1995	0.435	0.421	0.400	0.427	0.406	0.439	0.457	0.443	0.455	0.506	0.489	0.512
1996	0.439	0.420	0.393	0.425	0.404	0.423	0.465	0.457	0.439	0.512	0.506	0.484
1997	0.435	0.416	0.396	0.419	0.396	0.424	0.445	0.429	0.440	0.494	0.479	0.490
1998	0.438	0.414	0.416	0.421	0.394	0.440	0.447	0.413	0.446	0.498	0.482	0.495
1999	0.434	0.416	0.405	0.417	0.397	0.424	0.485	0.460	0.463	0.541	0.535	0.515
2000	0.441	0.421	0.400	0.422	0.403	0.422	0.457	0.435	0.439	0.529	0.511	0.521
2001	0.450	0.432	0.394	0.431	0.417	0.414	0.446	0.418	0.414	0.503	0.486	0.490
2002	0.449	0.430	0.392	0.424	0.407	0.413	0.456	0.429	0.415	0.513	0.501	0.486
2003	0.438	0.413	0.372	0.404	0.388	0.392	0.434	0.416	0.430	0.485	0.472	0.484
2004	0.436	0.416	0.400	0.413	0.395	0.415	0.443	0.429	0.427	0.511	0.506	0.486

资料来源：Djavad Saleni-Isfahani, "Revolution and redistribution in Iran: how the poor have fared 25 years later", p.53, http://101.96.10.63/siteresources.worldbank.org/INTDECINEQ/Resources/1149208-1147789289867/IIIWB_Conference_Revolution%26Redistribution_Iran.pdf.

萨勒尼·伊斯法罕尼提供了一个详细的从 70 年代中期到 2004 年的伊朗个人及家庭收入与支出基尼系数的数据。从表 7—1 可以看出，1977 年是伊朗贫富差距非常悬殊的一年，城市家庭支出基尼系数高达 0.5，农村为 0.44；1979—1980 年，贫富分化程度有所缓解，如 1980 年伊朗城市家庭支出基尼系数为 0.4。但到 1984 年，伊朗的基尼系数又重新上升到 0.45。

其他一些资料也可证明革命后初期伊朗的贫富差距有所缩小。1977 年，城市最富有的 20% 的家庭开支比例为 55.5%，到 1980 年下降到 45%；而同期收入最低的 40% 的城市人口家庭开支比例从 11.7% 上升到 15.2%。农村最富有人口 20% 的家庭消费支出比例从 1979 年的 53.8% 下降至 1982 年的 45.4%，而同期农村最底层人口 40% 家庭消费支出比例从 13.9% 上升为 15.8%。[①]

这一时期贫富差距的缩小主要是革命本身造成的。革命消灭了巴列维王朝的统治阶层，没收了他们的财产，取缔了他们的特权。通过参与革命，部分下层民众暂时获得了一些利益，拉近了与上层精英的差距。最重要的是，这一时期也还没有形成新的相对稳定的统治集团及既得利益阶层。但随着教法学家统治秩序的建立，贫富差距缩小的局面很快被扭转了。从 1982 年开始，贫富分化出现了重新扩大的趋势，不过并没有严重到如巴列维王朝后期的程度。

1982 到 1989 年间贫富差距的重新扩大在某种程度上宣告了伊朗这一时期致力于建立公正经济的理想诉求的失败。当时很多激进的报纸对贫富分化严重的状况作了大量的报道。1987 年，收入最低的 10% 的阶层仅获得国民收入的不到 1.3%，而最高的 10% 却获得了 33%。另一项报道称，1988 年，大约国民收入的 50% 都流入 10% 的人的腰包，另外 38% 被占人口比例 40% 的中等阶层获得，而占人口比例 40% 的最低阶层仅获得了 12%。大约有 6 万个家庭的月收入超过 300 万里亚尔，而一个普通工人家庭的月收入仅 3 万里亚尔。[②]

---

① Vahid F. Nowshirvani & Patrick Clawson, "The State and Social Equity in Post-revolutionary Iran", in Myron Weiner and Ali Banuazizi, eds., *The Politics of Social Transformation in Afghanistan, Iran, and Pakistan*, Syracuse, N. Y.: Syracuse University Press, 1994, p. 248.

② Hooshang Amirahmadi, *Revolution and Economic Transition: the Iranian Experience*, Albany: State University of New York Press, 1991, p. 201.

另外，不少报纸也关注这一时期中间商和基金会组织通过国家建立的配给体制谋求暴利的现象。如据伊朗著名报纸《国际报》（Kayhan）报道，1982年，大约国内总支出的31%为储蓄账户。这些储蓄大部分来源于中间商业等非公共服务业，主要集中在大约10万个家庭中。1983年，中间商和投机商的利润达到了900亿里亚尔；而1988年，大约5000个巴扎商人的税后利润为500亿里亚尔。① 当时还出现了为数不少的"亿万富翁"。与之形成鲜明对比的是，广大城市平民、工业及建筑业工人、国家中下层雇员的生活水平因经济危机的影响急速下降。

从表7—1还可以看出，与城市相比，农村人均支出基尼系数在1984年之后也有所上升，表明农村的贫富分化程度有所加剧。造成这一现象的主要原因是国家政策的影响。国家对农业补贴的主要受惠者是少数拥有较多土地，有能力采用新技术和先进经营方式的富裕农民及地主，而不是小土地所有者。另一方面，农村国家雇员数量的增多逐渐使他们形成了农村的中上层甚至特权阶层。农村20%的最高收入家庭的消费支出比例从1982年的45.4%上升到1986年的49.1%，而收入最低40%的家庭开支比例从15.8%降至13.3%，这要低于1979年的水平（13.9%）。② 但1986年后，农村贫富分化的局面有所缩小。1986年之后经济危机的加深导致政府对农村的支持力度减弱，最深受其害的是原来得到较多政府补贴的富裕农民。

学者伊万·撒列尼（Ivan Szelenyi）有一个十分著名的理论——"国家再分配机制中的不平等理论"，主要观点是国家社会主义与福利国家的再分配机制作用有着根本的不同。在福利国家中，再分配机制的作用是降低由市场造成的不平等。尽管在这些社会的再分配过程也存在种种问题，但政府开支的增加，往往导致工人收入的增长和贫困化程度的下降，典型的如二战后的西欧及北欧国家。而国家社会主义经济中的再分配机制，不仅没有造成收入分配的平等，反而扩大了社会中的不平等。这种不平等，主要表现在再分配者与直接生产者之间。随着经济中占支配地位的再分配部门的扩大，拥有

---

① Hooshang Amirahmadi, *Revolution and Economic Transition: the Iranian Experience*, p. 202.
② Vahid F. Nowshirvani & Patrick Clawson, "The State and Social Equity in Post-revolutionary Iran", p. 248.

权力和特权的人们有明显的优势。这种再分配的作用明显表现在越来越多的非工资性补贴上。[①] 虽然撒列尼的观点存在绝对化的缺陷，他在晚年也对原先的观点进行了修正。但是他的理论可以解释伊斯兰革命后前10年里伊朗国家再分配机制同社会贫富分化的关系。国有化、补贴、配给制度都是再分配体制的代表性政策，却最终证明无法有效地解决贫富分化问题。

20世纪90年代以后，伊朗开始进行经济自由化和市场化改革。这一时期国家的重点已经转向经济增长而不是社会公正。改革初期确实导致社会贫富分化程度的扩大。从表7—1可以看出，人均支出、家庭支出、人均收入在1991年分别达到了0.461、0.449、0.504。这一年也是战后伊朗贫富分化最严重的一年，也是拉夫桑贾尼改革迅速推进的一年，同时也是战后经济增长速度最快的一年。但是贫富分化加剧的最主要原因是由最穷困人口的3%的收入下降导致的，而其余阶层收入都不同程度地表现出增长。[②]

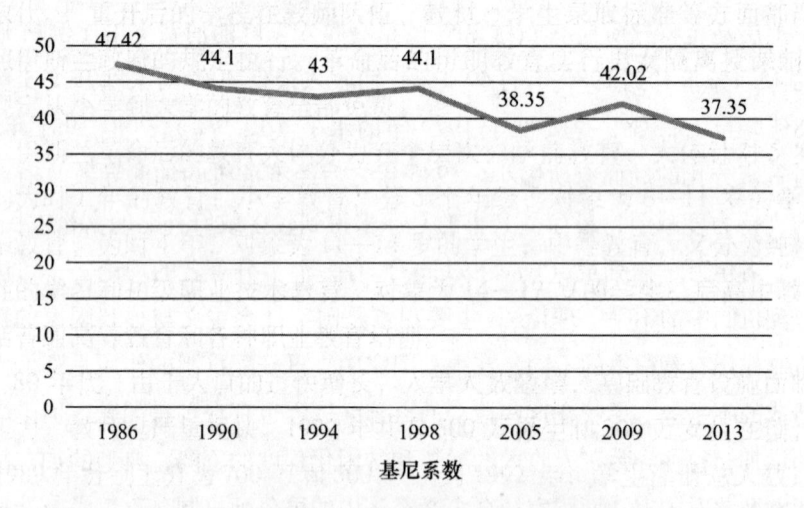

图7—1 1986—2013年伊朗基尼系数的变化

资料来源：World Bank, "Gini Index", http: //data.worldbank.org/indicator/SI.POV.GINI? loca-

---

① 孙立平：《现代化与社会转型》，北京：北京大学出版社，2005年版，第317页。
② Djavad Saleni-Isfahani, "Poverty, Inequality, and Populist Politics in Iran", *Journal of Economic Inequality*, Vol. 7, No. 1, 2009, p. 23.

tions = IR&view = chart。这里的基尼系数采用的是 0—100 之间取值，与 0—1 之间的取值本质上是一样的。

世界银行提供了 1986—2013 年伊朗基尼系数的长期趋势数据，可以对萨勒尼的观点进行补充。从图 7—1 可以看出，革命后伊朗的基尼系数总体上呈现下降的趋势。但是，在不同的阶段表现不一。与 90 年代及 2000 年之后相比，80 年代虽然是伊朗高度重视经济公正的时期，但是基尼系数都在 40 以上，表明这一时段的贫富差距并没有实质性的缩小。1994—1998 年，基尼系数又再次升高，这是拉夫桑贾尼推行经济改革时期，他的经济改革政策拉大了贫富差距；1998—2005 年之间，伊朗的贫富差距又出现了明显的缩小，说明哈塔米时期寻求经济发展与社会公正的平衡路线取得了一定的效果。但是在 2005—2009 年之间，贫富差距又一次拉开，证明内贾德所谓的"把石油放在人们的餐桌上"的诺言并没有很好的兑现。但是在 2009 年之后，贫富差距又一次缩小，值得注意的是这正好是伊朗深受制裁发生经济危机的期间。虽然经济发生严重的衰退，但是内贾德在第二任期加强了对中下层民众的救济力度，而上层精英特别是伊斯兰革命卫队等下属企业成为制裁打击的重要目标，受制裁的影响更大。这些既得利益集团财富受损，从而降低了社会的贫富差距。

通过对伊斯兰革命后伊朗贫富分化的研究可以发现，贫富差距的缩小从根本上是以经济的发展为前提的。如果经济没有获得明显的发展，主要依赖国家主导的再分配机制是无法有效降低贫富分化的。在自由化改革时期（1990—2005），除了很短的一段时期外，伊朗的贫富差距没有出现过度加深的问题。市场自由化改革废除了一些不合理的再分配体制，不仅促进了经济的发展，也在一定程度上打击了寻租利益集团。而在经济发展的同时，国家也有更多的财力物力用于国内基础设施及福利制度的建设。这些因素都会对缩小贫富差距发挥一定的作用。

虽然伊朗伊斯兰政府一直很努力地致力于经济公正，但是成效并不显著。在伊斯兰革命后，经过了短暂的社会动乱期，社会很快形成了新的分层结构。这一新的社会结构高度依附于现有的政治体制，逐渐形成固化态势。国家的分配再调节机制很难打破已经形成的社会结构，使得在资源的获取、机会的争取等方面存在天然的不公正。尽管 90 年代之后，伊朗社会走向开放，更容易地接受教育也能帮助一部分人获取一些资源。但总的来说，在国家长期性经济危机导致资源稀缺的背景下，中下层民众获取优质资源的机会变得更加稀少。经济的贫困与政治精英的固化，令伊朗进一步缩小社会的贫富差距变得十分艰难。

三、伊斯兰革命后伊朗的贫困问题及减贫努力

虽然伊朗的贫富差距很难进一步缩小，但是从贫困人口的绝对数量来看，伊朗在伊斯兰革命后的减贫成就是不容否认的。早在伊斯兰革命后的初期，伊朗存在大量的贫困人口。从早期研究革命后伊朗经济的资料中，大致可见80年代大量贫困人口存在的事实，经济危机使得几乎所有阶层的生活水准都出现下降。霍尚·阿米拉赫马迪援引议员古拉姆·侯赛因·萨迪在两伊战争后所作的报告中称："大约有1200万人属被剥夺人口，2200万人处于十分脆弱状态，而1170万处于准脆弱状况，另外130万人是富人。大约72%的人口受到严重损害，日常生活面临严重问题。"报告还称绝对贫困人口的数量在增加。另外，根据伊朗一位"计划与预算部"的专家估计，大约60%—70%的人口生活在贫困线以下。① 这些研究有助于判断80年代伊朗的贫困状况，但主要的缺陷是未能提供贫困人口的衡量标准，也没有与革命前的贫困状况作一比较。

（一）伊斯兰革命后伊朗贫困人口的下降

在过去很长一段时间里，世界银行国际贫困线标准设定在人均每日生活成本1美元。但随着世界经济现代化进程的加快，贫困人口的生活成本已经大大高于1美元。于是贫困线的标准不断上调，最初调整到1.25美元，2015年后又提高到1.9美元。同时世界银行把中等收入国家的贫困线标准提高到3.2—5.5美元。② 某些国家以一个人每日可获得的均衡营养的

---

① Hooshang Amirahmadi, *Revolution and Economic Transition: the Iranian Experience*, pp. 196 – 198.

② World Bank, "Poverty", http://www.worldbank.org/en/topic/poverty.

最低标准作为贫困线，一般在 2200—2450 卡路里之间。除此之外，贫困人口的衡量方法还有家庭和个人开支状况等。

图 7—2　1986—2013 年伊朗贫困率的变化（%）

资料来源：World Bank, "Poverty headcount ratio", http://data.worldbank.org/indicator/SI.POV.DDAY? locations=IR&view=chart.

当前世界银行根据伊朗国情设定的贫困线分成两个标准：一个是 1.9 美元/天，另一个是 3.1 美元/天。从图 7—2 可以看出，两个标准所衡量的贫困人口在伊斯兰革命后都有大幅度的下降。到 2013 年，按照 1.9 美元/天的贫困线计算的贫困人口仅占全部人口的 0.08%。1990—1994 年之间是革命后的第一个大幅度减贫时期，在 1994—2005 年之间减贫幅度明显放慢，但是贫困人口比例的下降依然是大趋势，2005—2009 年为大幅度减贫的第三个时期。

世界银行提供的长时段的伊朗贫困人口下降趋势图，未能足够地反映出贫困人口在不同时期的波动幅度。而一些学者更加详细地研究了伊朗历年来贫困人口的变化趋势。从他们的研究结果来看，虽然研究方法有所差异，但是都证明了伊朗在革命后贫困人口不断下降的事实。

表 7—2　1984—2004 年伊朗的人头指数（H）和贫困差距指数（PG）

年份	1984	1986	1988	1989	1990	1992	1994	1996	1998	2000	2002	2003	2004
H	0.289	0.394	0.433	0.424	0.377	0.321	0.329	0.339	0.287	0.241	0.192	0.155	0.127
PG	0.091	0.143	0.149	0.151	0.131	0.109	0.103	0.111	0.092	0.073	0.054	0.043	0.032

资料来源：D. Saleni-Isfahani, "Poverty, Inequality and Populist Politics in Iran", *Journal of Economy Inequality*, Vol. 7, No. 1, 2009, p. 15.

根据伊斯法罕尼从伊朗数据中心获得的数据，按照最普通的衡量贫困的"人头指数"（H）[①]的方法，1977 年城市贫困人口与全部人口的比例为 0.426，到 1982 年下降为 0.35。而农村贫困人口下降更快，从 1977 年的 0.215 下降到 1979 年的 0.197。[②] 革命本身起到了减贫的作用。但是从 80 年代中期到战争结束，贫困人口一度猛增。除了人头指数外，伊斯法罕尼同时运用"贫困差距指数"（PG）对革命后的伊朗贫困程度进行考察。[③] 从表 7—2 可以看出，1984 年到 1989 年，两项贫困指数增长都很快：人头指数从 0.289 增至 0.424，增长幅度为 32%；贫困差距指数从 0.091 增加到 0.151，增幅达 40%。

表 7—2 显示，从 1989 年开始，贫困指数再次明显下降，如 1998 年的人头指数为 0.287，而贫困差距指数下降至 0.092。两项指数大体降到了 1984 年的水平。不过在 90 年代中期（1994—1996），贫困指数出现了短暂的上升。2000 年之后，两项指数下降幅度很快，如到 2004 年，人头指数降至 0.127，而贫困差距指数降至 0.032。

伊朗学者巴盖里和阿瓦扎里运用 SST 指数，将贫困人头指数、贫困差距指数和基尼系数综合在一起考量，运用数学统计建模，根据演算结果判断出革命后伊朗的贫困率大幅度降低的事实。在 1991—2010 年之间，城市地区的贫困率从 13.1% 下降到 7.3%，农村地区从 28.1% 下降到 7.5%。农村的减贫幅度大于

[①] 英文为 Headcount Index，即一定时期，一定国家或地区在贫困线以下人口所占全部人口比例，又称贫困率。这是衡量贫困的基本指标。

[②] D. Saleni-Isfahani, "Poverty, Inequality and Populist Politics in Iran", p. 14.

[③] 即 Poverty Gap Index，指贫困人口的人均收入低于贫困线的比率。其计算方法是 $P_{Gap} = HI$，H 是人头指数，而 I 是贫困线以下的平均收入距离贫困线的比例。数值越大，表明贫困人口越多。

城市。城市贫困率的下降则在1991—1994之间出现了一些反复。[①]

伊朗在减贫方面的成绩是在几乎没有多少经济增长的背景下实现的，因此是一项令人惊奇的成果。虽然国家再分配体制的存在总体上更利于上层既得利益集团，但不容否认的是，在经济困难的条件下，配给补贴等制度在保障最低收入者基本生活方面作出了重要的贡献。另外，基金会在救助穷人方面也发挥了十分突出的作用，甚至在某些方面超越了政府的职能。实际上，伊朗在革命后建立的庞大复杂的救济体系成为抵制经济危机对普通人影响的不可或缺的机构。

贫困人口的变化总体上同经济增长和衰退的周期存在密切的关系。经济停滞或倒退会导致贫困加剧，而经济增长加快会使贫困率降低。但在某些时期，政府的政策发挥了更突出的作用，使得虽然经济陷入停滞，但是减贫工作仍在继续。2005—2009年贫困率的大幅度下降很引人深思，贫困率的下降显然不是经济增长的结果，而是内贾德时期高度重视对贫困人口的救济，重新强调再分配的重要性的后果。

贫困人口的变动趋势也反映出伊朗石油地租型国家的特征。在石油收入减少时，贫困人口会增加，典型时期是1986年到1989年；而在石油收入增加时，贫困人口会减少，如1990—1992年和1999年之后。石油收入增加时，政府会增加预算和开支，加强投资，带动服务业及建筑业的发展，从而扩大就业，减少失业及贫困人口；而进口的增加也能增加有效供给，特别是食物供应，也会有效地抑制通货膨胀。另外，政府的补贴也会增加。所有这些因素都有助于减贫，反之则造成贫困的增加。

（二）相对贫困问题凸显

虽然伊朗的绝对贫困问题得到了有效的解决，一般民众已经能够比较容易地获取现代化的公共服务（如交通、水电、餐饮、住宿）及教育、医疗等资源，但是越来越高的生活成本也增加了民众的压力，从而产生了具有新时代内涵的贫困人口。

[①] F. Bagheri & M. S. Avazalipour, "Trend of Poverty Intensity in Iran 1991 – 2010", p. 118, www.arpapress.com/Volumes/Vol14Issue1/IJRRAS_14_1_11.pdf.

当大多数人都能够享有基本的教育及其他服务时，人们的期望值自然会变得更高。那些拥有特权及巨额财富的阶层的生活仍然是普通民众所不能企及的。如一部分人虽然拥有较多的教育经历，但是仍有可能会失业或者收入较低，生活比较拮据。在伊朗，受高失业和通货膨胀长期高位的影响，普通中产阶级及小市民、小商贩阶层的收入通常不够支付一般性的消费支出。大部分普通阶层长期处于入不敷出的状态。中产阶级普遍面临贫困化的问题。教育、医疗已经是生存的必需品，而获取这些往往花去普通民众的绝大部分收入。长期通货膨胀对领取固定薪水的国家雇员的生活质量也造成了严重影响。另外不稳定的国内外形势、反复无常的经济社会改革政策也给民众带来了恐惧及压力。在 90 年代中后期，中产阶级中很多人在下班之后还要兼职多份工作，仅仅为了维持基本的生活成本。伊朗曾一度出现教师、医生、军官、公务员大量兼职出租车司机的现象，促生了私人出租车服务公司的繁荣。①

在 1999 年轰动一时的学生运动中，学生曾经喊出了"人民很饥饿，教士像皇帝"的口号，表明贫富分化、相对贫困、民生问题是引发社会不满及动荡的主要根源。2005 年，改革派在执政 8 年之后败北，被强硬保守派取代。除了政治外交因素之外，改革派没有解决好民生问题，尤其是下层民众没有获得感，使得他们不再支持改革派转而寻求强硬保守派的人物。但是在强硬保守派执政 8 年后又被温和保守派取代，背后的主要诉求还是中下层民众对提高自身经济社会地位的渴望。

从世界范围内来看，相对贫困在大部分国家都不同程度的存在，本质上是贫富差距问题。但是，相对贫困问题在发达国家与欠发达国家的影响存在很大的差异。如在美国这样的发达国家，相对贫困人口的比例不在少数，却不会发生社会动荡甚至危及政权本身，主要的原因是贫困人口获得基本资源的能力要大大强于欠发达国家。发达国家也有更多的弹性包容这部分人口，减少他们对政权稳定性的冲击。但是在像伊朗这样的国家，相对贫困是一个非常重要的政治问题。如果伊朗一直不能解决好中下层民众

---

① Behzad Yaghmaian, *Social change in Iran: an Eyewitness Account of Dissent, Defiance, and New Movements for Rights*, Albany: State University of New York Press, 2002, p. 157.

的基本生活保障，不能实现经济增长，不能提高人民的富裕程度，仅有部分宗教人士生活在优渥的环境里，那么伊朗的政权将继续面临严峻的考验。

第二节　伊斯兰革命后伊朗城乡差距的变化

伊斯兰革命后的伊朗社会仍是城乡二元结构。革命前夕，伊朗52%的人口是农民和游牧民，48%的人口是城市居民；到1997年，农业人口仍然占全部人口的近40%，人数在2800万左右。同时游牧民重要性日益下降，他们越来越多地转为定居人口。1986年，全国还有180万游牧民，占全部人口的3%。[①] 随着时间的推移，部落游牧民已经不再是伊朗社会的重要阶层了，他们在很大程度上已经融入其他阶层之中。在伊斯兰革命后，伊朗政府重视农村和农业的发展，对落后地区比革命前给予了更多的关照。但是受革命后艰难的经济发展环境的影响，政府的一些努力受到了很大的限制。政府治理经济有心无力的局面得不到根本的解决。在伊斯兰革命后40年的时间里，伊朗城乡之间的差异经历了缩小又重新扩大的过程。

一、伊斯兰革命后初期城乡差异的缩小

伊斯兰革命后，内忧外患的伊朗特别注重发展农业，并加强了农村的建设。在伊斯兰革命后的前10年，伊朗唯一真正获得发展的部门就是农业。农业在GDP中的比重在80年代中后期比革命前明显提高，到1988/1989年度，农业产值占GDP的8.1%。[②]

伊斯兰革命提高了农民的地位。伊斯兰革命以"穷苦人的革命"为旗

[①] Grant Farr, *Modern Iran: a Volume in the Comparative Societies Series*, Boston, Mass.: McGraw-Hill, 1999, pp. 83–85.

[②] CBI, "National Product at Constant Price".

帜，吸引了大批下层人参加。虽然革命的中心在城市，但是农村是伊斯兰传统文化的重要阵地，受到了宗教领袖的高度重视。巴列维国王虽然分给了农民土地，但是并没有提高农民的地位。农民依然感觉自己是二等公民，是被剥削的对象。虽然农民并未对伊斯兰革命的成功作出多少贡献，但是革命后仍有种当家作主的感觉。

前文已述，"吉哈德组织"在发展农村事业方面作出了杰出的贡献。该组织致力于农村的基础设施建设及各种服务工作，如修建道路、通水电、开展扫盲运动等。经过努力，革命后初期城乡差距有所缩小。从基础设施的普及率来看，1976年伊朗城市供电的用户为85%，农村仅24%；1986年城市供电用户占比88.4%，而农村提高到53.4%。1976年城市自来水用户占比84%，农村仅14%；1986年城市为96.8%，农村则提高至63.8%。从肉类消费量进行比较，1977年城市每10万人口消费2820吨红肉，农村为1451吨；1982年城市每10万人口消费红肉2318吨，农村1600吨。可以看出，城市生活水平甚至有所下降而农村生活水平有所上升。

农村除了基础设施和基本生活水平得到了改善之外，农民整体素质的提高也得到了政府的高度关注。巴列维王朝时期，农村的识字率大大低于城市。革命后，政府非常重视在农村开展扫盲教育，而且鼓励妇女、未接受教育的成年人也接受教育。革命前，虽然整体上教育水平在提高，但是在教育资源的获取上存在明显的不平等。教育资源主要局限于城市里的世俗化的中产阶级群体，农村和宗教保守家庭的人接受教育的比例较少。1976年，城市的识字率为65.4%，而农村的识字率仅为30.5%。在10年之后，1986年城市识字率提高到73.1%，农村地区为48.2%。农村的提高幅度要明显高于城市。农村教育提高最快的是初级教育，小学班级从1976/1977年度的每10万人452个增加到1985/1986年度的679.8个；而同期城市仅仅从367.1个增加到431.9个。[①]

农村的医疗服务受到了政府更多的重视，医疗水平有所提高。1985年，政府在农村发动了一项"健康网络体系"（HNS）的活动，大幅度降

---

① Ahmad Sharbatoghlie, *Urbanization and Regional Disparities in Post-revolutionary Iran*, p. 97.

低了农村的出生率和死亡率，为农村的现代化奠定了基础。"健康网络"要求在各个村庄建立诊所（"健康之家"）。诊所招聘的医护人员来自本村，每个生育期的妇女至少在一年内都要被走访。① 农村婴儿死亡率从1976年的115‰下降到1986年的45‰。②

到80年代末期，城乡差距缩小的特征更加明显。1977年，农村家庭开支是城市的47%，到1982年上升到57%，1987和1988年分别为61%和59%。如果扣除通货膨胀因素，农村支出占城市的比例还会进一步上升，1987年会达到70%。农村自给自足的特征使其较少受通货膨胀的影响，而城市则恰恰相反。同时，农村家庭使用家用电器的比例明显上升，在1979到1988年间，使用冰箱的农户从14.5%上升到48%，电视机从8.1%上升至37.5%。③

表7—3　1974—2004年每日人均收入与支出

单位：里亚尔（2004年价格）

	收入		支出	
	农村	城市	农村	城市
1974	8525	18218	12775	22901
1979	10056	25189	13599	25862
1984	10145	22769	12970	27311
1989	9749	12215	12590	17365
1994	10530	18857	12437	20544
1999	11645	21304	13736	23757
2004	15687	30187	18871	32876

资料来源：Djavad Saleni-Isfahani, "Revolution and redistribution in Iran: how the poor have fared 25 years laterr", p. 50, http://101.96.10.64/siteresources.worldbank.org/INTDECINEQ/Resources/1149208-1147789289867/IIIWB_ Conference_ Revolution&Redistribution_ Iran. pdf.

---

① Salehi-Isfahani: The Revolution and the Rural Poor, p. 141.
② Ahmad Sharbatoghlie, *Urbanization and Regional Disparities in Post-revolutionary Iran*, p. 97.
③ Vahid F. Nowshirvani & Patrick Clawson, "The State and Social Equity in Post-revolutionary Iran", p. 253.

而每日人均收入与支出的指标更能反映类似的特点。从表7—3可以看出，在革命之前，每日人均收入及支出在城乡之间的差距非常大。1974年农村人均收入仅为城市的46.8%，农村人均支出为城市的55.8%。但是在革命之后，农村的人均收入和支出都在增长，而城市增长相对缓慢。在1984年之后，受经济危机的影响，城乡的人均收入与支出都在不同程度地下降，但是城市下降速度高于农村，使得城乡差距进一步缩小。1989年城乡人均收入与支出的差距达到最小值，其中农村人均收入是城市的79.8%，农村人均支出是城市的72.5%。

但是对城乡之间的差距缩小不能过分高估。伊斯兰革命后初期伊朗农村事业的发展只是相对于城市经济的暂时停滞而发生的相对地变化，并不代表农村的现代化程度有了质的飞跃。农村的发展根本还是取决于与城市联系的紧密程度与广度，仅仅依靠农村基础设施的改善是无法推动农村持续性的社会变迁的。在革命后的伊朗，城市的发展程度仍然明显高于农村，这是一个不可逆转的趋势。即使是农村的教育获得了发展，也仅仅指的是中小学初级教育。从高中教育阶段起，城市就占据了明显的优势，而高等教育更不可能在农村得到发展。但是农村教育的普及也是城市化的必要前提，二者的紧密关系不容否认。

从图7—3可以看出，自二战之后，伊朗的城市化进程速度很快。虽然在此期间发生了伊斯兰革命和政权更迭，革命后初期一度经济混乱、城市凋敝，但是并没有阻止城市化的进程。1976/1977—1986/1987年度之间，城市人口增长了69.3%，而农村人口仅仅增加了25.2%。前文已述，在伊斯兰革命后的初期，受政府鼓励人口生育的政策的号召，伊朗人口经历了爆炸式的增长。农村的人口出生率明显高于城市，显然城市增加的人口的一大部分是从农村迁徙过去的，而不是城市人口自然增殖的结果。城市化的进程即使在两伊战争中也在进一步加快，而农村人口却继续停滞不前。这为两伊战争后城乡差异的重新扩大奠定了基础。

二、两伊战争后城乡差异的相对变化

两伊战争后，伊朗得以有精力发展经济，改善民生。经济重建基本上是以城市为中心展开的，农村的建设和投资受到了一定程度的忽视。城市吸引了越来越多的人口。从图7—3看出，城市人口在1986/1987—2006/2007年度之间翻了将近一倍，而农村人口自1996年之后在下降。到2006/2007年度，城市人口已经占全部人口的68.5%。自此之后，城市化的进程有所放缓。

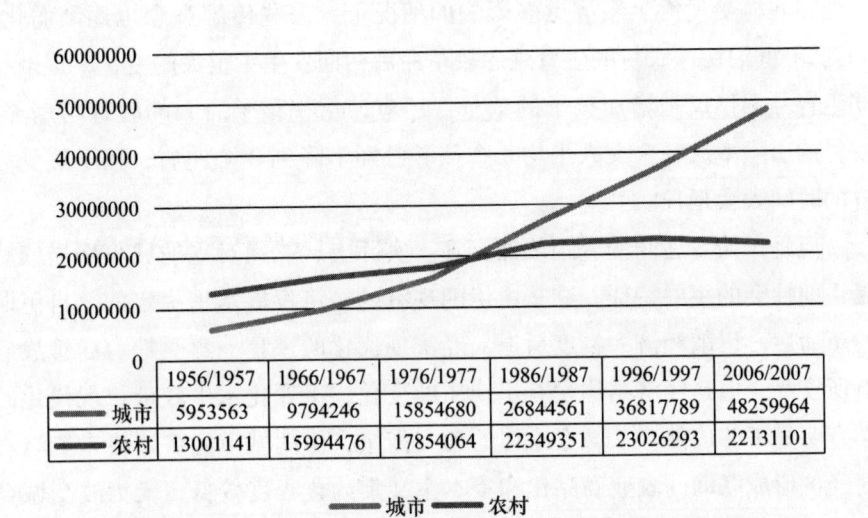

	1956/1957	1966/1967	1976/1977	1986/1987	1996/1997	2006/2007
城市	5953563	9794246	15854680	26844561	36817789	48259964
农村	13001141	15994476	17854064	22349351	23026293	22131101

图7—3 1956/1957—2006/2007年城乡人口增长趋势（人）

资料来源：SCI,"Iran Statistical Yearbook: Population", 1388, p.109.

但是，随着战后重建和经济的恢复，国家的经济实力在整体上得到了增强。现代化的后果不仅令城市受益，而且也继续向农村渗透。自20世纪90年代之后，农村的生活状况得到了继续改善，现代化的设备逐渐在农村普遍使用。供电系统逐步覆盖农村的全部地区。电的使用为电器的普及奠定了基础。

从一组数据可以看出，伊斯兰革命后城乡的基础设施现代化都有较大的进步。1977—2004年间，城市居民拥有电视机的比例从22.6%增加到97.5%，拥有洗衣机的比例从2.4%增至64.3%，拥有冰箱比例从36.5%增加到98.5%，拥有煤气炉比例从40.1%增加到97.9%，使用天然气比例增至 80.1%，供电已经实现 100%。同期农村居民拥有电视机比例从 3.2% 增加到 89.1%，拥有电话比例从 0.4% 增加到 49.4%，拥有电冰箱比例从 7.6% 增加到 92.4%，煤气灶使用达到 89.5%，电力供应达到 98.3%，供水达到 89%。但是农村的天然气的供应比较滞后，能够利用天然气的用户仅为 14.1%。① 另外，城乡居民的住房条件也有明显的改善。

在农村受现代化经济更多影响的情况下，一些传统观念也逐渐弱化。如到 21 世纪初，农村的生育观念较革命后初期发生了很大的变化，逐渐认同生育并不仅仅是增加孩子的数量，还应该重视孩子后天的教育与培养。农村的出生率从一个女人平均 8 个孩子已经下降到 2 个左右，孩子接受教育的时间大大延长。②

但是，城乡之间的差距依然存在。实际上，二元对立的城乡格局依然是伊朗社会的主要特征。这是由伊朗现有的经济发展水平决定的。自伊斯兰革命后，伊朗经济大幅度后退，经济现代化的进程一再受挫。尽管战后有所恢复，但是经济结构没有出现质的变化，工业化水平较低，现代化的孕育明显不够成熟。从城乡一体的角度衡量，伊朗城市经济始终未能与农村经济形成联动，农业商品化和资本主义集约化程度较低，无力改变城乡二元对立的格局。一方面，农村经济没有为城市经济提供有力的支撑。农村人口大量向城市迁徙，导致农村人口越来越少。农村对促进城市经济发挥的作用越来越小，尤其是农村很难为城市产业提供广阔的需求市场。另一方面，城市经济未能有效地反哺农业，城市经济对农村的外溢与拉动效应并不明显。

城乡之间的差距从国民账户及家庭消费支出中可以得到更清晰的认识。从图 7—4 可以看出，1991—2013 年之间的城乡最终消费支出的差异相当明显。相比之下，城市消费支出的变化比较剧烈，而农村比较平稳。城市最终消费支出在 1991/1992—2006/2007 年度之间增长较快，这可以印证在拉夫桑贾尼和哈塔米担任总统的 16 年时间里，伊朗推进的社会经济改

---

① Djavad Saleni-Isfahani, "Revolution and Redistribution in Iran: Poverty and Inequality 25 Years Later", p. 35.
② Salehi-Isfahani, "The Revolution and the Rural Poor", p. 142.

革还是有成效的。1991—2006年也是城市化进程加速的一段时期。伊朗在城市市政、交通和基本服务方面也投入了大量的财力、物力，使得城市现代化的便利程度获得了较大的提升。

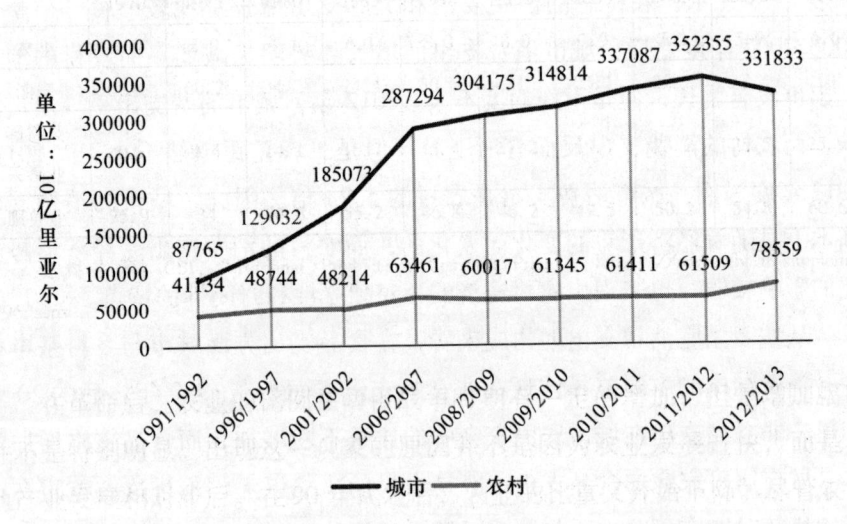

图7—4　城乡最终消费支出（以1997/1998年度为不变价格）

资料来源：SCI,"Iran Statistical Yearbook：National Accounts", 1392, p.872.

表7—4　1991/1992—2013/2014年度年均城市和农村家庭支出

单位：千里亚尔

	1991/1992	1996/1997	2001/2002	2006/2007	2009/2010	2010/2011	2011/2012	2012/2013	2013/2014
城市家庭支出	3059	11061	28020	67286	99191	113678	132716	164281	205982
非食品	2100	7653	20854	52098	76682	87520	99965	119711	151029
食品和烟草	959	3408	7166	15188	22509	26157	32752	44570	54953
农村家庭支出	1932	6987	17233	41570	59264	68477	83973	108188	129560
非食品	1043	3729	10163	26057	37330	42340	51033	62391	73497
食品和烟草	889	3258	7070	15513	21934	26137	32940	45796	56063

资料来源：SCI,"Iran Statistical Yearbook：Housing Expenditure and Income", 1392, p.794.

城市经济和生活水平的提高，重新拉大了与农村的差距。1991/1992—2006/2007年度之间城乡消费支出的差距在不断扩大。1991/1992年度农村消费支出接近城市的50%，但是到2006/2007年度仅仅是22%。图7—4和表7—4显示，农村总的消费支出和家庭支出增长都比较缓慢。但是自2006/2007年度之后，城市消费支出的增长趋势明显减弱。而农村的消费支出也没有增长，但是下降幅度不大。2012年，城市消费支出呈现出负增长，而农村的消费支出反而有所上升。但是二者差距依然不小。以2011/2012年度为例，城市消费支出是农村的5.73倍。因此，城市的消费支出基本上是随着经济形势的变化而变化的；而农村的消费支出受经济形势变化的影响较弱，也表现出农村经济的相对独立性和封闭性的特点。

从城乡家庭消费支出的构成来看，在食品支出方面城市与乡村基本持平，消费结构的主要差异体现在非食品支出方面。在1990年之后的20多年里，非食品支出在城市居民家庭中的比重不断增加，而食品支出增加不多。城市居民家庭非食品支出一般是农村的2倍以上，不过这一差距在内贾德执政时期有所减少，与制裁对城市经济的影响更大有关。食品支出属于基础性消费，而非食品支出一般是教育、医疗、旅游等为了个人发展、娱乐及提高生活质量层次的消费。因此，越是富有的家庭，在非食品支出方面的比例会越高，这是一个普遍的现象。农村的非食品支出偏低，反映出农村的消费水平还主要停留在温饱层次，没有达到更高的收入与消费级别。相比之下，城市的富裕人口与财富积累要大大高于农村。但从表7—3提供的数据还可以发现，不论城乡的收入支出存在怎样的差异，城乡个人支出都明显高于收入，也反映出伊朗在长期经济危机与通货膨胀背景下城乡民众的生活面临的压力都是很大的。

两伊战争后，教育在城乡都得到了普及和发展。从人数上看，城市的识字人口数量要明显高于农村。这也不仅仅是因为农村教育水平落后于城市的问题，也是城市化加快、农村人口减少的必然结果。但是从城乡识字人口占比来看，城乡之间的差距是在缩小的。到2006年，城市识字率为88.9%，而农村为75.1%，二者差距已经不大。教育的普及对缩小城乡的差距意义重大，但是也有局限性。识字率仅仅代表着具有初级教育水平的人群的城乡差异的缩小，无法反映受教育程度的高低。城市的教育水平高于农村主要体现在高等教育的发展上。而农村出身的人接受了高等教育，一般也不会再回到农村，也是加速城市化进程的一个非常重要的原因。因此，从接受教育的程度和水平来看，农业与城市的差距鸿沟是不能跨越的。

表7—5　1966/1967—2011/2012年度城乡识字率人数

单位：1000人

	全部			城市			农村		
	女	全部	男	女	全部	男	女	全部	男
1966/1967	5556	3928	1628	3833	2442	1390	1723	1485	238
1976/1977	12877	8198	4679	8628	5145	3483	4249	3053	1196
1986/1987	23913	14078	9835	15507	8765	6742	8371	5287	3084
1996/1997	41582	22465	19118	27857	14861	12996	13661	7565	6096
2006/2007	54082	28835	25247	39096	20625	18471	14939	8183	6756
2011/2012	57362	30126	27236	43048	22358	20690	14287	7752	6534

资料来源：SCI, "Iran Statistical Yearbook, Education", 1388, p.647.

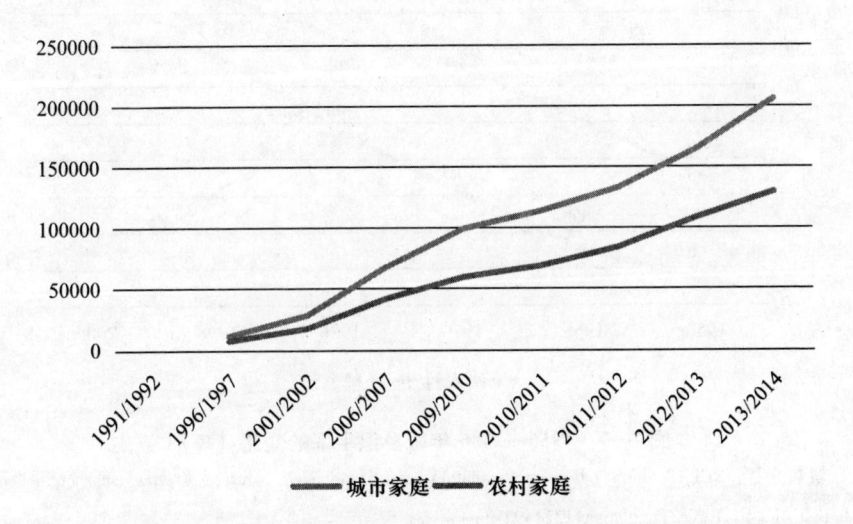

图7—5　1991/1992—2013/2014年度城乡家庭支出对比

资料来源：SCI, "Iran Statistical Yearbook: Housing Expenditure and Income", 1392, p.794.

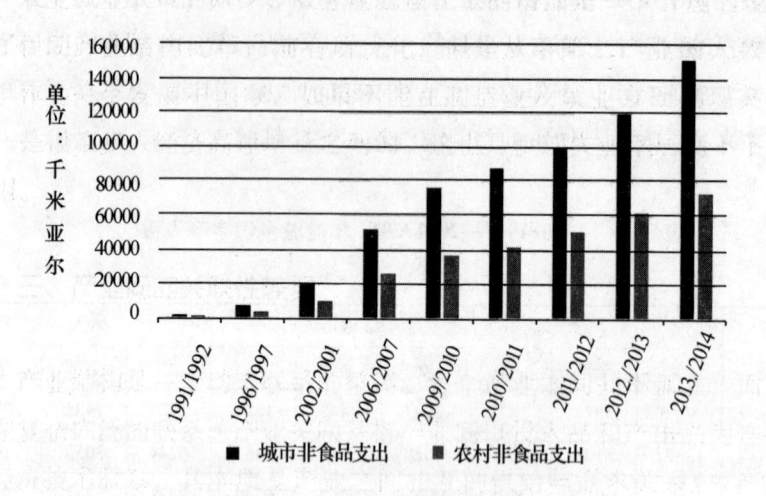

图7—6 城乡家庭非食品支出对比

资料来源：SCI,"Iran Statistical Yearbook: Housing Expenditure and Income", 1392, p.794.

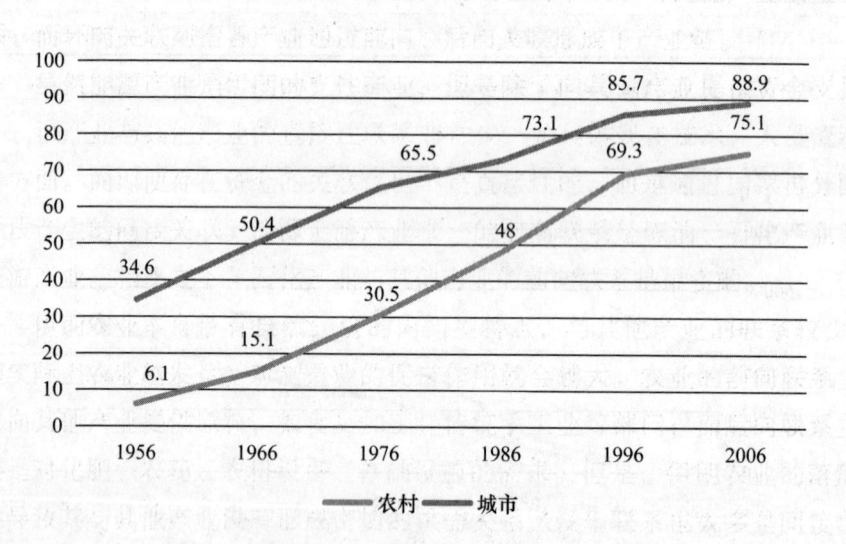

图7—7 1956—2006年城乡识字率的变化（%）

资料来源：SCI,"Literacy Rate in Population aged 6 and over", https://www.amar.org.ir/english/Statistics-by-Topic/Population#2224492-time-series.

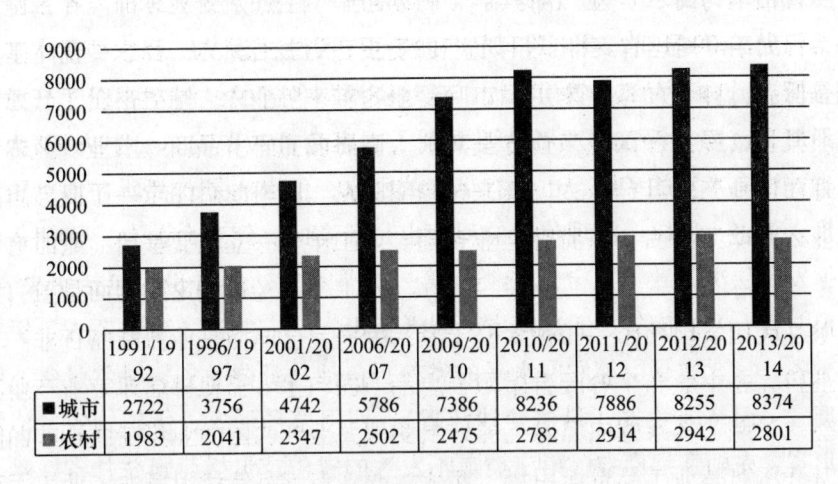

	1991/1992	1996/1997	2001/2002	2006/2007	2009/2010	2010/2011	2011/2012	2012/2013	2013/2014
城市	2722	3756	4742	5786	7386	8236	7886	8255	8374
农村	1983	2041	2347	2502	2475	2782	2914	2942	2801

图7—8 城乡健康医疗中心的数量变化

资料来源：SCI, "Iran Statistical Yearbook, Health and Treatment", 1392, p. 706.

城乡医疗卫生条件也存在不小的差距。80年代，农村的医疗卫生条件一度得到了较大的改善，而城市相对改善不多。但是90年代后，城市的医疗卫生基础设施建设及医疗人员增幅明显加快。图7—8显示，2010/2011年度，城市的健康医疗机构数量是1991/1992年度的3倍还多，而同期农村仅仅增长了40%。城市的医疗条件优势得到了进一步的彰显。在2010年之后，城市的医疗机构有所减少，而农村有所增加。但是不能仅仅从医疗机构的数量来评价城乡之间的差距。毋庸置疑的是，城乡之间的医疗水平差距还是很大的。

第三节 伊斯兰革命前后伊朗省际发展差距

巴列维时期的经济现代化不仅加剧了城乡之间发展的不平等，而且也拉大了省际之间发展的不平衡。伊朗各省自然条件差异很大，在历史上的发展就很不均衡。虽然二战之后各省的发展与自然资源丰富与否有一定的关系，如胡泽斯坦省集中了伊朗主要的油气资源，其发展水平一直高于其他省份。但对于大部分省份来说，自然资源与各省的经济发展程度与速度并不那么密切。各省的发展主要受到了国家政策的影响。如中央省/德黑兰省并没有丰富的矿藏，也没有丰沛的雨水，但因为是首都所在地，国家的投入最多，所以经济现代化的程度也是最高的。到革命前夕，伊朗各省根据发展层次大致可以分成三类：第一类是最发达的省份，包括中央省/德黑兰省、塞姆南省、亚兹德省、胡泽斯坦省、吉兰省、法尔斯省、伊斯法罕省；第二类是中等发展水平的省份，包括马赞德兰省、科尔曼省、呼罗珊省、巴赫塔兰省（科尔曼沙汗省）、西阿塞拜疆省、伊拉姆省、洛雷斯坦省、东阿塞拜疆省；第三类最不发达的省份，包括荷姆兹甘省、哈马丹省、布什尔省、哈马哈勒—巴赫蒂亚里省、科吉卢耶—博韦艾哈迈德省、库尔德斯坦省、赞詹省、锡斯坦—俾路支斯坦省。其中中央省/德黑兰省的产值和人口都大大超过了其他省份。

一、伊斯兰革命后伊朗省际生产力布局的变化

伊朗这种极端不平衡的生产力地理分布特征在伊斯兰革命后有所缓解。一方面，超大省份被分解，增加了省份数量，从革命前的24个逐渐增加到30个省。德黑兰与中央省成为两个独立的省，德黑兰省在全国的产值和人口比重都有所下跌；另一方面，加大了对落后省份的扶持力度。如科吉卢耶—博韦艾哈迈德省、哈马哈勒—巴赫蒂亚里省、赞詹省等这些原本落后的省份得到了明显的发展，但是库尔德斯坦省、锡斯坦—俾路支斯坦省依旧是最落后的省份。[①]

伊朗各省之间的发展差距还是很大的。德黑兰省虽然在伊斯兰革命后初期受到了很大的冲击，但是从90年代之后又获得了较快的发展。该省不论从人口还是产值占比都远远高于其他省份，存在比例严重不协调的优势。

---

① Ahmad Sharbatoghlie, *Urbanization and Regional Disparities in Post-revolutionary Iran*, p. 133.

表7—6 各省对GDP的贡献比例和人口比例

	2002/2003 占GDP比例	2002/2003 占人口比例	2006/2007 占GDP比例	2006/2007 占人口比例	2012/2013 占GDP比例	2012/2013 占人口比例
东阿塞拜疆	3.93	5.27	3.49	5.11	3.62	4.93
西阿塞拜疆	2.09	4.11	1.97	4.08	2.13	4.1
阿尔达比勒	1.01	1.82	0.93	1.74	1.05	1.65
伊斯法罕	5.85	6.49	6.01	6.47	6.99	6.47
厄尔布尔士					2.62	3.23
伊拉姆省	0.5	0.79	1.12	0.77	0.75	0.74
布什尔	1.37	1.25	2.02	1.26	3.58	1.39
德黑兰	25.68	18.38	24.94	16.09	24.53	16.19
哈马哈勒-巴赫蒂亚里	0.63	1.24	0.61	1.22	0.74	1.19
南呼罗珊			0.49	0.9	0.53	0.97
呼罗珊省	6.07	9.98	4.85	7.93	5.46	8
北呼罗珊			0.67	1.15	0.6	1.15
胡泽斯坦	14.89	6.13	15.42	6.06	10.38	6.04
赞詹省	0.83	1.42	0.89	1.37	0.94	1.35
塞姆南省	0.76	0.84	0.79	0.84	0.91	0.84
锡斯坦-俾路支斯坦省	1.07	3.22	0.97	3.41	1.37	3.41
法尔斯省	4.44	6.23	4.17	6.15	4.76	6.1
加兹温省	1.45	1.62	1.37	1.62	1.5	1.6
库姆省	1.01	1.46	0.9	1.48	1.06	1.54
库尔德斯坦省	0.95	2.11	0.94	2.04	1.03	1.98
科尔曼省	2.65	3.61	2.88	3.76	3.1	3.92
克尔曼沙汗省	1.44	2.77	1.41	2.67	1.81	2.57
科吉卢耶-博韦艾哈迈德省	3.87	0.9	3.81	0.9	1.48	0.88
戈勒斯坦省	1.36	2.32	1.21	2.29	1.22	2.38
吉兰省	2.48	3.53	2.08	3.41	2.19	3.28

续表

	2002/2003		2006/2007		2012/2013	
	占GDP比例	占人口比例	占GDP比例	占人口比例	占GDP比例	占人口比例
洛雷斯坦省	1.24	2.51	1.19	2.43	1.26	2.33
马赞德兰省	3.63	4.21	3.18	4.15	3.5	4.08
中央省	2.31	1.96	2.07	1.92	2.23	1.88
荷姆兹甘省	1.83	1.91	1.75	1.99	2.46	2.12
哈马丹省	1.48	2.55	1.36	2.42	1.51	2.33
亚兹德省	1.23	1.39	1.27	1.41	2.07	1.35

资料来源：SCI, "Iran Statistical Yearbook, National Account", 1392, pp.865–867.

这种优势具有结构性特征，因为其政治经济文化中心的地位无法改变。其次最发达的是胡泽斯坦省，该省拥有全国75%的油气资源和伊朗最大的炼油厂，另外该省的农业也比较发达。从表7—6的人口与产值对比中可看出，伊斯法罕省、中央省的经济也较为发达。其他省份的经济发展程度不一，但人口比例通常要大于产值比例，反映了伊朗经济产值的低水平。而锡斯坦—俾路支斯坦、库尔德斯坦、西阿塞拜疆、呼罗珊、东阿塞拜疆都属于人口大省，但是GDP产出很低，属于几个最不发达的省份。像库姆、阿尔达比勒、伊拉姆、塞姆南等几个人口较少的省份，GDP产出属于中等水平，这类省份基本处于中等发展水平。

伊斯兰革命后，虽然政府有意识地试图发展落后省份和地区，但是受长期经济危机的影响，无力对边远落后省份采取实质性的投入扶持政策，导致伊朗生产力的地理布局在很大程度上延续了历史上形成的格局，没有出现实质性的改善。伊朗的省际生产力布局存在相当大的不合理性。根据1999年的一份数据，德黑兰、伊斯法罕、胡泽斯坦三省拥有全国人口的31%，GDP产值占全国的45%。而15个较穷的省份，总人口占全国的

55%，GDP 总量却不足 34%。①

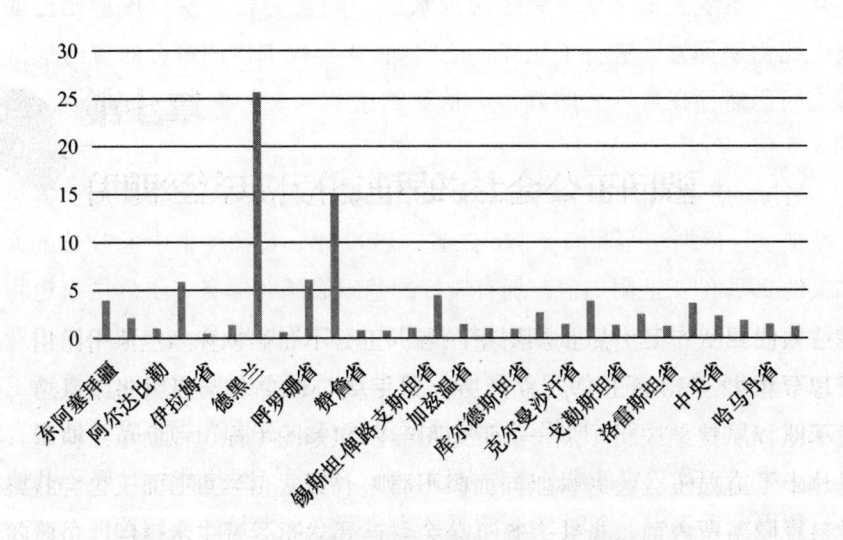

图 7—9　2002/2003 年度伊朗各省 GDP 的比例（%）

资料来源：SCI, "Iran Statistical Yearbook, National Account", 1392, pp. 865 – 867.

一些西方学者研究了伊朗革命后地区发展严重不平衡的状况。如法尔哈德·努尔巴赫什以居民消费支出和收入数据为基础，研究了革命后伊朗生产力布局的"聚合"和"极化"问题。研究结果证明，1991—2001 这段时期，伊朗省际不平等加剧，最富的省和最穷的省的差距扩大。与此同时，城市内部的不平等状况更加严重。相比之下，农村的不平等状况有所下降。② 1996 年，在最穷的省份，大约 18% 的人口每日生活成本低于 1 美元，而德黑兰省仅有 0.4%。在最富的省份中最穷的 20% 的人口平均消费支出大约是最穷省份的 4 倍。而在最穷和最富的省份中，能

---

① Farhad Noorbakhsh, "Spatial Inequality, Polarization and its Dimensions in Iran：New Empirical Evidence", *Oxford Development Studies*, Vol. 33, No. 3 & 4, September-December 2005, p. 484.
② Farhad Noorbakhsh, "Spatial Inequality, Polarization and its Dimensions in Iran：New Empirical Evidence", *p.* 482.

够获取洁净水源的人口比例分别为14%和0.2%。① 除此之外,法尔哈德还从卫生系统、识字率、整体教育水平、妇女受教育率、孩童死亡率及成人死亡率等方面进行了比较,证明到90年代末伊朗最穷的省与最富的省之间仍然存在着巨大的鸿沟。从贫困指数来看,最穷的省是最富的省的3.5倍。②

省际的不平等加剧主要由以下几个因素造成:第一,主要产业群集中在德黑兰、伊斯法罕和胡泽斯坦三省。1999年,德黑兰集中了18%的人口和大约29%的工业附加值,拥有较好的基础设施和服务。虽然国家也将资源往其他地区分配,但是伊斯法罕和胡泽斯坦受益最多。1999年,伊斯法罕拥有6.5%的人口,纺织业和手工业发达,拥有大型钢铁业,贡献工业附加值的13%。③ 胡泽斯坦因为石油资源和炼油石化产业而成为最富省份之一。第二,这三省的服务业、基础设施、教育、医疗都相对好于其他省份。德黑兰省集中了全国50%的服务业。第三,大量的人口迁徙,从穷省迁往富裕省份,加剧了省际之间的不平等。

二、省际不平衡的类型比较

本节选取7个有代表性的省份进行比较,其中德黑兰、胡泽斯坦、伊斯法罕代表了经济发达的省份,东阿塞拜疆、法尔斯代表了中等发展程度的省份,锡斯坦—俾路支斯坦、库尔德斯坦代表经济不发达的省份。下面分别从水电基础设施的利用、电话通讯技术的获取、制造业企业数量及规模、教育基本指标(识字率、教师数量等)来比较各省经济发展程度的差异。

---

① Farhad Noorbakhsh, "Spatial Inequality, Polarization and its Dimensions in Iran: New Empirical Evidence", p. 483.
② Farhad Noorbakhsh, "Spatial Inequality, Polarization and its Dimensions in Iran: New Empirical Evidence", p. 483.
③ Farhad Noorbakhsh, "Spatial Inequality, Polarization and its Dimensions in Iran: New Empirical Evidence", p. 481.

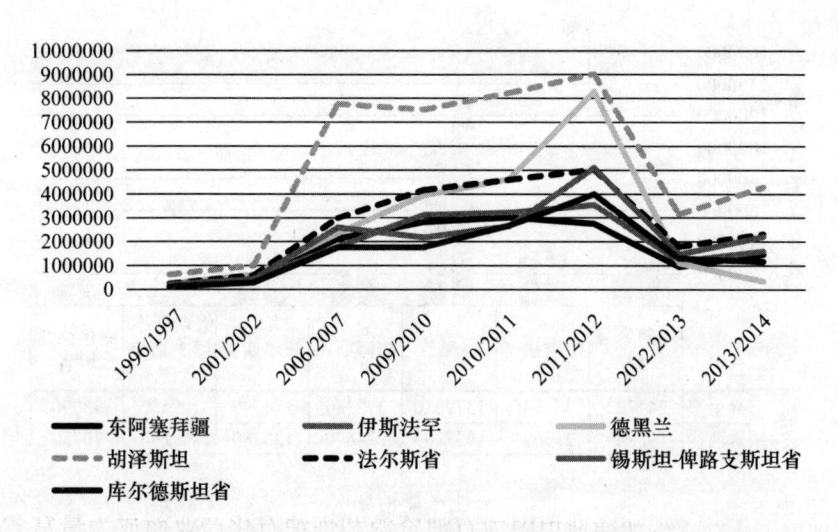

图 7—10　1996/1997—2013/2014 年度各省实际的资金配置（百万里亚尔）

资料来源：SCI，"Iran Statistical Yearbook，Government Budget"，1393，p.786.

两伊战争结束后，伊朗加大了对各省资金的投入。在 2011/2012 年度之前，政府的资金投入一直在增长。但是图 7—10 显示的数据并未考虑到通货膨胀因素。若是加入货币贬值与通货膨胀的影响，政府的实际投入会大大减少。2012 年后，受制裁和经济严重衰退的影响，伊朗政府对各省的资金投入明显下降。从政府预算可以看出，伊朗政府对石油省份胡泽斯坦的投资力度是最大的，体现了充分利用石油资源、增产增收的目的。从政府实际资金的拨放来看，德黑兰省的投入在大多数时间里并不是最高的，而对锡斯坦—俾路支斯坦、库尔德斯坦两省的投入位居全国中游水平，体现了政府尽可能地照顾贫穷落后地区及发展边疆省份（如东阿塞拜疆省）的战略意图。但是，经过了多年的发展，各省的经济发展差距虽然在一定程度上有所缓解，但是伊朗经济高度极化的现象没有得到根本的改善。

图 7—11 显示，从各省城市水资源生产和消费角度来看，德黑兰省的水资源生产与消费远高于其他省份。伊斯法罕、胡泽斯坦的水资源生产与消费要好于其他省份。而锡斯坦—俾路支斯坦、库尔德斯坦两省，虽然人口较多，但是水资源生产和消费大大低于其他省份。

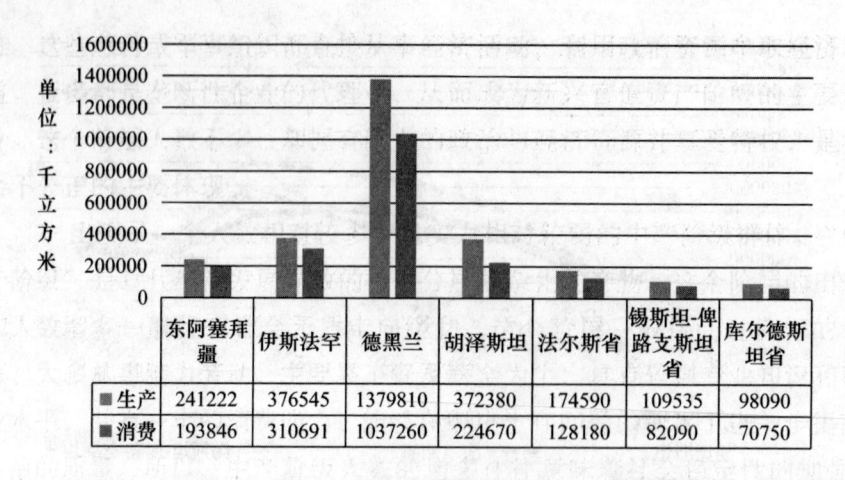

伊朗伊斯兰共和国经济现代化研究

/ 368 /

	东阿塞拜疆	伊斯法罕	德黑兰	胡泽斯坦	法尔斯省	锡斯坦-俾路支斯坦省	库尔德斯坦省
生产	241222	376545	1379810	372380	174590	109535	98090
消费	193846	310691	1037260	224670	128180	82090	70750

单位：千立方米

■生产 ■消费

图 7—11　2014/2015 年度伊朗各省城市水资源生产与消费

资料来源：SCI,"Iran Statistical Yearbook, Water and Electricity", 1393, p.734.

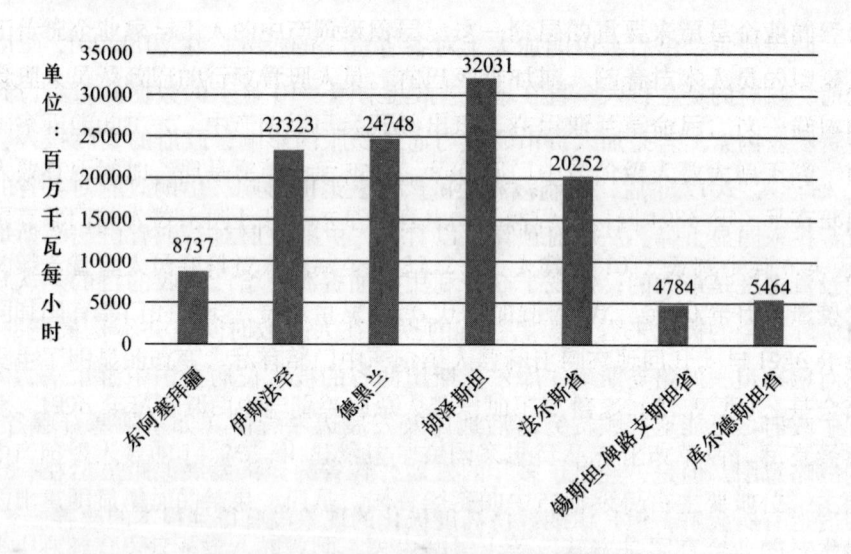

单位：百万千瓦每小时

东阿塞拜疆 8737
伊斯法罕 23323
德黑兰 24748
胡泽斯坦 32031
法尔斯省 20252
锡斯坦-俾路支斯坦省 4784
库尔德斯坦省 5464

图 7—12　2014/2015 年度伊朗各省发电能力

资料来源：SCI,"Iran Statistical Yearbook, Water and Electricity", 1393, p.380.

图 7—12 显示，从各省的发电能力来看，作为最主要的石油生产基地的胡泽斯坦省拥有全国最高的发电能力，而德黑兰与伊斯法罕两省的发电能力

也非常高。作为全国第四大省份的法尔斯省的发电能力也位于前列。相比之下，锡斯坦—俾路支斯坦、库尔德斯坦两省的发电能力非常低，如锡斯坦—俾路支斯坦省的发电能力仅仅是胡泽斯坦省的15%，是德黑兰省的19%。

表7—7 2014/2015年度伊朗各省电话数量及获取信息技术的家庭

	安装的电话	使用的电话	能够获取信息技术的家庭数量
东阿塞拜疆	1770036	1564750	397228
伊斯法罕	2758812	2322300	592496
德黑兰	8942463	7897760	2045463
胡泽斯坦	1270951	1100687	529588
法尔斯省	1848104	1587227	526265
锡斯坦—俾路支斯坦省	508391	446798	121397
库尔德斯坦省	541624	501679	106440

资料来源：SCI, "Iran Statistical Yearbook, Communications", 1393, p. 512, p. 516.

表7—7显示，德黑兰省的电话拥有数量和获取信息技术的家庭数量远远超过其他省份。一方面，跟德黑兰地区发达的经济有关；另一方面，德黑兰地区人口密度大，在现代通讯技术的使用方面具有比其他地区更多的优势。而伊斯法罕、东阿塞拜疆、法尔斯省的人口数量也较多，电话拥有量及获取先进通讯技术的家庭数量也位居全国前列。但是锡斯坦—俾路支斯坦、库尔德斯坦两省的现代通讯技术普及率十分低，两省的电话数量仅仅是德黑兰地区的1/10，同时也大大低于其他省份。

表7—8显示，德黑兰与伊斯法罕省集中了全国最多的制造业企业，东阿塞拜疆省的制造业也相对较多。伊斯法罕省是伊朗的轻工业制造中心，纺织业、手工业制造都十分有名，另外伊斯法罕省也拥有钢铁、炼油石化等重工业企业。胡泽斯坦省的经济主要靠石油拉动，因此制造业在该省不占主导地位。锡斯坦—俾路支斯坦、库尔德斯坦两省的制造业企业数量非常少。从制造业企业的规模来看，德黑兰省拥有100人以上的企业数量最多，其次是伊斯法罕省。德黑兰省50人以下的中小企业数量也是最多的。这是伊朗制造业总体上规模不大的特点决定的。

表7—8　2014/2015年度10人以上的制造业企业数量

	全部	10—49人	50—99人	100人以上
东阿塞拜疆	843	573	127	144
伊斯法罕	1725	1153	273	299
德黑兰	2377	1508	407	462
胡泽斯坦	362	231	49	82
法尔斯省	578	435	58	85
锡斯坦—俾路支斯坦省	104	90	8	6
库尔德斯坦省	125	106	10	9

资料来源：SCI, "Iran Statistical Yearbook, Manufacturing", 1393, p. 330.

从各省教育程度来看，2011/2012年度全国平均识字率是81.1%。经过了多年的发展，伊朗各省的教育都有了明显的提高。但是各省之间还是存在一定的差距。如德黑兰省的平均识字率达到了88.6%，伊斯法罕省为84.8%，法尔斯省为83.3%。其他四省的识字率要低于平均水平，如东阿塞拜疆省为76.7%，库尔德斯坦省为71.3%，锡斯坦—俾路支斯坦省仅为65.4%。[①] 各省的教师数量也大相径庭。2014/2015年度，德黑兰省的教师数量全国最高，为26040名，高校全职老师数量为18297名；法尔斯省的教师数量为15187名，但是该省的高校教师数量较少，仅有4380名。胡泽斯坦、伊斯法罕、东阿塞拜疆拥有的教师数量居于中等。而锡斯坦—俾路支斯坦省（8175名）、库尔德斯坦省（5525名）的教师数量最少，高校教师的数量更加微不足道。

伊朗各省的医疗卫生事业在过去几十年里取得了长足的进步，但是各省的差异非常大。表7—9显示，2014/2015年度德黑兰省的医护人员比法尔斯罕省高出60%，医院数量是后者的2.5倍，床位是后者的2.7倍。法尔斯省已经是德黑兰省之外医疗条件最高的省份之一。而在锡斯坦—俾路支斯坦省只有18家医院，库尔德斯坦省仅有17家。

① SCI, "Iran Statistical Yearbook, Education", 1393, p. 653.

表 7—9　2014/2015 年度各省医护人员、医院及床位

	医护人员	医院	床位
东阿塞拜疆	34049	46	7910
伊斯法罕	26783	63	9461
德黑兰	46287	162	32700
胡泽斯坦	22765	49	7642
法尔斯省	29296	63	12126
锡斯坦—俾路支斯坦省	13588	18	989
库尔德斯坦省	8588	17	2252

资料来源：SCI, "Iran Statistical Yearbook, Health and Treatment", 1393, p. 706, p. 711.

综上所述，伊斯兰革命后，省际之间的差距虽然有所缩小，但是巴列维时期的边远落后省份与德黑兰等少数富裕的省份在发展水平上的巨大鸿沟在革命后没有得到根本改观。仅仅依靠救济、分配部分中央资源给落后省份的方式无法从根本上解决这些地区的发展问题。政府缺乏系统的发展落后省份社会经济的中长期规划，尤其是解决不了这些地区吸引更多投资的问题，使得这些省份在长期的发展进程中越来越被动，成为偏远落后的代名词。而以德黑兰为首的几个省份，尽管已经面临人口过分拥挤、土地供应紧张、污染、房价高企等问题，其他省份的人口还是源源不断地涌入。这种过度"极化"的发展特征将会对伊朗未来经济的可持续发展带来巨大的挑战。

第四节　伊斯兰革命后女性经济地位的变化

伊朗在伊斯兰革命后建立的宗教意识形态的政治体制，深刻地影响到社会文化价值观的重塑。政治上层建筑与官方主流意识形态的变化对妇女地位产生了深刻的影响，使得从性别角度考察革命后伊朗的经济平等问题变得十分必要。迄今为止，关于伊朗妇女的经济地位问题，学术界包括民

间都存在不少误解及似是而非之处，有必要从学理角度运用相关数据与资料进行澄清。第一个需要澄清的是，在伊斯兰革命发生的 20 年后，伊朗妇女的经济地位在经历了一段时期的下降后，又开始上升甚至超过了革命之前；第二个需要澄清的是，伊斯兰传统文化观的确对妇女经济地位产生了重大的影响，但并不是唯一起作用的因素；第三个需要澄清的是，伊朗妇女经济地位的变化与社会层面的变化密不可分，是与女权主义的斗争与妇女整体地位的上升同步发生的。本节主要从不同历史阶段来考察伊朗妇女经济地位的变化。

在伊朗 20 世纪的大部分时间里，妇女是否应该外出就业在很大程度上被现代主义者和民族主义者所利用并标签化了。巴列维王朝不仅强迫妇女摘掉面纱，而且要求妇女外出工作；而在伊斯兰革命后，妇女又被强迫戴上面纱，外出工作则被视为不符合伊斯兰教法原则。这种极端的现象本质上体现了当政者试图借助妇女问题而传递的截然不同的意识形态话语体系。巴列维是西方化的、世俗化的现代化模式，而伊斯兰革命后是反西方化的、伊斯兰化的民族主义模式。然而，不论政府对待妇女就业的态度发生怎样的改变，在长期的历史进程中，伊朗妇女从未真正地退出过劳动"舞台"。妇女除了家内劳动，还从事农业生产及手工业制作等活动，其中最具代表性的是地毯纺织业。在 19 世纪末 20 世纪初，大约 60% 的织工都是妇女。[1] 而 20 世纪伊朗现代化的洪流也不可避免地将妇女卷入劳动力队伍之中。

表 7—10 显示，在过去 60 年里，伊朗妇女的劳动参与人口从 1956 年的 57.6 万增加到 2015 年的 445 万，增长了大约 7.7 倍。这要大大快于同期男性劳动力的增长速度（从 549 万到 2068 万，增长了 3.8 倍[2]）。当代伊朗妇女就业取得了巨大进步是毋庸置疑的。但是，在革命后的最初一段时间里，伊朗妇女的经济地位的确明显下降了。

---

[1] Hamideh Sedghi, *Women and Politics in Iran: Veiling, Unveiling, and Reveiling*, p. 30.
[2] SCI, "Iran Statistical Yearbook: Manpower", 1391, p. 155; "A Selection of Labor Force Survey Results", Summer 1394, p. 5.

表7—10　1956/1957—2015/2016年度伊朗妇女劳动参与人数及比例

单位：千人

	1956/1957	1966/1967	1976/1977	1986/1987	1996/1997	2006/2007	2011/2012	2015/2016
劳动人口（≥10岁）	6242	8206	11206	16033	22379	29278	31436	32268
经济活动人口（比例%）	576 9.23	1033 12.59	1449 12.93	1307 8.15	2037 9.1	3629 16.4	3575 12.6	4453 13.3
城市（比例%）	187 9.3	319 9.9	489 9	741 8.35	1133 8.1	2519 12.5	2790 12.3	12.8
乡村（比例%）	338 9.2	714 14.3	960 16.6	562 7.9	894 10.7	1100 12.2	781 9	14.5
非经济活动人口（比例%）	5666 90.7	7172 88.6	9757 89.2	14609 93.9	20124 92.1	25358 83.6	27542 87.4	27815 86.7
学生	3	7.4	14.85	16.6	26.6	21.9	20.1	17.4
家庭主妇	79.5	73.3	68.8	68.7	58.4	56.6	61	64.3
收入接受者	0	0	2.5	0.9	1.8	1.6	2.5	2.6
其他	9.1	7.6	1.5	5.5	3.4	3.5	3.8	2.4

资料来源：Statistical Center of Iran,"Statistical Yearbook：Manpower", 1391, p.155, p.157;"Statistical Yearbook：Manpower", 1394, pp.189-193, p.157.

一、伊斯兰妇女观及革命前后伊朗妇女地位的变化

与当今世界上主流女权主义观相反，伊斯兰文化观认为，让妇女外出工作是对妇女的歧视甚至摧残。在正统伊斯兰宗教人士的观念中，伊朗在伊斯兰革命后所采取的方式是保护妇女权益最好的方法。伊斯兰教不鼓励妇女外出就业是出于对男女天然差异的衡量而采取的对妇女权益的保护。伊斯兰教认为真主决定了男女的天然差异。男性的体质更强壮，并拥有更加独立、完善的智力及判断力，因而男性应该承担外出工作及养家糊口的重任，同时也应该拥有决定家庭事务的最高主导性权力。而女性不仅在体质上比较柔弱，还要经历生育、哺乳等特殊阶段，在智力上也无法同男性

相比。因而女性的角色主要是在家庭之中，担任妻子和母亲，而不是外出工作。伊斯兰教赋予了女性传统文化承载者的任务，认为妇女要具备稳重贤淑的美德，才有资格成为贤妻良母。伊朗学者穆尔特扎·穆塔赫里的观点体现了这种思想："鉴于男女的天性和本能，所有人类都是平等的，人的权力是平等的，所以应该为妇女制定特殊的权力，以便使她的人性和人格不要被践踏。"①

这一思想并非为伊朗一国所持有，几乎所有的穆斯林国家都认同这一观点，只不过在执行程度上有所差别。有的穆斯林学者将其视为是伊斯兰教的女权思想，而外部世界对伊斯兰教的女权存在严重的误读甚至妖魔化倾向。正如穆尔特扎·穆塔赫里进一步谈到的，在西方妇女解放运动中，重视自由平等的妇女最终得到的是与其本身并不相称的责任和义务，"很明显妇女由于自由平等两词而蒙受巨大的痛苦，甚至成了自由平等的牺牲品。"② 这也的确在某种程度上反映了世界各国的妇女在女权运动中不断面临的尴尬局面——在妇女获得解放之后，妇女能够获得更多的教育并跟男人一样从事相同的工作，但同时并没有摆脱家庭义务的束缚。她们最后不得不奔波于工作与家庭之间，不仅令女性自身感到疲惫不堪，还对家庭及夫妻关系造成不少负面影响，因此产生了一系列的社会问题。

传统伊斯兰文化妇女观在巴列维王朝时期被大大削弱了。巴列维王朝世俗化、西方化改革的重要内容就是解放妇女。王朝建立后不久，妇女就被卷入了改革大潮。礼萨·汗开启了解放妇女的第一步。20世纪30年代，伊朗妇女不被允许带头巾，并获准接受教育，就业机会也向妇女开放。巴列维国王执政之后，加速了解放妇女的速度。1962年，妇女有史以来第一次拥有了选举权。1967年，伊朗通过了《家庭保护法》，试图削弱男子在家庭中的专权地位。另外，伊朗颁布了个人身份法，将妇女结婚年龄从13岁提高到18岁，废除了男人单方面离婚权，宣布一夫多妻制为非法。③这

---

① 穆尔特扎·穆塔赫里著，艾米娜译，侯赛因校，《伊斯兰教的女权》（中文版），伊斯兰文化与联络局翻译出版社，1997年版，第11页。
② 穆尔特扎·穆塔赫里著，《伊斯兰教的女权》（中文版），第12页。
③ Nahid Yeganeh, "Women, Nationalism and Islam in Contemporary Political Discourse in Iran", *Feminist Review*, No. 44, Summer 1993, pp. 4–6.

些政策推行的后果是越来越多的妇女走出家庭外出工作。

但是，巴列维时期的妇女政策引起了尖锐的社会矛盾。尽管"巴列维王朝妇女政策的目的并不是消灭父权主义，只不过是将其蒙上一层现代化的外衣"，① 但是随着越来越多的妇女走出家门参加工作，现代观念同传统伊斯兰文化的矛盾也日益尖锐起来。妇女们逐渐脱去头巾，穿上西式时髦服装，有些妇女越来越大胆开放，而有工作的妇女难免对家庭照顾不周。妇女解放运动首先引起了宗教人士乌勒玛的强烈反对。他们认为巴列维的妇女政策完全违背了伊斯兰正统思想及沙利亚法，是对伊朗传统国家认同的背叛。伊朗的社会因妇女解放而走向腐化堕落的深渊。巴列维解放妇女的政策同样引起了持传统伊斯兰文化观的普通民众的反对。特别是一部分比较保守的女性知识分子，无法接受越来越多的妇女接受西方文化价值观与生活方式的事实，认为必须要将妇女从西方毒化的陷阱中解放出来。即使持激进改革思想的沙利亚蒂也认为："现代妇女不过是穿着时髦衣服的传统妇女……（她们）无疑是现代性、性和道德堕落的奴隶。"② 所以当伊斯兰革命爆发时，现代职业女性因工作与家庭的双重压力而反对巴列维王朝，传统女性则更加支持革命。她们认为如果革命胜利，妇女将会享有更好的生活权利。但是，理想最终湮没在残酷的现实之中。

伊斯兰革命后，伊斯兰文化中不鼓励妇女就业的传统观念在伊朗的官方意识形态中获得了认可，霍梅尼本人最初对妇女就业就是持反对态度。革命胜利后不久，霍梅尼下令解雇所有女性法官，强迫妇女必须戴头巾，男女混合教育被禁止，已婚妇女上学也被禁止，妇女结婚法定年龄从18岁重新降至9岁，所有托儿所被关闭。与此同时，恢复了一夫多妻制；男子可以单方面宣布离婚，有权阻止妻子外出工作，还恢复了男子在离婚后对

---

① Nahid Yeganeh, "Women, Nationalism and Islam in Contemporary Political Discourse in Iran", p. 6.
② Homa Omid, *Islam and the Post-Revolutionary State in Iran*, New York: St. Martin's Press, 1994, p. 181.

子女的监护权。① 妇女重新被禁锢在家庭之内。伊朗伊斯兰共和国宪法第10条规定，家庭是伊斯兰社会的基本单位，所有制定的有关法律和条例必须为组织家庭提供便利，保护家庭的尊严和巩固建立在伊斯兰权利和道德基础上的家庭关系。②

伊斯兰革命后的伊朗妇女政策不仅从文化角度重新树立伊斯兰价值观，还带有浓厚的政治内涵。这一转向标志着与前一个历史时期的彻底决裂。在这一背景下，很多妇女被迫放弃了原来的工作岗位，妇女从事经济活动的比例迅速下降。伊朗的伊斯兰化政策的确对妇女就业率的下降发挥了不容忽视的作用，但事实上，妇女就业实际状况的差异还受到各地经济发展的差异及其他因素的制约，在不同的时期表现也不一样。而从二战后宏观的历史视角来看，现代伊朗妇女就业大致可以分成三个阶段。

第一个阶段是巴列维时期，妇女的经济地位迅速上升。妇女就业上升的趋势一直维持到革命爆发前夕。表7—10显示，1976年的妇女劳动参与人数（145万）比1956年（57.6万）增加了将近3倍，劳动参与率从9.23%增加到12.93%。③ 但是，这一时期参与就业的妇女范围并不广泛，主要涉及的是城市中上层接受西式教育的、世俗化的妇女，而大部分传统家庭的妇女还没有加入劳动队伍。

第二阶段自1979年伊斯兰革命至90年代初，是妇女经济地位大幅度下降的时期。受国际制裁、油价下跌、战争频仍、管理混乱等不利因素的影响，伊朗经济一落千丈。伊斯兰化政策也发挥了影响，政府不鼓励甚至限制妇女就业，因此妇女的经济地位在这段时期明显地下降。虽然这时的伊朗人口增长很快，但是妇女劳动参与率却大幅度降低，1986年仅为8.15%（参见表7—10）。

第三阶段自20世纪90年代初至现在，是伊朗妇女经济地位重新上升

---

① Azadeh Kian, "Gendering Shi'ism in post-revolutionary Iran", in Roksana Bahramitash and Eric Hooglund, eds., *Gender in Contemporary Iran: Pushing the boundaries*, London and New York: Routledge, 2011, p. 24.

② *The Constitution of the Islamic Republic of Iran*, Tehran: Islamic Propagation Organization, 1980, p. 22.

③ Statistical Center of Iran, "Statistical Yearbook: Manpower", 1391, p. 155.

的时期。随着拉夫桑贾尼政府改革的展开，伊朗经济开始恢复并缓慢发展，宗教的控制开始减弱，社会文化氛围走向宽松。妇女开始更多地出现在公共领域，劳动参与率不断上升。妇女就业在哈塔米时期的增长最强劲。但是到内贾德时期，一方面受国际制裁和经济衰退的影响，另一方面内贾德又重新开始强调妇女的家庭责任。这些因素导致妇女的劳动参与率略有下降，但是这一状况在鲁哈尼执政后又开始逐渐好转。

二、80年代伊朗的妇女就业

（一）80年代妇女就业及制约因素

革命后初期伊朗妇女的经济活动参与率大幅度下降。学者帕尔文则将伊朗妇女就业以伊斯兰革命为界分成女性化与非女性化时期。表7—11显示，在巴列维时期的20年里（1956—1976），妇女在劳动力中的构成比例增长了一倍多，使得就业出现了明显的女性化趋势。但是在伊斯兰革命之后，妇女在劳动力中的比例大幅度下降，就业结构呈现非女性化特点。1986年女性在劳动力中的构成比例降到了8.94%，低于1956年的水平。但是帕尔文研究的一个明显缺陷是忽略了90年代之后伊朗妇女在劳动力构成中的比例已经在逐渐提高的趋势。

表7—11　1956—1996年伊朗劳动力性别构成　　　　（%）

年份	女性	男性	总数
女性化时期			
1956	9.7	90.3	100
1966	13.27	87.73	100
1976	19.46	80.54	100
非女性化时期			
1986	8.94	91.06	100
1996	12.1	87.9	100

资料来源：Parvin Alizadeh, ed., *The Economy of Iran: Dilemmas of an Islamic State*, London; New York: I. B. Tauris Publishers, 2000, p. 262.

学界一般认为,伊斯兰革命后初期妇女劳动参与率的下降是伊斯兰化政策的自然结果。但实际上,这一时期妇女劳动参与水平的降低在城乡之间存在明显的差异。这是一系列综合因素导致的结果,而伊斯兰化政策仅仅起到了有限的作用。

在革命后,一部分妇女被迫从原来工作职位上辞职或者提前退休,但是这一现象主要发生在城市,波及的是那些受过西式教育、明显存在世俗化倾向的妇女。当时还发生了大规模的移民潮,根据相关估计,大约20%受过良好教育的中上层妇女在革命后离开了伊朗,导致妇女参与率降低了0.4%。[1]但除此之外,城市妇女的就业所受影响并不像想象得那么大,1976/1977—1986/1987年度劳动参与率仅仅从9%下降到8.3%。从妇女就业的绝对数量来看,城市妇女的劳动参与人口数量还有所上升(表7—10)。

妇女劳动参与率下降幅度最大的其实是在农村。表7—10显示,1986/1987年度,农村妇女的劳动参与人口比1976/1977年度减少了38.9万,劳动力参与度仅7.9%。农村妇女劳动参与率的下降在较大程度上是由于经济因素而不是伊斯兰化造成的。因为巴列维王朝的世俗化改革主要局限在城市,而对农村的影响十分有限。农村一直是保存伊斯兰文化的阵地,伊斯兰教在农村的影响是根深蒂固的,不可能在短期内得到改变,因此也就谈不上革命后的伊斯兰化政策改造农村的问题了。但是,农村妇女的劳动参与率的确大幅度降低了。这首先是经济制裁导致的结果。除了家内劳动及农业生产活动外,农村妇女主要的就业领域就是以出口为导向的地毯纺织业。但是自从伊朗受到严厉的经济制裁之后,所有的出口行业深受打击,地毯业本身也不断萎缩,所以令不少以此为业的妇女失去了生计。由于伊朗官方习惯上不把没有报酬的家内劳动者统计在内,因此所谓的农村妇女就业人口主要指的就是这些地毯织工了。这也就可以解释为什么农村

---

[1] Jennifer C. Olmsted, "Gender and Globalization: The Iranian Experience", in Roksana Bahramitash and Hadi Salehi Esfahani, (eds.), *Veiled Employment: Islamism and the Political Economy of Women's Employment in Iran*, p. 36.

妇女的劳动参与率在革命后初期急剧地下降了。

除此之外，导致农村妇女劳动参与率下降的还有另外一个不容忽视的因素，即教育在农村的普及和推广。出于维护政权稳定的需要，随着时间的推移，霍梅尼对妇女的态度发生了明显改变。他十分注重调动妇女参与国家建设的积极性，也因此高度重视普及妇女的教育，特别是农村妇女的扫盲教育。在80年代初，大量农村妇女走进了课堂，而不再过早地流入就业市场，助推了农村妇女劳动参与率的下降趋势。1976/1977—1991/1992年度，城市妇女的识字人数从348万增长到982万，农村妇女的识字人数从119万增长到501万。[1] 农村妇女识字人口的大幅度增加是在农村人口没有多少增加的背景下实现的。这些妇女在巴列维时期不能入学接受教育，但在这时却能够进入由清真寺组织的学校，"对她们来说接受扫盲教育变成一项宗教义务，而男人们也无法提出反对意见，否则将被视为对抗宗教权威。"[2]

法尔哈德·努马尼和苏赫拉布·贝赫达德曾经对伊朗妇女的劳动参与率做过细致的研究。根据他们提供的数据，1976—1986年之间农村妇女的非经济活动人口比率从83.4%增加到92.1%，明显高于城市妇女。该时期农村妇女非经济活动人口出现了与城市不同的变化趋势：即农村女学生的比例从6.5%增加到11.7%，而家庭妇女的比例却有所下降。而在城市妇女的非经济活动人口中，学生比例有所下降，而持家务者比例有所上升。[3] 这表明农村地区的妇女教育要比城市发展得更加迅速，不过城市女学生绝对总人数仍然大大高于农村。

从不同年龄段的城乡妇女劳动参与率，也可判断教育对妇女就业的影响。1986年，伊朗15—19岁的城市妇女劳动参与率仅为8.0%，而20—24岁为13.6%，25—29岁为13.7%，30—34岁为14.2%。可以看出主要因为年龄较小的未婚年轻城市妇女接受教育的比例在增加，导致城市妇女劳

---

[1] SCI, "Iran Statistical Yearbook, Education", 1392, p. 630.
[2] Roksana Bahramitash, "Market Fundamentalism versus Religious Fundamentalism: Women's Employment in Iran", Critique: Critical Middle Eastern Studies, Vol. 13, No. 1, 2004, p. 39.
[3] Farhad Nomani & Sohrab Behdad, Class and Labor in Iran: Did the Revolution Matter?, p. 128.

动参与率的下降；而年龄较大的已婚妇女再接受教育的可能性不大，因此该年龄段城市妇女就业保持了稳定的增长。不过在农村地区，1986年15—19岁的妇女就业率是最高的，而其他年龄段的妇女却表现出明显下降。[1] 比较而言，15—19岁的农村妇女接受教育比例要低于城市，不过不少已婚农村妇女却在这一时期接受了扫盲或者初级的教育，导致劳动参与率的下降。

（二）妇女就业的层次变化

虽然革命后初期妇女就业率总体上下降，但是具体到不同阶层，妇女就业状况表现不一。从表7—12可以看出，中高层次的就业妇女总人数在1976年为19万人，到1986年增加到33万，所占全部女性就业比例从16%增加到34%。而职业技术类的中产阶级妇女比例最大（几乎占所有中高级职位的95%），她们主要集中在教育和卫生部门就业。这两个部门也被革命领袖们认为是最适合妇女就业的行业。正如拉夫桑贾尼所说："妇女应该从事那些适合她们并被允许的行业，比如卫生和教育部门。"[2] 此外，妇女资本家的人数从5300人增加到13700人，所占妇女总就业比例从0.4%增加到1.4%；但是该层次中从事传统行业的妇女占主要部分，而从事现代行业的比例很少。另外，现代小资产阶级妇女比重有缓慢上升。在中产阶级层次，绝大部分妇女都在国有部门就业，而私有部门的比例很小，显然国有部门吸收了大部分的中上层职业女性。总体上看，虽然中上层职业妇女的就业有了较大的增长，但是在该类别就业人口中的比例却略微下降，从25.7%下降到24.5%，说明这些部门的男性就业增长速度仍然高于女性。

---

[1] Farhad Nomani & Sohrab Behdad, *Class and Labor in Iran: Did the Revolution Matter?* p.132.
[2] Homa Omid, *Islam and the Post-Revolutionary State in Iran*, New York: St. Martin's Press, 1994, p.188.

表 7—12　1979—1996 年伊朗妇女各层次工作职位构成的变化　　（%）

年份项目	1976 人数（千）	1976 占妇女总就业比例	1976 占该类就业人口比例	1986 人数（千）	1986 占总就业妇女比例	1986 占该类就业人口比例	1996 人数（千）	1996 占总就业妇女比例	1996 占该类就业人口比例
中高级职业	193.5	16.0	25.7	334.6	34.3	24.5	591.9	33.5	24.4
资产阶级	5.4	0.4	2.9	13.7	1.4	4.0	16.2	0.9	3.1
现代	0.4	0.0	1.9	1.9	0.2	8.5	2.9	0.2	3.9
传统	4.9	0.4	3.1	11.8	1.2	3.7	13.3	0.8	2.9
现代小资产阶级	1.7	0.1	5.0	3.4	0.3	7.1	9.1	0.5	5.5
中产阶级	186.5	15.4	34.7	317.5	32.6	32.5	566.6	32.1	32.6
行政管理	1.2	0.1	4.2	1.3	0.1	4.2	37.8	2.1	16.6
职业技术	185.3	15.3	36.4	316.2	32.4	33.4	528.8	30.0	35.0
国家雇员	174.1	14.4	40.0	308.6	31.6	33.8	530.3	30.0	34.9
私有雇员	12.3	1.0	12.1	8.9	0.9	13.9	36.3	2.1	16.6
低级职业	1018.7	84	12.7	640.6	65.5	6.6	1173.5	66.5	9.7
传统小资产阶级	129.0	10.6	4.6	175.2	18.0	4.0	338.2	19.2	6.7
蓝领工人	381.8	31.5	9.1	187.1	19.2	4.3	390.1	22.1	6.7
无报酬家庭工人	495.7	40.9	48.5	209.9	21.5	43.4	366.5	20.8	46.0
未分类者	12.2	1.0	30.0	68.4	7.0	14.9	78.8	4.5	17.0

资料来源：Farhad Nomani, Sohrab Behdad, *Class and Labor in Iran: Did the Revolution Matter?* pp. 136 - 137, pp. 138 - 139.

从表 7—12 还可以看出，1976 到 1986 年间，底层就业妇女不仅在人数上明显地下降，在全部妇女就业中的比例也迅速下跌（从 84% 到 65.7%），而在该类别全部劳动力的比例下降幅度更明显，从 12.7% 下降到 6.6%。

首先，在无报酬的家庭工人层次，妇女就业下降幅度最大。革命之前，大量妇女从事没有报酬的家庭工人的职业，特别是那些没有接受太多教育的、家境贫寒的妇女。但是，革命后在该行业就业的妇女不仅在人数上减少了一半以上，而且在全部妇女就业中的比率从 40.9% 下降至 21.5%。但是在该类别内的就业人口中，妇女比例下降却很少。这表明妇女仍是无报酬家庭工人的重要来源，从事此行业的男性数量增加有限。

其次，蓝领工人阶层的妇女就业比重不断下降。妇女在制造业中的就业人数下降了一半以上，在全部妇女就业中的比例从 31.5% 下降到 19.2%，在该类就业人口中的比例也下降到很低的程度。这主要是受到了经济危机的影响，大量企业开工不足导致大幅度裁员，如纺织女工在 1986 年仅有 3.3 万人。[①] 另外，受到了国有化改革及新的招聘条件的限制。革命前不少妇女在私有企业工作，但是在革命后大部分企业被国有化。国有企业新的招聘政策明显有利于男性，导致妇女在制造业中就业人数明显减少。

再次，妇女在传统小资产阶级中的人数有所上升，而占全部妇女就业比例也有所上升，但是在该类就业人口中的比例下降。另外，未分类一项中就业妇女人数有较大增加，这主要是由一些从事中下层个体服务业、商业的妇女组成，绝大部分属于非正式经济范畴。

综上所述，虽然革命后初期伊朗妇女的就业人数明显下降，但并不是发生在所有行业。处于较高社会阶层、接受较多教育或者拥有一定专业技术特长的女性不仅能够较好地保留自己的工作，而且就业比例在进一步扩大。这也表明，虽然政府三令五申不鼓励甚至限制妇女就业，但是实践起来存在困难。大批高层知识分子和技术人员的离职造成革命后初期人才极度匮乏的局面，使得那些拥有较高知识和技能的妇女能够填补空缺；另一方面，战争需要大规模动员全国人力物力资源，很多妇女都参与进来。虽然如此，在中高层岗位就业的妇女却基本上没有行政和管理权力，中产阶级行政管理一项的妇女比例在 1976—1986 年间几乎可以忽略不计

---

① Valentine M. Moghadam, "Women's Socio-Economic Participation and Iran's Changing Political Economy", in Parvin Alizadeh, *The Economy of Iran: Dilemmas of an Islamic State*, London; New York: I. B. Tauris Publishers, 2000, p. 239.

(0.1%)。而那些没有接受太多教育、出身低微的妇女绝大多数都离开了工作岗位。她们的离职是造成革命后伊朗妇女总就业率下降的最主要因素。

这一阶段妇女就业的另一个突出特征是职业性别隔离现象严重。学界一般采用邓肯差异指数[1]来衡量职业性别隔离的程度。在伊朗，该指数从1976年的14%提高到1986年的29%。[2] 实际上，除了教育卫生是妇女集中就业的部门外，其他职业几乎都被男性占据，甚至在妇女就业的传统优势部门（如地毯等手工业行业），在革命后男性也占据了支配地位。

在薪资报酬方面，女性的收入往往低于同岗位的男性。虽然宪法、《劳动法》和《国家就业法》没有明确规定男女差别的内容，但实际情况是男女同工却不同酬。另外，已婚就业妇女要比已婚男性缴纳更多的个人所得税，妇女也比男性支付更多的儿童保险金。根据孩子的多少，男性能比妇女得到更多奖金，因为男性是当然的户主，需要承担更多的责任。

可以看出，虽然政府不鼓励甚至反对妇女就业，但是伊朗妇女并没有从社会经济活动中完全退出，甚至在某些行业的就业比例还有所增加。经济发展的客观需要使得完全排斥妇女就业变得十分不切实际。但是，虽然不少女性能够冲破重重障碍继续就业甚至获得了新的工作岗位，多重因素导致妇女成为伊朗在革命后初期经济参与度最低的人群。1990年，伊朗妇女的劳动参与率在国际劳工组织调查的110个国家中排行第108位。[3]

在革命后初期经济危机加深、无法吸收太多劳动力的背景下，限制妇女就业客观上降低了社会其他人群寻找工作的难度。但是，大量妇女非经济活动人口的存在不利于一个社会的健康发展，其负面影响是显而易见的：1. 很多有才华和技能的妇女被迫离开工作岗位，造成人力资源的大量

---

[1] Duncan Index of Dissimilarity 该指数介于0到100之间，0代表完全的融合，而100代表完全的隔离。

[2] Parvin Alizadeh and Barry Harper, "The Feminization of the Labor Force in Iran", in Ali Mohammadi ed., *Iran Encountering Globalization: Problems and Prospects*, London and New York: RoutledgeCurzon, 2003, p. 187.

[3] Homa Omid, *Islam and the Post-Revolutionary State in Iran*, New York: St. Martin's Press, 1994, p. 191.

浪费。2. 导致一些比较适合妇女从事的行业的衰落。3. 为人口过快增长创造了条件。大量妇女成为家庭妇女，结婚年龄降低及鼓励生育的政策，导致80年代伊朗人口的迅速增长。4. 妇女经济地位的降低导致其社会地位的下降及某些妇女权利的丧失。这并不是当初支持革命的妇女希望得到的结果。

因此在革命后不久，伊朗便发生了妇女反对政府相关法令的抗议活动，虽然妇女们后来也接受了政府强加的一系列法令，但是她们的不满并没有消除，反而为下一阶段的女权主义运动奠定了基础。伊朗妇女逐渐成为改变现状、支持改革的重要力量。妇女经济地位的下降也体现了政府在实施伊斯兰化政策中过于理想化而脱离现实的严重弊端。所谓的保护妇女权利、按照妇女身心特点做出的安排却走向了另一个极端，导致妇女实际地位尤其是自主性的下降，重新成为男人与家庭的附属品。这不仅对经济发展造成了不利的影响，还危及到政权的合法性及稳定性。

三、1986—1996年伊朗妇女就业的初步改善

两伊战争后，伊朗在政治、社会、文化、经济等各方面都面临重大的转型，拉夫桑贾尼与哈塔米的改革推动了伊朗社会一定程度上的解放。在经济增长的背景下，妇女的经济地位也获得了明显的改善。

（一）妇女经济地位提高的原因
1. 战后伊朗妇女观念的变化及经济发展的现实需要是妇女经济地位提高的根本原因。

妇女劳动参与率的迅速下降逐渐引起了社会各界的关注。不少妇女仍在为争取平等的就业权利做斗争，而统治阶层也开始对这一现象进行反思。1987年，最高领袖霍梅尼授意在文化革命最高委员会之下成立"妇女社会与文化理事会"，专门负责研究有关妇女社会地位及经济权利的立法。1992年，该机构出台了不少有关保障妇女就业的法令。其宗旨是在保证家庭是社会核心的地位的同时，努力排除传统文化中不利于妇女就业的因

素，最终使妇女重新融入劳动力市场，并关注她们的各种利益及诉求。①一些领导人也开始注意到妇女在经济中不可或缺的角色，并提倡妇女就业。拉夫桑贾尼在 80 年代初期和后期的观点发生了明显的变化。他本来也认为妇女的主要角色是贤妻良母，但是也逐渐认识到那些接受较高教育并拥有才能的妇女却变成了家庭主妇，对社会来说是资源的浪费。②

两伊战争后，经济发展的现实需要使得增加妇女就业成为必须考虑的事。经济重建需要大量的劳动力，而在两伊战争中不少青壮年男性牺牲或者成为残疾人也使得妇女参与就业更加迫切。过度限制妇女就业只会增加社会非就业人口与政府的财政负担，对整个国家的经济发展不利。因而从现实出发，增加妇女就业是十分必要的。

1995 年，为了回应世界妇女大会的召开，伊朗颁布了一项国家妇女报告。该报告在强调家庭重要性的基础上，鼓励妇女进入适合她们身心特点的行业工作。"妇女在文化、经济和行政领域的就业是社会公正和进步的基础"，"妇女就业必须有利于其心灵、社会及职业的进步，并不会对她们的身心产生任何危害"，"妇女应该在以下领域就业：教学、助产、妇科、实验科学、医药、电子工程、社会工作、翻译及其他与妇女身心特征一致的行业，而像技术和服务部门的工作不提倡妇女就业"，"鼓励接受高等教育、有专业才能的妇女担当管理和行政职务"。除此之外，报告还特别强调了男女同工同酬的观点，"在同等工作条件下，必须保证男女相同的工资、薪水和相关福利待遇。"③ 可以看出，随着时代的变化，伊朗政府在妇女就业问题上的立场明显宽松。

政府开始采取措施帮助妇女就业。从 80 年代后期起，在劳动和社会服务部的监督与指导下，伊朗开展妇女技术和在岗培训服务。从 1987 到 1990 年，共有 22081 名妇女接受了培训。④ 另外，建立为缺乏监护和生活来源的妇女提供就业机会的服务机构；为农村妇女开设了地毯编织、缝

---

① Homa Omid, *Islam and the Post-Revolutionary State in Iran*, p. 185.
② Homa Omid, *Islam and the Post-Revolutionary State in Iran*, p. 187.
③ Grant M. Farr, *Modern Iran: a Volume in the Comparative Society's Series*, pp. 97–98.
④ Valentine M. Moghadam, "Women's Socio-Economic Participation and Iran's Changing Political Economy", in Parvin Alizadeh, ed., *The Economy of Iran: Dilemmas of an Islamic State*, p. 247.

纫、医疗、助产和食品加工等培训课程；提高待遇，加大对妇女的奖金力度。

2. 教育的发展与生育率的下降开始在增加妇女就业中发挥重要作用。

80年代大量妇女接受教育造成了妇女劳动参与率的暂时下降。但是90年代以后，妇女受教育程度的提高为她们的就业提供了良好的基础和条件。从表7—13可以看出，妇女各层次的教育都渐渐同男性持平。特别在高等教育层次，90年代末以后女生数量增长更快，现在已经超过男生。教育水平的提高使她们增加了获得工作的机会。

表7—13　1990—2002年伊朗教育发展概况　　　单位：千人

年份	1990	1995	1997	1998	1999	2000	2001	2002
初级教育	8262	9746	8938	8667	8288	7969	7513	7029
男生	1639	5152	4720	4561	4349	4176	3925	3663
女生	1086	4594	4218	4106	3939	3793	3588	3366
中等教育	1363	2781	5283	5295	5173	5027	4954	4866
男生	778	1491	2881	2890	2829	2749	2698	2637
女生	585	1290	2402	2405	2344	2278	2256	2229
高等教育		3179	3705	3920	4009	4064	3985	3829
公立大学	251	527	626	639	679	733	759	809
男生	145	355	387	371	380	387	381	397
女生		172	239	268	299	346	378	397
伊斯兰阿扎德大学[①]		519	659	667	726	836	807	905

资料来源：IMF Country Report, *Islamic Republic of Iran: Statistical Appendix*, 1999, p. 24; 2002, p. 96; 2004, p. 24.

两伊战争后，为了控制人口数量的急剧增长，伊朗的人口政策发生重大的转向，即不再鼓励人口生育，而是开始实施家庭计划，转向控制生

---

① 该大学是伊朗规模最大的私立大学，建于1982年，总部在德黑兰，并在许多城市都设有分校。

育。政府不再对一个家庭中出生的第三个或更多的孩子给予补贴。① 这一政策令伊朗人口出生率开始明显下降。很多妇女逐渐从沉重生育负担中解放出来,并有更多的时间和精力外出工作。

3. 这一时期有关妇女的权利立法获得了重大突破,有利于保障妇女扩大就业。

从 90 年代初开始,在妇女议员及女权主义者的压力下,一系列关于女权的改革逐渐展开。其中最有代表性的是修改婚姻法,妇女有权利提出离婚,也可阻止丈夫再娶别的女人,并恢复了对孩子的监护权。更重要的是,妇女开始有组织地为自己争取利益,很多妇女非政府组织纷纷涌现。这些组织为日渐增多的女大学生提供就业信息及其他服务。②

妇女就业率的提高还受到经济危机的影响。一些妇女外出工作并非出于自愿,而是受到了家庭经济压力的影响。尤其是 90 年代通货膨胀居高不下,生活成本大幅度上升,一些普通家庭仅仅依靠男人的收入难以维持生活,妇女不得不走出家门寻找工作,以补贴家用。

(二) 1990 年后妇女就业的初步改善

1. 妇女就业率有所上升。从表 7—11 可以看出,到 1996 年,妇女在劳动力中的比例上升到 12.1%,比 1986 年高出近 4 个百分点。同时,城市妇女劳动参与率从 5.9% 上升到 7.2%,农村妇女从 6.3% 上升到 9.3%,而家庭妇女的比例下降了近 10 个百分点。另外,农村妇女就业比例微高于城市 (13.4% 对 11.3%),显然农村对妇女工作的限制比城市更小一些。③不过截至到 1996 年,绝大部分妇女就业指标都没有恢复到 1976 年的水平。

2. 不同层次的妇女就业状况都有所改善,但是改善程度存在明显差异。从表 7—12 可以看出,中高层就业妇女人数仍然保持较大幅度的增长,而且基本与妇女总就业人数及同类别就业人口保持了同比例的增长。同 80

---

① Mohammad Jalal Abbasi-Shavazi, Peter McDonald, Meimanat Hosseini-Chavoshi, *The Fertility Transition in Iran: Revolution and Reproduction*, New York: Springer, 2009, pp. 25 – 27.
② Elaheh Rostami Povey, "Trade Unions and Women's NGOs: diverse civil society organizations in Iran", *Development in Practice*, Vol. 14, No, 1&2, Feb. 2004, p. 261.
③ Farhad Nomani & Sohrab Behdad, *Class and Labor in Iran: Did the Revolution Matter?*, p. 132.

年代类似的是，中高层95%以上的妇女集中在中产阶级职业和技术岗位（教育卫生部门），而且占该类别就业人口比例有所上升（从33.4%到35%），表明该时期这一层次的女性就业增长速度超过了男性。另外，行政管理岗位妇女就业人数的增长引人瞩目，从1986年的1300人猛增到1996年的3.78万人，同时在就业妇女中的比例从0.1%增加到2.1%，在同类就业人口中的比例从4.2%增加到16.6%。这一变化是妇女经济地位提高的有力证据。而女性资产家和现代小资产阶级的人数也有所增加，但是在比例上有所下降。另外，绝大部分妇女仍然在国有部门而不是私有部门就业，可以看出这一时期的私有化改革并没有对中高层妇女就业结构产生很大的影响。

从底层就业的情况看，到1996年，该层次的妇女就业也有所增加，不仅在就业人数上比1986年增加近一倍，而且同类别就业人口的比例明显上升（从6.6%到9.7%）。无报酬的家庭工人和蓝领工人仍然是该层次妇女就业比例最高的两类。到这一时期，妇女在农业、家庭手工业、服务业等行业的就业都在逐渐增加。根据1995年在世界第四次妇女大会上伊朗提供的国家妇女报告，妇女构成了农业劳动力的40%左右，而其中并不包括从事家庭劳动的妇女。根据一些非官方资料，在大米种植方面，妇女劳动力占70%，在夏季作物和蔬菜种植方面占90%，棉花和油料作物种植占50%，果木种植占30%。农村妇女在地毯和其他手工业生产方面恢复了传统优势地位。[1] 尽管有所改善，但是底层就业妇女的比例仍然低于1976年的水平，与在中高层职位就业的妇女相比，底层妇女就业所受的限制依然很大。

3. 妇女的工作权益比80年代得到了更多的保障。1989年通过的《劳动法》有明确保障妇女工作权利的条款。其中第76条规定：妇女的产假共为90天，至少45天的假期是在分娩之后；另外产假期间的妇女薪金支付必须遵照社会保障法的要求。第78条规定，雇主有义务根据儿童的数量和年龄建立相关的幼托机构（如诊所、幼儿园等），这些机构必须符合社

---

[1] Valentine M. Moghadam, "Women's Socio-Economic Participation and Iran's Changing Political Economy", p. 246.

会福利总局和劳动社会保障部的要求。① 一般来说，在国有部门和大型企业就业的妇女在怀孕、哺乳等方面都得到了较多的保障，而在私有部门就业的妇女（特别是临时工）则仍无法享受相关待遇，甚至连基本的保险都比较缺乏。但需要指出的是，《劳动法》对雇主提出的要求会使后者尽量避免雇佣妇女，使得性别隐性歧视更加严重，从而给妇女就业带来了不少消极影响。

4. 随着妇女就业的扩大，一些原来不允许妇女就业的行业开始放松限制，而某些行业的性别隔离程度也减轻了。重新对妇女放开的是司法领域。1992 年的一项法令允许在特别民事法庭雇佣妇女法律顾问；1993 年，在伊朗注册的 2661 名律师中，有 185 名妇女。② 但是妇女担任法官的机会依然很小。越来越多女性法律顾问的出现意味着在立法方面对妇女事务做出更多的改革。性别隔离的逐渐淡化主要出现在一些现代化程度较高的行业，如航空和旅游公司的男女职员共同工作已经是很普遍的现象，大型宾馆的员工也是如此，甚至连广播电视行业也出现了女播音员。但是在一些传统行业，性别隔离程度依旧很严重，如纺织厂的工人一般仍是男女隔离的，而在巴扎里的商店或旅馆也很少见到女性工作人员。

两伊战争后，伊朗妇女逐渐突破了许多限制加入劳动大军，经济地位开始上升。在哈塔米改革之后，伊朗的妇女就业范围得到了进一步的扩大，参与程度与所占人口比例都超过了革命之前，从而大大颠覆了外界对伊朗妇女的传统观点。

四、90 年代中后期以来伊朗妇女就业特点

（一）伊朗妇女劳动参与率的增加与城市化的不断加速密切相关

前文已述，伊朗在 20 世纪后半期经历了快速城市化的过程，伊斯兰革

---

① "The Labor Law, Islamic Republic of Iran", http://www.alaviandassociates.com/documents/labourlaw.pdf.

② Valentine M. Moghadam, "Women's Socio-Economic Participation and Iran's Changing Political Economy", p. 245.

命也没有阻碍城市化的速度。1986年伊朗城市化人口比例为54%，高于1976年（47%）。① 但总的来说，两伊战争期间城市化进程有所放缓。两伊战争结束后，大规模的经济重建开始，国家重新重视城市和工业发展的战略使得农村经济日益被边缘化。大小不等的以城市为中心的经济体吸引着大量年轻的劳动力人口的涌入，尤其是德黑兰、马什哈德、伊斯法罕这些大城市更加具有吸引力。1996年伊朗城市化人口占比61%，2006年达到69%。② 相较于农村和偏远落后地区，城市相对自由的社会空气也对妇女产生了较大的吸引力。年轻的妇女要么直接离开农村去往城市谋生，要么通过接受教育逐步地踏入城市的生活轨道。表7—10显示，城市妇女的劳动参与人口在90年代中后期以后呈迅猛上升的趋势。到2011年，已经从1976年的48.9万增加到279万，增长了5.7倍；而农村妇女的劳动参与人口波动较大，80年代下降最为剧烈，从90年代之后开始缓慢增长，但是从2006年后又不断下降，到2011年农村妇女劳动参与人口只有78万，仅比1956年增加了28%，大大滞后于城市劳动力人口的增长速度。当然不少学者指出，"伊朗统计中心"习惯上不统计没有报酬的劳动力，导致那些农村从事家内劳动却没有报酬或者报酬很低的妇女不被统计在内，因此低估了农村妇女的劳动参与率。尽管如此，城市妇女的就业比例和数量都高于农村是一个不争的事实，而未来差距也会继续增加。

（二）教育在妇女就业中起到的作用越来越大，但同时产生了复杂多重的影响

2011年，在6岁以上的人口中，妇女的识字率达到81.1%。值得一提的是，妇女在高等教育中的比例到2006年已经超过男生，占全部学生比例的58%。③ 为了限制女生数量，内贾德政府一度试图重新恢复配额制，限制妇女入学的名额，但是并没有阻止妇女人数的继续增加。当前伊朗高校男女性别比例基本持平。

---

① SCI, "Iran Statistical Yearbook: Manpower", 1388, p. 109.
② SCI, "Iran Statistical Yearbook: Manpower", 1388, p. 109.
③ SCI, "Iran Statistical Yearbook: Education", 1392, p. 633, p. 677.

受教育程度和专业背景逐渐成为妇女赖以进入劳动力市场的前提条件。而教育至少从两个方面影响了妇女的就业：一是接受教育有助于妇女找到理想的工作，但是也同时提高了妇女对就业的期望值，容易与现实产生差距，造成失业的增加。90年代中后期，随着大量学生毕业走出校门进入劳动力市场，妇女的失业率开始不断上升，日益发展为一个突出的社会问题。二是延迟了妇女就业的年龄结构。教育尤其是减少了20岁之前的妇女的劳动参与率，而将参与就业的高峰推向了20岁以后。2010年，15—19岁妇女劳动参与率仅为4.8%，劳动参与率最高的年龄段为20—24岁（23%），其次是25—29岁（19.3%）。40岁以后妇女的劳动参与率又明显下降。①

（三）妇女就业人口越来越向服务业集中，而不是制造业和农业

妇女就业的产业分布基本上与伊朗的产业结构是相适应的。一般情况下，在一国现代化的初期，制造业是经济发展的引擎，也最能吸引就业人口。但是以中东产油国为代表的"石油地租型"经济模式却不遵循这一通例，因为石油财富短期内的大量涌入只会导致进口增加，从而对国内农业和制造业带来冲击，同时却催生服务各行业不成比例的膨胀。到伊斯兰革命前夕，妇女集中在服务业就业的特征已经形成。但90年代后，受经济重建的影响，妇女在制造业中的就业比例有所回升，而伊朗政府显然提高了对农业中妇女的就业比重的估计，令人感觉妇女在服务业中的就业比重还有所下降。2001年，妇女在农业、制造业、服务业中的就业分配比例为31.2、31.8%、37%。② 不过至2015年，妇女在三大产业的就业分配变化为24%、22.9%、53.1%。③ 可以看出最近10多年来，妇女在农业和制造业的就业比重继续下降，而服务业的就业比重不断增加的趋势。

教师、医护人员被视为是最适合妇女的职业。但是，90年代中后期之后伊朗妇女在服务业中的就业还体现出较强的延展性，有越来越多的妇女

---

① SCI, "Iran Statistical Yearbook: Manpower", 1391, p. 162.
② SCI, "Iran Statistical Yearbook: Manpower", 1391, p. 165.
③ SCI, "A Selection of Labor Force Survey Result", Summer 1394, p. 5.

走向行政管理及专业技术岗位，成为社会工作者、银行职员、商店售货员、出租车司机、新闻媒体工作者、房地产开发商、各级政府公务员等。1997年，伊朗妇女占据了政府各部（能源部、国防及后勤部、石油部除外）的35%的管理岗位，教育部所占比例最高，达到40%。[1] 2003年，一名叫莉拉·达瓦尔的女法官开始在伊斯法罕的国家赔偿机构工作，这被伊朗妇女视为女权斗争的重大胜利。[2]

以上主要通过伊朗统计中心的数据对伊朗妇女的就业状况进行了比较抽象的分析。这一分析依然存在缺陷，无法足够地反应伊朗妇女就业的真实图景。一些亲自到过伊朗的人会发现，现在伊朗的各个行业里几乎都有女性，女性就业的范围远比想象得要多。

据此有的学者指出，在革命后，受宗教意识形态等因素的影响，由于伊朗政府不鼓励妇女外出工作，因此存在有意压低妇女就业数据的"嫌疑"。除了低估妇女在农业中的就业程度外，"伊朗统计中心"将劳动力人口年龄设定在10岁（含）以上，而国际标准一般将15岁（含）以上的人口划定为劳动力人口。由于10—15岁之间的人口劳动参与程度极低，这就使得劳动力人口基数变大，无形中压低了劳动参与率。另外，伊朗存在大量在非正式部门就业的女性，也没有被统计在内。这些人大多不愿意承认自己拥有工作或者只是提供很少的信息，具体原因十分复杂。因此，这些有工作但却没有纳入官方统计的妇女劳动力被一些学者称为"失去的劳动力"或"隐形就业"。

（四）非正式经济部门的妇女就业不断增加

在伊朗，非正式经济逐渐成为备受女性青睐的就业领域。如在街头巷尾贩卖小商品的妇女，在家庭小作坊里从事食品加工、编织和缝制工作的妇女等。从事这些职业的大多是没有接受太多教育和没有正式职业的中下

---

[1] International Labor Organization, "An Employment Strategy for the Islamic Republic of Iran", p. 40, http://www.ilo.org/wcmsp5/groups/public/—asia/—ro-bangkok/—sro-new_delhi/documents/publication/wcms_124326.pdf.

[2] Elaheh Rostami Povey, "Trade Unions and Women's NGOs: diverse civil society organizations in Iran", p. 260.

层妇女。而随着城市服务业的兴起，人们生活品味的不断提升，健身、美容逐渐成为消费和时尚的潮流。因此，不少妇女在自己家里私设舞蹈、有氧健身、瑜伽、打坐、按摩等健身场所吸引女性消费者。妇女们私下经营的化妆和美容美发店也很普遍，而且一般收入丰厚。这些行业还容易衍生出其他一些非正式经济活动，如美发店里偶尔会出现一些推销小商品、租赁或出售房屋、提供家政服务信息的妇女，甚至还有女算命师。[①] 另外，一些拥有高等教育背景的妇女也倾向于在非正式经济中就业，家庭教师一职尤其受到欢迎。还有一些从事艺术行业的妇女也在自家里开设个人工作室招收学生。除了以上合法的活动外，离家出走的妇女及性工作者也是非正式经济的组成部分，只不过一直不被政府披露。

综上所述，不仅仅是下层妇女迫于生计而从事非正式经济，不少中上层妇女也热衷于非正式经济活动。这部分人数量庞大，难以估计。为什么那么多妇女选择在非正式经济部门就业？原因复杂，耐人寻味。

1. 宗教文化因素对妇女就业的限制令许多妇女选择非正式经济部门就业。霍梅尼就曾经反复强调："伊斯兰使得女人和男人是同等的，实际上它对女人更加关照而对男人却没有如此。"[②] 社会舆论对妇女就业总体上持保守态度，甚至不少妇女本人也认为女性的职责就是照顾好家庭而不是外出就业。虽然自 90 年代后社会氛围有所宽松，但是妇女就业的无形阻力依然很大。为了避开这些不利影响，不少妇女宁愿选择在不受监管的非正式经济中就业，而不去正规的受到政府管辖下的部门中就业。

2. 非正式经济可以令妇女获得更多的自由和个人空间，尤其受到部分中上层妇女的追捧。对一些妇女来说，一个很重要的理由是在非经济部门工作的着装要求比较宽松，不像在正规部门工作的妇女那样严格。一些开设个人工作室或者担任家庭教师的妇女表示，在自己家里可以不必戴头

---

① Roksana Bahramitash and Shahla Kazemipour, "Veiled Economy: Gender and the Informal Sector", in Roksana Bahramitash and Hadi Salehi Esfahani, (eds.), Veiled*Employment*: *Islamism and the Political Economy of Women's Employment in Iran*, p. 236.

② Sanam Vakil, *Women and Politics in the Islamic Republic of Iran*: *Action and Reaction*, New York: Continuum, 2011, p. 54.

巾、随意着装而不受束缚；另外可以听音乐、高声谈笑而不被批评。① 需要特别注意的是，伊斯兰革命后实施的性别隔离政策在其中也起到了不容忽视的作用。大部分人认为，性别隔离是对妇女的歧视和排挤，是伊斯兰妇女地位低下的标志。但事实上，性别隔离对伊朗妇女就业也有积极的影响，而非仅仅是负面的。对许多妇女来说，正是由于性别隔离为妇女提供了单独的活动场所，也为女性非正式经济的活跃提供了土壤。除此之外，对部分妇女来说，在非正式经济部门的工作时间比较灵活，能比在正式部门更好地兼顾家庭。

3. 经济因素也是妇女选择非正式经济就业的重要原因。伊朗经济长期不景气，而人口结构又十分年轻，客观上需要大量的工作岗位，但是正式部门无法提供足够的就业机会。这就迫使许多妇女选择在非正式经济中就业特别是中下层妇女，为了减轻家庭经济负担，许多妇女都会外出工作。在被调查的妇女中，单身和离异的妇女在非正式经济部门中的比例是较高的，正常婚姻里的妇女在这类部门就业的比例较少。② 另外，伊朗通货膨胀居高不下，令领取固定薪资的公共部门也失去了不少吸引力，很多妇女发现在非正式经济部门工作能够有更高的收入来源，而且不用交房租，还能逃避缴税。

由于存在大量未被统计的非正式经济活动人口，导致伊朗妇女的就业很难被准确地评估。国际劳工组织的数据显示，1995年，伊朗妇女的劳动参与率为19%，在西亚北非地区排第10位，到2005年上升到38.6%，在该地区排名第3位。③ 这一数据似乎更能准确地反映伊朗妇女明显增加的事实。

---

① Roksana Bahramitash and Shahla Kazemipour, *Veiled Economy: Gender and the Informal Sector*, in Roksana Bahramitash and Hadi Salehi Esfahani, (eds.), *VeiledEmployment: Islamism and the Political Economy of Women's Employment in Iran*, p. 235.

② Fatemeh Etemad Moghadam, "Iran's Missing Working Women", in Roksana Bahramitash and Hadi Salehi Esfahani, (eds.), *Veiled Employment: Islamism and the Political Economy of Women's Employment in Iran*, p. 265.

③ Jennifer C. Olmsted, "Gender and Globalization: The Iranian Experience", in Roksana Bahramitash and Hadi Salehi Esfahani, (eds.), *Veiled Employment: Islamism and the Political Economy of Women's Employment in Iran*, p. 40.

五、伊朗妇女经济地位的提高与女权主义

不论是正式的还是非正式的经济部门，伊朗妇女的就业在革命后40年的时间里（80年代除外）获得了明显的增长，反映出妇女经济及社会地位不断提高的事实。伊朗妇女就业的变化不是一个孤立的现象，它是政府、妇女、社会三方面互动的结果，与女权主义的斗争存在密切的联系。90年代以后，伊朗妇女捍卫自身权利的意识大大增强，运用各种方式争取自己的权利。这些女权主义者并非都是世俗主义者，大多数是持开明和温和观点的伊斯兰主义者。她们善于运用宗教经典来证明伊斯兰教并没有歧视妇女，妇女受到歧视的根源是根深蒂固的父权主义而非伊斯兰主义。一位女权主义者说："在伊朗，现在妇女要求她们拥有解释伊斯兰法的权利，放弃或超越传统框架并发展新的范式，从女性的视角重新解释伊斯兰概念和法律。"[1] 女权主义的兴起主要体现在以下四个方面：

第一，妇女在婚姻、家庭和外出工作上要求更多的自由和平等权利。根据2002年一项在妇女中进行的民意调查，90%的妇女支持婚姻应该自由选择，只有30.5%认为家务是妇女的专属责任，而只有15%认为照顾孩子是妇女的专属责任。86.5%的妇女认为男女应享有平等的受教育机会，77%同意男女应享有平等的工作机会，53%同意男女应平等参与政治活动。52%认为妇女与男子应该有平等的机会担任政府的决策职位，69%赞成在地方层面男女享有同等的决策权。[2] 实际情况是，越来越多的妇女走出家门参加工作。

第二，妇女通过不断的斗争迫使国家领导人的态度作出一些改变，并通过了部分保障妇女权益的法令。

最引人深思的是霍梅尼在妇女问题上的态度。早年的他曾明确反对妇女外出就业，但是伊斯兰革命后，为了争取妇女的支持，他一改初衷，不

---

[1] Sanam Vakil, *Women and Politics in the Islamic Republic of Iran: Action and Reaction*, p. 104.
[2] Annabelle Sreberny and Massoumeh Torfeh, *Cultural Revolution in Iran: Contemporary Popular Culture in the Islamic Republic*, New York: I. B. Tauris, 2013, pp. 44 - 45.

仅赋予了妇女政治选举权,大力提倡妇女接受教育,而且动员妇女支持战争,这就为妇女参与公共事务创造了条件。1985 年,在霍梅尼的授意下,允许未亡父母,不论性别,在配偶死亡后和再婚后拥有抚养或监护子女的权利,并获得由政府为战争孤儿提供的资助。① 这实际上承认了妇女对孩子的监护权,但仅限于烈士家属。现任最高领袖哈梅内伊是公认的宗教保守派的代表,但耐人寻味的是,他鲜有针对妇女就业方面的言论,虽然没有公开鼓励,但也并不过多干涉。伊朗的总统选举是普选制,占人口一半的妇女越来越受到总统及候选人的重视,为了拉拢妇女,对妇女让步也成为大势所趋。拉夫桑贾尼总统对待妇女的态度已经开明温和许多,他也曾多次表达对妇女就业的鼓励和支持。1993 年,议会通过了一项法令,规定如果男子不公正地与其妻子离婚,要付给妻子婚姻期间的劳务费。②

以改革派姿态上任的哈塔米总统更是得益于妇女的支持,因此对妇女事业更加关注,他曾说过:"我们对妇女的角色应该有一个全面的看法,不论如何不能把妇女视为二等公民。……我们相信男人和女人都有从事所有领域的能力。我强调的是,所有领域。"③ 他的任期也是妇女就业迅速上升的一段时期。在这一时期,出现了第一位女性副总统玛苏梅·埃卜特卡尔,第一位文化部女副部长阿扎姆·诺丽及内务部第一位负责女性事务的女司长。哈塔米任内是妇女立法取得重大进展的时期,其中议会提出的 33 项性别法案中有 16 项审核通过。通过的法令包括:取消对出国旅行妇女的教育歧视;将女孩的最低结婚年龄从 9 岁提高到 13 岁;将母亲享有儿子监护权的年龄从 2 岁提高到 7 岁等。但是一些法令依然未获通过,代表性的如伊朗政府仍不同意加入联合国公布的《消除对妇女一切形式的歧视公约》。④

内贾德虽为强硬保守派的代表,一度为了限制妇女入学而重新恢复配额制,重新强调妇女的家庭责任,但他也是伊朗有史以来第一位任命女内

---

① Sanam Vakil, *Women and Politics in the Islamic Republic of Iran: Action and Reaction*, p. 59.
② Homa Omid, *Islam and the Post-Revolutionary State in Iran*, p. 203.
③ Sanam Vakil, *Women and Politics in the Islamic Republic of Iran: Action and Reaction*, p. 138.
④ Sanam Vakil, *Women and Politics in the Islamic Republic of Iran: Action and Reaction*, p. 149.

阁成员的总统，并曾经试图赋予妇女观看足球比赛的权利。这一尝试最后遭到了保守宗教人士的反对而没有兑现。① 现任总统鲁哈尼则是女权主义的维护者，他不仅公开倡导男女平等，而且任命了三位女副总统，分管司法、环境、家庭及妇女事务。他还任命了伊朗伊斯兰共和国历史上第一位女议会发言人。② 虽然这些领导人的言辞大多仅具象征意义，妇女在现实中的收益要少得多，但是这依然表明伊朗政府在对待妇女问题的态度上顺应了时代发展的趋势，比起海湾一些阿拉伯国家要开放不少。

第三，妇女积极参与政治活动，以期实现自身地位的改善。拥有选举权的妇女已经成为影响伊朗政治走向的重要力量。少数妇女敢于打破禁忌，申请参与总统竞选，而更多妇女参与议会竞选或者出任官职。1996年，共有 200 名妇女竞选议员，其中 14 名妇女当选。1997 年有 4 名妇女登记竞选总统，1998 年 9 名妇女试图竞选专家委员会成员，但所有妇女都被宪法监护委员会拒之门外。妇女并不气馁，2001 年继续有 47 名妇女报名竞选总统，2009 年则有 42 名妇女参加总统竞选。③

第四，女性对宗教禁忌的突破。随着女权主义的兴起，女性文化也获得了发展的空间。为了避开 Basij 的监视，更多的妇女选择表面上遵从教律，但是在私人活动领域、隐秘会所，她们会换掉正统服装，不仅跳舞、唱歌，还会自由谈论公开场合需要回避的话题。④ 现代通讯技术尤其是网络的普及，为专属妇女的活动空间提供了更便利的条件，妇女与异性的交往也变得更加密切。越来越多的妇女参加户外运动。妇女被完全限制在家庭内的状况已经发生了巨大的变化。妇女从行为到思想都在日益多元化，使得完全遵守伊斯兰教法变得越来越不现实。但大多数妇女寻求重新解释基于伊斯兰框架内的性别问题，而非完全超越或者反对伊斯兰教法体系。正如玛戈·巴德兰所说，"在伊斯兰范式中阐述女权主义的言论和实践"。这些妇女往往利用《古兰经》及其教法原则来挑战对妇女问题基于父权主

---

① Sanam Vakil, *Women and Politics in the Islamic Republic of Iran: Action and Reaction*, p. 207.
② Wikipeda, "Hassan Rouhani", https://en.wikipedia.org/wiki/Hassan_Rouhani.
③ Sanam Vakil, *Women and Politics in the Islamic Republic of Iran: Action and Reaction*, p. 15.
④ Elaine Sciolino, *Persian Mirrors: the Elusive Face of Iran*, New York: Free Press, 2000, pp. 93 – 94.

义的解释。① 在当代伊朗,已经出现了众多杰出的女性作家、记者、出版商、电影制片人等,她们成为更多妇女追随的榜样。

第五,父权观念及生育观念的淡化有利于妇女参加就业。90 年代之后,以父权为中心的传统文化观念也正在发生改变,在城市中上层的家庭里尤为明显,男子不再拥有绝对的统治地位。这些变化有利于妇女更自由地选择就业。令人惊奇的是,革命后的高生育率仅仅维持了很短暂的时间,从 80 年代中后期,伊朗人口的出生率就开始明显下降。伊朗妇女平均生育孩子数量在 1980 年为 7.0,1988 年就降为 5.5。90 年代之后更是不断下降,1996 年为 2.8,2000 年 2.1,2006 年仅 1.9。② 伊朗已经成为中东地区生育率最低的国家之一。妇女不再把生育作为人生的主要任务,从深层次上体现的不仅仅是妇女对待家庭、工作态度的变化,也反映出社会(尤其是男子)逐渐接受不再要求妇女过多生育的事实。生育率的下降使得妇女拥有了更多自由支配的时间,因而更有利于外出就业。

迄今为止,伊朗设有专门的管理妇女事务的机构,指导妇女的就业及培训,因此妇女就业得到了政府层面的认可和保护。伊朗设有一位专门负责妇女和家庭事务的副总统,由妇女担任。总统下设"妇女参与中心",在研究制订妇女各项政策(包括就业)方面起着中枢作用。在"劳工和社会福利部"下面设有分管妇女就业的部门,为妇女就业提供信息和服务。另外,伊朗还有"妇女企业家协会"及各种妇女非政府组织,在促进妇女就业方面发挥了一定的作用。③

六、伊朗妇女就业存在的主要问题

尽管伊斯兰革命后的伊朗妇女在就业方面取得了不少进步,经济地位有所提高,缩小了与男性的差距,但是其存在的缺陷是显而易见的,还存

---

① Sanam Vakil, *Women and Politics in the Islamic Republic of Iran: Action and Reaction*, pp. 8 - 9.

② Mohammad Jalal Abbasi-Shavazi, Peter McDonald, Meimanat Hosseini-Chavoshi, *The Fertility Transition in Iran: Revolution and Reproduction*, Heidelberg; New York: Springer, 2009, p. 48.

③ ILO, "An Employment Strategy for the Islamic Republic of Iran", p. 42.

在很大的改善空间。

第一，就业分布十分不平衡，某些职业对妇女来说依然很难进入。妇女主要集中在教育和卫生系统就业。2011年，城市妇女在这两个行业的人数占一半左右。[1] 其次是政府、银行、艺术等行业，地毯纺织业则是女性传统占优势的行业。妇女在其他行业的就业人数还是比较有限的，如批发零售业、农产品加工业、房地产业、交通运输业、通讯业及科研等领域的女性极为有限。妇女很难获得高级管理和决策的职位，收入也往往低于同等职位的男性。在司法领域，妇女只能担任法律咨询员等低级的职位。已婚是允许妇女进入许多行业的首要前提，如禁止单身妇女进入油气部门工作。伊朗妇女就业率要远远低于世界妇女平均45%的就业水平。

第二，妇女失业问题十分突出，教育与就业存在明显的脱节现象。妇女失业率高在根源上是由长期性经济危机决定的。90年中后期以来，随着大量妇女从学校走向劳动力市场，妇女的失业率开始迅速上升，大大高于男性。2011年，10岁以上的妇女失业率为20.9%（男性为10.5%），其中15—24岁年龄段妇女的失业率为42.7%（男性为20.9%）。2015年夏季，女性失业率为19.9%（男性为8.9%），15—24岁妇女失业率为44.2%（男性为21.6%）。[2] 高学历失业逐渐成为突出的社会问题。2011年高校失业人数77万，女生占55%左右。[3]

妇女找工作仍然受到严重的歧视。教育可以明显提高男性自立率，但是却不能对妇女产生显著效果。妇女接受教育不一定会带来就业。在严酷的经济环境下，本来有限的就业市场对妇女的限制更多。就业市场的严峻性迫使很多妇女不得不接受更多的教育，延后进入劳动力市场的时间或者为了期待更好的工作。男生则更加容易找到工作。其他的问题还在于，女生所学习的专业大多集中在实用性不强的人文学科。即使妇女接受教育，也无法充分地适应劳动力市场的需求，从而加大了妇女一踏出校门便可能面临失业的风险。

---

[1] SCI, "Iran Statistical Yearbook: Manpower", 1391, p. 181.
[2] SCI, "A Selection of Labor Force Survey Result", 1390, p. 5; 1394, p. 5.
[3] SCI, "Iran Statistical Yearbook: Manpower", 1388, p. 195; 1391, p. 200.

第三，意识形态的宗教政治及社会文化因素的负面影响将会长期存在。伊朗妇女争取权益的斗争因派系斗争表现出波动性，尤其是保守派上台会使妇女争取权利面临更多的挑战。父权主义的影响虽然在下降，但是不可能在短期内完全消除，排斥妇女就业的社会文化土壤依然深厚。当下伊朗存在一种很矛盾的现象，即允许甚至鼓励女孩接受教育（包括高等教育）已经被广泛接受，但是妇女在毕业之后有没有必要参加工作，却是另一码事情。"女生在接受高等教育上受到家庭和社会的支持，但是在就业方面，她们既得不到支持，更得不到帮助。"① 可见社会舆论与传统观念依然束缚着妇女就业，就业市场仍然以男性为主导，大量妇女只能兼职或者在非正式经济部门就业。

综上所述，虽然存在很多不尽如人意之处，但是伊朗妇女就业状况自90年代中后期开始明显改善。妇女经济地位的提高发生在政治环境走向宽松，社会及文化氛围有限度开放的背景下。伊朗政府事实上已经认可了妇女参与经济与社会事务的必要性并在做相关的保障工作，反映了在妇女问题上与时俱进、务实灵活的一面。长期被视为宗教及民族文化象征的妇女问题在某种程度上正在"去标签化"。从政府对待妇女就业的态度和政策的变化上也可联想到，在2011年西亚北非巨变之后，伊朗在对外遭受空前孤立和制裁，对内经济停滞民生多艰的情况下能够维持政局稳定，危机时刻能够实现缓慢的社会变革，不仅仅依靠的是高压式的威权主义体制，在满足民意上也下了不少功夫。

未来伊朗妇女经济地位的提高依然还有较大的空间。但是，由于伊朗深陷与美国博弈与地区斗争的旋涡，经济发展问题又一次被搁置。妇女的地位与权利问题再一次成为次要话题。

---

① Khadijeh Aryan, "The Boom in Women's Education", in Tara Povey, Elaheh Rostami-Povey, (eds.), *Women, Power and Politics in 21st Century Iran*, Farnham; Burlington: Ashgate, 2012, p. 47.

第七章　伊朗经济现代化进程的社会公正问题

本章小结

本章从贫富差距、城乡差距、省际差距及性别差距四个角度分别对伊斯兰革命后伊朗经济现代化进程中的公正问题进行了详细的考察，得出的结论是与革命前相比，伊朗的经济不公正程度明显降低。即使长期处于经济困难时期，伊朗普通民众的基本生活仍然有了较大的提高，贫困人口大大降低，城乡差距缩小，省际生产力布局高度"极化"现象有所缓解，妇女的经济地位也有所提高。从经济公正角度衡量，伊朗经济现代化的成果是不容置疑的。经济公正还是一个政治问题。经济的公正性高，则国民满意度会比较高，意味着这个政府会得到民众更多的支持，会更加具有合法性，也会更加稳定。

但是，伊朗政府迄今为止远远没有达到建设一个"公正经济"的目标。首先，需要强大的经济基础为后盾，需要高速度的经济现代化发展进程，而这正是伊朗缺失的基本要素。在没有经济快速发展的前提下，建设公正的经济成为无源之水，无本之木。中产阶级的贫困化将会继续持续下去，不会得到太大的改善。其次，伊朗的经济地理的不平衡性很难在短期内实现实质性的改变。伊朗经济现代化一直带有高度不平衡的特点。以德黑兰为首的周围地区聚集了全国大部分的资源，除了胡泽斯坦石油区及伊斯法罕、设拉子旅游区相对富庶外，其他地区的发展条件非常困难，一般面临资金投入不足、自然资源匮乏及交通不便等问题。这些问题在经济发展严重不足的情况下很难获得解决。再次，贫富差距问题已经是一个政治问题，既得利益集团一般是政治化的宗教上层或与哈梅内伊等宗教保守派密切联系的军事政治集团，因此在现有政治体制下很难获得实质性解决。最后，伊朗妇女经济地位虽然得到了很大的提高，但是妇女在就业等领域仍然继续面临许多障碍。性别的经济地位差异也将继续存在。

从发达国家的经验也可看出，经济公正问题的解决体现为一个全方位现代化的过程。它需要的不仅仅是经济发展，而是社会的全面进步，既涉及政治体制、社会制度、思想观念的与时俱进，也包含传统文化与现代社会的融合及转型。其中经济发展是实现一切进步的前提。对伊朗来说，其经济公正的目标同政治体制及主流文化之间存在着尖锐的矛盾，经济发展本身的失误又加剧了这一问题。实际上，政治与文化因素可能是伊朗政府最难逾越的障碍。所以，即使伊朗在未来能够实现经济的快速发展，其经济公正的目标将继续面临严峻的考验。

第八章
制约伊斯兰革命后伊朗经济发展的内外因素及前景展望

在20世纪六七十年代大部分时间里,伊朗领先于亚洲地区的平均经济发展水平。1960—1976年伊朗经济平均年增长率为9.8%。① 1977年之前,伊朗是西亚北非地区,乃至世界上经济增长最快的国家之一;但是革命后初期的负增长使伊朗成为西亚北非地区经济最糟糕的国家之一。② 1975年,伊朗人均GDP要远远高于西亚北非地区的平均水平,土耳其、突尼斯、摩洛哥、埃及等国都远远落在其后;而伊朗甚至也高于大部分的亚洲国家,甚至比当时亚洲新兴发展中国家之首新加坡的人均产值还要高。

但是从1977年开始,一直到1988年,被称为伊朗"失去的10年"。1977—1988年总体呈现为负增长(-2.4%)。③ 在同一时期,世界经济形势正在经历迅速的变化,特别是许多新兴发展中国家表现出强劲的发展势头。伊朗则丧失了抓住世界经济转型的大好时机,并被很多国家所超越。到1990年,土耳其的人均GDP已经超过伊朗,而突尼斯也快接近伊朗水平。此时新加坡的人均产值已是伊朗的2倍,中国台湾是其2倍,韩国接近其2倍,连马来西亚的人均产值也超过了伊朗,泰国也逐渐赶上。④

---

① IMF Country Report, *Islamic Republic of Iran: Selected Issues*, 2004, p. 11.
② 除伊朗外,受低油价的影响,这一时期经济呈现负增长的西亚北非国家还有科威特、卡塔尔、阿联酋三个产油国。
③ IMF Country Report, *Islamic Republic of Iran: Selected Issues*, 2004, p. 11.
④ Hassan Hakimian and Massoud Karshenas, "Dilemmas and Prospects for Economic Reform and Reconstruction in Iran", in Parvin Alizadeh, ed., *The Economy of Iran: Dilemmas of an Islamic State*, London; New York: I. B. Tauris Publishers, 2000, p. 32.

尽管两伊战争后，伊朗在 1989—2002 年之间的经济增速大约为每年 4.7%，2000 年之后的平均年增长率基本保持在 5% 以上。[①] 但是，伊朗再也无法达到甚至超越革命前的增长速度。直到 2003 年，伊朗人均 GDP 才恢复到 1979 年的水平。人民的生活水平受到严重影响，很多民众抱怨生活水准比巴列维时期下降了。因为经济问题，不少伊朗人开始怀念巴列维王朝时期的生活，而对现政权表现出越来越多的不满。根据世界银行数据，2016 年伊朗 GDP 总量为 3767.55 亿美元，是沙特阿拉伯的一半（6464.38 亿美元）；伊朗人均 GDP 为 4689 美元，是沙特（20029 亿美元）的 1/4，不及卡塔尔的 1/10（59331 美元）。[②]

伊斯兰革命后伊朗经济现代化所面临的困境是内外因素双重作用的结果。如果深入分析的话，会发现伊朗遭受的多次制裁甚至国际孤立的局面在根本上也来自于其内部的问题。国际制裁似乎是单纯的外部因素，但如果不是霍梅尼故意拖延，拒不解决美国大使馆人质事件，也不会引起美国不断加强的经济制裁及两国关系的长期决裂。20 世纪 80 年代伊朗因两伊战争无法保证经济的正常运行，虽然这是阻碍经济发展的外部因素，但是伊朗没有抓住尽早结束战争的机会，显然是内部主观因素起了关键作用。各种迹象表明，革命后伊朗经济发展屡屡受挫的根本原因不是外部因素，而是来自于内部的结构性问题。

第一节　伊斯兰革命后伊朗经济现代化受阻的内在根源

伊斯兰革命后，宗教领袖习惯向民众宣扬"西方阴谋论"，称美国是伊朗人民最大的敌人，伊朗国内所有的问题都跟这一外部威胁密切相关。因此，凡是每一次伊朗国内发生骚乱，伊朗领导人就会发声说这是西方人

[①] IMF Country Report, *Islamic Republic of Iran: Selected Issues*, 2004, p. 11.
[②] World Bank, "GDP", https://data.worldbank.org.cn/indicator/NY.GDP.MKTP.CD?locations = SA&view = chart.

试图颠覆政权的阴谋，从而转移了国内矛盾的焦点。但是，伊朗经济发展虽然受到外部制裁的不利影响，但长期难以实现良性发展的主要原因在于自伊斯兰革命以来深受政治意识形态影响的体制性问题。

一、伊朗伊斯兰政府及其政策对经济的影响

（一）伊朗伊斯兰政治体制的特点决定了经济问题不是重点

二战后，欧美国家之外的亚洲出现了一批新兴工业化国家，使得人们开始关注政府在发展经济中的角色问题。一般来说，在发展型政府中，发展主义——即保持国家持续经济增长——成为政府的意识形态，而保持经济持续发展对政府的合法性至关重要。[1] 一个把经济发展作为中心任务的政府会首先考虑为经济建设创造良好的环境。在国内，必须尽量保持政治稳定及团结，同时理顺各方面关系，清除生产力发展的障碍。而在国际上，在当今经济全球化的背景下，必须发展同多国之间的经贸合作关系。而这需要以良好的国际政治环境为前提。

从诞生之日起，伊朗伊斯兰共和国就没将经济发展视为国家的意识形态，而将是否遵守伊斯兰教传统、是否坚持民族主义尤其是反对美帝国主义作为主要的官方意识形态。伊朗伊斯兰共和国体现出两个基本特点：一是过分强调精神信仰的纯正性，过分物质化的倾向容易被视为对伊斯兰革命的亵渎。二是激进主义的内外政策。政府的内外政策容易走向极端，倾向于运用政治军事等传统硬实力办法解决问题，而不选择依靠发展经济的务实理性道路。

虽然在1989年后，伊朗政治的意识形态色彩有所淡化，但是转变并不彻底。拉夫桑贾尼政府一度将恢复和发展经济作为政府工作的重心，但是在1997年之后，政府工作的重心又重新转向政治和意识形态领域。哈塔米政府没有全副精力地把改善民生当做头等大事来抓。2002年之后，伊朗核问题成为国际关注的焦点。促成核问题步步升级的不仅仅是美国的步步紧

---

[1] 于宏源：《论发展型政府理论与实践》，《广东商学院学报》，2004年第6期，第13页。

逼，更在于内贾德政府的处理方式激化了原本可以避免的矛盾，从而给本国经济带来严重的危机。总的说来，伊斯兰革命后伊朗政府为了谋求某种政治影响增强自身的合法性，屡屡与西方大国针锋相对，对伊朗经济发展造成了十分不利的影响。

（二）与巴列维时期相比，职能部门重叠导致权力分散，不利于经济的发展

巴列维时期经济的迅速发展得益于一个不受任何社会利益集团制约的政府。到20世纪六七十年代，伊朗政治形成了这样一种格局：通过土地改革剥夺了地主阶级的经济权力，其政治地位也被削弱；新兴的大商人、大资产阶级只能在政府的庇护下从事经济活动；某些传统特权集团，尤其是宗教毛拉集团被直接打压。最后几乎所有可能影响政府决策的势力再也无法同国家（实际上是国王本人）的权力相抗衡，从而在一定时期内保持了国家稳定，保证了政府独立自主的施政。虽然这一方式埋下了巴列维王朝最后覆灭的种子，但是暂时的稳定造就了六七十年代伊朗经济高速发展的局面。

伊斯兰革命后的政府在权力配置方面走向了巴列维王朝的对立面。因伊斯兰革命而成长起来的各个派别都要求在新的政权体系中分享权力，导致一些决策常常由几个职能相似的机构同时负责。仅从制订经济政策的机构来说，应该由"计划和预算局"（PBO）负责，但实际情况是还有其他不少机构也参与进来，如最高经济理事会、伊朗中央银行和议会等。而基金会等准政府组织及军事组织伊斯兰革命卫队广泛参与经济活动，对政府经济政策的影响相当大。巴扎商人联盟也是影响经济政策的重要力量。以货币政策为例，中央银行制定的货币供应目标常因大型国有企业或基金会组织的要求（甚至压力）而改变。特别是后者常常利用同政府的密切关系向央行提出过多的信贷要求，造成银行货币供应量的增多。[1] 其他的典型案例如监护委员会和议会在土地改革方面的斗争导致土改方案的延误和中

---

[1] Bijan Khajehpour, "Iran's Economy: Twenty Years after the Islamic Revolution", in John L Esposito. and R. K. Ramazani, eds., *Iran at the Crossroads*, New York: Palgrave, 2001, p. 109.

止；农业部和吉哈德在争夺农业管理权上的长期斗争；工业部被一分为三，后来又不得不进行合并；存在众多的社会保障和福利机构等。

（三）派系斗争对经济发展造成不良影响

不同派系之间的分化组合及争权夺利的斗争对经济的直接影响是导致经济政策缺乏连续性。各派还经常利用经济问题攻击对方，导致改革进程迟缓。20世纪80年代是民粹—国家主义派占主导地位的时期，一系列经济政策也带上了该派的烙印；但80年代末务实派和保守派联盟掌握实权后，经济政策转向自由化、市场化改革。改革因此受到了民粹—国家主义派残余势力的猛烈抨击。特别是当改革陷入困境时，对方派别的攻击就会更加猛烈。这是导致改革陷入停顿的重要原因。哈塔米上台之后，保守派和改革派与温和派联盟的斗争又日渐激烈。哈塔米虽然坚持了拉夫桑贾尼的经济改革方向，但是由于没有很好地解决民生问题，成为保守派攻击的主要把柄。在内贾德上台后，又试图恢复一些带有民粹—国家主义派别色彩的政策。

是不是独裁的政府更能够促进经济的发展？当然不是。巴列维政府是独裁政府的典型，但是伊斯兰政权本质上也是一个专制性的政府。缺乏民主是二者的共同特点。仅以独裁标准来衡量政府与经济发展的关系显然失之表面化。实际上不论何种类型的政府，成功的关键是能否贯彻统一的国家意志。统一的国家意志既可以表现为个人意志，也可以是少数精英的集体决策，还可以是民主机制。而后两者明显要比第一种更加稳定理性。巴列维王朝明显是第一种类型的政府，但革命后的伊朗政府不属于任何一类。虽然有最高领袖，但是最高领袖并不直接参与具体行政事务，大多是通过间接的方式引导舆论及总的政治方向，领袖也无法完全左右总统的选举。"领袖虽享有宪法规定的至高权力，但未必能在现实中轻易使用权力；领袖虽能通过多种间接方式发挥影响，但并不能主导行政系统的内政外交政策。"[①] 总统才是国家权力实际的执行者，但是总统的地位远不及最高领

---

① 金良祥：《伊朗的领袖治国模式刍议》，《西亚非洲》，2015年第4期，第41页。

袖。以最高领袖、宪法监护委员会、专家委员会为代表的宗教一方与以总统、伊斯兰议会代表的世俗派之间也形成了某种程度的制衡。这样一种政策设计的初衷是为了避免权力的高度集中，但是却助长了派系斗争，使得伊朗政治从上到下始终形不成一股合力，无法保障贯彻长期的经济政策。

在唯意识形态标准的背景下，政府选拔人才经常从是否忠诚于伊斯兰意识形态出发，这一问题在霍梅尼在世时期与内贾德时期尤为突出。一些官员不擅长管理经济，使得管理问题层出不穷。拉夫桑贾尼公开承认过经济管理上的严重问题，但伊朗政治体制决定了专家治国的理念无法切实贯彻下去。

二、伊朗经济发展战略与政策问题

（一）伊朗经济发展战略的内向性不符合其经济外向性的需要

伊朗经济一直带有鲜明的外向性特征。作为世界第四大石油生产国，石油对伊朗经济的意义是不言而喻的。早在巴列维时代，伊朗就充分参与了国际分工，是世界经济体系中不可分割的一部分。伊朗向世界其他地区出口石油，同时进口所需的炼油产品，具有相当规模的非石油产业对外贸易。伊朗大量进口基本食品及其他消费品，同时出口地毯、手工艺品、矿产品等传统优势商品。当时在伊朗的外来投资也十分活跃。

但是，伊斯兰革命之后，伊朗的经济发展战略从参与国际合作转变为谋求经济独立，在向"出口导向"转变的关键时刻戛然而止，反而在"进口替代"的道路上走得更远，而且越陷越深。伊朗谋求经济独立的战略思想深深根植于过去一百多年被帝国主义殖民和剥削的历史，带有一定的进步意义，也是伊朗伊斯兰政权政治合法性的客观需要。但是，这一经济发展战略却没有顺应全球化时代下世界经济发展的客观规律，人为地将伊朗经济与日益密切的全球经济网络割裂开来。缺乏与世界联系的伊朗经济逐渐失去了活力、竞争力和创造力，使得迄今为止伊朗始终没有打造出具有较高国际知名度的品牌产品。能够出口创汇的产品除了石油及部分化工产品外，大部分还是农产品与部分传统工艺品。

伊朗领导人也越来越认识到吸引外来投资与技术的必要性。霍梅尼去世后吸引外来投资的禁令被打破,哈塔米任内出台了《鼓励和保护外来投资法》。但是,伊朗对外来投资的态度缺乏稳定性,也没有切实维护好外资在伊朗的利益,使得不少项目一拖再拖或者无果而终。伊核问题发生后,为抵抗以美国为首的西方国家实施的经济封锁,伊朗政府制定了"抵抗经济"政策。"抵抗经济"政策的实质仍是寻求经济独立,对抗西方国家的威胁,因此其内向性的特征突出,本质上反映了伊朗国内强硬保守派的要求。虽然目前伊朗政界基本认同引进外资是促进经济发展必不可少的手段,但在实施细则上各派别并没有形成共识,常因左右掣肘导致政策摇摆不定,令国际投资者望而却步。在"抵抗经济"的影响之下,替代回购合同的"新石油合同"方案也受到了强硬保守派的强烈批评,被认为对国家利益让渡太多。

伊朗的经济战略在根本上服务于国家的政治与对外博弈目标,在无法兼顾经济发展的情况下,将经济安全放在更加重要的位置,长此以往,一种基于本土主义的经济建设文化观念在滋长。这种过分注重民族主权的发展导向易滋生保护主义情绪,对国际合作带来不利影响。在特朗普退出伊核协议及重启对伊朗制裁的背景下,伊朗经济发展战略可能会更加趋于内向,更加倾向于尽量不与世界其他经济体发生联系。从长期来看,这一发展战略会对伊朗经济造成更明显的伤害。

(二) 伊斯兰革命后初期的经济失误使得伊朗耽误了 10 年的发展机遇

伊斯兰革命后,伊朗在各个领域都实现了伊斯兰化,经济也经历了类似的过程。但是由于对什么才是真正的伊斯兰经济存在不同的理解,导致不同派别的产生。其维护私有制、鼓励商业经济的特点同现代市场经济体制具有相似的一面,而其主张社会公平与正义的思想又容易同马克思主义产生共鸣。当这一思想应用到实践层面时,便发生了许多问题。

多重汇率制度本是为了节约外汇资源,并将其分配到最需要的部门而建立的,但却为寻租活动打开了方便之门,成为特殊利益集团牟取暴利的手段。配给制度本来是为消除贫富差距,满足普通民众基本生活所需而立的，但却使各层中间商大发横财。将银行伊斯兰化的主要目的是为了使银行和借贷者共同承担风险，增加借贷双方对投资的责任感，提高经济效率。但受整体投资环境恶化的影响，银行借贷十分小心，最终借贷大多流向国有企业和基金会组织，中央银行则成为专门为政府提供借贷的机构。另外，没有利息也使社会储蓄减少，大部分银行又都变相地恢复了固定利率制。

虽然伊朗本质上是一个混合经济体制国家，但是这些政策并不符合正统伊斯兰经济的范畴，而有些类似计划经济体制。计划经济体制是苏联模式的产物，它通常能在局势危机的时期发挥重要作用。在伊朗伊斯兰革命后初期，它适应了两伊战争的需要。但这种由国家高度控制经济的模式已经被证明是缺乏效率的，违背了经济发展的规律，扭曲了市场关系，造成资源配置的不合理。

伊斯兰革命后初期，伊朗的产业政策不符合世界产业升级的递进规律，将产业发展重点从工业转向农业，使得产业结构一度倒退。二战后，世界很多国家，尤其是日本、联邦德国、美国等发达国家的产业结构升级速度加快，但是此时的伊朗却倒退到仅仅依靠农业和油气产业的水平。做出这样的决定也是当时无奈的选择。农业的基础性作用的确不应该被忽视，但是没有现代工业的发展，农业本身也很难实现现代化。所以在90年代之后伊朗又不得不重回发展工业的道路。

（三）伊朗经济改革进程缓慢，无法清除生产力发展的障碍

两伊战争后，伊朗推行了一系列的经济改革措施，但是受各种因素的干扰，几乎所有的改革都没有完成，这是伊朗经济现代化无法正常推进的重要原因。

1. 私有化改革无法顺利推进。从 1990 年起，伊朗就开始推行私有化改革，历经拉夫桑贾尼、哈塔米、内贾德及鲁哈尼四任总统时期，甚至连最高领袖哈梅内伊都发声呼吁推进私有化改革。但私有化改革迄今为止也没有取得明显的效果，使得伊朗经济缺乏活力。首先，被列入私有化的对象大多是超大规模的伊朗企业，涉及利益群体众多，具体的改革流程十分复杂。受管理体制漏洞的影响，私有化本身的透明度不高，其过程的公正性很难得到保证，容易滋生新的社会矛盾。其次，许多面临私有化改革的伊朗企业面临经营困难的问题，需要改善管理体制和提高效率，加大了兼顾公平的难度，可能会引起新的失业问题。这些企业对伊朗政府能否在社会保障方面做好配套措施仍存在疑问。最后，大小不等的基金会组织和伊斯兰革命卫队继续游离于私有化改革之外，成为私有化的受益者。寡头经济体不易被打破。这对政府而言是一项巨大的挑战。

2. 补贴制度的改革危及到社会稳定与政权合法性。作为维护社会稳定的"安全阀"，补贴政策虽然饱受指责，但是伊朗在遭受过制裁和孤立的困难期，这一政策确实发挥了必要的维稳作用。此外，补贴制度特别符合伊朗在伊斯兰革命后追求"社会公正"的目标，同伊斯兰文化注重"公平""公正"的传统不谋而合，因此受到民众的认同。但是，庞大的补贴逐渐成为政府的沉重负担，并且不可避免地带来了浪费问题。两伊战争后，为了尽量节省用于经济发展的资金，伊朗政府开始进行削减补贴的改革，但是改革反反复复，迄今为止也没有完成。与私有化改革一样，虽然历届总统都有意愿削减甚至完全取消补贴，但是都没有下决心推行下去，甚至有的总统——如哈塔米还临时增加了部分补贴，内贾德则变相对民众进行补贴。鲁哈尼几欲削减补贴，但是都迫于压力没有落实。

补贴改革如此之难是因为补贴是大部分中下层民众在经济危机期间最主要的生活补给来源，涉及民众的直接利益，易使政府被扣上违反"社会公正"的罪名。因此，越是在经济危机期间，越是不能削减补贴；不能削减补贴意味着不能释放更多的资金用于经济建设。这是一种恶性循环。削减补贴如果处理不当，会加剧中下层民众的不满，甚至会引发政治危机。因此，补贴改革对伊朗政府而言是一项严峻的挑战，伊朗政府只能谨慎推进。

3. 经济改革缺乏稳定性，严重影响了国家对经济的调控能力及民众对政府的信任。自革命以来，伊朗政府一直缺乏一套稳定、成熟、周详的经济计划与政策。伊朗虽然制定经济计划，但执行得都非常差，几乎没有一次能够完成计划中所列目标，导致制订计划本身失去了科学性和参考价值。具体法令或政策经常朝令夕改，让人无所适从。一位企业经理曾经抱怨道，"法律或政策的变化是如此之快，以至于我们可以称之为每周或每天都在变。"[①] 最具代表性的是多重汇率制度改革，该制度在废除后的几个月内又重新恢复，之后政府又逐渐试图统一汇率。政府在汇率改革上的反复无常引起了民众对货币贬值的恐慌，使得自由市场里亚尔贬值速度加快，通货膨胀指数飞速上扬。政府试图在控制里亚尔币值的前提下实现统一汇率的努力最终失败。民众对中央银行的政策完全失去了信心。政策不稳定的另一重要表现是因为政策变动非常快，导致政府官员对相同法令的解释经常产生偏差，这一问题在职能重叠的部门之间表现突出，严重影响了本国及外来投资者的信心。伊朗的证券制度也存在严重的缺陷。德黑兰证券交易所是1989年后伊朗最重要的资本交易场所，但是却缺乏现代法律制度的规范与约束，特别是一直受到垄断利益集团的操纵，表现出极大的不稳定性。另外，伊朗的税收制度、清关制度也经常发生变化，令国内外进出口商无所适从。

4. 经济多元化举措成效有限，尚未探索出一条可行的工业化和现代化路径。为减少对石油资源的依赖，伊朗在伊斯兰革命胜利后提出了建设多元化经济的目标。但经过30年的建设，伊朗的经济多元化远未实现。石油作为伊朗的主要财政收入和GDP贡献者，其价格的起伏依然是伊朗经济的晴雨表，造成伊朗经济呈现出明显的不稳定性。在全面协议达成后，伊朗的经济表现低于预期，这和始于2014年底国际石油价格的大幅度下跌存在直接关联。

石油地租型的经济模式在很大程度上决定了产业结构的落后性。伊朗与世界发达国家的差异就是，前者是以石油生产（上游产业）及加工（下游产业）为代表的产业链，本质上是一种能源资本密集型产业，而发达国家和发展速度最快的新兴经济体的主导产业基本上是由高科技产业引领，属于创新型技术密集和资本密集的结合体。目前除石油产业链外，伊朗主

[①] Seyed Morteza Afghah, "Non-Economic Factors in the Process of Production in Iran", in Parvin Alizadeh, ed., *The Economy of Iran: Dilemmas of an Islamic State*, London; New York: I. B. Tauris Publishers, 2000, p. 213.

要的非石油产业仍以农业和矿业为主，制造业和服务业在伊朗经济中的比重明显不足。迄今为止，伊朗制造业缺乏本国主打的自主品牌，尤其是电子产品、耐用消费品在很大程度上依赖进口。伊朗远未实现工业化的任务目标。

从产业结构角度分析伊朗的高失业率，更有助于理解伊朗产业结构的现状。在伊朗，石油及相关产业吸纳劳动力的能力十分有限，且伊朗社会性别歧视严重，导致大量年轻人尤其是妇女失业率很高。创造就业只能靠其他产业来解决。国际货币基金组织一度预测，制裁解禁后，伊朗的基础设施投资将会带动建筑业的繁荣，估计能创造 100 万个就业机会。① 但受教育程度较高的年轻人，在就业上倾向于选择现代化、专业性强的行业，如科技含量较高的制造业、通讯业、电子商务等现代经济部门，但这些产业在当前伊朗恰恰是最欠缺的。以伊朗的互联网行业为例，虽然该行业发展潜力巨大，但其发展易受到政治意识形态因素的负面影响。对伊朗政府来说，仅仅依靠发展传统非石油产业来取代石油产业的做法已不合乎时代需要，更无助于失业问题的解决。而打造本国的主导产业，尤其是研发能够与国外产品竞争的自主品牌，实现产业的升级换代，仍然需要进一步探索。

除了正式的制度之外，非正式的因素也会对经济产生不利影响。这主要是指教义、习俗、伦理、道德规范等范畴，本质上也属于文化范畴。伊斯兰革命将反对贫富分化和社会不公正的思潮推向极端，并形成了一种"反生产文化"。这表现为整个社会带有强烈的反资本倾向，尤其敌视投资者获取利润的行为。在 90 年代末的一项关于阻碍生产因素的社会调查中，共有 144 家企业参与了调查，其中 42.1% 的企业认为"反生产文化"在阻碍生产上起到非常重要的作用，另有 30% 的企业认为相当重要。而它在所有影响因素中高居第二位。② "反生产文化"不仅影响到普通民众对生产和投资的态度，也使政府在制定政策时不考虑生产商的利益。其直接后果是

---

① IMF Country Report, "Islamic Republic of Iran," No. 15/349, 2015, p. 20, http://www.imf.org/external/pubs/ft/scr/2015/cr15349.pdf.

② Seyed Morteza Afghah, "Non-Economic Factors in the Process of Production in Iran", p. 214.

富人更愿意从事投机而不是生产活动。

通过对伊斯兰革命后伊朗发展经济的战略、政策及制度等问题的反思，可以得出这样的结论：在当今经济全球化的世界，一个国家要谋求经济的发展，必须有稳定、协调的国内外政治环境做前提，拥有一个务实且具有现代经济管理经验的领导集体，制定合理的经济战略及政策，根据形势的需要不断地理顺各方面关系，顺势推进各项改革，才能促进经济的持续健康发展。

第二节 制裁对伊朗经济的影响评估

伊朗经济不是一个孤立的实体。在当今全球化的形势下，伊朗经济深受全球经济形势及本身对外关系的制约。尤其自伊斯兰革命以来，美国一直针对伊朗进行制裁，试图在经济上扼杀伊朗。虽然截至到目前，伊朗政权并没有因美国制裁发生政局动荡，但是制裁对伊朗经济造成的打击是深刻而长期的。不过，如何衡量美国制裁对伊朗经济的影响，一直是困扰学界的难题。围绕着美国制裁的效果，大致可分成两类观点：有的学者认为，制裁对伊朗经济的打击力度不容小觑，对伊朗经济发展及政权稳定构成了极大的威胁；而有的学者认为，通过这么多年伊朗自身的发展与相对稳定可以发现，制裁对伊朗的打击力度有限，甚至起到了团结民心，转移国内矛盾的作用，长期来看有利于伊朗国内政治的稳定。伊朗也通过多种措施规避了来自美国的制裁压力，具有丰富的应对制裁的经验。本节利用美国制裁伊朗的相关资料，结合伊朗经济不同时期的具体表现，分析制裁对伊朗经济的动态影响。

一、美国对伊朗制裁的主要内容

伊斯兰革命爆发后，美国与伊朗的关系还没有立即恶化到不可收拾的

第八章 制约伊斯兰革命后伊朗经济发展的内外因素及前景展望
/ 415 /

地步。美国政府一度持观望态度,并没有马上与伊朗新政权断绝外交关系。但是,1979 年 11 月 4 日发生的美国驻伊朗大使馆人质危机事件,是美伊关系的转折点。危机发生之后,在与霍梅尼政府交涉无果后,美国卡特政府对伊朗采取了经济制裁措施,迫使伊朗放出人质,但是伊朗方面毫不妥协。这是美国制裁伊朗的开端。在随后的 40 年里,美国陆陆续续对伊朗不断施加各种制裁,试图颠覆这一反美的中东政权。

美国对伊朗的制裁大部分是以时任总统发布行政命令的方式发布,但是有的制裁法令获得了国会上下两院的通过才生效。获得国会通过的法令具有较高的法律效力,而行政命令则极有可能被下届政府终止或者被修改。由于美伊交恶时间较长,美国制裁伊朗也已经存在了较长的时期,美国国内已经形成了无数交叉重叠的对伊制裁法案。大致根据制裁内容可以整理成以下几类。

(一) 冻结伊朗在美资产

这是美国在制裁伊朗初期通常采取的措施。在巴列维王朝时期,美伊关系处在蜜月期,伊朗中上层人物、企业或某些组织在美国有大量的银行存款、投资及其他资产。在大使馆人质危机发生后,卡特政府于 1979 年 11 月 14 日发布 12170 号行政命令,宣布冻结伊朗在美国银行的资产,切断美国银行与伊朗的联系。[1] 除了涉及到伊朗公民在美国的资产外,还包括巴列维王朝向美国购买但是因革命爆发一直没有交付的武器的钱款。1980 年 4 月 17 日发布的 12211 号行政命令禁止交付伊朗从美国购买的军事武器。这两部分资金都被美国政府冻结,一直到今天也没有解决。

(二) 针对伊朗能源部门的制裁

美国对伊朗能源部门的制裁从 80 年代中后期就开始了,但是最初的制裁力度不大。1987 年 10 月 26 日,第 12613 号行政命令禁止从伊朗进口石油。该法令留了两个明显的缺口:第一,明确允许可以从第三国进口伊朗

---

[1] Hossein G. Askari, John Forrer, Hildy Teegen, *Case Studies of U. S. Economic Sanctions-the Chinese, Cuban, and Iranian Experience*, p. 187.

生产的石化产品；第二，法令默许美国公司购买伊朗石油。在 90 年代初，美伊关系一度改善，美国还恢复了从伊朗的石油进口，使得 1987 年的禁令成为一纸空文。但是 1995 年美伊关系再度恶化，第 12957 号行政命令（1995 年 3 月 15 日）禁止美国投资伊朗石油部门。第 12959 号行政命令（1995 年 5 月 6 日）禁止从第三国进口伊朗生产的炼油制品，禁止美国公司或个人购买美国石油，禁止美国向伊朗投资。[1] 但是 1996 年之前，美国只是单边制裁伊朗能源部门，并没有将制裁范围扩大到与伊朗有联系的第三国。因此伊朗很容易绕过美国而向其他国家出售石油，制裁效果并不理想。

1996 年 8 月，《伊朗—利比亚制裁法案》获得美国国会通过，标志着美国对伊朗的制裁已经上升到正式法律的新高度。2006 年，该法案将利比亚从中移除，更名为《伊朗制裁法案》（ISA）。在 2016 年底，该法案又一次被延期，标志着美国对伊朗制裁的基本方针不会改变，也是长期以来美国制裁伊朗的主要法律依据。该法案授权总统制裁在伊朗石油部门投资超过 2000 万美元的公司实体或个人，以及向伊朗出售大规模杀伤性武器或高级常规武器的个人或实体。该法案明确禁止其他国家投资伊朗的石油和天然气工业，并打击他国对伊朗的武器销售，从而将美国的单方面打击伊朗的行为上升到进一步制裁与伊朗有经济往来的国家。[2] 这是美国次级制裁的开端。但是在 2010 年之前，该法案的执行并不严格，尤其是遭到了欧盟国家的一致反对。为了照顾盟友的利益，美国不得不给予欧盟及俄罗斯、日本、中国等国豁免。1996 年 8 月 19 日发布的 13059 行政命令则允许第三国保持向伊朗一定的出口。

（三）禁止美国与伊朗贸易及投资

1995 年的 12959 号行政命令第一次全面禁止美国与伊朗的贸易（包括

---

[1] Robert K. Figg and Danielle A. Wilson, eds., *U.S. Led Sanctions on Iran*, New York: Nova Science Publishers, Inc., 2012, p.29.

[2] Hossein G. Askari, John Forrer, Hildy Teegen, *Case Studies of U.S. Economic Sanctions-the Chinese, Cuban, and Iranian Experience*, p.183.

美国出口到伊朗和从伊朗进口到美国)。但是,美国与伊朗的贸易禁令在2010年之前没有得到很好的执行。如2006年,小布什政府允许向伊朗出售民航相关安全设备。虽然美国公司不能与伊朗签署跨海石油交易,但是却可以申请从里海地区进口伊朗石油的许可。这些禁令都不能包括向伊朗自然灾害的人道主义援助。1999年之后,允许向伊朗出售食品及药品;2007年,治疗艾滋病与白血病的药物可以向伊朗出口。2000年,美国允许进口伊朗的坚果、地毯和鱼子酱等。而2010年据"外国资产管理办公室"报道,美国向伊朗出口冰激凌粉、口香糖、食品添加剂、辣椒酱、健身器材等商品,大大超出了人道主义援助的范畴。[1]

(四)对伊朗实施金融制裁,惩罚与伊朗有往来的银行

1980年4月17日发布的12211号行政命令,禁止与伊朗发生任何金融交易,禁止从伊朗进口,禁止赴伊朗的所有旅游活动。但是美国真正试图切断伊朗银行与全球金融体系的联系是在伊核问题发生之后。2004年,美国财政部向瑞士银行(UBS)罚款1亿美元,理由是后者向伊朗提供美元服务;2005年,荷兰银行(ABN Amro)因类似的理由被美国罚款8000万美元。在2006年联合国安理会宣布制裁伊朗后,美国财政部确认至少80家国外银行与伊朗银行有关。2008年,美国参议院通过一项法案要对与伊朗中央银行发生业务联系的银行施加制裁。2009年,美国对瑞士信贷集团罚款5.36亿美元,理由是后者涉及非法为伊朗央行提供服务。[2]

(五)对伊朗以恐怖主义名义的制裁

1983年,在伊朗轰炸了美国驻黎巴嫩的海军军营后,美国将伊朗添加到恐怖主义名单,禁止向伊朗出口双重用途的物资,并寻求阻止向伊朗提供国际贷款。[3] 2000年,美国国会通过《伊朗不扩散武器法案》,制裁向伊朗转移核技术、生化技术、化学武器、巡航导弹技术的外国实体或个

---

[1] Robert K. Figg and Danielle A. Wilson, eds., *U. S. Led Sanctions on Iran*, pp. 30 - 31.
[2] Robert K. Figg and Danielle A. Wilson, eds., *U. S. Led Sanctions on Iran*, p. 33.
[3] Robert K. Figg and Danielle A. Wilson, eds., *U. S. Led Sanctions on Iran*, p. 35.

人。这一法案在 2005 年更名为《伊朗叙利亚不扩散武器法案》，2006 年更名为《伊朗叙利亚北朝鲜不扩散法案》。①

除了美国对伊朗发动的单边制裁外，国际社会为了迫使伊朗放弃核武研发相关活动，在 2006—2010 年之间，联合国安理会对伊朗实施了四轮制裁，依次签发了联合国安理会第 1737 号、第 1747 号、第 1803 号及第 1929 号决议，目的是迫使伊朗放弃大规模杀伤性武器的制造。这些决议的主要内容有：要求伊朗停止浓缩铀活动，限制伊朗任何与核有关的导弹研发；禁止伊朗向海外投资铀矿开发、转移相关核技术；冻结与核活动有关的伊朗个人资产；对伊朗所有银行（尤其是中央银行）的交易活动提高警觉；对伊朗海运及空运货物加强检查力度等。② 与美国对伊朗的制裁相比，联合国安理会的制裁主要局限于与核有关的活动，并没有对伊朗的关键产业实施打击，也没有切断伊朗的金融链接。联合国安理会的制裁虽然更具有象征意义，不会实质性打击伊朗的经济民生，但是却造成了国际社会孤立遏制伊朗的氛围，客观上有利于美国进一步开展打击伊朗的行动。

2010 年以后，为了迫使内贾德政府放弃核活动，美国对伊朗制裁的力度空前加大。7 月 1 日，美国第 111 届国会通过了《全面制裁伊朗、问责及撤资法》（CISADA）。该法令是对《对伊朗制裁法案》的更新与强化，代表了美国对伊朗更加全面的制裁政策。除了继续强调《对伊朗制裁法案》的内容外，法令禁止任何人或实体向伊朗出售、租赁或提供与伊朗炼油石化有关的物资、技术、服务及信息，不得为伊朗进口炼油制品提供保险、金融或船运服务，不得向伊朗出售超过 1 年价值 100 万美元以上的石化炼油产品。该法令新增了对伊朗外汇交易、金融交易及房产交易制裁的内容。③ 2012 年《伊朗自由与反扩散法案》进一步细化了对伊朗打击的产业、个人类别及豁免的条件与原则等内容。④

综上所述，美国对伊朗的制裁在具体实践发展过程中步步深入、逐步

---

① Robert K. Figg and Danielle A. Wilson, eds., *U. S. Led Sanctions on Iran*, p. 36.
② Robert K. Figg and Danielle A. Wilson, eds., *U. S. Led Sanctions on Iran*, p. 41.
③ HFW, "Iran Sanctions: A Consultive Discussion With U. S. State Department", http://www.hfw.com/CISADA-Iran-Sanctions.
④ "Subtitle D-Iran Sanctions", https://www.state.gov/documents/organization/204023.pdf.

细化，已经形成了一套复杂的制裁体系。美国对伊朗实施的制裁，目的是通过限制或者切断伊朗与外部世界的经济联系，将伊朗完全孤立于世界经济体系之外，以达到遏制伊朗经济发展并最终实现"政权更迭"的目标。但 2006 年之前的制裁带有断断续续的特点，美国自身也没有很严格地执行这些禁令，尤其是没有完全禁止伊朗的能源产业相关活动，也没有切断伊朗金融与国际体系的联系。虽然次级制裁的法令已出，但是美国通常顾及到他国尤其是盟友的利益而做出豁免。20 世纪 90 年代之后伊朗国内外来投资的增多也证明美国的次级制裁并没有发挥多少效果。因此，这些制裁对伊朗经济本身没有构成太大的威胁。但是，在 2006 年之后，美国对伊朗的制裁力度不断强化，对伊朗经济及其他方面的影响不断增强。

二、伊核危机时期的制裁对伊朗经济的影响

美国政府一直高度重视研究制裁对伊朗的真实打击程度，并不断地在原来基础上强化制裁。伊核危机时期伊朗面临的经济制裁强度要大大超过以前。但受各种因素的干扰，制裁对伊朗经济产生的实际影响却不易评估。尤其是伊朗已经形成了较强的抗压能力，在伊朗可以为其石油找到其他买家，并可以从其他国家寻找到替代性资源的情况下，美国对伊朗的实质性打击效果不大。2011 年 1 月，时任美国国务卿希拉里宣布制裁已经达到了延缓伊朗核计划的核心目标，但随后伊核谈判无果而终的现实和伊朗的强硬立场表明，伊朗并未因制裁压力从而作出更大的让步。[1]

内贾德时期伊朗主要的经济指标更能反映出制裁与伊朗经济的关联度。在 2006/2007 和 2007/2008 年度，伊朗依然实现了 6.2% 和 6.9%（按 1997/1998 年度不变价格计算）的经济增长率。[2] 自 2009/2010 年度开始，制裁的负面影响才真正显现，但 2010/2011 年度伊朗依然实现了 5.8% 的

---

[1] Robert K. Figg and Danielle A. Wilson, eds., *U. S. Led Sanctions on Iran*, p. 1.
[2] CBI, "Annual Review", 1385, p. 7; "Annual Review", 1386, p. 2, http://www.cbi.ir/SimpleList/AnnualReview_ en. aspx.

增长率。① 制裁前期伊朗的对外贸易并未受到太大影响,尤其是石油出口未受到实质性限制。2012年以前,伊朗的石油出口一直保持快速增长的势头,出口额从2005/2006年度的557.9亿美元攀升至2011/2012年度的1182亿美元,整整翻了一番。② 在制裁实施后,伊朗还特别注重提升非石油出口的能力,2005/2006—2012/2013年度间,伊朗的非石油出口额从87亿美元上升至299亿美元。③ 与此同时,伊朗进口也呈上升趋势,2011/2012年度进口额比2005/2006年度增长了44%。④

备受诟病的恶性通货膨胀并不是伊朗在制裁后才出现的问题。20世纪80—90年代,伊朗历年通胀率基本上都保持在两位数以上。1980—1988年间,伊朗平均通胀率达到19.85%;1989—1997年间通胀率则高达25.67%,1994年甚至突破了40%。⑤ 核制裁实施后,2007/2008—2011/2012年度伊朗的平均通胀率达23.2%,其中2007/2008年度最高(46.2%),2009/2010年度最低(10.8%)。⑥ 上述数据表明,制裁确实导致某些年份伊朗通货膨胀呈现出恶性的发展,但并非所有年份都出现类似情况,制裁期间伊朗的平均通胀率并没有比制裁前高出太多。

西方国家对伊朗的制裁没有取得预期效果,已是公认的事实。一方面,美国的单边制裁效果不彰。自1979年美国大使馆人质危机发生以来,美国从未间断过对伊朗的制裁。1979—1997年间,美国以各种理由对伊朗发动的单方面制裁不下21次,其中1989年前至少实施了17次规模较大的制裁,进入20世纪90年代后又实施了4次制裁。⑦ 伊朗伊斯兰革命后,美国对伊朗实施经济制裁和两国间的对抗状态是两国关系的"常态",而非新的变量。美国对伊朗的长期制裁也导致两国间经济联系中断,双边投资

---

① CBI, "Annual Review", 1389, p. 2.
② CBI, "Annual Review", 1388, p. 62; 1391, p. 74.
③ CBI, "Annual Review", 1388, p. 62; 1393, p. 74.
④ CBI, "Annual Review", 1388, p. 62; 1392, p. 74.
⑤ Ali Mohammadi, ed., *Iran Encountering Globalization: Problems and Prospects*, p. 114.
⑥ CBI, "Annual Review", 1388, p. 72; 1389, p. 79; 1390, p. 81. 根据城市居民CPI变化率计算得出。
⑦ Hossein G. Askari, *Case Studies of U. S. Economic Sanctions: the Chinese, Cuba, and Iranian Experience*, pp. 188 – 189.

第八章 制约伊斯兰革命后伊朗经济发展的内外因素及前景展望

和贸易往来几乎可以忽略不计,美国对伊朗经济所能施加的影响十分有限。另一方面,实施联合制裁的各国之间矛盾重重,利益和目标各异,部分国家采取消极合作的立场,有些国家则予以抵制。在对伊朗实施制裁后,不少外国公司仍与伊朗保持商业往来。根据美国审计总署(GOA)提供的名单,2005—2009年间在伊朗石油、天然气和石化领域有商业活动的41家外国企业中,英国、意大利、法国、德国、日本、韩国等国的公司都赫然在列。① 2010年10月底欧盟甚至宣布,制裁伊朗并不等于禁止从伊朗进口石油和天然气,也不禁止向伊朗出口汽油。②

为应对制裁和封锁,伊朗已经形成了一套应对措施。一方面,伊朗通过加强本国独立经济体系的建设,致力于打造"独立的经济"。20世纪80年代,伊朗一度通过大力发展农业来对抗经济封锁和孤立;进入90年代后,伊朗则通过发展非石油产业促进出口和赚取外汇。另一方面,伊朗致力于借助石油与外部世界的联系打破孤立状态,在欧洲、亚洲市场上寻找买家,并使用欧元等非美元货币进行结算。伊朗多年来一直与欧洲保持密切经贸往来,近年来则加强了与亚洲新兴经济体的经济联系。中国、印度、日本、韩国逐渐成为伊朗石油的主要或重要买家,使得亚洲新兴经济体对伊朗石油的依赖度日渐加深。从伊朗进口石油一旦彻底中断,将会对这些国家的经济产生明显不利的影响,③ 这也是大多数国家消极对待美国制裁伊朗的主要原因之一。此外,高油价的格局有利于伊朗对抗制裁。2005—2013年间,欧佩克一揽子价格从50.64美元/桶一路飙升至105.87美元/桶。④ 因此,虽然伊朗的石油出口受限,但石油收入并没有遭到大幅度的滑坡。第三,利用欧洲与美国在对伊朗政策上的差异的夹缝中生存。伊斯兰革命以来,欧盟通常扮演"好警察",而美国则是"坏警察"。欧洲与伊朗在美国的高压政策之下保持着合作,法国、德国、希腊2012年之前

---

① Robert K. Figg and Danielle A. Wilson, eds., *U. S. Led Sanctions on Iran*, pp. 96 – 97.
② Robert K. Figg and Danielle A. Wilson, eds., *U. S. Led Sanctions on Iran*, p. 42.
③ 孙泽生等:《美欧对伊朗石油业的制裁——基于剩余需求曲线和反事实法的评估》,载《国际展望》2013年第2期,第128页。
④ OPEC, "OPEC Basket Price," http://www.opec.org/opec_web/en/data_graphs/40.htm.

都是伊朗主要的贸易伙伴。①

制裁对伊朗没有实质性打击，使得伊朗内贾德政府对美国的制裁愈发有恃无恐，在伊核问题上更加强硬，并不断挑战国际社会的极限。2011 年后，鉴于内贾德政府在伊核问题上的消极合作及不准备停止浓缩铀活动的顽固立场，欧盟决定参与对伊朗的实质性制裁。欧盟的参与，使得制裁的强度突然增大。在这一轮制裁中，两项制裁内容对伊朗经济造成了致命打击：一是欧盟自 2012 年 7 月开始完全停止从伊朗进口原油；二是环球银行金融电信协会（SWIFT）参与了对伊制裁，关闭了伊朗与国际贸易结算的渠道，迫使其他国家中断或者大幅度削减从伊朗的原油进口。同时，美国可在联合制裁的名义下对任何违反禁令与伊朗存在商业往来的外国公司实施惩罚，进一步增加了与伊朗发生经济联系的风险。后期制裁确实成为伊朗经济发展的首要障碍，特别是对一个严重依赖石油出口的国家来说不啻是"切肤之痛"。

2012 年，伊朗经济进入了负增长时期。2012/2013 年度伊朗经济增长率下跌至 -6.8%，2013/2014 年度情况虽有所缓解，但仍呈现 -1.8% 的负增长。② 经济负增长的不利形势进一步导致恶性通货膨胀、高失业率的社会连带效应。2012/2013 和 2013/2014 年度伊朗的通货膨胀率分别高达 30.5% 和 34.7%；③ 失业率分别为 12.2% 和 10.4%，其中 15—24 岁青年人失业率约为 25%，而 15—24 岁女性失业率尤为严重，高于 40%。④ 与此同时，伊朗面临石油出口和非石油出口明显下降，进口不断萎缩、外汇奇缺、当地货币里亚尔疯狂贬值的现实。经济危机逐渐危及国内政治和社会稳定。制裁对 2012—2014 年伊朗的经济危机无疑发挥了关键性作用。解除

---

① Bahgat, "US-Iran Relations under the Trump Administration", *Mediterranean Quarterly*, September 2017, p. 100.

② CBI, "Annual Review", 1388, p. 2；1391, p. 1；1392, p. 2.

③ CBI, "Annual Review", 1393, p. 81.

④ Statistical Center of Iran, "A Selection of Labor Force Survey Result, the Year 1391", https：//www. amar. org. ir/english/Latest-Releases-Page/articleType/ArticleView/articleId/439/A-Selection-of-Labor-Force-Survey-Results-The-Year-1391-March-21-2012-March-20-2013；"A Selection of Labor Force Survey Result, the Year 1392", https：//www. amar. org. ir/english/Latest-Releases-Page/articleType/ArticleView/articleId/1605/A-Selection-of-Labor-Force-Survey-Results-The-Year-1392.

制裁遂成为破解伊朗经济发展困境的当务之急,也是鲁哈尼能够竞选成功的主要原因。

综上所述,制裁对伊朗经济的确产生了影响,但是其影响程度在不同的时期受制裁强度、制裁参与度等因素的影响效果存在明显的差异。在伊斯兰革命之后的较长时间内,美国对伊朗的制裁基本上是单边实施的,执行力度也不够严苛,使得伊朗很容易绕过美国与其他国家继续保持正常经济联系,没有对伊朗经济造成实质性损害。但是这也使得美国不断思索制裁伊朗的新方式。但是,制裁对伊朗的一些长期影响不容忽视,这些影响即使在制裁早期也同样发挥了作用。

三、制裁对伊朗经济的长期性影响评估

(一)从贸易角度来说,制裁令伊朗失去了美国这个最大的贸易伙伴,外汇来源大大受损

伊斯兰革命前,美国是伊朗最大的石油出口国,而美国商品则是伊朗市场的主要进口来源。美国也是伊朗非石油产品,尤其是农产品的重要出口目的地。但是,伊斯兰革命后,美国与伊朗的双边贸易额急剧下降,迫使伊朗不得不寻求替代国家。为了满足市场需求,伊朗不得不通过第三方间接渠道进口部分美国商品,阿联酋在相当长的时间里成为了伊朗进出口贸易的中转站,辗转之间提高了进口成本。而没有美国的出口融资保障,伊朗不仅在对外贸易中可能面临贸易成本的上升问题,最重要的是使伊朗丧失了重要的外汇来源。在 1995—1998 年之间,伊朗的外汇损失大约在 1100 万美元至 5100 万美元之间。① 美元短缺对伊朗经济最大的影响是货币里亚尔的汇率稳定面临极大的困难。多年来伊朗政府试图稳定本国货币不贬值的努力一直不成功,跟受长期制裁的影响导致伊朗很难获得足够的外汇来支撑国内的货币市场稳定存在密切的关联。因此,制裁对伊朗宏观经济的稳定造成的冲击是长期性的。

---

① Hossein G. Askari, John Forrer, Hildy Teegen, *Case Studies of U. S. Economic Sanctions - the Chinese, Cuban, and Iranian Experience*, p. 202.

（二）减少伊朗向外寻求贷款的机会并增加借贷成本

在伊斯兰革命后的最初时期，伊朗很少寻求外部贷款，因此不存在向外举债的问题。但是两伊战争结束后，伊朗经济重建需要大量资金投入，而本国无力解决资金短缺问题，不得不考虑向外部举债。伊朗考虑借贷的主要对象是世界银行与欧洲国家。国际货币基金组织顾及到美国的阻扰不会向伊朗伸出援手，相对来说，世界银行的借贷门槛要低。但是，即使世界银行原则上可以向伊朗贷款，仍有不少项目出于各种因素的考虑而被搁置，其中美国的反对也是很主要的原因。美国制裁不仅使得伊朗无法充分获得国际组织的援助，欧洲国家对伊朗的借贷也受到美国因素的干扰。如在 1993—1995 年，伊朗由于短期外债过多发生了债务危机，一时无法偿付大量的贷款。于是伊朗试图寻求在"巴黎俱乐部"多边协议框架下解决债务问题，主要目的是希望获得更长时间的豁免与更加优惠的还款利率标准。但是，美国反对欧洲给予伊朗帮助，强迫伊朗必须与欧洲国家签署双边协议。这一处理结果使得伊朗被豁免的时间大大缩短，而且不得不偿付更多的贷款利率。[1]

（三）制裁使得伊朗争取外来投资面临更多的困难

长期以来，伊朗因美国的制裁成为外来投资高风险的国家之一。伊朗本国吸引外来投资的政策十分苛刻，也令国际投资者望而却步。出于对美国压力的回应，欧洲、日本企业对与伊朗的贸易并非无所忌惮，尤其是对伊朗的直接投资十分谨慎。但是仍有不少跨国公司在伊朗庞大而优质的油气资源吸引下来到伊朗投资。但总体来说，伊朗外来投资的规模很小。1999 年，全球 FDI 为 8650 亿美元，大约 92 亿美元在中东北非地区，只有 8500 亿美元投向伊朗。而沙特、埃及、摩洛哥分别获得了 48 亿、15 亿、8.47 亿美元的投资。按照伊朗 GDP 的产出计算，伊朗应该获得 43 亿美元

---

[1] Hossein G. Askari, John Forrer, Hildy Teegen, *Case Studies of U. S. Economic Sanctions – the Chinese, Cuban, and Iranian Experience*, pp. 203 – 205.

的投资。① 伊朗在核危机发生之后，制裁对限制外来投资的影响更大。美国明确禁止第三国在伊朗的投资活动，使得第三国投资面临次级制裁的可能性大大上升。2012年，大批外资企业撤离了伊朗或者暂停了在伊业务。在特朗普退出伊核协议后，重新启动对伊朗的制裁，又一次发生了跨国企业大规模撤离伊朗的风潮。2000年后，伊朗的油气行业及一些非石油制造业越来越依赖外资及技术。每一次撤资行动，都会对伊朗经济产生巨大的冲击。这也是美国对制裁政策频繁使用的关键原因。

另外，长期制裁还影响到伊朗与其他国家输油管道的正常施工及运营，还对伊朗的旅游业造成了重大的打击。伊朗尽管拥有丰富的历史文化资源，但是制裁限制了伊朗的国际视野，也延缓了开发旅游资源的力度。赴伊旅游的人数也因对伊朗政治与国际形势的担忧而没有出现突破性的增长，使得伊朗政府开发旅游资源的心愿不能转化为现实。

最后，不能忽视制裁对伊朗民众心理上的打击。在伊朗，经常会听到民众说"如果制裁解除，经济会好一些"的话，说明制裁对民众造成的压力的确是存在的。制裁会对民生造成直接的影响，民众也会因制裁对本国政权产生不信任感，增加经济的不稳定性。因此在制裁严厉的时期，也是考验伊朗政府能否稳定政权的重要时刻。

特朗普上台之后，单方面撕毁了伊核协议，并重启对伊朗豁免的制裁。特朗普政府深刻吸取了以往制裁不够严厉、"漏洞"太多导致制裁效果不够显著的教训，试图从能源、金融等方面全面切断伊朗与外部世界的联系，将伊朗经济扼杀在还没有全面复苏的初期。当前美国对伊朗的制裁还在继续强化中，制裁对伊朗正在发挥比以前更大更深刻的影响。制裁如何影响未来伊朗政治及经济形势的走向，十分值得关注。

---

① Hossein G. Askari, John Forrer, Hildy Teegen, *Case Studies of U. S. Economic Sanctions – the Chinese, Cuban, and Iranian Experience*, p. 207.

第三节 伊朗经济现代化的前景展望

伊朗伊斯兰革命后的经济现代化虽然取得了一定的进步，但是长期受制于结构性的国内外困境，使得在未来较长一段时期内，伊朗经济表现出以下几个趋势。

第一，制裁之下伊朗经济难以取得突破性增长，甚至有陷入负增长的可能性。随着美国制裁的收紧，伊朗经济将付出越来越沉重的代价。伊朗与外部世界的联系将会受到更多的限制，石油出口及所需商品进口将面临更多的困难；伊朗将更难获取外来资本与技术。作为对美国制裁的回应，伊朗经济将更多地转向依靠国内资源与谋求独立自主。美元可能会彻底地退出伊朗的外汇体系。伊朗将寻求欧元、人民币、卢布等作为外汇结算货币，也会与他国签订更多的本币互换协议或者以货易货的方式进行交易。由于石油可能会面临滞销困境，伊朗经济将更可能处于应付危机的状态，而不是关注经济的持续健康发展。

第二，经济改革深陷停滞，困扰伊朗经济的一些根深蒂固的问题不会得到妥善的解决。自拉夫桑贾尼时代启动的一系列经济改革在未来可能会面临更多的困难。制裁危机之下，国家对经济的管控强度会加大，私人投资将会更加不活跃，私有化改革无法推进；补贴改革在民众压力之下将无法获得进展；通货膨胀会在进口受阻、国内供应短缺的情况下再次反弹；汇率改革缺乏实施的条件；经济危机之下政府更不可能为失业人口提供多少就业机会。

第三，在制裁危机期间，伊朗政府更不可能解决基金会与伊斯兰革命卫队参与经济活动的问题。虽然从最高领袖哈梅内伊到总统都呼吁反腐败，增加经济的透明度，但是面对外部压力的情况下，继续保持基金会与伊斯兰革命卫队对政治的忠诚与支持将成为最高领袖的重点考虑因素，为此将继续容忍这些既得利益集团享有的特权与利益。

第四，在非石油产业领域，不论是中低层次的制造业还是高新技术领域，伊朗仍将无法在世界上获得一席之地。这将严重影响伊朗产业升级及经济多元化目标的实现。由于缺乏自主研发能力，在伊斯兰革命后伊朗一直是世界其他国家制造业产品的接受者和仿效者，但却不是创造者。而当今世界经济格局已经多元化，除了发达国家的传统优势地位外，一批新兴发展中国家的异军突起也使伊朗在这些领域面临更多的竞争对手。未来伊朗将更难以获取中间产品与资本产品，本国制造业将继续停留在现有的水平上，无法获得突破性发展。

第五，在未来伊朗经济难以持续发展的预期下，伊朗无法继续扩大在社会基础服务方面的投入，意味着全面提高各个地区的经济现代化水平的目标无从谈起。地区之间、城乡之间严重发展不平衡的格局将继续保持，农村的落后局面无法得到根本改善。从性别角度来看，妇女会继续为了提高自身的经济地位而努力，但是男女之间的不平等不会消失。

第六，经济民生问题对伊朗政权的稳定性会产生越来越大的影响。伊斯兰革命已经过去了40年，伊朗民众逐渐在等待中失去了耐心。当初支持伊斯兰革命的人大多老去，伊朗现在绝大多数人口都出生于革命之后，对那场革命没有多少记忆。他们比上一辈拥有更多的教育知识储备，更宽阔的国际视野。他们羡慕外部世界的多元文化，也对本国经济的萎靡不振感到非常的不满。尤其是民众发现，不论出身于哪一个派别的总统执政，在现有体制下都无法推动实质性的政治经济及社会改革，民众对现有政体的不满会继续加深。未来经济民生问题很可能成为引发社会动乱的主要因素。

但是，当前伊朗仍然存在几大优势：一是丰富的油气资源；二是基础良好的人力资源；三是现有的物质与社会基础设施。这些为伊朗经济未来可能的发展提供了某些条件。

未来伊朗经济能否实现顺利发展，主要取决于以下两个方面的因素：

第一，国际政治经济环境能否有所改善。从美伊结构性的对抗关系来看，即使美国总统换届，也不大可能改变对伊朗的敌视态度，对伊朗的制裁也不可能轻易解除。推翻伊朗政权将会是美国政府的一贯目标，不过制裁的程度可能会有所差别。未来一段时期，制裁与反制裁仍将是伊朗政府工作的重点。未来伊朗石油能否顺利出口并保障一定的商品进口，在很大程度上取决于伊朗能否与欧洲各国、俄罗斯、中国等支持伊核协议的国家达成实质性合作协议，并能有效地规避美国的金融制裁与次级制裁的打击，否则伊朗经济发展将只限于本土，会越来越保守封闭。

第二，各项制度性改革能否顺利推进。在制裁压力不断增加的背景下，伊朗能否推进一些重要的经济改革变得至关重要。当前伊朗需要推进的经济制度性改革主要包括：能否在吸引外资政策方面更加优惠且保持连贯性；能否继续提升本国的投资贸易环境和完善各项法律法规，降低外来投资者的风险；能否处理好各方利益诉求，进一步推进补贴及私有化改革；能否发展非石油制造业、现代化服务业，并同解决就业问题有机结合起来。虽然改革难度很大，但是如果政府能够在维持民众基本生活的基础上有效地清除阻碍生产力发展的障碍，尤其是打破垄断既得利益集团的经济特权，那么伊朗经济仍然有希望继续获得一定的发展空间。

结　语

到此为止，本书已经完成了对伊斯兰革命后伊朗经济现代化历程的艰难探索。总的来说，这是在经济全球化背景下，一个拥有独特政治体制与文化传统国家发展经济的一次实践。从经济现代化的成就来看，并不是一次很成功的实践。

在伊斯兰革命40年后，伊朗从中东地区一个相对发达富裕的国家沦落为仅具有中等发展程度的国家。伊朗国民发现其生活状况在过去的那么多年里并没有多少提高，甚至在某些方面还降低了。由于缺乏资金，很多巴列维时代购买的飞机到现在还在使用，导致空难事件频发；而在城市的街道上行驶的汽车不少也是革命前购买的，大多破旧不堪。长期高物价使得民众经常为生计奔波，而太多的消费禁忌也令国民感到厌倦。这场革命到底带给伊朗什么？该如何评价这场革命的得与失？如果说国家独立和民族尊严是伊朗人民在这场革命中得到的最大收获，那么经济上的代价是不是会让他们感觉到失去了很多实惠，而当与其他国家相比之时更感到底气不足？

第一，如何从经济现代化角度评价伊斯兰革命的影响？

伊斯兰革命至少从以下几个方面对伊朗经济发展产生了不利影响：

1. 它是伊朗从开放走向保守转折点。由于政权掌握在坚持保守伊斯兰价值观的宗教学者手里，对当代世界逐渐一体化的变化趋势认识不够深刻，体现在政治上是过于坚持民族主义与独立自主，忽视了国际合作的必要性，在经济上表现为从参与国际合作到致力于自给自足。革命使伊朗与超级大国美国长期对抗，从而遭受美国长达几十年的制裁封锁，在抵制制裁的过程中，伊朗的经济不得不越来越内向。这与经济全球化的方向南辕北辙，因此遭遇挫折是必然的。

2. 伊斯兰革命产生的激进影响一直持续了 10 年之久，令伊朗的经济模式和政策都脱离了理性、务实的轨道，延误了经济现代化的进程。世界不少国家的经验证明，经过剧烈社会运动的国家在建国初期往往很难把经济搞好。以伊朗为例，在革命后初期的激进情绪笼罩下，对宗教信仰及精神境界的追求大大超越了对改善经济民生的渴望，全国上下甚至一度鄙视过多谈论经济问题，对经济问题的处理也比较偏激。另外，还存在思想准备上的严重不足，新政权建立之后才发现经济问题的复杂性，但又没有成熟的理论和经验可以借鉴，所以不可避免要走弯路。

3. 伊斯兰革命过分强调社会公正的构建，这一诉求成为伊斯兰政权合法性的基础，但却没有建立合理的经济制度，最后成为经济改革的沉重负担。

然而，不能就此全面否定伊斯兰革命的积极意义。革命并没有中断伊朗现代化的进程，而成为伊朗整个现代化进程中一个十分重要的阶段。到 1979 年伊斯兰革命前夕，巴列维王朝政权合法性的基础已经瓦解。如果说经济发展是王朝的唯一亮点，但是其政治现代化却远远不能适应经济现代化的需要，最后导致王朝的崩溃。在政治民主化方面，伊朗伊斯兰政权要比王朝时期有所进步，另外，也表现出对社会变化的一定的适应性。从经济公正角度来看，革命后普通民众比革命前得到政府更多的关注。尽管政府常常表现得力不从心，无法充分满足民众的需要，但是与王朝时期的完全忽视民众有着本质的区别。

进一步需要思考的是：巴列维时期的经济高速发展为什么没能阻止其政权的迅速覆灭？而革命后的伊朗经常处在经济危机之中，为什么这个政权却能够维持至今？

对现代国家来说，经济发展至关重要，但关键在于经济发展要使大部分人受益。它本质上是同政治民主化和社会进步密切相关。如果经济发展仅仅满足一小部分人的利益，那么即使再高的增长速度也无助社会稳定，巴列维王朝的灭亡即是例证。虽然革命后伊朗政府面临一系列经济危机，但是它一直都强调经济公正，尽管绝对的公正并没有实现，但其很多措施发挥了社会安全器作用。这也是革命后政权能够维持相对稳定的重要原因。革命后的政府在经济民主化方面确实比巴列维王朝走得更远。

第二，伊朗伊斯兰革命后的经济现代化反映了传统与现代价值观、本土化与西方化之间的深刻矛盾。

巴列维的现代化全盘否定了伊斯兰教的价值观与积极因素，没有在现代化的过程中保留吸收伊斯兰传统中的精华，将伊斯兰教视为落后过时的事物而全部抛弃。这种现代化模式使得伊朗社会在经济现代化推进的过程中发生了高度的分化与割裂，尤其是令伊朗国民在自身认同方面发生了严重的危机。伊朗的现代化在被全面西方化之后突然转向另一个极端。巴列维王朝覆灭遗留的教训是，在传统势力还很强大的情况下，经济现代化也要考虑这些人的利益，否则会使政权陷入危机。伊斯兰革命后，宗教领袖们将现代化等同于西方化，认为其是邪恶堕落的事物而全部拒绝。在伊朗全面复兴伊斯兰化后，开始用传统伊斯兰经济思想指导经济现代化进程。它既体现了伊斯兰文化根深蒂固的影响，也反映了伊朗民族自古以来的优越感。同其他致力于"第三条道路"的中东伊斯兰国家相比，伊朗对东西方的发展模式都采取否定态度，希望用本土化完成对资本主义经济体制的替代，同时抵制苏联社会主义的影响（尽管在实际执行中并非如此）。但是，这种完全不接受其他民族或文明优秀成果的发展模式反映了伊朗以宗教领袖为代表的过分的自负心理，尤其是不愿承认和虚心接受他国的先进经验，仅仅从精神信仰角度强调民众对政权合法性的认可与忠诚。这一做法证明是行不通的。

两伊战争后，伊朗的经济现代化道路表现出从理想向现实回归的趋势，曾经在革命后初期甚嚣尘上的伊斯兰经济思想逐渐归于沉寂。实际上经济指导思想已经发生了很大的变化。一国经济现代化的确应该尊重本国的传统，但又不能过于拘泥于传统。一个优秀的民族应该随着时代变化，积极吸收并借鉴世界其他民族和国家的经济发展经验，取长补短，丰富自身的同时获得更快发展。革命后的伊朗过于绝对化了，认为接受别人就意味着否定自己。这种想法只能让本民族远离于世界民族之林，走向封闭落后。

根据发展中国家对待近代以来形成的国际经济秩序的态度，可以分成两类：第一类是完全抵制和排斥，走孤立主义路线；第二类是在不损害民族利益的前提下，最大限度地参与国际经济合作。两类路线导致了截然不同的结果，第一类国家的经济往往发展缓慢甚至出现倒退，而第二类国家一般经济发展十分迅速。结合当今世界各国经济现代化的成功经验与失败教训，从革命后伊朗经济发展的历程中得到很多启示，这对发展中国家具有普遍意义：第一，在当今世界，经济实力是综合国力的首要指标，因而要把发展经济置于政府工作的中心。它是维护国家独立、弘扬民族精神、强化民族认同的基本前提。切不可舍本逐末，事倍功半。第二，制定经济政策要从本国实际出发，切不可好高骛远，盲目乐观，否则将付出沉重代价。第三，全球化背景下，要坚持经济开放的基本方向。第四，伊朗的教训也表明要为经济建设创造良好的国内外环境是十分重要的。伊朗长期与美国交恶，遭受美国几十年的制裁，对伊朗经济造成严重影响。在伊朗想要努力发展经济的时候，制裁再一次阻碍了经济崛起的道路。而所有这些都需要一个稳定团结高效的政府作保证。

伊朗在伊斯兰革命后不注重经济建设，过度纠缠于地区争夺的做法也值得反思。不论在任何时候，综合国力的竞争都是以经济实力为后盾的，当今世界尤其如此。这也是现在越来越多的国家将更多的精力集中在经济建设上的主要原因。而主要凭借政治和军事手段就想实现大国崛起的战略意图已经变得越来越不现实。但是伊斯兰革命后的伊朗仍然深陷其中不能自拔。在革命 40 年后，伊朗谋求地区大国地位的努力虽然在一定程度上有所斩获，但是为本国带来了极高的风险，令其付出了沉重的经济代价。革命后伊朗经济发展的历程表明：完全不顾及经济发展而一味追求的政治目标是很难实现的，或者说没有强大经济基础为后盾的政治目标很难实现，而一味追求政治目标并危及经济发展的做法更加不可取。

伊斯兰革命后伊朗的经济现代化历程体现了一个发展中国家在传统与现代之间的艰难选择。伊朗的经历说明在中东地区复杂地缘政治博弈背景下要顺利实现经济发展十分不易。从中国角度来说，中伊之间有着几千年的友好交往历史，在复杂变幻的国际政治形势下依然保持了良好的关系。

伊朗是中国"一带一路"上重要的支点国家，中国希望伊朗能够在经济上实现稳定发展。但是当前，伊朗不仅要面对美国的制裁压力，还要面临国内经济体制中的一系列问题，其经济的前景并不乐观。

参考文献

一、中文专著（含译著）

1. 彭树智主编，王新中，冀开运著：《中东国家通史：伊朗卷》，北京：商务印书馆，2002年版。

2. 彭树智主编：《二十世纪中东史》，北京：高等教育出版社，2001年版。

3. 冀开运，蔺焕萍著：《二十世纪伊朗史：现代伊朗研究》，兰州：甘肃人民出版社，2002年版。

4. 冀开运著：《伊朗现代化历程》，北京：人民出版社，2015年版。

5. 彭树智主编，王铁铮、黄民兴等著：《中东史》，北京：人民出版社，2010年版。

6. 哈全安著：《中东史》，天津：天津人民出版社，2010年版。

7. 哈全安著：《中东国家的现代化历程》，北京：人民出版社，2006年版。

8. 冀开运主编：《伊朗综合国力研究》，北京：时事出版社，2016年版。

9. 蒋真著：《后霍梅尼时代伊朗政治发展研究》，北京：人民出版社，2014年版。

10. 张超著：《现代伊朗转型社会中的中产阶级研究（1925—2009）》，北京：中国社会科学出版社，2016年版。

11. 张铁伟编著：《伊朗》，北京：社会科学文献出版社，2005年版。

12. 刘慧著：《当代伊朗社会与文化》，上海：上海外语教育出版社，

2007年版。

13. 王宇洁著：《伊朗伊斯兰教史》，银川：宁夏人民出版社，2006年。

14. 王锋、陈冬梅著：《波斯历史文化与伊朗穆斯林风情礼仪》，北京：民族出版社，2002年版。

15. 丁俊著：《伊斯兰文明的反思与重构》，北京：中国社会科学出版社，2016年版。

16. 刘天明著：《伊斯兰经济思想》，银川：宁夏人民出版社，2000年版。

17. 孙立平著：《现代化与社会转型》，北京：北京大学出版社，2005年版。

18. 张培刚主编：《新发展经济学》（增订版），郑州：河南人民出版社，1999年版。

19. 谭崇台主编：《发展经济学》，上海：上海人民出版社，1989年版。

20. 朱国宏著：《经济社会学》，上海：复旦大学出版社，1999年版。

21. 刘伟著：《工业化进程中的产业结构研究》，北京：中国人民大学出版社，1995年版。

22. 张琢、马福云著：《发展社会学》，北京：中国社会科学出版社，2001年版。

23. 《古兰经》，马坚译，北京：中国社会科学出版社，1981年版。

24. 刘拥军编著：《中级宏观经济学》，北京：中国农业科学技术出版社，2005年版。

25. 邱崇明著：《发展中国家（地区）通货膨胀比较研究》，北京：中国发展出版社，1998年版。

26. 杨光主编：《1999—2000年中东非洲发展报告》，北京：社会科学文献出版社，2000年版。

27. 杨光主编：《中东发展报告：中东政局动荡的原因及影响》，北京：社会科学文献出版社，2012年版。

28. 杨光主编：《中东发展报告：中国与中东国家政治经济关系发展》，北京：社会科学文献出版社，2013年版。

29. 杨光主编：《中东发展报告：盘点中东安全问题》，北京：社会科学文献出版社，2014年版。

30. 杨光主编：《中东发展报告：低油价及其对中东的影响》，北京：社会科学文献出版社，2015年版。

31. 杨光主编：《中东发展报告："一带一路"建设与中东》，北京：社会科学文献出版社，2016年版。

32. ［伊朗］穆尔特扎·穆塔赫里著，艾米娜译：《伊斯兰教的女权》，伊斯兰文化与联络局翻译出版社储出版，1997年版。

33. ［英］W.B.费舍尔主编，北京大学地质地理系经济地理专业译：《伊朗》，北京：北京人民出版社，1977年版。

34. ［以色列］艾森斯塔德著，旷新年、王爱松译：《反思现代性》，北京：三联书店2006年。

35. ［瑞典］汤姆·R.伯恩斯著，周长城等译：《结构主义的视野——经济与社会的变迁》，北京：社会科学文献出版社，2004年版。

36. ［英］丹尼斯·史密斯著，周辉荣、井建斌等译：《历史社会学的兴起》，上海：上海人民出版社，2000年版。

37. ［美］塞缪尔·亨廷顿著，张岱云等译：《变动社会的政治秩序》上海：上海译文出版社，1989年版。

38. ［德］马克斯·韦伯著，林荣远译：《经济与社会》（上），北京：商务印书馆，1997年版。

39. 冀开运主编：《伊朗发展报告（2016）》，北京：社会文献出版社，2016年版。

40. 陈万里等著：《二战后中东伊斯兰国家发展道路案例研究》，银川：宁夏人民出版社，2015年版。

41. 【印】贾米尔·伊克巴尔等著，《伊斯兰金融理论与实践》，刘艳芬等译，银川：宁夏人民出版社，2015年版。

二、中文期刊论文

1. 李江：《伊朗经济政策的演变》，《亚非纵横》，2001年第4期。

2. 杨珊珊：《简论伊斯兰革命以来伊朗妇女的就业状况》，《世界民族》，2007年第3期。

3. 王凤：《伊朗经济环境与对外经济能源合作》，《国际石油经济》，2004年第9期。

4. 冀开运：《论伊朗的发展战略》，《商洛师范专科学校学报》，2003年第1期。

5. 冀开运：《试论伊朗现代化过程的特点》，《西南师范大学学报》（人文社会科学版），2002年第1期。

6. 冀开运：《伊朗的"三下乡"活动与农村现代化》，《商洛师范专科学校学报》，2001年第1期。

7. 冀开运：《论伊朗伊斯兰化和现代化》，《西北大学学报（哲学社会科学版）》，2000年第1期。

8. 李兴芳：《伊朗市场经济理论与实践》，《宜春学院学报》，2007年12月。

9. 刘伟：《伊朗油气资源现状及政策》，《国土资源情报》，2007年第6期。

10. 丁颖：《值得关注的伊朗天然气工业》，《国际石油经济》，2007年7月。

11. 吴成：《职业技术教育在伊朗社会发展中的作用》，《河南职业技术师范学院学报》，2007年第2期。

12. 陈淑荣：《伊朗伊斯兰共和国初期的妇女观与妇女就业》，《石家庄学院学报》，2007年2月。

13. 刘明：《伊朗实行全方位的能源战略调整》，《亚非纵横》，2006年第6期。

14. 陈璐：《现代伊朗的经济现代化历程》，《甘肃农业》，2006年第

9 期。

15. 桑碧桃：《伊朗现代化的困顿与突围——礼萨·汗与霍梅尼改革比较》，《内蒙古农业大学学报（社会科学版）》，2006 年第 2 期。

16. 冯凤：《发展中的伊朗油气工业》，《中国石油企业》，2004 年第 7 期。

17. 张华：《伊朗油气资源及相关政策法规》，《国土资源》，2003 年 9 月。

18. 雷扎：《全球化对伊朗、沙特和俄罗斯油气发展战略的影响》，《国际石油经济》，2003 年第 3 期。

19. 岳云华：《伊朗 20 世纪 90 年代产业结构问题与转型思路探讨》，《世界地理研究》，2001 年第 3 期。

20. 岳云华：《简论伊朗产业结构成长阶段特征》，《世界地理研究》，2001 年第 1 期。

21. 岳云华：《伊朗产业结构发展的问题、机制与启示》，《绵阳师范高等专科学校学报》，2001 年 1 月。

22. 哈全安：《从白色革命到伊斯兰革命——伊朗现代化的历史轨迹》，《历史研究》，2001 年第 6 期。

23. 杨鸿玺：《伊朗改革大势已成众望所归》，《国际展望》，2000 年第 5 期。

24. ［美］迈赫旦德．瓦勒贝格，尹全洲 译：《伊斯兰经济制度下的私有化改革——伊朗革命后的私营经济（上）》，《农村金融与市场经济》，2000 年第 1 期。

25. ［美］迈赫旦德．瓦勒贝格 尹全洲 译：《伊斯兰经济制度下的私有化改革——伊朗革命后的私营经济（下）》，《农村金融与市场经济》，2000 年第 2 期。

26. 马寿海：《伊朗人口政策与计划生育》，《人口与经济》，1996 年第 6 期。

27. 安维华：《伊朗伊斯兰革命后的经济政策》，《世界经济》，1995 年第 2 期。

28. 伍书湖：《伊朗的经济危机与石油经济》，《当代世界》，1994年第Z1期。

29. 陆瑾：《试析鲁哈尼"重振经济"的路径和制约——兼论哈梅内伊"抵抗型经济"政策》，《西亚非洲》，2014年第6期。

30. 郭瑞：《小布什回忆录透露曾制定打伊朗计划》，《新华每日电讯》，2010年11月10日，第5版。

31. 叶哈雅编译：《伊斯兰的公正观》，伊斯兰之光网站，http://www.norislam.com/e15/e/action/ShowInfo.php?classid=22&id=6580

32. 邹志强：《联合国对伊朗的经济制裁》，《国际研究参考》，2016年第8期。

33. 方小美：《国际制裁将直接冲击伊朗油气生产》，《国际石油经济》，2010年第10期。

34. 陆瑾：《鲁哈尼外交政策与地区稳定》，《西亚非洲》，2013年第6期。

35. 李国富：《伊核问题谈判及前景展望》，《中国国际战略评论》，2014，总第7期。

36. 孙泽生等：《美欧对伊朗石油业的制裁——基于剩余需求曲线和反事实法的评估》，《国际展望》，2013年第2期。

37. 赵建明：《制裁、反制裁的博弈与伊朗的核发展态势》，《外交评论》，2012年第2期。

三、外文专著与论文集

1. Adelkhah, Fariba, *Being Modern in Iran*, translated from the French by Jonathan Derrick, London: Hurst & Company, 1999.

2. Alizadeh, Parvin, ed., *The Economy of Iran: Dilemmas of an Islamic State*, London; New York: I. B. Tauris, 2000.

3. Amid, Javad, and Amjad Hadjikhani, *Trade, Industrialization and the*

Firm in Iran: the Impact of Government Policy on Business, London: I. B. Tauris, 2005.

4. Amid, Mohammad Javad, *Agriculture, Poverty, and Reform in Iran*, London; New York: Routledge, 1990.

5. Amirahmadi, Hooshang, *Revolution and Economic Transition: the Iranian Experience*, London; New York: Routledge, 1990.

6. Amuzegar, Jahangir, *Iran's Economy under the Islamic Republic*, London: I. B. Tauris & Co. Ltd., 1997.

7. Askari, Hossein G. et al, *Case Studies of U. S. Economic Sanctions: the Chinese, Cuban, and Iranian Experience*, Westport, Conn.: Praeger, 2003.

8. Assadzadeh, Ahmad, and Satya Paul, *Poverty, Growth and Redistribution: a Case Study of Iran*, Helsinki: United Nations University, World Institute for Development Economics Research, 2001.

9. Azhary, M. S. El., ed., *The Iran-Iraq War: A Historical, Economic, and Political Analysis*, London: Croom Helm, 1984.

10. Bayat, Asef, *Making Islam Democratic: Social Movements and the Post-Islamist Turn*, Stanford, Calif.: Stanford University Press, 2007.

11. Bina, Cyrus and Hamid Zangeneh, eds., *Modern Capitalism and Islamic Ideology in Iran*, New York: St. Martin's Press, 1992.

12. Budhwar, Pawan S., and Yaw A. Debrah, *Human Resource Management in Developing Countries*, London; New York: Routledge, 2001.

13. Clawson, Patrick, and Michael Rubin, *Eternal Iran: Continuity and Chaos*, New York: Palgrave Macmillan Ltd., 2005.

14. Daniel, Elton L., *The History of Iran*, Westport, CT: Greenwood Press, 2001.

15. Dew, Philip, ed. et. al, *Doing Business with Iran*, London: Kogan Page Ltd., 2002.

16. Esposito, John L., and R. K. Ramazani, eds., *Iran at the Crossroads*, New York: Palgrave, 2001.

17. Farr, Grant M. , *Modern Iran: a Volume in the Comparative Societies Series*, Boston, Mass. : McGraw-Hill, 1999.

18. Figg, Robert and Wilson, Danielle, eds. , *U. S. Led Sanctions on Iran*, New York: Nova Science Publishers, Inc. , 2012.

19. Foran, John, ed. , *A Century of Revolution: Social Movements in Iran*, London: UCL Pr. Ltd. , 1994.

20. Hafez, Kai, *Mass Media, Politics, and Society in the Middle East*, Cresskill, N. J. : Hampton Press, 2001.

21. Hakimian Hassan, and Jeffrey B. Nugent, eds. , *Trade Policy and Economic Integration in the Middle East and North Africa: Economic Boundaries in Flux*, London; New York: Routledge, 2005.

22. Handoussa, Heba, and Zafiris Tzannatos, *Employment Creation and Social Protection in the Middle East and North Africa*, Cairo; New York: American University in Cairo Press, 2002.

23. Hiro Dilip, *The Iranian Labyrinth: Journeys through Theocratic Iran and its Furies*, New York: Nation Books, Distributed by Publishers Group West, 2005.

24. Jahanbakhsh, Forough, *Islam, Democracy and Religious Modernism in Iran*, 1953 – 2000: *from Bāzargān to Soroush*, Leiden Boston: Brill, 2001.

25. Jahanbegloo, Ramin, ed. , *Iran--between Tradition and Modernity*, Lanham, Md. : Lexington Books, 2004.

26. Karshenas, Massoud, *Oil, State, and Industrialization in Iran*, Cambridge; New York: Cambridge University Press, 1990.

27. Karshenas, Maddoud, and Valentine M. Moghadam, *Social Policy in the Middle East: Economic, Political, and Gender Dynamics*, London: Palgrave Macmillan, 2006.

28. Katouzian, Homa, and Hossein Shahidi, eds. , *Iran in the 21st Century: Politics, Economics and Conflict*, Abingdon, Oxon, England ; New York: Routledge, 2008.

29. Keshavarzian, Arang, *Bazaar and State in Iran: the Politics of the Tehran Marketplace*, Cambridge, UK; New York: Cambridge University Press, 2007.

30. Long, David E., Bernard Reich and Gasiorowski Mark, eds., *The Government and Politics of the Middle East and North Africa*, Boulder, Colo.: Westview Press, 2007.

31. Looney, Robert E., *Economic Origins of the Iranian Revolution*, New York: Pergamon Press, 1982.

32. Mesdaghinia, A. et al, *Country Studies on Health and Welfare Systems: Experiences in Indonesia, Islamic Republic of Iran and Sri Lanka*, Kobe, Japan: WHO Kobe Centre, 2003.

33. Mohammadi, Ali, *Iran Encountering Globalization: Problems and Prospects*, London: RoutledgeCurzon, 2003.

34. Nomani, Farhad, and Sohrab Behdad, *Class and Labor in Iran: Did the Revolution Matter?* Syracuse, N. Y.: Syracuse University Press, 2006.

35. Panitch, Leo, and Colin Leys, et al, *Working Class Global Realities: Socialist Register 2001*, London: Merlin Press; Halifax, N.S.: Fernwood, 2000.

36. Pesaran, Evaleila, *Iran's Struggle for Economic Independence*, London and New York: Routledge, 2011.

37. Rahnama, Alī, and Farhad Nomani, *The Secular Miracle: Religion, Politics, and Economic Policy in Iran*, London; New Jersey: Zed Books, 1990.

38. Rahnema, Saeed, and Sohrab Behdad, eds., *Iran after the Revolution: Crisis of an Islamic state*, London; New York: I. B. Tauris, 1995.

39. Rubin, Barry, *The Tragedy of the Middle East*, Cambridge: Cambridge University Press, 2002.

40. Schirazi, Asghar, *Islamic Development Policy: the Agrarian Question in Iran*, Boulder: Lynne Rienner Publishers, 1993.

41. Sciolino, Elaine, *Persian Mirrors: the Elusive Face of Iran*, New York: Free Press, 2000.

42. Semati, Mehdi, ed., *Media, Culture and Society in Iran: Living with Globalization and the Islamic State.* London; New York: Routledge, 2008.

43. Shafik, Nemat, ed., *Economic Challenges Facing Middle Eastern and North African Countries: Alternative Futures*, New York: St. Martin's Press in association with the Economic Research Forum for the Arab Countries, Iran and Turkey, 1998.

44. Shafik, Nemat, ed., *Prospects for Middle Eastern and North African Economies: from Boom to Bust and Back?* London: MacMillan Press; New York: St. Martin's Press, 1998.

45. Shakoori, Ali, *The State and Rural Development in Post-revolutionary Iran*, Basingstoke, Hampshire; New York: Palgrave, 2001.

46. Sharbatoghlie, Ahmad, *Urbanization and Regional Disparities in Post-revolutionary Iran*, Boulder, Colo.: Westview Press, 1991.

47. Tétreault, Mary Ann, and Robert A. Denemark, eds., *Gods, Guns, and Globalization: Religious Radicalism and International Political Economy*, Boulder, Colo.: Lynne Rienner Publishers, 2004.

48. Weiner, Myron, and Ali Banuazizi, eds., *The Politics of Social Transformation in Afghanistan, Iran, and Pakistan*, Syracuse, N. Y: Syracuse University Press, 1994.

49. Yaghmaian, Behzad, *Social Change in Iran: an Eyewitness Account of Dissent, Defiance, and New Movements for Rights*, Albany: State University of New York Press, 2002.

四、外文期刊论文

1. Abghari, Siavash, "Political Economy of Political Power of the Islamic Regime in Iran", *Journal of Third World Studies*, Vol. 24, No. 1, Spring

2007, pp. 247 - 266.

2. Alizadeh, Parvin, "Iran Quandary: Economic Reforms and the 'Structural Trap'", *The Brown Journal of World Affairs*, Volume IV, Issue 2, Winter/Spring 2003, pp. 267 - 281.

3. Amirahmadi, Hooshang, "Iran's Development: evaluation and challenges", *Third World Quarterly*, Vol. 17, No. 1, 1996, pp. 123 - 147.

4. Amuzegar, Jahangir, *Ahmadinejad's Legacy*, Middle East Policy, Vol. 20, No. 4, Winter 2013, pp. 125 - 129.

5. Bahramitash, Roksana, "Market Fundamentalism versus Religious Fundamentalism: Women's Employment in Iran", *Critique: Critical Middle Eastern Studies*, Vol. 13, No. 1, 2004, pp. 33 - 46.

6. Behdad, Sohrab, "A Disputed Utopia: Islamic Economics in Revolutionary Iran", *Comparative Studies in Society and History*, Vol. 36, No. 4, Oct. 1994, pp. 775 - 813.

7. Behdad, Sohrab, and Farhad Nomani, "Workers, Peasants, and Peddlers: A Study of Labor Stratification in the Post-Revolutionary Iran", *International Journal of Middle East Studies*, Vol. 34, No. 4, Nov. 2002, pp. 667 - 690.

8. DeRouen, Karl R., Jr., "The Indirect Link: Politics, the Economy, and the Use of Force", *the Journal of Conflict Resolution*, Vol. 39, No. 4, Dec. 1995, pp. 671 - 695.

9. Ehsani, Kaveh, "Rural Society and Agricultural Development in Post-Revolution Iran: The First Two Decades", *Critique: Critical Middle Eastern Studies*, Vol. 15, No. 1, 2006, pp. 79 - 96.

10. Esfahani, Hadi Salehi, and Farzad Taheripour, "Hidden Public Expenditures and the Economy in Iran", *International Journal of Middle East Studies*, Vol. 34, No. 4, Nov. 2002, pp. 691 - 718.

11. Florian, Jeff, "Rouhani blames former president for economic ills", *Middle East Economic Digest*, Vol. 57, Issue 48, 11/29/2013, pp. 20 - 22.

12. Forozan, Hesam and Shah, Afshini, "The Military and the State in Iran: The Economic Rise of the Revolutionary Guards", *Middle East Journal*, Vol. 1, Winter 2017, pp. 67 – 86.

13. Ghasimi, M. R., "The Iranian Economy after the Revolution: an Economic Appraisal of the Five-Year Plan", *International Journal of Middle East Studies*, Vol. 24, No. 4, Nov. 1992, pp. 599 – 614.

14. Habibi, Nader, "How Ahmadinejad Changed Iran's Economy", *The Journal of Developing Areas*, Vol. 49, No. 1, Winter 2015, pp. 305 – 312.

15. Hoodfar, Homa, and Samad Assadpour, "The Politics of Population Policy in the Islamic Republic of Iran", *Studies in Family Planning*, Vol. 31, No. 1, Mar. 2000, pp. 19 – 34.

16. Javidan, Mansour, and HE Tahmaseb Mazaheri, "Minister of Economy on the Iranian Economy", *Academy of Management Executive*, Vol. 17, No. 4, 2003, pp. 143 – 145.

17. Kamrava, Mehran, "The Civil Society Discourse in Iran", *British Journal of Middle Eastern Studies*, Vol. 28, No. 2, Nov. 2001, pp. 165 – 185.

18. Karbassl, Akbar, "Islamic Revolution and the Management of the Iranian Economy", *Social Research*, Vol. 67, No. 2, Summer 2000, pp. 621 – 640.

19. Massoud, and Hassan Hakimian, "Oil, Economic Diversification and the Democratic Process in Iran", *Iranian Studies*, Vol. 38, No. 1, March 2005, pp. 67 – 90.

20. Katouzian, Homa, "Arbitrary Rule: a Comparative Theory of State, Politics and Society in Iran", *British Journal of Middle Eastern Studies*, Vol. 24, No. 1, 1997, pp. 49 – 73.

21. Katouzian, Homa, "The Political Economy of Iran since the Revolution: a Macro-Historical Analysis", *Comparative Economic Studies*, Vol. 31, Issue 3, Fall 1989, pp. 55 – 66.

22. Keshavarzi, Ali, Fathi, Sarvoldin, "Resistance Economy, Turning

the Sanction to Opportunity", *International Journal of Management*, *Accounting and Economics*, Vol. 1, No. 1, August 2014, pp. 93 – 96.

23. Khajehpour, Bijian, "Domestic Political Reforms and Private Sector Activity in Iran", *Social Research*, Vol. 67, No. 2, Summer 2000, pp. 577 – 598.

24. Kian-Thiebaut, Azadeh, "Political and Social Transformations in Post-Islamist Iran", *Middle East Report*, No. 212, Autumn 1999, pp. 12 – 16.

25. Komijani, Akbar, "Macro Economic Policies and Performance in Iran", *Asian Economic Papers* Vol. 5 Issue 1, Winter 2006, pp. 177 – 186.

26. Kupchan, Clifford, "Iranian Beliefs and Realities", *the National Interest*, 2005, pp. 106 – 110.

27. Ladier-Fouladi, Marie, " Iranian Families between Demographic Change and the Birth of the Welfare State", *Population*, Vol. 57, No. 2, Mar. April, 2002, pp. 361 – 370.

28. Machlis, Elisheva, "the Islamic Republic: A Bastion of Stability in the Region?" *Middle East Critique*, Vol. 25, No. 4, 2016, pp. 341 – 363.

29. Marossi, Ali Z., "Iran is Knocking at the World Trade Organization Door: Iran's Economy and the World Economy—Challenges and Opportunities", *Journal of World Trade*, Vol. 40, No. 1, 2006, pp. 167 – 185.

30. Moaddel, Mansoor, "Class Struggle in Post-Revolutionary Iran", *International Journal of Middle East Studies*, Vol. 23, No. 3, 1991, pp. 317 – 343.

31. Povey, Elaheh Rostami, "Trade Unions and Women's NGOs: diverse civil society organizations in Iran," *Development in Practice*, Vol. 14, No, 1&2, Feb. 2004, pp. 254 – 266.

32. Saeidi, Ali A., "The Accountability of Para-governmental Organizations (*bonyads*): The Case of Iranian Foundations", *Iranian Studies*, Vol. 37, No. 3, September 2004, pp. 479 – 498.

33. Salehi-Isfahani, Djavad, "Labor and the Challenge of Economic Re-

structuring in Iran", *Middle East Report*, No. 210, Spring 1999, pp. 34 – 37.

34. Salehi-Isfahani, Djavad, "Human Resources in Iran: Potentials and Challenges", *Iranian Studies*, Vol. 38, No. 1, March 2005, pp. 117 – 147.

35. Saleni-Isfahani, Djavad, "Revolution and Redistribution in Iran: Poverty and Inequality 25 Years Later", http://www.filebox.vt.edu/users/salehi/Iran_poverty_trend.pdf.

36. Saleni-Isfahani, Djavad, "Poverty, Inequality, and Populist Politics in Iran", *Journal of Economic Inequality*, 2009, No. 7, pp. 5 – 28.

37. Siddiqi, Moin A., "Stability and Reform: the key to economic growth", *The Middle East*, July 2003, pp. 46 – 49.

38. Sprusansky, Dale, "Iran's Economy after a Nuclear Deal", *Washington Report on Middle East Affairs*, Vol. 34, Issue 5, Aug 2015, https://www.questia.com/read/1P3-3758028001/iran-s-economy-after-a-nuclear-deal

39. Valibeigi, Mehrdad, "Islamic Economics and Economic Policy Formation in Post-Revolutionary Iran: A Critique", *Journal of Economic Issues*, Vol. 27, No. 3, September 1993, pp. 793 – 812.

40. Zangeneh, Hamid, "Socioeconomic Trends in Iran: Successes and Failures", *The Muslim World*, Volume 94, Oct. 2004, pp. 481 – 493.

五、主要官方数据网站及部分文献

（一）国际货币基金组织网站：http://www.imf.org/external/index.htm.

1. IMF Staff Country Report, *Islamic Republic of Iran: Statistical Appendix*, 2006, 2007.

2. IMF Country Report, *Islamic Republic of Iran: Selected Issues and Statistical Appendix*, 2002, 2011, 2014, 2015.

3. Mossen Bahmani-Oskooee and Magda Kandil, *Exchange Rate Fluctuations and Output in Oil-Producing Countries: The Case of Iran*, IMF Working

Paper, 2007.

4. Oya Celasun and Mangal Goswami, *an Analysis of Money Demand and Inflation in the Islamic Republic of Iran*, IMF Working Paper, 2002.

5. Oya Celasun, *Exchange Rate Regime Considerations in an Oil Economy: The Case of the Islamic Republic of Iran*, IMF Working Paper, 2003.

6. Dominique Guillaume, Roman Zytek, and Mohammad Reza Farzin, *Iran – The Chronicles of the Subsidy Reform*, IMF Working Paper, 2011.

（二）伊朗中央银行网站：http://www.cbi.ir/default_en.aspx.

1. CBI, "Annual Review", 1385, 1386, 1387, 1388, 1389, 1390, 1391, 1392, 1393, 1394.

2. CBI, "Inflation Rate".

3. CBI, "Exchange Rate".

（三）伊朗统计中心网站：http://www.amar.org.ir/english/.

1. SCI, "A Selection of Labor Force Survey Result", 1390, 1391, 1392, 1393, 1394.

2. SCI, "Iran Statistical Yearbook".

（四）欧佩克网站：http://www.opec.org/opec_web/en/.

（五）世界银行网站：http://www.worldbank.org/en/country/iran.

（六）伊斯兰共和国新闻署（Islamic Republic News Agency）.

英文网站：http://www.irna.ir/en/.

致　　谢

在本书即将出版之际，我怀着十分感激的心情，要对过去数十载对该书的选题、写作、修改及出版做出贡献的人表示感谢。

首先要感谢的是西北大学中东研究所黄民兴教授。作为我攻读博士期间的导师，黄老师在该书的选题、构架、基本观点及文字修改等方面给予了长期的、持续不断的帮助。我要感谢我的博士后合作导师——中国社科院西亚非洲研究所杨光研究员。他支持我在该领域继续拓展及深化，并将我的博士后出站报告融合进该书的内容之中。我要感谢上海外国语大学中东研究所刘中民研究员、孙德刚研究员、余泳副研究员等，借助"双一流"建设的平台，为本书的出版提供平台支撑和物质支持。我还要感谢西北大学中东研究所韩志斌教授对我过去在学术上某些成果的肯定及对本书所提供的帮助。另外，我要感谢我的硕士生导师——南开大学历史学院李凡教授对我从事中东研究的长期支持和精神鼓励。最后，感谢我的家人多年来的陪伴、理解与包容。

本书所属课题及子课题先后获得了国家社科基金及中国博士后面上项目的资助，得以最后形成一部相对成熟的学术著作。因此我要感谢国家社科基金评审专家及中国博士后基金评审专家对本课题的肯定及同意给予的宝贵资助。我还要感谢时事出版社为本书提供的出版平台，尤其要感谢副总编苏绣芳和责任编辑李荣在编辑、复审、校对等诸多琐碎事项上所做的艰苦工作。